SV

Helmut Willke
Ironie des Staates

Grundlinien einer Staatstheorie polyzentrischer Gesellschaft

Suhrkamp

Erste Auflage 1992

Satz: Satz- und Reprotechnik GmbH, Hemsbach
Druck: Druckhaus Beltz, Hemsbach

Printed in Germany

Die Deutsche Bibliothek – CIP-Einheitsaufnahme
Willke, Helmut:
Ironie des Staates : Grundlinien einer Staatstheorie polyzentrischer Gesellschaft / Helmut Willke.
– 1. Aufl. – Frankfurt am Main :
Suhrkamp, 1992
ISBN 3-518-58115-5

Inhalt

Für Mona und Roman,
meine wichtigsten Lehrer

Vorwort

Der schon länger anhaltende Stillstand der Staatstheorie kontrastiert merkwürdig mit der Dynamik gegenwärtiger politischer Entwicklungen: der Vereinigung Deutschlands, dem Zusammenwachsen Europas, der Liberalisierung der mitteleuropäischen Länder, dem Zusammenbrechen des sowjetischen Imperiums, der Emergenz einer triadischen Konstellation in der Ersten Welt. Die Staatstheorie klassischer Prägung ist verschwunden in der Differenz von Staatslehre einerseits und Theorie des politischen Systems andererseits. Die an den juristischen Fakultäten – und nur dort – verankerte Staatslehre zelebriert die Form des Staates ohne zu bemerken, daß ihr sowohl die Theorie der Form wie die Empirie des Staates abhanden gekommen ist. Die Theorie des politischen Systems ist im Ganzen sehr viel erfolgreicher und hat ohne Zweifel unser Verständnis des politischen Prozesses vielfältig erweitert. Aber auch sie gerät in Verlegenheit, sobald sich die Frage nach dem Staat stellt. Die Formel des »Bringing the State back in« kennzeichnet diese Verlegenheit, ist aber bislang jedenfalls in bezug auf die hochentwickelten Gesellschaften nur Programm geblieben.
Seitdem Niklas Luhmann begonnen hat, die Partitur für die Interpretation moderner Gesellschaften neu zu schreiben, schält sich immer klarer die Einsicht heraus, daß die zentrifugale Dynamik funktionaler Differenzierung eine Metamorphose des Ordnungsprinzips von Gesellschaft, eine durchdringende Umstellung auf heterarchische, polyzentrische und dezentrale Arrangements autonomer Teilsysteme von Gesellschaft vorantreibt. Ein solcher Strukturwandel mußte die Politikwissenschaft und noch mehr die Rechts- und Staatstheorie ins Mark treffen, entzieht er doch dem seit Machiavelli und Hobbes formulierten gesellschaftlichen Primat der Politik die Grundlage. Während die Zwänge der Praxis längst Koordinationsgremien, Konzertierte Aktionen, Runde Tische und Verhandlungssysteme der unterschiedlichsten Art hervorgebracht haben, während die massiven Risiken einer ungebremsten Eigendynamik der

spezialisierten Funktionssysteme notdürftig durch rudimentäre Formen der Selbstbescheidung und Reflexion eingedämmt werden, geistern durch kleine Teile der Politikwissenschaft und große Teile der Rechts- und Staatstheorie nach wie vor noch die Allmachtsphantasien staatlicher Kontrolle und Steuerung gesellschaftlicher Prozesse. Selbst die einst fortschrittliche Idee des umfassend zuständigen und verantwortlichen Sozial- und Wohlfahrtsstaates ist als Gestalt des Staates alt geworden. Es ist an der Zeit, daß die Staatstheorie die notwendigen Lehren aus dem verfügbaren Stand der Gesellschaftstheorie zieht und ihr Geschäft betreibt als Gesellschaftstheorie des Staates.

Der hier vorgelegte Text hat genau dies zum Ziel. Mein Ausgangspunkt für die Beobachtung und Rekonstruktion des Staates ist ein Verständnis moderner, funktional differenzierter Gesellschaften als polyzentrische und polykontexturale Netzwerke von Sozialsystemen, die zugleich als autonom und strukturell gekoppelt zu begreifen sind. Das politische System wird als ein Funktionssystem neben anderen Funktionssystemen behandelt. Es ist gekennzeichnet durch die spezifische Funktion der Produktion und Durchsetzung kollektiv-verbindlicher Entscheidungen – und mithin: der Produktion und Sicherung von Kollektivgütern. Nichts anderes charakterisiert die Problematik moderner Politik präziser als die Frage der Definition und Gewährleistung derjenigen Kollektivgüter, die für die Zukunftsfähigkeit moderner Gesellschaften unabdingbar sind. Ein zentrales Argument der Arbeit zielt darauf, daß – nach der Etablierung einer machtbasierten Infrastruktur für die Kollektivgüter der inneren und äußeren Sicherheit und der Schaffung einer geldbasierten Infrastruktur für die Kollektivgüter der ökonomischen und sozialen Sicherheit – nun am Ausgang dieses Jahrhunderts eine wissensbasierte Infrastruktur unumgänglich wird, um die neuen Kollektivgüter der technologischen und ökologischen Sicherheit zu gewährleisten. Eine der Folgen dieser Entwicklung ist, daß sich Position und Rolle der Politik noch nachhaltiger verändern, als dies durch die Realität des Sozial- und Wohlfahrtsstaates bereits geschehen ist.

Für die traditionelle Staatstheorie schockierender ist aber vielleicht eine weitere Konsequenz der hier zugrundegelegten gesellschaftstheoretischen Perspektive, welche das Verhältnis von Politik und Staat betrifft. Bindet man stringent genug die Existenz eines gesellschaftlichen Funktionssystems an dessen Beitrag für die Reproduktion von Gesellschaft insgesamt, dann bleibt der Staat auf der Strecke der kalten Logik funktionaler Analyse. Neben dem Politiksystem bleibt kein Raum für den Staat als eigenständiges Funktionssystem, weil der Staat für die Gesellschaft nichts leistet, was nicht genuine Aufgabe der Politik wäre. Erst diese radikale Verweisung des Staates aus einer der Gesellschaft neben- oder gar übergeordneten Position schafft den Spielraum zur Klärung des Verhältnisses von Politik und Staat: Nicht in bezug auf die Gesellschaft, wie Hegel noch meinen konnte, gewinnt der Staat seine Rolle, sondern in Bezug auf die Operationsprobleme der Politik als eines autonomen, selbstreferentiellen und komplexen Funktionssystems der Gesellschaft. Der Staat wird notwendig als inneres Modell der Politik von sich selbst. Er dient in der Form einer Selbstbeschreibung des Politiksystems der internen Organisation und Steuerung politischer Operationen, welche nach dem Verlust externer (etwa traditionaler oder religiöser) Leitlinien nun intern reguliert werden müssen. Die Form des Staates bringt die prinzipielle Kontingenz politischer Operationen unter die Kontrolle einer Leitidee der Politik von sich selbst. Ein zweites zentrales Argument der Arbeit zielt deshalb darauf, die für hochkomplexe Gesellschaften mögliche Form des Staates nicht auf der dunklen Seite der Gesellschaft zu finden, sondern im Lichte der Selbstaufklärung der Politik über die Bedingungen der Möglichkeit ihrer Operationsweise.

Daß ich diesen Versuch einer Rekonstruktion der Staatstheorie überhaupt gewagt habe, gründet zu einem guten Teil auf Anregungen und Hilfen, die ich dabei erhalten habe. Dies gilt für die »Forschungsgruppe Staatsaufgaben«, welche unter der Leitung von Dieter Grimm 1987/88 für ein Jahr am Zentrum für Interdisziplinäre Forschung der Universität Bielefeld die Problematik des modernen Staates aus den unterschiedlichsten Perspektiven beleuchtet und mir mit wertvollen Hinweisen und unschätzbaren Diskussionen weitergeholfen hat. Dies gilt insbesondere für Klaus v. Beyme, Niklas Luhmann, Claus Offe, Ulrich K. Preuß und Gerhard Willke, die das zentrale Kapitel 3 eingehend kommentiert und mich durch kritische Anregungen zur Präzisierung meiner Argumentation gezwungen haben. Adrienne Windhoff-Héritier, Dirk Baecker und Gunther Teubner haben das gesamte Manuskript eingehend mit mir durchgesprochen und mit einer einzigartigen Mischung von sprühender Energie, freundschaftlicher Aufmunterung und kritischer Klarheit meine Arbeit mit getragen. Zwar erteile ich allen genannten Kollegen und Freunden die übliche Absolution, aber es gibt keinen Zweifel daran, daß sie die Arbeit mitgeformt haben. Ihnen allen gilt mein herzlicher Dank. Danken möchte ich schließlich auch Pauline Worley, Friedhelm Herborth und Rainer Spiss für ihre professionelle editorische Unterstützung.

Bielefeld, im Dezember 1991 Helmut Willke

1 Leviathan und Präzeptor: Tragik des Staates

Nicht nur der autoritäre Staat als Großer Bruder, sondern auch der benevolente Staat als Großer Lehrer ist es, dem die Moderne ihre neuartige Riskiertheit verdankt. Als Erbe beider Traditionen sieht sich der moderne Staat mit Entscheidungslasten konfrontiert, die er in seiner gegenwärtigen Form weder lösen noch lassen kann. Es macht die Tragik des Staates aus, daß er seine Form einem politischen System verdankt und schuldet, welches den Herausforderungen gesellschaftlicher Entscheidungszwänge nicht gewachsen ist und doch seiner geltenden Logik nach die Prärogative kollektiven Entscheidens nicht aufgeben kann. Allerdings trifft dieses Dilemma den Staat in entwickelten Demokratien weniger als Leviathan denn als Präzeptor. Die seit Machiavelli und Hobbes denkbare Möglichkeit des absoluten säkularen Staates hat zwar zugelassen, daß eine unter den Leitbegriffen der Staatsraison und der Ordnung pervertierte Praxis des totalen Staates immer wieder sich Bahn gebrochen hat. Aber die Form des säkularen Staates, welche sich gesellschaftsgeschichtlich durchsetzte, war diejenige des demokratisch und konstitutionell kontrollierten Wohlfahrtsstaates, dessen offensichtliche Erfolge zu einer Kritik seiner Form nicht gerade ermunterten.

Es ist nicht nebensächlich, zu Beginn einer Staatstheorie moderner Gesellschaften auf den eklatanten Erfolg des gegenwärtigen Staates zu verweisen. Die weltweite Vorbildfunktion des demokratisch legitimierten, liberalen Verfassungsstaates ist unbestritten; und nicht erst das gegenwärtig sich vollziehende dramatische Scheitern konkurrierender Staatsvorstellungen der sozialistischen Gesellschaften in Mittel- und Osteuropa erweist, daß es die Entwicklungslinie vom Obrigkeits- zum Sozial-, zum Wohlfahrtsstaat war, und nicht die von Marx beschriebene Alternative eines Absterbens des Staates, welche das Hegelsche Problem der gesellschaftlich erzeugten (absoluten) Armut gelöst hat.

Heute allerdings ist es gerade der Erfolg des »westlichen« Staates, welcher den Beobachter blendet und ihn blind zu machen droht für die im Schatten des Glanzes sich entfaltende *Tragik* des Staates. Diese Tragik gründet in fundamentalen Verschiebungen in der Architektonik moderner Gesellschaften. Darauf komme ich zurück. Die Tragik der Staats*theorie* liegt darin, daß ihr diese Verschiebungen verborgen geblieben sind und verborgen bleiben müssen, solange sie bloß Staatstheorie bleibt. Die Verarmung der Staatstheorie nach Hegel und Marx läßt sich in knappster Form beschreiben als der Verlust der gesellschaftlichen und gesellschaftsgeschichtlichen Dimension des Staates. Sobald Staatstheorie zum Privileg der Juristen wurde, verschwand die zwischen Hobbes und Rousseau zwar kontroverse, von beiden aber nie bezweifelte Verankerung des Staates in einer Leitidee von Gesellschaft. In der Staatstheorie des Staatsrechts wurde der Staat selbst zu einer Leitidee; aber es blieb unklar, wofür. Hermann Heller wäre die Ausnahme. Aber sein Schattendasein bis heute bestätigt die Regel.
Es ist also unabdingbar, zu einigen Quellen zurückzugehen. Um die gegenwärtige Situation zu beleuchten, soll vorrangig die Differenz der Ideen von Hobbes und Rousseau hervorgehoben werden. Denn hier gründet die Weichenstellung zwischen Leviathan und Präzeptor. Wenn ich behaupte, daß heute gerade diese Weichenstellung in die Irre führt, dann empfiehlt es sich, die ursprünglichen Alternativen in Augenschein zu nehmen. Die Erörterung zielt nicht auf Vollständigkeit, sondern auf Hegel. Bei Hegel läßt sich der faszinierende Versuch beobachten, die Einheit der überkommenen Differenz zu denken und – da sie sich auf Gesellschaft nicht mehr und noch nicht wieder gründen läßt – sie als Sittlichkeit zu fassen. Daß es mit Gesellschaft alleine auch nicht getan ist, hat gegen seine Absicht Marx belegt. Beide Pole zusammen ergeben den Rahmen für die Aufgabe, die sich heute stellt: Staatstheorie zu denken in der Perspektive einer ethisch verantwortlichen und verantwortbaren Gesellschaft.

Die zentrale Idee, die Hobbes von Machiavelli unterscheidet, ist die Gründung der raison d'être des Staates auf

Vertrag. Für Machiavelli genügt Macht, gemildert durch virtù und unterstützt durch fortuna. Aber hundert Jahre nach Machiavelli, in der Zeit von Descartes, Francis Bacon und Galilei, läßt sich die Vernünftigkeit des Staates nicht mehr unabhängig von der Vernunft der dem Staat unterworfenen Menschen postulieren. Entscheidend ist allerdings, daß Hobbes der Vernunft des Menschen nicht traut – hierin ist er ganz Machiavellist. Denn die Übereinstimmung von Menschen durch Vertrag ist nicht natürlich, sondern »künstlich«. Und deshalb

> »ist es kein Wunder, daß außer dem Vertrag noch etwas erforderlich ist, um ihre Übereinstimmung beständig und dauerhaft zu machen, nämlich eine allgemeine Gewalt, die sie im Zaum halten und ihre Handlungen auf das Gemeinwohl hinlenken soll.«[1]

Das Hobbessche Problem der Ordnung folgt nicht aus der vertraglichen Bindung, sondern aus den nicht-vertraglichen Elementen dieses Vertrages. Diese erst ermöglichen den Vertrag und garantieren seine Einhaltung. Die Leichtigkeit, mit der Durkheim bei seiner Behandlung der nicht-vertraglichen Elemente des Vertrages auf die staatlich garantierte Rechtsordnung zurückgeht, läßt den Unterschied zu Hobbes deutlich werden: Hobbes geht, wie Machiavelli vor ihm und viele, von Rousseau bis Rawls, nach ihm, von einer bestimmten Natur des Menschen und einem originären Zustand aus. Er gewinnt damit einerseits die tabula rasa eines »bestimmten Anfanges«, manövriert sich aber zugleich in unentwirrbare Konstruktionsprobleme, weil jeder »bestimmte Anfang« nur fiktional sein kann.[2] Verträge in einer originären Position sind instabil selbst dann, wenn der Vertrag zum beiderseitigen Vorteil ist, weil nicht ausgeschlossen werden kann, daß der eine den Vertrag bricht, wenn der andere vorgeleistet hat. Stabilität im Sinne der Verhaltenssteuerung und Erwartungssicherung der Vertragschließenden setzt deshalb tatsächlich, wie Hobbes schreibt, etwas »außerhalb« des Vertrages voraus, was dessen Einhaltung sichert. Da nun in einer originären Situation außerhalb des Vertrages nichts

1 Hobbes 1984 (1651), 134
2 Fishkin 1989, 6ff.

weiteres da ist, ist eine zweite Fiktion nötig: die mit dem Vertragsschluß zusammenfallende Konstituierung einer dritten Größe. Für Hobbes ist diese Größe der Staat, der ein absoluter ist, weil ihm gegenüber – da er außerhalb des Vertragsverhältnisses steht – keine Rechte geltend gemacht werden können.

Mit diesem Verbot der Ebenenüberschreitung, oder anders formuliert: diesem Einzug eines »inviolate level«[3], löst Hobbes das Problem des zirkulären Regresses von wechselseitigen Gehorsamspflichten. Aber er löst es durch ein nicht begründbares Verbot. Er setzt damit einen wunden Punkt, welcher weder durch Metaphysik noch durch Logik zu heilen ist, sondern grundsätzlich erst bearbeitet werden kann, wenn es möglich sein wird, die reflexive Konstituierung legitimer politischer Herrschaft als notwendiges Paradox zu durchschauen. Dazu später. Nicht umsonst nennt Hobbes seinen Leviathan einen »sterblichen Gott«; sterblich, weil Staaten untergehen können; einen Gott, weil sein Staat die nicht mehr begründbare Funktionsstelle von Gott einnimmt. Dem entspricht auch seine Ablehnung der Gewaltenteilung.[4] Jede Teilung der souveränen Gewalt des Staates hätte das Problem der letzten Begründung von Herrschaft oder Entscheidungsgewalt wieder aufgerufen.

Für eine gegenwärtige Staatstheorie ist Hobbes vor allem in zwei Hinsichten bedeutsam. Zum einen vermittelt er zwischen der mittelalterlich-christlichen Tradition und der bestürzenden Modernität Machiavellis und setzt an die Stelle der Differenz von Glauben und Gewalt die Einheit einer auf Vertrag gegründeten säkularen Souveränität des Staates. Zum anderen vermittelt er die Idee dieser Einheit über Locke und Hegel an eine Gegenwart, welche den egoistischen, aber friedlich koexistierenden Besitzindividualismus der Bürger[5] zur letzten Legitimationsgrundlage des benevolenten Ordnungsstaates einer Gesellschaft gemacht hat, die dabei ist, sich mit dem unbändigen Erfolg gerade des Besitzindividualismus selbst aufs Spiel zu setzen.

3 Hofstadter 1984, 686ff.
4 Hobbes 1984, 136ff.
5 Macpherson 1962

Es wäre ein gefährlicher Trugschluß, die Bedeutung Hobbes für die gegenwärtige Problematik des Staates geringzuschätzen, weil die Gefahr, die aus der absolutistischen Seite des Leviathans folgt, weitgehend gebannt erscheint. Denn es ist die verstecktere, aber komplementäre Seite der staatlichen Absicherung einer Herrschaft des individuellen, utilitaristischen Kalküls, welche heute in ihren apokalyptischen Konsequenzen absehbar ist, nachdem schon Hegel die physische und »moralische Degradation«[6] durch die Armut beklagt hatte, welche mit dem gesellschaftlichen Reichtum untrennbar verbunden war. Hobbes' Leviathan war gedacht als reiner Ordnungsstaat; und außer einer Erziehung der Bürger zur Einsicht in diese Ordnung (verbunden mit einer höchst modernen self-promotion von Hobbes) war das Handeln des Staates auf die Durchsetzung von Sicherheit und Rechtsfrieden beschränkt.

Hier setzt ein Jahrhundert später Rousseaus Kritik an. Diese Kritik bezieht sich auf die Rolle des Staates allerdings in einem Kontext des Denkens über Natur, Mensch und Gesellschaft, welcher sich von demjenigen Hobbes' radikal unterscheidet. Nicht mehr religiös motivierte Bürgerkriege und Anarchie standen Rousseau als Kristallisationspunkt des Denkens vor Augen, sondern der moralische Verfall der Rokoko-Gesellschaft und die Künstlichkeit der Institutionen des Ancien régime. Legte Hobbes das Antonym Staat – Anarchie zugrunde, so war für Rousseau der Gegensatz von Staat und Natur maßgebend. War für Hobbes der Staat die Rettung vor der Anarchie eines Kampfes aller gegen alle, so im Gegenteil für Rousseau die immer drohende Verfälschung des den Gesellschaftsvertrag tragenden Gemeinwillens durch Partialinteressen.[7]

Für die Bestimmung der Funktion des Staates ist ausschlaggebend, daß Hobbes sich mit dem absoluten, aber äußeren Rahmen einer Friedensordnung zufriedengab, weil innerhalb dieses Rahmens die kalkulierende Vernunft des Men-

6 Hegel 1983 (1819/20), 194

7 Rousseau 1977 (1755), 33; Fetscher 1984, XXVIII f. Ausführlich Yack 1986 zur Rousseauschen Idee der gesellschaftlichen Deformation des eigentlich Menschlichen.

schen seine Leidenschaften und Ängste austarierte. Daraus folgte, daß der utilitaristisch kalkulierenden Vernunft durch den Staat gerade freie Bahn geschaffen werden mußte und der geordnete Egoismus der Untertanen Voraussetzung des Gemeinwohls war. Hobbes ging so weit, auch »Reformen und Neuerungen« abzulehnen, weil der Streit darüber die Öffentlichkeit »in Wirren und Bürgerkrieg« stürzen würde.[8]

Ganz anders Rousseau: In aller Schärfe spricht er von der »Tyrannei des Reichen« gegen den Armen und bezeichnet es als notwendigste und schwerste Aufgabe einer Regierung, den Armen davor zu schützen.

> »Eine der wichtigsten Aufgaben der Regierung besteht also darin, diese äußerste Ungleichheit der Besitztümer zu verhindern, und zwar nicht dadurch, daß man die Reichtümer ihren Besitzern wegnimmt, sondern daß man alle der Mittel beraubt, sie anzuhäufen«[9],

und er fährt fort mit einer Aufzählung von staatlichen Aufgaben und Maßnahmen, welche sich liest wie ein Katalog sozialstaatlicher Interventionsformen einschließlich des sehr modern anmutenden Vorschlags, keine Krankenhäuser für die Armen zu bauen, »sondern den Bürger davor (zu) behüte(n), krank zu werden.«

Von den vielen Unterschieden zwischen Hobbes und Rousseau wird hier dieser hervorgehoben, weil er sich in der staatsphilosophischen und staatstheoretischen Debatte bis heute wie ein roter Faden durchzieht. Er betrifft die grundlegende Problematik des Verhältnisses von Eigentum und Herrschaft, von Ökonomie und Politik und entzündet sich an der Frage, ob ein besitzindividualistisches Verständnis des Eigentums den Staat auf bloße Ordnungsfunktion und Friedenssicherung beschränkt oder ob eine Betonung der Sozialpflichtigkeit des Eigentums dazu zwingt, eine gesellschaftliche Gestaltungsfunktion der Politik anzunehmen.[10]

Anstatt diesen roten Faden historisch zu verfolgen, soll hier

8 Hobbes 1984, 133

9 Rousseau 1977, 32

10 Sorgfältig arbeitet dies Saage 1973 am Beispiel Locke und Kant heraus.

das Augenmerk auf Hegels Position gerichtet werden. Denn bei Hegel verdichtet sich die Antinomie von besitzindividualistischer Freiheit und staatsbürgerlicher Gleichheit zur Entdeckung der bürgerlichen Gesellschaft in ihrer ganzen Widersprüchlichkeit einerseits und in dem ebenso heroischen wie vergeblichen Versuch andererseits, demgegenüber die reine Sittlichkeit des Staates und seiner Institutionen zu bewahren. In Hegel trifft das Beste und Schlimmste staatstheoretischer Reflexion zusammen. Auch deshalb ist seine Staatstheorie heute noch wichtiger als nahezu alles seither. Vom Schlimmsten – der philosophischen Überhöhung des Faktischen – kann man lernen, warum gerade die Staatstheorie jeder Praxis des Staates mißtrauen muß.[11] Vom Besten – der philosophischen Fundierung des Faktischen – kann man lernen, daß Staatstheorie als Theorie so gestaltet werden kann, daß sie politische Praxis herausfordert.[12]

Hegel entdeckt die bürgerliche Gesellschaft als »die Differenz, welche zwischen die Familie und den Staat tritt«[13]. Bis zu diesem Satz galt in der abendländischen Welt die platonisch-aristotelische Vorstellung einer Einheit der Polis als »koinonia politike« oder »societas civilis sive politica«, welche dem einzelnen ebenso wie dem Oikos als ursprünglichere Einheit vorgeordnet ist und in bezug auf welche der Bürger und das Haus erst ihre Bestimmung, ihren »natürlichen Sinn«, erhalten. Die geschlossene Hauswirtschaft, die auf Selbstgenügsamkeit (Autarkie) ausgerichtet ist, bindet die individualistische Dynamik eines rein utilitaristischen Gewinnstrebens in die familiale Ordnung des Oikos ein und zugleich in das höherrangige Ziel des guten oder gar vollkommenen Lebens der öffentlichen, politischen Gemeinschaft.

Nach John Locke, Adam Smith und dem unübersehbaren Beginn der Industrialisierung mit all ihren Folgeerscheinungen wäre es verwegen gewesen, der Familie noch diese einbindende Kraft zuzusprechen. Aber der Staat? Warum sollte der Staat diese Kraft nicht haben, nachdem Hobbes

11 S. dazu die gründliche Abwägung bei Ilting 1973
12 S. dazu Henrich 1983
13 Hegel 1970 (1821), 339, Zusatz zu § 182

ihm auch diese Aufgabe uneingeschränkt zugewiesen und nachdem selbst Rousseau vom Staat die Mäßigung der individualistischen Nutzenkalküle erwartet und gefordert hatte? An dieser Frage läßt sich beispielhaft Hegels Dilemma aufzeigen. Er hatte Smith, Say, Ricardo und andere gelesen[14] und an Smiths' berühmtem Stecknadelbeispiel die Bedeutung der auf Arbeitsteilung beruhenden Industriellen Revolution in ihrer Widersprüchlichkeit demonstriert.[15] Er war Zeitgenosse der Amerikanischen und der Französischen Revolution, und er hatte mit und teilweise trotz Kameralistik und Merkantilismus die Entstehung einer Fabrikanten- und Kaufmannsschicht[16] einerseits, einer Schicht verarmter Proletarier andererseits gesehen.

Noch Kant hatte auf diese Situation mit dem Postulat der Einheit einer Gesellschaft reagiert, deren Bürger sich dem Gesetz als Garantie von Ordnung und Sicherheit unterwarfen. In kritischer Distanz zu Hobbes und auch Rousseau und in vorsichtiger Annäherung an Locke vertrat er den Vorrang der Gesellschaft vor dem Staat und versprach sich die Mäßigung des Besitzindividualismus von einer Emanzipation der Bürger und der regulativen Kraft des kategorischen Imperatives. Es war dann nur konsequent, wenn er es ablehnte, daß der Staat für die Wohlfahrt seiner Bürger zu sorgen habe (etwa durch Handel, Landbau oder indem er »künste für seine Rechnung treiben lasse«[17]); und wenn er ebenso ablehnte, daß auf der anderen Seite der Staat ohne Zustimmung der Bürger diesen den Kriegsdienst befehlen könne.

Hegel dagegen wollte gegen die Turbulenzen des 18. Jahrhunderts die Einheit des Staates setzen. Aber aufgrund der bereits aufgebrochenen gesellschaftlichen Widersprüche konnte er nur »im Ausgang von Differenz wieder zur Einheit kommen.«[18] Diese Differenz war die Entdeckung einer

14 Hegel 1970, 347
15 Hegel 1983, 159
16 S. die Darstellung am Fall der preußischen Seidenindustrie bei Saage 1973, 137ff.
17 Kant, Akademieausgabe Bd. XIX, 7999, zit. bei Saage 1973, 62 (Kleinschrift im Original)
18 Luhmann 1987, 67

»bürgerlichen Gesellschaft« als des Reichs des universellen Egoismus, welche der Familie (als dem Bereich des partikularen Altruismus) und dem Staat (als dem Bereich des universalen Altruismus) gegenüberstand. Die kontinentalen Staatstheorien seither haben diese von Hegel gesetzte Unterscheidung von Staat und Gesellschaft geerbt. Die Auseinandersetzung mit diesem Erbe ist nirgends abgeschlossen. Eher ist die Frage zu stellen, ob sie je adäquat begonnen wurde. Während liberalistische und sozialistische Kritiker der Hegelschen Trennung von Staat und Gesellschaft mit simpler Negation antworteten, also die Auflösung der Trennung forderten oder voraussagten, bis hin zum Postulat eines Verschwindens des Staates, übersahen konservative Kritiker in einer ebenso simplen Überhöhung des Staates die eigentliche Leistung Hegels, nämlich: die Notwendigkeit des Auseinandertreibens von Staat und Gesellschaft erkannt und dennoch nicht die Vereinzelung als Auflösung, sondern die Differenz als Aufhebung gedacht und durchgehalten zu haben. Dieser Ausgang Hegels stellt bis heute das Problem, wie die Einheit einer Gesellschaft gedacht werden könnte, die unwiderruflich den Weg der Evolution durch Differenzbildung eingeschlagen hat.[19] Für die historische Durchsetzungsgewalt des Primats der funktionalen Differenzierung braucht es heute keine Beweise mehr. Auch hier gilt, nach dem Herbst 1989, daß »keine Geschichte lehrreicher als diejenige (ist), die ich täglich in den Zeitungen lese. Hier kann ich sehen, wie alles kommt, vorbereitet wird, sich entwickelt.«[20]

Nicht nur die Theorie des Staates hat, bei aller kritischen Erörterung bis heute, es nicht vermocht, das Verhältnis zwischen Staat und Gesellschaft einigermaßen plausibel – und das hieße: dem Stand der Gesellschaftsgeschichte entsprechend – zu bestimmen. Auch der augenscheinlich so erfolg-

19 Nach Hegel muß eine wirkliche Einheit Unterschiede schützen und bewahren: »Daß die Geschäfte der allgemeinen Interessen des Staates in ihrem notwendigen Unterschiede auch voneinander geschieden organisiert seien, diese Teilung ist das eine absolute Moment der Tiefe und Wirklichkeit der Freiheit; denn diese hat nur so Tiefe, als sie in ihre Unterschiede entwickelt und zu deren Existenz gelangt ist.« (Enzylopädie, §541)

20 Kant an Abegg, zit. bei Saage 1973, 144

reichen Praxis des Interventions- und Wohlfahrtsstaates ist es nicht gelungen, den grundsätzlichen Zweifel an der Vernünftigkeit und Legitimität seiner selbstgestellten Aufgaben auszuräumen. Nach wie vor ist es eine offene Frage, ob der Wohlfahrtsstaat bei all seiner Verstrickung in die Operationsweise einer hochkomplexen Gesellschaft eine unterschiedene, autonome Einheit ist, ob er die Gesellschaft steuert oder auf deren eigene Operationszwänge nur reagiert.

Schon bei Hegel hätte man herauslesen können, was heute die moderne soziologische Systemtheorie deutlich zu machen versucht: die ganze Frage, so gestellt, ist unfruchtbar und verhindert geradezu die Sicht auf das eigentliche Problem. Das eigentliche Problem ist die *gleichzeitige Steigerung* zweier Entwicklungen, welche die sich entfaltende Industriegesellschaft charakterisieren: Einerseits die Trennung zwischen Staat und Gesellschaft durch einen sich perfektionierenden Prozeß der funktionalen Differenzierung und andererseits die Konfusion von Staat und Gesellschaft durch die Ubiquität des Problems organisierter Komplexität.[21] In besonders krasser, geradezu Rousseau'scher Weise hat gerade Marx auf diese beiden Momente ablehnend reagiert, ohne ihre Dynamik und Zukunftsträchtigkeit wahrzunehmen. Aber auch die Verfechter der reinen Staatlichkeit, von Carl Schmitt bis Forsthoff, sind mit ihren Vorstellungen an der gesellschaftsmächtigen Realität dieser beiden Merkmale gescheitert. Heute ist es notwendig und möglich, die Alternative insgesamt zurückzuweisen, die seit Hegel das Feld beherrscht hat: entweder die Trennung von Staat und Gesellschaft unter der Dominanz eines idealen oder absoluten Staates oder die Verschmelzung von Staat und Gesellschaft in der differenzlosen Einheit des utilitaristischen oder sozialistischen »pursuit of happiness«.

Weist man diese Alternative als unterkomplex zurück, dann kommt eine ganze Reihe produktiver Optionen in den Blick: vor allem ein Verständnis von Gesellschaft als umfassendem, aber funktional differenziertem Sozialsystem, welches eine gleichzeitige Steigerung von Independenzen und Interde-

21 Willke 1989, Kap. 2 und 3

pendenzen ebenso zuläßt wie eine gleichzeitige Steigerung von Exklusion und Inklusion, von Differenzierung und Re-Integration, von Selbstreferenz und Fremdreferenz; und welche insgesamt zu einer Architektur organisierter Komplexität sich entwickelt, in der eine heterarchische Gesamtstruktur mit dekomponierbaren Hierarchien innerhalb der Teilsysteme sich verbindet.[22] Damit sind Eckwerte einer theoretischen Perspektive genannt, welche die Gestalt einer gegenwärtig im Kontext der soziologischen Systemtheorie sich herausschälenden Staats- und Rechtstheorie markieren.[23] Ich komme im einzelnen darauf zurück. Zunächst ist es nötig, die Selbstbewegung des (kontinentalen) Staates seit Hegel nachzuzeichnen, um die Paradoxie der gegenwärtigen Situation des Staates begreifen zu können. Der Siegeszug des Sozial- und Wohlfahrtsstaates[24] ließ diesen nicht unbeschädigt. Zwar ist mit der Stabilisierung des Sozialstaates wohl, wie gesagt, die Hobbessche Gefahr eines absoluten Staates weitgehend gebannt; doch der komplementären, wenngleich weniger dramatischen Gefahr der wohlmeinenden Erziehungsdiktatur Rousseauscher Prägung[25] ist der moderne Staat erlegen. Alle gesellschaftlichen Teilsysteme sind heute vom Staat abhängig in einer ebenso einschneidenden wie diffusen Weise. Dies gilt für die Kirchen ebenso wie für Uni-

22 Einen ersten Überblick über die zugrundeliegenden Konzepte der Architektur von Komplexität bieten McCulloch 1965, Simon 1978 und Minsky 1988, 12ff.

23 Luhmann 1987, Teil II; Teubner 1989; Teubner/Willke 1984; Willke 1989, Kap. 4; aufschlußreich für die amerikanische Diskussion auch Lehman 1988

24 Dazu im Detail Alber 1989 und Flora/Alber/Kohl 1977

25 Zweifellos ist deren Widersprüchlichkeit bei Rousseau selbst schon angelegt. So schreibt er einerseits im Emil: »Die Tendenz der Gesetze aller Länder ist, immer den Starken gegen den Schwachen, den Reichen gegen den Habenichts zu begünstigen. Dieser Mißstand ist unvermeidlich und ausnahmslos«. Andererseits verlangt er in der Abhandlung über die Politische Ökonomie die öffentliche Erziehung der Kinder: »Die öffentliche Erziehung unter den von der Regierung vorgeschriebenen Regeln und unter den vom Herrscher eingesetzten Beamten, ist also eine der Grundmaximen der Volks- oder legitimen Regierung.« (Rousseau 1977, 32 u. 36) Heute stellt sich das Problem nicht nur im Hinblick auf die Erziehung der Kinder.

versitäten oder Rundfunkanstalten, für Wohlfahrtsverbände ebenso wie für Schulen oder neue Technologien. Für alle Bereiche muß der Staat zu wissen vorgeben, was das Richtige und Gute sei. Die Trivialisierung des Gemeinwohls in der Verfilzung von Staatsaufgaben und Staatsgeschäften ist unübersehbar. Riskant für die betroffenen Gesellschaften wird dieser Stand der Dinge vor allem dadurch, daß in der herkömmlichen Staatstheorie die Grundlagen für eine Einsicht in die Ursachen ebenso fehlen wie die Voraussetzungen für eine kritische Auseinandersetzung mit dem Gegebenen.

Ein erster Schritt könnte sein, die Mutation der Hegelschen Doppelrolle des Staates (als Not- und Verstandesstaat einerseits, als Idee der Sittlichkeit andererseits) hin zu einem tragischen Double-bind nachzuzeichnen. Denn daraus läßt sich erkennen, daß es keinen Sinn macht, ein Scheitern des Staates an die Wand zu malen, sondern daß es gerade der Erfolg der Idee und der Praxis des Wohlfahrtsstaates ist, welcher die drängendsten Probleme schafft.

Der Double-bind des Wohlfahrtsstaates liegt darin, daß extrem widersprüchliche Anforderungen zugleich an ihn gerichtet werden. Er soll einerseits die hierarchische Spitze und das Zentrum einer Gesellschaft repräsentieren, welche der staatlichen Aufsicht und Kontrolle bedarf, um der zentrifugalen Dynamik der vielen utilitaristisch orientierten gesellschaftlichen Partialinteressen und -rationalitäten gegenzusteuern. Er soll andererseits genau diese autoritative und hierarchische Kontroll- und Entscheidungsbefugnis aufgeben, um die Autonomie und Selbstorganisation einer machtvollen und selbstbewußten Gesellschaft nicht zu stören. Und er kann drittens sich beiden Verpflichtungen nicht entziehen, weil eine überwältigende intellektuelle Tradition seit Platon den Staat als reale Einheit begreift, deren Aufgabe die Perfektionierung der Gesellschaft sei. Diese perplexe Zumutung an den Staat wird im 19. Jahrhundert von der Emphase eines nur von Nietzsche gestörten Glaubens an Rationalität und Fortschritt überdeckt. Erst im Ausgang des 20. Jahrhunderts, welches zutiefst von zwei Weltkriegen geprägt ist und erst im letzten Viertel zu sich selbst, das heißt zur Auseinandersetzung mit dem Widersinn seines Fortschritts kommt, bricht die untergründige Paradoxie des Staates wieder auf. Nun wird diese als Tragik erkennbar: der Staat als Opfer seines Erfolges.[26]

Um diesen Erfolg zu beschreiben ist es nötig, die historischen Momente der Säkularisierung der Politik, der Kontingenz gesellschaftlicher Ordnung und der Zivilisierung der Politik zu umreißen. Denn es sind diese Momente vor allem, welche die Ausbildung des präzeptoralen Staates begünstigt haben. Nicht nur der autoritäre Staat als Großer Bruder, sondern vor allem der benevolente Staat als Großer Lehrer ist es, so hatte ich eingangs gesagt, dem die Moderne ihre neuartige Riskiertheit verdankt. Dies hat schon Lindblom geahnt, als er das »präzeptorale System« als Alternative jenseits von Markt und Staat beschrieb.[27] Zwar tat er dies am ungeeigneten Objekt, nämlich am Beispiel von China, Kuba und Jugoslawien, die ausnahmslos als Alternativen gescheitert sind, während die erfolgreichsten und riskantesten Beispiele präzeptoraler Systeme vor allem in den Fällen Japan, Skandinavien und Bundesrepublik und in den 80er Jahren auch in den USA und in Großbritannien zu suchen sind. Aber Lindblom hat immerhin die Augen für die Möglichkeit eines Herrschaftssystems geöffnet, das weder der staatlichen Autorität noch dem Markt allein die Kontrolle der Kontingenz menschlichen Handelns überträgt, sondern einer dritten Form, deren Regime in Tocquevilles Worten »peinlich genau, regelmäßig, vorausschauend und milde« ist[28] und deren Realisierung nicht in mehr oder weniger exotischen Ländern gesucht werden muß, sondern nicht zufällig in den entfaltetsten Formen des Wohlfahrtsstaates.

Schon der mit dem Auseinandertreten von kirchlicher und politischer Herrschaft beginnende Prozeß der Säkularisierung, dem wir uns nun zuwenden, stellt die Frage der Begründung und Begründbarkeit von Herrschaft in einen neuen Zusammenhang. Wenn Lindblom ein präzeptorales System definiert »als ein System sozialer Steuerung und Kontrolle mittels höchst einseitiger Meinungsbeeinflussung

26 Ausführlich dazu Willke 1986; s. auch Logue 1979
27 Lindblom 1980 (1977), Kap. 4 und 21
28 Lindblom 1980, 99

seitens der Herrschaftsgewalt, die nicht nur an eine Elite oder an eine Bürokratie, sondern an eine ganze Bevölkerung gerichtet wird«[29], so bereitet es keine Schwierigkeiten, die Etablierung einer säkularen Ordnung zugleich als Beginn der Notwendigkeit zu sehen, den sich allmählich vollziehenden Verlust einer universalen, traditional-religiösen Fundierung von Herrschaft zu kompensieren durch eine funktional äquivalente Belehrung des Volkes.

1.1 Säkularisierung

Die Formel »cuius regio, eius religio« des Augsburger Religionsfriedens (1555) markiert die gesellschaftliche Notwendigkeit von Politik. Politik im nicht-traditionalen und in diesem Sinne »modernen« Verständnis von weltlicher Herrschaft wird nun zu jener Einheit innerhalb der Gesellschaft, welche die Einheit dieser Gesellschaft repräsentiert und stabilisiert. Die Religionskriege des 16. und 17. Jahrhunderts erschütterten den Glauben an eine prästabilisierte, religiös fundierte Ordnung von Gesellschaft und brachten die Frage zur Entscheidung, ob die Souveränität einer politischen Einheit auf religiöse oder weltliche Macht gegründet sein muß. Noch ein Jahrhundert vor Hobbes reagierte Jean Bodin auf die religiösen Bürgerkriege in Frankreich (und auch auf die ökonomische Zerrüttung, die sich in Inflation ausdrückte) mit der Vorstellung eines Staates, der über einen »gemeinsamen öffentlichen Bereich« die souveräne Herrschaftsgewalt ausübt, indem er das Gesetzgebungs- und Gewaltmonopol für sich beansprucht – gerade auch gegenüber den mittelalterlichen Gewalten von Papst und Kaiser.[30]
Die Formel des Religionsfriedens, wie später die des Edikts von Nantes (1598), beleuchtet einen historischen Trend der Auflösung der mittelalterlichen Gesellschaftsordnung und des Übergangs zu einer säkularen Ordnungsbegründung. Als Bedingung der Möglichkeit gesellschaftlicher Ordnung und politischer Einheit reichte *Fremdreferenz* auf Gott nicht

29 Lindblom 1980, 102
30 Bodin 1976 (1583), 19ff.

mehr aus. Zwingend wurde nun der vorgelagerte Rückgriff auf *Selbstreferenz*, auf weltliche Macht und politische Herrschaft, zur Begründung von weltlicher Macht und politischer Herrschaft.[31]

Sicherlich mildert auch Bodin den Übergang ab, indem er die Legitimität des Monarchen daran bindet, daß dieser den »Naturgesetzen« folgt und unter anderem »Gott über alles fürchtet«.[32] Aber auch die Legitimationsformel »Natur« überbrückt die Differenz zwischen Transzendenz und Immanenz, zwischen Fremdreferenz und Selbstreferenz, zwischen Religion und säkularer Ordnung nur für eine bestimmte Zeit. Je deutlicher die »okzidentale Rationalisierung« und die ihr zugrundeliegende funktionale Differenzierung der europäischen Gesellschaften sich Bahn brechen, desto massiver untergräbt die interne Dynamik von Buchdruck, neuzeitlicher Wissenschaft und industrialisierter Ökonomie jeden Anspruch auf eine transzendente Fundierung der Gesellschaftsordnung.

Eine immanente Fundierung aber bereitet die größten Schwierigkeiten. Obwohl mit dem Toleranzprinzip, der Eigentumsgarantie, der Vertragsfreiheit, dem Zustimmungsvorbehalt zum Gesellschaftsvertrag, dem Freiheitsprinzip und schließlich den Bürger- und Menschenrechten der Amerikanischen und Französischen Revolution alle wesentlichen Momente einer säkularen Begründung gesellschaftlicher Ordnung versammelt waren, fehlte nach wie vor der entscheidende Schlußstein: die Rückführung aller dieser Bestandteile auf eine unverrückbare letzte Legitimationsgrundlage, die nicht nur transzendent wäre wie Gott oder Natur; und nicht nur vorläufig wie Vernunft oder Geschichte.

Diese Schwierigkeit führt dazu, daß Säkularisierung bis heute kein abgeschlossenes Projekt ist und viel mehr impliziert als die Ablösung religiöser Begründungen der Ordnung von Gesellschaften. Säkularisierung meint bis heute die Suche nach einer Legitimationsformel, die nach dem Scheitern

31 »Überlegung und Einsicht lassen uns zu dem Schluß kommen, daß Staaten ursprünglich mit Gewalt gebildet worden sind.« Bodin 1976, 15

32 Bodin 1976, 53

von Gott und Natur, Mensch und Interesse, Vernunft und Geschichte die Einheit von Gesellschaft begründen könnte. Stutzig müßte schon machen, daß zwei der herausragenden gegenwärtigen Formeln – das Prinzip der Fairneß bei Rawls und Nozick sowie das Prinzip der verallgemeinerungsfähigen Interessen und des herrschaftsfreien Diskurses bei Habermas[33] – die Überzeugungskraft von Papiertigern haben: Sie sehen nicht schlecht aus, aber was haben diese Formeln mit der Realität der modernen, hochentwickelten Gesellschaften zu tun?[34] Diese verspäteten Versuche nehmen sich seltsam kontur- und farblos aus, schon wenn man sie an ihren großen Vorläufern mißt – der »inneren« Lösung Kants, der mit dem kategorischen Imperativ auf eine internalisierte Kontrolle am Maßstab des möglichen *allgemeinen Gesetzes* abhob; und der »äußeren« Lösung von Hegel, der den Staat begreift als »die Erweiterung des Zwecks zu dem an und für sich *Allgemeinen*«.[35] Für den Ausgang des 18. Jahrhunderts waren diese Formeln angemessen. Aber gegen Ende des 20. Jahrhunderts läßt sich von der Einheit einer Gesellschaft, von Allgemeinheit oder von flächendeckender Fairneß im Ernst nicht mehr sprechen. Denn es ist gerade das Problem moderner Gesellschaften, daß ihre unvermittelte Einheit unwiderruflich verlorengegangen ist, daß ihre Zersplitterung in viele hochentwickelte und durchrationalisierte Teil-Diskurse die zentrifugale Dynamik dieser Gesellschaften prägt und daß im Rahmen dieser Umstellung von Einheit auf Differenz gerade auch die Rolle von Politik und Staat in den überkommenen Formeln nicht mehr angemessen definiert werden kann.

Schon die Ausbildung der Politik (mit Machiavelli und Bodin) als Ort der Entscheidung über Gewalt und Gesetze stößt zwei höchst folgenreiche und konträr-komplementäre Entwicklungen zugleich an. Zum einen setzt sich mit der

33 Rawls 1971, Kap. 1 und 2; Nozick 1974, 90ff. Habermas 1981, I, 385ff. 1976, 92ff.

34 Rorty (1989, bes. 127 f) bezeichnet die Richtung der Kritik in denkbar präziser Weise; seine Schlußfolgerung einer »poetisierten« Gesellschaft muß man damit nicht akzeptieren. Dazu unten Kap. 5.

35 Hegel 1983, 207

Differenz von Politik und Nicht-Politik (und darunter kann zunächst Religion, dann aber z. B. auch Ökonomie verstanden werden) der Spaltpilz exklusiver Zuständigkeiten von Teilen innerhalb des Ganzen von Gesellschaft fest. Zum anderen gründet die Politik mit der Usurpierung der Entscheidung über den Einsatz von Gewalt und über die Frage von Recht und Unrecht sich nun auf Willkür, nachdem Gott und Natur nicht mehr überzeugen. Die Gründung auf Willkür zieht das Folgeproblem nach sich, daß Willkür »um des Friedens willen jetzt nur noch an einer Stelle im System akzeptabel (ist): an der Spitze.«[36] Diese ebenso künstliche wie unabdingbare Begrenzung notwendiger Willkür ist das Grundproblem der gerade erfundenen säkularen Politik, ein Problem, das in Kontinentaleuropa den Staat als Lösung generiert.

Der Staat ist ein enfant naturel von Hierarchie als Ordnungsprinzip und Souveränitätsidee als Legitimationsprinzip. Die schichtungsmäßige Differenzierung feudaler Gesellschaften schuf zwar die Voraussetzungen für eine hierarchische Gesellschaftsstruktur. Doch blieb diese einer prädominant religiösen Legitimierung insofern verhaftet, als die geschichtete Ordnung dem göttlichen Ordnungsbild entsprach und über jedem weltlichen Stand Gott als unbestrittene Spitze der Hierarchie die Ordnung des Ganzen begründete. Erst als, beginnend im 16. Jahrhundert, mit Luther und Bodin der Souveränitätsgedanke formuliert werden konnte in Gestalt des exklusiven Rechts eines weltlichen Herrschers zur Gesetzgebung, entstand in der Semantik der politischen Theorie jenes zentrale Verbindungsstück, über welches Hierarchie, säkulare Ordnung, Souveränität des Herrschers und Souveränität des Staates verknüpft und wechselseitig stabilisiert werden konnten.

Noch über die Bifurkation von Amerikanischer und Französischer Revolution hinaus rettete Hegel die Idee des souveränen und absoluten Staates in das 19. Jahrhundert – also in eine Zeit, in der der Übergang von stratifikatorischer zu primär funktionaler Differenzierung durchaus schon Thema war. Hegel sieht sehr genau, daß der klassische Begriff der

36 Luhmann 1989, 15

»societas civilis« irreführend geworden war, ja daß er die grundlegende Änderung der Gesellschaftsstruktur, die im Laufe des 18. Jahrhunderts sich anbahnte, eher verdeckte: nämlich die klare Ausdifferenzierung zumindest der Bereiche Politik, Ökonomie und Familie. Frühe Vertreter der Politikökonomie wie Adam Smith oder Ferguson nahmen den aristotelischen Begriff der »bürgerlichen« oder »zivilen« Gesellschaft wieder auf in dem Versuch, die Ökonomie auch noch in Form der beginnenden Industrialisierung in das aristotelische Modell zu integrieren. Aber damit gelang weder eine adäquate Beschreibung des politischen Systems der sich entwickelnden Gesellschaftsformation noch eine Bezeichnung der politischen Implikation dieser neuen Form von Ökonomie.
Hegel dagegen bricht radikal mit den aristotelischen Begriffen und definiert nun »Bürgerliche Gesellschaft« als das System der partikularen Bedürfnisse und Interessen, als Sphäre des universalen Egoismus. Er nimmt sehr genau die Folgen der gesellschaftlichen Arbeitsteilung, der Industrialisierung der Ökonomie und der zunehmenden Differenzierung wahr und stößt folgerichtig auf die entscheidende Frage: Welche Instanz bleibt, um die Identität dieser Gesellschaften angesichts der Diversität ihrer Teile zu repräsentieren? Und seine berühmte (und manche meinen: berüchtigte) Antwort ist: der Staat als die Sphäre des universellen Altruismus.
Hegels Idealisierung des Staates hat seit jeher das Lager seiner Exegeten und Kritiker gespalten. Über diesem Streit ist aus dem Blickfeld geraten, daß eine durchaus naheliegende Interpretation seiner Staatsidee diejenige ist, seine Idee vom Staat ernst zu nehmen als Beschreibung des *Staates als Idee*. Immer wieder spricht Hegel vom Staat als »geistiger Einheit«, als »sittlichem Geist«, als »Wirklichkeit der sittlichen Idee«.[37] Dies ist nicht die Beschreibung realer Gegenstände in ihrem empirischen Sein; es ist vielmehr die Beschwörung einer regulativen Idee, eines Geltungszusammenhanges von Regeln, die die Einheit eines Systems gewährleisten sollen, dessen empirische Evidenz auf zentrifu-

37 Hegel 1983, 208ff.

gale Kräfte, partikulare Interessen und divergierende Absichten verweist.
Von den Höhen der Hegelschen Position aus läßt sich nun beobachten, daß die Idee des Staates als das sittliche Ganze, das auf die Verwirklichung der Freiheit gerichtet ist[38], auf das Grundproblem der Legitimität von Politik antwortet, diese Antwort aber in den Sog der sich entfaltenden Unterscheidung von Staat und Gesellschaft gerät. Damit setzt eine Rhetorik der Staatlichkeit ein, die sich auf die Einheit von Gesellschaft in Differenz zum Staat bezieht und für lange Zeit vergessen läßt, daß der Staat ursprünglich ein Hilfsprogramm für die Aufgabe der Politik allein war, nicht aber ein Perfektionierungsprogramm für Gesellschaft insgesamt. Vor allem aber gelingt es damit, die scheinbar einfache Differenz von Staat und Gesellschaft der grundlegenderen und beunruhigenden Differenzierung der Gesellschaft in viele unterschiedliche Teile überzustülpen und mithin der brodelnden gesellschaftlichen Dynamik und Differenziertheit die Idee des allgemeinen Gesetzes gegenüberzustellen, nach dem sich die Gesellschaft insgesamt zu richten habe.
Heute ist es ziemlich einfach, aus dem Kontrast der »staatenlosen« Gesellschaften des common law[39] die Extravaganz dieser Konstruktion zu erkennen. Ein zweiter Blick[40] lehrt aber, daß das ursprüngliche Problem für die Gesellschaften beider Rechts-Traditionen geblieben ist: die Suche nach einer *Form der Politik,* welche die Last einer säkularen Begründung der Einheit von Gesellschaft zu tragen fähig wäre. So versucht Edward Lehman in einer auch theoretisch interessanten Weise, den amerikanischen Staat zugleich als Organisation und als *Supraorganisation* zu begreifen: bezüglich

38 Hegel 1970, 403, Zusatz zu §258
39 Nettl 1968, 562
40 Inzwischen geschärft durch den zaghaften Beginn einer Staatstheorie-Diskussion, die über ziemlich vereinfachende Gerechtigkeitstheorien hinausgeht. Vgl. Easton 1981; Evans u.a. 1985; Cammack 1989; Mitchell 1991, der zwar eine wichtige Frage stellt: »What is it about modern society, as a particular form of social and economic order, that has made possible the apparent autonomy of the state as a free-standing entity?« (91), dann aber, wenig überzeugend, den Staat als »structural effect« (94ff.) doch wieder mystifiziert.

seiner Zweige (der geteilten Gewalten Exekutive, Legislative und Judikative) sei der Staat Supraorganisation, für das politische System (»polity«) aber sei der Staat eine komplexe Organisation, die zwar auf der »höchsten« und umfassendsten Ebene angesiedelt sei, dennoch aber nur einen Teil und einen Teilaspekt des politischen Systems darstelle.[41] Immerhin zeigt die Vertracktheit der Konstruktion sehr deutlich die Schwierigkeit, drei unterschiedliche Fragen in einen plausiblen Zusammenhang zu bringen: eine Klärung der konkreten Beziehung zwischen politischem System und Staat; eine Ablehnung der Reduktion des Staates auf die Exekutive; und die Nähe des Staates zu »Organisation«[42], sobald man den Staat in einzelnen Agenturen und formalen Akteuren verkörpert sieht. Es ist dies ein Ausdruck der eigenartigen Zwischenlage der amerikanischen Staatstheorie, die nach der Wiederentdeckung des Staates diesem eine eigene, autonome Realität zugestehen muß, eine »metatheoretische« Verankerung von Staat *und* politischem System in einer Gesellschaftstheorie aber nach wie vor scheut.[43]

Im kontinentalen Europa bestimmte die *Staatsidee* die Form der Politik. Anstelle des Staates vertritt diese Funktionsstelle in Großbritannien bis heute die Idee der »Krone«, so daß bis heute das politische System ohne geschriebene Verfassung, ohne Grundrechte und mit massiven Eingriffs- und Geheimhaltungsrechten der »Regierung ihrer Majestät« zurechtkommen muß. In den Vereinigten Staaten ist das funktionale Äquivalent zum Staat die Tradition der Gründerväter und die darauf fußende Verfassung. Bei allen Unterschieden liegt das Gemeinsame dieser Konstruktionen darin, die Operationsweise des politischen Systems der Gesellschaft auf eine allgemeine, »letzte« Legitimationsgrundlage zu beziehen. Notwendig ist dies, weil sonst die Funktion der Politik – die

41 Lehman 1988, bes. 817-819

42 »On the other hand, the state is also one organization among other organizations.« (Lehman 1988, 819)

43 Der Verdienst von Lehman (1988) liegt deshalb genau darin, zumindest die Notwendigkeit eines ersten, das politische System umfassenden metatheoretischen Levels für die Analyse des Staates begründet zu haben.

Operationalisierung von Willkür – nicht zu ertragen wäre. Eine zu unverhüllte Sicht auf die Funktion der Politik müßte eine Operationsgrundlage gefährden, die darin besteht, willkürlich zu entscheiden und diese Entscheidungen gesellschaftsweit für verbindlich zu erklären, um im Interesse des inneren Friedens Willkür auszuschließen.

Wie seine funktionalen Äquivalente spielt der Staat für die Politik die Rolle des Alter Ego, an dessen Identität die Kontingenz politischen Entscheidens sich stabilisieren und kontrollierend beobachten läßt. Auch wenn sich im Laufe der Zeit die Idee des Staates, der Verfassung, der Krone ändert, so ändert sich doch nicht alles gleichzeitig und so läßt sich aus der Differenz von Änderungen noch Stabilität gewinnen. So kann der Schock der Etablierung einer säkularen Ordnung und des Entzugs einer nicht mehr hinterfragbaren religiösen Legitimität gedämpft werden. Die Umstellung von Fremdreferenz auf Selbstreferenz der Politik läuft nicht auf sichtbare Paradoxien auf, sondern läßt sich die Hintertür einer Leitidee offen, die als internes Modell der Politik die Paradoxie der Legitimität von Politik in eine Ebenendifferenz umbiegt. Dann läßt sich erfolgreich fingieren, daß der Staat die Politik anleitet, und das Restrisiko der Frage, wer oder was denn den Staat anleite, kann von der Politik getrennt, also entpolitisiert werden.

Schon diese Konstruktion selbst war in einem gewissen Sinne zu erfolgreich. Denn sie leistete einer semantischen Überhöhung des Staates Vorschub, die immer dann besonders gefragt war, wenn es galt, von den »Niederungen« der Politik abzulenken. Die Reifizierung des Staates wurde zu einem semantischen Betriebsunfall von historischem Ausmaß. Die Staatslehre trennt sich von politischer Theorie und Gesellschaftstheorie und verkümmert einerseits zu einer Formenlehre des Staates, ohne eine adäquate Theorie der Form haben zu können[44]; und sie blüht andererseits auf als juristische Disziplin des Staatsrechts, indem sie die Politik als Basis des Staates auswechselte gegen das unbezweifelbarste Produkt der Politik: das Recht.

44 Darauf komme ich unten in Kap. 2 zurück.

Voraussetzung dafür war allerdings eine interne Differenzierung der Politik (im umfassenden Sinne als »Bereich des Öffentlichen«) entlang der Linien der Montesquieuschen Gewaltenteilung in die Bereiche politisches System (Legislative), Verwaltung (Exekutive) und Rechtssystem (Judikative). Das *politische System* verengte sich auf die spezifische Funktion der Generierung und Verabschiedung kollektivverbindlicher Entscheidungen in der Form des »allgemeinen Gesetzes«. Die Implementierung und Durchsetzung dieser Entscheidungen wird zur Aufgabe der *Verwaltung*, die gegenüber den Bürgern handelt. Und der Bezug zwischen *Wählerpublikum* und politischem System organisiert sich über die Rollen von Wählern und Gewählten und über die professionalisierten Organisationen der Parteien an der Leitdifferenz von Regierung und Opposition[45] nach Verfahrensregeln – vor allem der Mehrheitsregel und der Regel des Minderheitenschutzes. Diese Verfahrensregeln erzeugen die Grundlage für eine eigenständige, immanente Legitimität der Politik, wenn sie bestimmten Kriterien genügen. Ich werde darauf zurückkommen, woher diese Kriterien kommen könnten.

Der damit im politischen System installierte »doppelte Machtkreislauf«[46] verknüpft im Medium der Macht die Bereiche Partei-Politik, öffentliche Verwaltung und Wählerpublikum zu einem autonomen, selbstreferentiellen und operativ geschlossenen System auf der Ebene gesellschaftlicher Teilsysteme. Man kann im nachhinein sehen, wie voraussetzungsreich diese Entwicklung bis hin zur operativen Schließung eines autonomen politischen Teilsystems von Gesellschaft ist. Andererseits findet diese Entwicklung ihre Parallele in der sich voll ausbildenden Selbstreferentialität anderer gesellschaftlicher Teilsysteme wie Ökonomie, Wissenschaft, Erziehung, Gesundheitssystem oder Recht. Das

45 Dazu Luhmann 1989

46 Skocpol (1985, 24f.) faßt die hier einschlägigen Arbeiten von Martin Shefter im Ergebnis zusammen: »Lines of determination run as much (or more) from state structures to party organizations to the content of electoral politics as they run from voter preferences to party platforms to state policies.« Vgl. auch Luhmann 1981a, 42f.

Rechtssystem ist für unseren Zusammenhang von besonderer Bedeutung, weil im Schema der Gewaltenteilung der Judikative die Aufgabe zukommt, eine Kontrolle der Kontrolle der Macht zu gewährleisten: Die Politik mit dem Monopol souveräner Entscheidungsgewalt kontrolliert über dieses Monopol die Definition von Rechten und Pflichten in einer Gesellschaft; und es ist das Rechtssystem, das diesen Monopolisten kontrolliert, indem es sich auf die Funktion spezialisiert, Konflikte über die Setzung, Durchführung und Ausübung von Rechten zu prozessieren.[47]

Im Zuge dieser Spezialisierung wird das Rechtssystem seinerseits zu einem selbstreferentiellen, operativ geschlossenen gesellschaftlichen Teilsystem[48] mit allen erforderlichen Merkmalen: professionalisierten Rollen (Richter, Anwälte, Staatsanwälte), spezialisierten Organisationen (Gerichten, Gefängnissen) und einer exklusiven Codierung (legal/illegal) seines Mediums Macht. Sowohl die Gemeinsamkeit des Mediums wie auch der gemeinsame Rückbezug auf physische Gewalt belegen noch einmal den engen Zusammenhang von politischem System und Rechtssystem aus der Genese einer säkularen Politik und ihrer Teilung in unterschiedliche »Gewalten«.

Funktion und Leistung des politischen Systems verlangen eine Monopolisierung der Ausübung physischer Gewalt, zugleich in zivilisierten, demokratischen Gesellschaften eine durch rechtsförmige Verfahren legitimierte und durch Recht legalisierte Kontrolle dieses Monopols. Wieder taucht als Scharnier der Verknüpfung von politischer Willkür und rechtlich codierter Legalität das Problem der Legitimität auf. Eine Lösung in der Lockeschen Tradition durch einen utilitaristisch motivierten, konsensuellen Gesellschaftsvertrag liefe auf das Recht als Garanten der Einhaltung des Vertrages hinaus; eine Lösung in der Hobbesschen Tradition durch einen auf Angst vor Bürgerkrieg gegründeten Herrschafts-

47 Dort hört die Reflexivität der Kontrolle nicht auf: auch noch das Rechtssystem selbst hat mit dem Institut der Revision eine interne Kontrolle seiner Operationsweise eingebaut. Siehe zur Analogie von Revision und Supervision Willke 1990.

48 Ausführlich: Teubner 1989

vertrag liefe auf den Staat als Garanten des inneren Friedens hinaus. Mit der Formel des *Rechtsstaates* gelingt es dem Staatsrecht, die legitimatorischen Momente beider Traditionen in einem semantischen Konstrukt zu vereinen. Und obwohl damit das Problem der Legitimität der Legalität natürlich nicht gelöst war, ist es in dieser Formel doch so geschickt aufgehoben, daß wechselseitig der Staat das Recht und das Recht den Staat legitimieren kann und somit, wie häufig, der strategisch unscharfe Begriff der Wechselseitigkeit die scharfe Paradoxie der Selbstreferenz kaschiert.[49]
Gravierender ist, daß damit die Politik aus dem Blickfeld der Staatslehre entschwand – und zwar so weitgehend, daß es nach dem zweiten Weltkrieg eines massiven amerikanischen Re-Imports von Soziologie und Politischer Wissenschaft bedurfte, um gegen die juristische Kolonisierung der Staatslehre das politisch-administrative System moderner Gesellschaften überhaupt wieder zu eigenständiger wissenschaftlicher Geltung zu bringen. Noch 1971 kennt Forsthoff in einem zeitweilig bekannten Buch zwar Regierung und Verwaltung, Wähler und Parteien und sogar Verbände, nicht aber ein politisches System mit spezifischer und eigenständiger Funktion für die Gesellschaft.[50]
Durch Gewaltenteilung und ihre Folgen kann die säkulare politische Ordnung zum vollen funktionalen Äquivalent einer traditionalen, transzendenten Legitimität gesellschaftlicher Ordnung werden, weil das Problem der Legitimität in einer hochgetriebenen, hoch unwahrscheinlichen Architektur reflexiver Kontrollen und Machtkreisläufe organisiert und schließlich in die säkulare Form der *Legitimität der Legalität* gebracht werden kann. Mit dieser Architektur erzeugt das politische System mit seiner Innendifferenzierung in Politik, Verwaltung und Wählerpublikum Legitimität, während das Rechtssystem für die Reproduktion von Legalität zuständig ist. In der Gleichzeitigkeit von Autonomie

49 »Der moderne Staat und die ihm zu Grunde liegende Codierung von Macht und Recht können deshalb als Ausdifferenzierung und Abkühlung von Spezialparadoxien der Selbstreferenz aufgefaßt werden.« Luhmann 1987, 163
50 Forsthoff 1971, bes. 82ff.

und Verschränkung beider Teilsysteme wird mit Hilfe der eingebauten Selbstkontrolle eine selbstgenügsame, funktionierende *Selbstlegitimation der Politik* wirksam, die nur noch zwei Abstützpunkte braucht: Zum einen eine Antwort auf die Frage nach den Kriterien für die Regeln, nach denen die kritische Verbindung zwischen Wählerpublikum und Parteipolitik als demokratisch legitim gelten kann; und zum anderen eine Lösung des Problems der Organisation der Einheit von Gesellschaft, wenn diese Einheit nicht mehr vom politischen System selbst repräsentiert werden kann.
Der ersten Frage wende ich mich nun unter dem Titel »Kontingenz« zu, die zweite soll im darauf folgenden Abschnitt über die Zivilisierung der Politik behandelt werden.

1.2 Kontingenz

Die Frage nach den Regeln für die Geltung von Regeln ist eine jener Endlos-Fragen, die immer einen Schritt weiter getrieben werden können. Eben deshalb wird sie für die Politik gestoppt und in die Frage nach der Brauchbarkeit der Stoppregeln umgebogen. Beispiele für solche Stoppregeln sind der Verweis auf einen transzendenten Gott, auf Tradition oder historische Regelstiftungen wie die Zehn Gebote oder die römischen Zwölf Tafeln, aber auch Formeln wie »innere Natur des Menschen« oder »wahrer Konsens«. Mit der Säkularisierung politischer Ordnung ändert sich auch hier Grundlegendes. Das Regelwerk einer Gesellschaft liegt nicht ein für allemal fest, sondern es wird gemacht – und dies zunehmend mit Blick auf *zukünftige* gewünschte Zustände, also mit Blick auf die Veränderung des Bestehenden.
Mit der Umorientierung auf Zukunft entfällt nicht nur die Begründung von Regeln durch ihre bisherige Geltung, sondern *die Qualität von Regelung als solcher* ändert sich: Während traditionale Regeln einen bestimmten Zustand beschreiben und ihn gegenüber einer imperfekten Praxis als positiv auszeichnen, wirken Regeln, die im Hinblick auf einen bestimmten gewünschten zukünftigen Zustand viele andere denkbare virtuelle Zustände ausschließen, besonders

massiv durch eine negative Auszeichnung, eben diesen Ausschließungseffekt. Für viele Akteure oder Systeme kann wichtiger sein, was eine bestimmte Regel *nicht* realisiert oder zuläßt, als das, was sie positiv bestimmt.
Dieser Hintergrund macht das Problem der *Kontingenz* zu einem schwer zu überschätzenden Parameter für die Möglichkeit von Legitimität. Der Begriff der Kontingenz wird hier im Sinne von offenen Möglichkeiten oder weiteren Optionen verstanden. Eine Theorie der Gerechtigkeit oder legitimer Ordnung oder des Staates, welche die Rolle von Kontingenz für die Operationsweise komplexer Sozialsysteme nicht in ihren Fundamenten berücksichtigt, muß sich die Frage gefallen lassen, was sie mit hochentwickelten modernen Gesellschaften zu schaffen hat. Heinz v. Foersters neuer »ethischer Imperativ«[51] bezeichnet präzise die Gefahr des Negierens von Kontingenz: die Verengung der Welt auf einzig mögliche Handlungen unterschlägt den Variationsspielraum und die Freiheitsgrade, welche mit der Entdekkung der Möglichkeit prinzipiell valider Alternativen zum je Vorgegebenen erreichbar geworden sind. Solange die Welt von der alles übergreifenden Leitdifferenz von richtig/falsch im Sinne von gottgefällig/sündig geordnet wurde, waren valide Alternativen insbesondere zur vorgegebenen Ordnung kaum denkbar, geschweige denn realisierbar. Der langwierige Prozeß der Verdrängung der Religion durch die Politik im Zuge der oben skizzierten Säkularisierung gab anderen Differenzen oder Antonymen eine Chance – bis zu dem heute wieder beklagten Punkt der Relativität und Relativierung *jeder* Differenz.[52]
Für das politische System als gesellschaftlichem Ort der Entscheidung über verbindliche Regeln ist die Denkbarkeit von Kontingenz ein Danaiden-Faß. Zwar verdankt sie dieser neuen Form des Denkens über Regeln ihre Existenz als säkulare Ordnungsform, aber nun gerät *jede* realisierte Ordnungsform unter den Druck möglicher Alternativen. Dies

51 »Handle stets so, daß die Anzahl der Wahlmöglichkeiten größer wird.« (v. Foerster 1985, 41)

52 So durchaus eindrucksvoll Bloom 1988; den Kontrapunkt bietet Rorty 1989.

ließe sich an der elaborierten Debatte über das Widerstandsrecht spätestens seit Hobbes und Bodin verfolgen.[53] Eine andere Auswirkung der Unerschöpflichkeit von Alternativen zu den Alternativen ist die Notwendigkeit einer sekundären Stabilisierung von Politik, die allerdings so geschaffen sein muß, daß sie nur auf eine bestimmte Dauer bzw. auf Widerruf stabilisiert, denn sonst würde sich wieder nur eine einzig mögliche Ordnung festfahren. Es geht also um eine Form der *Kontrolle von Kontingenz,* welche die paradoxe Leistung einer Stabilisierung der Variabilität und einer Wiederauflösung des Stabilen zugleich erbringt.

Die Regeln, die hierfür in Frage kommen, arbeiten denn auch entweder mit einer temporalen oder einer hierarchischen Auflösung des Paradoxes: als Periodisierungsregeln, die in bestimmten Zeitabständen den Herrschaftsunterworfenen die Chance geben, mit einer strikt über Verfahren geleiteten Übermächtigung der Machthaber alternative Regeln und Ordnungsformen zu installieren; oder als Revisionsregeln, die für bestimmte Fälle der Manifestierung von Dissens die Möglichkeit geben, andere Regeln zur Geltung zu bringen. Natürlich hilft dies nur eine Stufe weiter, also bis zur Frage, warum nicht nach anderen Regeln als den gerade geltenden (etwa Regeln über Legislatur- und Amtsperioden oder über Bestätigung und Widerruf von Regierungen) über kontingente Formen der Machtausübung entschieden werden soll. Immerhin aber kann man nun beobachten, daß jede Lösung über kurz oder lang ihrerseits zum Problem wird; man kann erwarten, daß dies für den nächsten Durchgang auch gelten wird; und man kann daraus schließen, daß ein abstrakteres Prinzip erforderlich ist, welches die Generierung von Regeln über die Generierung von Regeln anleitet und welches von vornherein auf Kontingenz möglicher Ordnung zugeschnitten ist, *also auch für die jeweilige Minderheiten-Position akzeptabel ist.*

Der Kern der Gerechtigkeitstheorie von Rawls zielt genau auf dieses Problem. »Gerechtigkeit als Fairneß« heißt bei ihm nicht, daß Gerechtigkeit als Fairneß zu verstehen ist,

53 Vgl. etwa Luhmann 1987, 161ff.

sondern »that the principles of justice are agreed to in an initial situation that is fair.«[54] Fair kann diese nur sein – und hier kommt der berühmte »veil of ignorance« ins Spiel – wenn jeder Betroffene den vorgeschlagenen *allgemeinen Prinzipien* auch dann zustimmt, wenn er (in einer bewußten Fiktion) seine konkreten Lebensumstände nicht kennt, sie als strikt kontingent annehmen muß und er deshalb solche Prinzipien wählen muß, welche die Kontingenz von konkreten Umständen und die daraus folgende Kontingenz von Regeln auch noch im schlechtesten Fall erträglich machen. Jede Kritik, die auf Reform und Alternativen setzt und mithin in prinzipieller Weise die Kontingenz möglicher Ordnungsregeln voraussetzt[55], kann sich von Willkür oder Anarchie nur absetzen, wenn sie sich an Prinzipien legitimer Ordnung bindet, die als Meta-Regeln zumindest die Grundlage jeder Kritik garantieren, nämlich die weitere prinzipielle Möglichkeit von Kontingenz. Auch hieran erweist sich die Unwahrscheinlichkeit säkularer politischer Ordnung, die ihre Stabilität auf Änderung und ihre Änderung auf Stabilität gründen muß.

An der Erfahrung von Kontingenz bricht auch im politischen System ein Problem auf, das in einfacheren Gesellschaften vor allem als Frage der Konsistenz der Begründung von Religion Schwierigkeiten machte. Für den Bereich der Religion wurde die Frage für lange Zeit – und manche sagen: bis heute – mit der »Kontingenzformel« eines perfekten Gottes abgeschnitten. Für die säkulare Politik als »selbstsubstitutive Ordnung« ergibt sich aus dem analogen Problem die Notwendigkeit einer systembezogenen Perfektionsvorstellung, welche Kontingenz dadurch absorbiert, daß sie in sich selbst zurückläuft.[56] Eine entsprechende Kontingenzformel für die Politik muß es also leisten, das die Sichtbarkeit

54 Rawls 1981, 12

55 »Justice as fairness begins... with the choice of the first principles of a conception of justice which is to regulate all subsequent criticism and reform of institutions.« (Rawls 1981, 13)

56 Luhmann 1972, 60f.: »Die Kontingenz und Selektiertheit der Welt selbst aus einer Vielzahl anderer Möglichkeiten wird akzeptierbar, weil in Gott zugleich die Garantie der Perfektion dieser Selektionen liegt.«

von Kontingenz provozierende Antonym von mächtig/machtlos, herrschend/beherrscht und (schließlich mit der Demokratisierung von Politik) Regierung/Opposition zu überbrücken, um für beide Momente der Duale Orientierung zu geben. Erst wenn dies gelingt, ist Kontingenz so eingebunden, daß sie nicht selbstzerstörerisch wirkt. Erst dann ist klar, daß mit Ausnahme des Prinzips der Änderbarkeit alles geändert werden kann und daß der letzte verbliebene »inviolate level« nicht das Prinzip negiert, sondern Bedingung seiner Möglichkeit ist:

> »Über Kontingenzformeln arrangiert sich ein Funktionssystem mit jeder Art von Negierbarkeit, nämlich mit der in der Sinnkonstitution festgelegten Tatsache, daß die Möglichkeit zu negieren als solche nicht negiert werden kann, aber in bestimmten Hinsichten doch laufend negiert werden muß.«[57]

Bevor sinnvoll über den Kontingenzbegriff der Politik gesprochen werden kann, ist es erforderlich, Macht als symbolisch verdichtetes und spezialisiertes Kommunikationsmedium der Politik auch unter dem Aspekt der Kontingenzkontrolle zu betrachten. Schon die Alltagssprache läßt es über Verneinung zu, daß zu jeder Kommunikation eine negative Fassung zumindest gedacht werden und, solange keine Negationsverbote gelten, die negative Fassung auch kommuniziert werden kann. Mit der Sprache als symbolischem System der Kommunikation, welches von der Einheit der Dimensionen zur Differenz der Merkmale sich entwikkelt hat[58], kommt zwingend Kontingenz in die Welt. Dies

57 Luhmann 1982, 201

58 Anschaulich führt dies Sigmund Freud (1943 (1910), 214-221) in enger Anlehnung an K. Abel am Beispiel sehr früher, vor-hieroglyphischer Begriffsbildung im alten Ägypten aus: Viele Begriffe bezeichnen *beide* Seiten einer antithetischen Bedeutung und bezeichnen so eine Dimension, z.B. starkschwach, befehlengehorchen, altjung, fernnah, außeninnen (217). Erst später trennen sich die gegensätzlichen Bedeutungen und werden so als Differenzen deutlich, z.B. wird aus dem altägyptischen ken für starkschwach ken für stark und kan für schwach (219). Besonders aufschlußreich ist, daß dieser Prozeß keineswegs abgeschlossen ist. Ein prominentes neues Beispiel ist die Veränderung des Begriffs des Risikos: Im 17. Jahrhundert wurde er im Zusammenhang mit Glücksspiel und im 18. Jahrhundert vor allem im Zusammenhang mit Seehandels-Versicherungen ge-

ließe sich in anthropologischer Perspektive an Leitbegriffen wie Instinktarmut und Nicht-Festgelegtheit des Menschen vertiefen. Statt dessen soll hier der Aspekt der Kommunikation im Vordergrund stehen.

Da Sprache als primäres Medium der Symbolisierung der eigentliche Träger von Kontingenz ist, ergeben sich Steigerungen von Kontingenz aus Steigerungen von Kommunikationsmöglichkeiten. Verdichtungen von Kommunikationsmöglichkeiten ergeben sich vermutlich aus vielen Gründen, besonders deutlich aber aus Prozessen *sozialer Differenzierung*. Schon elementare Formen der Differenzierung in Geschlechterrollen, Gruppen oder Stämme sind von *unterschiedlichen Sprachen* und mithin unterschiedlichen Perspektiven begleitet. Deutlicher wird dies bei hierarchischer Differenzierung von Gesellschaften in Schichten, die mit eigenen Sprachen auch eigene und unterschiedliche Möglichkeiten der Weltsicht repräsentieren. Mit dem Übergang zum Primat der funktionalen Differenzierung von Gesellschaften bilden sich für bestimmte Aspekte alltäglicher Kommunikation – wie z.B. Herrschen, Wirtschaften, Wissen oder Lieben – leistungsfähigere Spezialsprachen in Form spezialisierter Medien der Kommunikation aus: z.B. Macht für den Bereich Politik, Geld für Wirtschaft, Wahrheit für Wissenschaft, Liebe für die Familie, Glaube für die Religion, Kompetenz für die Erziehung.[59]

Wenn es sich befremdlich anhört, daß Macht, Geld, Kompetenz oder Liebe Spezialsprachen sein sollen, dann hilft, einerseits in *Semantiken* zu denken, also Macht, Geld[60], Wahrheit etc. als geordnete Zusammenhänge für die Übertragung verstehbarer Informationen sich vorzustellen und zum anderen sich die Funktion von Kommunikation deut-

braucht und umfaßte dabei beide Seiten, möglichen Verlust und möglichen Gewinn. Heute dagegen bezieht sich Risiko nur noch auf die negative Seite der Unterscheidung. »The word has been preempted to mean bad risks.« (Douglas 1990, 3)

59 Grundsätzlich dazu Luhmann 1975, 170ff., der allerdings für Erziehung kein Medium annimmt.

60 Den Aspekt der Semantik der Verwendung von Geld beschreibt Polanyi (1979 (1957), 317ff.) ausführlich schon für den Fall altertümlicher Gesellschaften.

lich zu machen: Sie liegt darin, Kontingenz zu absorbieren, indem sie es erlaubt, in all den Situationen Klarheit zu schaffen, in denen es mehrere Möglichkeiten gibt. So ist etwa für Tiere sprachliche Kommunikation in dem Maße nicht erforderlich, als sie in ihrem Verhalten genetisch oder durch Instinkte festgelegt sind und insofern keine Wahlmöglichkeiten haben. Aber auch schon bei höheren Tieren beginnt mit der basalen Differenz von Spiel und Ernst die Möglichkeit der Wahl von Möglichkeiten und mithin die Notwendigkeit von Kommunikation.[61] In entwickelteren Gesellschaften steigern differenziertere Sprachmöglichkeiten – und nach 1454 mit der Verbreitung des Buchdrucks differenziertere Möglichkeiten der schriftlichen Kommunikation – die Sichtbarkeit[62] von Kontingenz; und die Sichtbarkeit von Kontingenz steigert den Bedarf an Kontingenzkontrolle durch Sprache und ihre Derivate.

Rückblickend kann man dann formulieren, daß die allgemeine Funktion spezialisierter Kommunikationsmedien darin zu sehen ist, »reduzierte Komplexität übertragbar zu machen und für Anschlußselektivität auch in hochkontingenten Situationen zu sorgen«; und daß deshalb eine Steigerung funktionaler Differenzierung und eine Steigerung von Kontingenz sich zugleich voraussetzen und stützen.[63] Wiederum, und nun weniger überraschend, läßt sich ein Prozeß der Differenzierung, der Bildung weiterer und neuer Differenzen, als Kern des Vorganges ausmachen, in dem neue und weitere Möglichkeiten der Kommunikation erprobt und stabilisiert werden. Entlang der Differenzen bilden sich Erwartungen aus und erweitern so das Netzwerk sozialer (Erwartungs-)Strukturen, in welchem möglichkeitsreichere Kommunikationen ablaufen können. Auch höchst unwahrscheinliche Erwartungen lassen sich so in einem graduellen Prozeß ausbilden und einbauen – säkulare Macht ebenso wie experimentell erzeugtes Wissen, die Individualität der Per-

61 Bateson 1972, 177ff.

62 »We had defined contingency as visibility of other possibilities in selective events, and this visibility seems to change with increasing differentiation and specialization of media.« Luhmann 1976, 522

63 Luhmann 1975, 174

son ebenso wie die Gleichberechtigung von Mann und Frau, die Ausschließlichkeit von Eigentum ebenso wie die Allgemeinheit subjektiver Rechte, die Humanisierung des Krieges ebenso wie die Technisierung der Medizin.
Im Fall des politischen Systems moderner Gesellschaften führt dieser sich selbst steigernde Prozeß von funktionaler Differenzierung und Ausweitung von Kontingenz zu hochgetriebenen und höchst unwahrscheinlichen Erwartungsstrukturen, die durch entsprechend elaboriert gebaute Formen der Erwartungssicherung stabilisiert werden müssen. Man kann die damit verbundenen Konstruktionsschwierigkeiten am Maß der Sorgfalt studieren, mit der die Klassiker des neuen, säkularen politischen Denkens die sich eröffnenden Optionen und Alternativen an strategischen Stellen in Bewährtem abgestützt haben.[64] Geblieben ist davon bis heute der Versuch, in klassischen Begriffen wie Gemeinwohl, Gerechtigkeit oder Freiheit die Kontingenzformel der Politik zu finden. Diesem Bemühen kann man einen alteuropäischen Charme nicht absprechen.[65] Aber es bleiben untaugliche Versuche, weil mit der Aufsplitterung der Gesellschaft in autonome, selbstreferentielle und schließlich operativ geschlossene Funktionssysteme die einfache Einheit von Gesellschaft unwiederbringlich dahin ist, die Denkvoraussetzung jener einfachen Kontingenzformeln war.
Ein Ausweg wäre offensichtlich, die Einheit der Gesellschaft nun in der Einheit ihres politischen Systems repräsentiert zu sehen. Der Gedanke ist attraktiv, verkennt aber, daß das politische System als funktional differenziertes und spezialisiertes Teilsystem zwar seine eigene Einheit definiert und intern reproduziert – aber strikt nur für sich selbst als Teil eines gesellschaftlichen Zusammenhanges, dessen Einheit als Problem gerade dadurch verschärft und nicht gelöst wird. Die Härte dieses Gedankens drängt sich nicht auf, weil in

64 Besonders deutlich in dem aufwendigen Teil II von Hobbes' Leviathan, »Vom christlichen Staat«, in dem er seine neue Lehre in der Bibel abzustützen sucht.
65 Besonders sichtbar bei Rawls (1981, bes. 522ff.), der an entscheidender Stelle der Beschreibung seines Ideals der wohlgeordneten Gesellschaft auf Platon, Hegel und W. v. Humboldt zurückgreift.

den Jahrhunderten des Umbruchs zur Neuzeit viele Übergangsformeln einen durchgehaltenen Primat der Politik für die Einheit von Gesellschaft mitschleppten. Sie spiegeln darin die zweifellos historisch allmähliche und graduelle *Autonomisierung* der Funktionsbereiche, die sich nach und nach erst dem machtvollen Zugriff der Politik entwanden und sich aus eigenem Recht als gesellschaftlich unverzichtbare Funktionsbereiche etablierten. Aber aus der Gegenwart läßt sich zurückblickend die grundlegend veränderte Architektur moderner Gesellschaften erkennen: der Primat funktionaler Differenzierung als Strukturprinzip gesellschaftlicher Selbstorganisation ist stabilisiert bis in die verfassungsrechtliche Absicherung der jeweiligen Autonomieräume hinein[66]; jeder Bereich hat seine *exklusiven* Relevanzen und Zuständigkeiten bei gleichzeitigem gesellschaftsweit *inkludierendem* Beobachtungshorizont, so daß aus der Dialektik von Exklusion und Inklusion[67] die einfache Einheit von Gesellschaft verschwindet und aufgehoben wird in den je separaten Einheitsentwürfen aus der je spezifischen Sicht der Teilsysteme. Für jedes Teilsystem gibt es dann zwar eine Einheit der Gesellschaft, aber gerade deshalb keine übergreifende, für alle Teile verbindliche Einheit des Ganzen.

Vor allem Niklas Luhmann hat diesen Sachverhalt klar formuliert:

> »In einer funktional differenzierten Gesellschaft gibt es weder eine Spitze noch eine Mitte, die die Gesellschaft in der Gesellschaft repräsentieren und damit ihr ›Wesen‹ zugänglich machen könnte.... keines der Funktionssysteme kann die Nachfolge (hier: z.B. des Adels) antreten – auch nicht die Politik. Alle Funktionssysteme realisieren eine dramatische Steigerung ihrer eigenen Bedeutung und ihrer eigenen gesellschaftlichen Wirksamkeit, aber keines von ihnen kann in Anspruch nehmen, die Gesellschaft in der Gesellschaft zu repräsentieren.«[68]

Was folgt daraus für die Kontingenzformel der Politik? Unter welchem Aspekt läßt sich der hochgesteigerte Optionenreichtum möglicher politischer Entscheidungen nicht-kon-

66 Grundlegend dazu Luhmann 1965
67 Aufschlußreich hierzu Stichweh 1988
68 Luhmann 1988, 253

tingent rekonstruieren, so daß bei jeder Wahl aus Optionen jenes »Element von Notwendigkeit«[69] durchscheint, welches Kontingenz erhält und Willkür ausschließt? Klar ist, daß die gesuchte Kontingenzformel für ihren Bereich, das politische System, eine Universalformel sein soll; aber eben nur für ihren Bereich und nicht für Gesellschaft insgesamt. *Gemeinwohl* (oder öffentliches Wohl, oder öffentliches Interesse) ist deshalb zu weit gefaßt, denn Beiträge zu einem Gemeinwohl leisten alle diejenigen Funktionssysteme, die in ihrer spezifischen Operationsweise zumindest auch öffentliche und/oder meritorische Güter produzieren – also etwa Wissenschaft, Erziehungs- oder Gesundheitssystem.[70] *Freiheit* ist andererseits zu eng[71], denn mit der politischen Zentralität von Grund- und Menschenrechten ist Freiheit ein Relevanzgesichtspunkt neben anderen wie vor allem Gleichheit, Partizipation und Sicherheit, zunehmend auch Frieden, Grundversorgung und Informiertheit, ohne deren Berücksichtigung Freiheit – jedenfalls in komplexen, hochtechnisierten Gesellschaften – Gefahr läuft, zur Leerformel zu verkommen.

Angemessen scheint mir allein *Legitimität* als Kontingenzformel moderner Politik zu sein. In Begriff und Konzept der Legitimität vereint sich ein *spezifisch* politischer Gesichtspunkt der Beurteilung oder Bewertung kontingenter Entscheidungen mit der *universalen* Beschreibung der Eigenleistung (oder genauer: des Eigenwertes) der Politik. Legitimität ist im Medium der Macht die für eine bestimmte gesellschaftsgeschichtliche Epoche allgemein gültige Form der Einheit der Politik. Da die gesellschaftliche Funktion der Politik sich darauf spezialisiert hat, kollektiv-verbindliche Entscheidungen zu generieren und durchzusetzen, bezeichnet Legitimität den generalisierten Bewertungsmaßstab für die Form der Herrschaft in einer Gesellschaft – zunächst ganz im herkömmlichen Sinne Max Webers etwa als tradi-

69 Luhmann 1982, 201
70 Vgl. Musgrave u.a. 1978 (1973), 74ff.
71 Auch Luhmann (1982, 203) lehnt Gemeinwohl als »politisch uninterpretierbar« ab, setzt dann aber, m. E. vorschnell, auf Freiheit als neue Kontingenzformel der Politik.

tionale, charismatische oder rationale Herrschaft; dann aber auch in einem elaborierteren systemtheoretischen Sinn als Form der Organisation und Kontrolle der Kontingenz, die eine Gesellschaft sich zumutet.

Es ist präzise dieser Gesichtspunkt der Kontingenzkontrolle, der das strikt politische Systemproblem der Legitimität zurückbindet an das allgemeinere gesellschaftliche Problem der Selbstkontrolle eines komplexen, nicht-hierarchischen Systems. Darauf komme ich zurück. Hier kommt es darauf an, zunächst in aller Klarheit zu sehen, daß die Frage der Legitimität sich nicht mehr auf Gesellschaft insgesamt beziehen kann, ja im Hinblick auf funktional differenzierte Gesellschaften als Ganze sinnlos geworden ist. Sie richtet sich statt dessen auf ein Spezialproblem dieser Gesellschaften: auf die generalisierte Qualität ihres politischen Systems. Das heißt, daß nur *politisch* entscheidbare Fragen am Maßstab von Legitimität gemessen werden können, während für Fragen, die nicht politisch entscheidbar sind, andere Maßstäbe anzulegen sind. So wie das Rechtssystem aus guten Gründen bei genuin politischen Fragen sich ein »judicial restraint« auferlegt, so muß auch die Politik sich im Hinblick auf die Autonomie anderer Bereiche einem »political restraint« beugen. Dies ist offensichtlich genug bei Operationen anderer spezialisierter Funktionssysteme: Die Frage der »Richtigkeit« wissenschaftlicher Aussagen bemißt sich nicht am Maßstab der Legitimität; die Entscheidung über »richtige« Behandlungsmethoden im Gesundheitssystem kann sinnvollerweise nicht nach Kriterien der Legitimität getroffen werden; »richtiges« pädagogisches Handeln muß seinen eigenen Maßstab finden, jedenfalls gilt nicht derjenige der Legitimität etc.

Viel schwieriger ist es bei Fragen, die eine *Gesellschaft* insgesamt betreffen, aber nicht bloß politische sind. Schon diese Formulierung selbst steht im Widerspruch zu der üblichen Auffassung von Politik, die eine Zuständigkeit der Politik für alle Fragen annimmt, die eine Gesellschaft insgesamt angehen. An diesem Prüfstein erweist sich, ob man das politische System als ein Teilsystem von Gesellschaft unter anderen versteht, das eine spezifische Funktion erfüllt – kollektiv-verbindliche Entscheidungen zu fällen und durchzusetzen –, ansonsten aber in keiner Weise aus dem Kreis spezialisierter und interdependenter Funktionssysteme herausgehoben ist; oder ob man durch die Hintertür doch einen hierarchischen Aufbau moderner Gesellschaften zugrunde legt, an dessen Spitze die Politik die Geschicke einer Gesellschaft steuert.

Es läßt sich leicht zeigen, daß längst nicht mehr alle gesellschaftlich (oder: kollektiv) wichtigen Fragen politisch entschieden werden. Die in politischen Kämpfen durchgesetzen Autonomien der unterschiedlichsten Bereiche, von der Autonomie der Religion, der Kunst, der Wissenschaft über die Autonomie von Familie und Verbänden bis hin zur Tarifautonomie, begrenzen den Spielraum politischer Entscheidungen. Will die Politik sich hier einmischen, so muß sie bezeichnenderweise den Weg nicht-hierarchischer Abstimmung in Verhandlungssystemen gehen.[72] Darauf komme ich im nächsten Abschnitt zurück. Hier steht im Vordergrund, daß es gute Gründe gibt, Legitimität tatsächlich nur noch als Kontingenzformel der Politik, nicht aber der Gesellschaft insgesamt zu betrachten. Das Problem, wie dann die Einheit der Gesellschaft sich darstellt, ist damit noch schwieriger geworden.

Für Analyse und Verständnis der Politik als gesellschaftliches Funktionssystem könnte sich durch diese Weichenstellung allerdings einiges klären. Einerseits wird damit der Politik nicht (mehr) eine Aufgabe aufgebürdet, die sie nicht leisten kann und die ihr deshalb unvermeidlicherweise den Vorwurf des Politik-Versagens einbringen muß: nämlich die Aufgabe, die Einheit der Gesellschaft zu repräsentieren unter Bedingungen, die dies definitiv nicht mehr zulassen. Andererseits genügt ebenso definitiv für die Politik nicht mehr eine Legitimität der Legalität. Legalität ist Funktionsprinzip des Rechtssystems, welches in einer rekursiven Verknüpfung von der Politik Vorgaben in Form von Gesetzen bekommt, ihrerseits aber die Politik am Maßstab der einmal beschlossenen Regeln kontrolliert. Legalität wird dadurch

72 Willke 1983; 1989, Kap. 4

ein wichtiger Bestandteil von Legitimität; beide sind aber keineswegs deckungsgleich.
Der entscheidende Unterschied zeigt sich nicht zufällig am Verhältnis von Legalität und Legitimität zum Problem der Kontingenz. Legalität unter der Prämisse der Positivierung des Rechts[73] ist nicht mehr in der Lage, der Kontingenz möglicher Entscheidungen prinzipielle[74] Grenzen zu setzen. Positivität alleine heißt deshalb in der Tat Dezisionismus. An die Adresse des Rechtssystems gerichtet, ist die Bezeichnung als dezisionistisch allerdings weniger ein profunder Vorwurf als ein seichter Pleonasmus. Denn nach vorgegeben Prämissen zu entscheiden ist gerade die Aufgabe und Operationsweise des Rechtssystems. Ein angemesseneres Bild ergibt sich, wenn man einbezieht, daß in modernen demokratischen Gesellschaften die Säkularisierung der Politik und die Ausdifferenzierung des Rechtssystems zusammengehören und daß das an dieser Differenz sich ausbildende intrikate Zusammenspiel von Politik und Recht es ist, was dem Problem der Legitimität eine neue Geschäftsgrundlage verschafft. Die *Differenzierung* beider Bereiche ermöglicht es nun, durch *interne* Schnittstellen-Architekturen die Limitationen zu setzen, die im traditionellen Denken von Gott, Natur oder Vernunft erwartet worden waren.[75]
Zunächst allerdings folgt daraus noch keine Legitimität, sondern als notwendige Bedingung der Gleichzeitigkeit von Kontingenz und Legitimität eine Nicht-Beliebigkeit möglicher Änderungen bei grundsätzlicher Änderbarkeit aller Strukturen. Mit schärferer Binnendifferenzierung und dar-

73 Ausführlich dazu Luhmann 1981b, 113ff.
74 Diese Einschränkung ist erforderlich, weil Dogmatik und Systematik des Rechts für den internen Gebrauch sehr wohl Beliebigkeit einschränken. Die erforderliche Kohärenz des Rechts setzt koordinative Bedingungen der Anschließbarkeit im Detail. Aber diese Bedingungen können durch entsprechend grundsätzlich angesetzte Rechtsänderungen neu definiert werden, so daß der Rechtsapparat bei hoher Eigenkomplexität zwar schwerfälliger wird, weiterhin aber durch Rechtssetzung auch in seinen Grundlagen verändert werden kann.
75 Ähnlich Luhmann 1981a, 168 Fn. 35, der allerdings stärker auf Asymmetrisierungen abhebt.

aus erwachsender verteilter Autonomieräume steigt die »path dependency«, der Aufwand an interner Koordination für jegliche einzupassenden Änderungen[76] von etablierten Sprachspielen. Und deshalb steigt der Widerstand gegen mögliche Änderungen, der aus der etablierten Operationsweise der beteiligten Systeme und den »vested interests« der betroffenen Akteure resultiert – auch wenn sie die Möglichkeit von Änderungen keineswegs in Frage stellen.

Erst diese komplizierte Verschränkung von Stabilität und Wandel löst die scheinbare Paradoxie einer auf Variabilität sich gründenden Stabilität auf und bringt – im Hinblick auf das politische System – zum Vorschein, daß das Problem der Legitimität sich bezieht auf eine Ordnung, die zugleich als stabil und veränderlich vorausgesetzt werden muß. Veränderung ist ein Prinzip moderner politischer Ordnung, weil Politik auf dem Gegensatz von regierenden und oppositionellen Parteien aufgebaut ist und die Wählerschaft periodisch nach Programmgesichtspunkten entscheidet, welche Parteien regieren und welche in der Opposition sind. Ganz ohne Zweifel ist genau dieses Prinzip der Veränderung wichtiger Bestandteil der Legitimität demokratischer politischer Systeme. Schon deshalb ist es unhaltbar, »verallgemeinerungsfähige Interessen« zu tragenden Merkmalen eines Legitimitätskonzepts zu machen.[77] Verallgemeinerungsfähig sind nur bestimmte Prinzipien, nach denen Interessen in politischen Operationen prozessiert werden, während politisch sich artikulierende Interessen gerade durch ihre Partikularität und mithin Konflikthaftigkeit gekennzeichnet sind.

Diese Überlegung führt zu der wichtigen Einsicht, daß für den Fall demokratischer politischer Systeme, deren raison d'être der organisierte und konditionierte Konflikt über Werte und Interessen ist, Legitimität sich gerade nicht über Werte oder Interessen herstellen läßt, sondern nur über *formale Regeln* des Prozessierens von Widersprüchen und Konflikten. Denn es ist die besondere Qualität formaler Regeln und der durch sie konstituierten *prozeduralen Rationa-*

76 Vgl. Whyte 1965, der unter diesem Aspekt eine Reformulierung der Evolutionstheorie versucht.

77 So Habermas 1973; 1976, 108

lität[78], eine Form der Stabilität zu ermöglichen, welche beinahe beliebiger materialer Variabilität Raum läßt. Prozedurale Rationalität als Rationalität einer Verfahrensordnung, die in der Lage sein soll, Legitimität zu produzieren, ist allerdings höchst voraussetzungsvoll. Sie läßt sich nicht hinreichend begreifen als Steigerung formaler Rationalität unter der durchgehaltenen Prämisse eines Primats des Konsenses. Vielmehr läßt sich prozedurale Rationalität dann als angemessene Lösung des Paradoxes der Legitimität begreifen, wenn mit ihr der Primat von Dissens als »normaler« Operationsform komplexer Sozialsysteme[79] rekonstruiert werden kann. Die Rede vom Primat des Dissenses soll sagen, daß das »Bewegungsgesetz« komplexer, eigendynamischer Sozialsysteme zu sehen ist im *regelgeleiteten Prozessieren von Differenzen und Dissensen*. Wissenschaft schreitet voran nicht über Konsensbildung, sondern über das kontinuierliche Prozessieren von Dissens (Kritik); das Rechtssystem prozessiert Konflikte und Dissense und ist bis in seine prozessualen Grundlagen hinein konfliktorisch aufgebaut; Erziehung sollte nicht verstanden werden als die Herstellung von Konsens zwischen Lehrer und Schüler, sondern als die Ausbildung von Identität und Kompetenz über das Erlernen der Fähigkeit zum Prozessieren von Differenzen etc. Wenn nun Dissens und das Prozessieren von Differenzen in diesem Maße fundamental sind, wozu braucht es dann noch Konsens? Eine erste, naheliegende Lösung ist: Konsens ist erforderlich als Rahmenkonsens über Grundlagen und Grenzen von Dissens, damit Dissens, immer weiter getrieben, nicht zur Auflösung des Systems führt. Aber diese Antwort ist vordergründig und wird weder dem Gewicht von Dissens noch der Steuerungsfunktion von Konsens gerecht. Erst wenn man ernst nimmt, daß Konsens seinen Sinn nun innerhalb der Differenz von Konsens/Dissens entfaltet, kommt in den Blick, daß Konsens nur gebraucht wird als die immer wieder neu konstituierte imaginäre Linie, an der sogleich mit ihrer Festlegung Differenzen und Dissens sich festmachen können, um sie aufzulösen. Die Funktion von

78 Ausführlich: Simon 1983, 70ff.
79 Dazu Willke 1989, 137ff.; Eichmann 1989, 138ff.

Konsens ist es, den Anlaß zu seiner Auflösung zu geben. Denn nicht auf Konsens kommt es an, sondern auf die Informationsgewinne, die im Prozessieren von Dissensen anfallen. Anders ausgedrückt: Dic Intelligenz eines Systems bemißt sich nicht an der Fähigkeit zur Konsensbildung, sondern an seiner Fähigkeit, mit Konsensfiktionen das Prozessieren von Differenzen zu provozieren.

Genau an diesem Punkt kommen Verfahren, und mit Verfahren Legitimation, ins Spiel. Verfahren produzieren mit ihren Abschlüssen jene Augenblicke von Konsens, die den kontinuierlichen Strom der Verarbeitung von Dissens interpunktieren. Wie die schwarzen Balken, die die Einzelbilder eines Filmes voneinander trennen, bei der Vorführung des Filmes aber sich selbst auflösend verschwinden müssen, um aus der Fiktion einzelner getrennter Momente die Realität einer Bewegung entstehen zu lassen, so dienen Verfahren der ebenso notwendigen wie künstlichen Interpunktion des Prozesses des Prozessierens. Daraus folgt etwa, daß Legitimität nicht durch das Verfahren selbst erzeugt wird, sondern durch die *Abschlüsse,* die ein Verfahren zu setzen erlaubt, obwohl klar ist, daß es keinen Abschluß geben kann und jeder Abschluß nur den Ansatzpunkt für seine Zersetzung in weiteren Prozessen bildet. Nicht »Legitimation durch Verfahren«[80] müßte deshalb die Formel lauten, sondern: Legitimation durch Abschlüsse in Verfahren.[81]

Die Legitimität einer politischen Ordnung, so läßt sich nun schlußfolgern, ist deshalb zu erkennen an der Qualität der Verfahren, in denen politische Werte und Interessen artikuliert, aggregiert und vermittelt werden. Eine bestimmte Form dieser Qualität kann man zum Beispiel mit Rawls »Fairneß« nennen oder mit Habermas »kommunikative Rationalität« und »postkonventionelles Einverständnishandeln«[82]. Aber Sinn macht dies nur, wenn damit nicht bestimmte materiale Werte oder bestimmte inhaltliche Interessen gemeint und auf Dauer gestellt sind, da kein Wert und

80 Luhmann 1969

81 Diese Präzisierung verdanke ich einem Gespräch mit Dirk Baekker

82 Habermas 1981, Bd.1, 383ff.

kein Interesse gegen die Veränderungsdynamik politischer Präferenzen gefeit ist.
Was dagegen zumindest für eine bestimmte Epoche stabil gehalten werden kann, ist eine *Verfahrensordnung* als Ausdruck der prozeduralen Rationalität, die bestimmt, in welcher Weise die Koloraturen politischen Dissenses vom Basso continuo des Konsenses über Prinzipien im Rahmen gehalten werden. Die Leistung einer Verfahrensordnung wird deutlicher, wenn man sich vor Augen hält, daß Verfahren Entscheidungsprämissen konditionalisieren. Über Verfahren lassen sich notwendige Verknüpfungen zwischen den unterschiedlichsten Aspekten eines Entscheidungsfeldes herstellen und mithin Arenen der Auseinandersetzung und Abstimmung erzeugen. Dies reflektiert die Erfahrung, daß unter komplexen gesellschaftlichen und politischen Bedingungen unvorhersehbar ist, welche materialen Fragen und Konflikte zu entscheiden sein werden. Dagegen wird voraussehbar, daß unter Bedingungen hoher Komplexität und Kontingenz jede materiale Entscheidung vor- und mitentschieden wird durch die Prämissen des Entscheidens: vor allem durch Bestimmungen darüber, nach welchen zeitlichen, sachlichen, sozialen, operativen und kognitiven Anforderungen eine Frage zur Entscheidung gebracht werden kann und gebracht wird. Besonders deutlich ist dies natürlich bei Regeln, die bestimmen, welche Akteure bei welchen Problemen oder Konflikten initiativ werden können, gehört werden sollen, mitentscheiden müssen; oder bei Regeln über Beweislasten und -pflichten, Haftungszurechnungen, technische Plausibilität und kognitive Gewißheitsgrade.
All dies ließe sich leicht an den verschiedensten Verfahrensordnungen, von der Zivilprozeßordnung bis zum Verfassungsgerichtsgesetz, durchspielen. Hier kommt es aber eher darauf an, die allgemeine Bedeutung von Verfahrensordnungen für die Erzeugung von Legitimität angesichts nichtnegierbarer säkularer Kontingenz herauszustellen. Wenn Legitimität, wie wir gesagt haben, die Qualität der Verfahren als Maß und allgemeine Form der Herrschaft in einer Gesellschaft bezeichnet, dann ist es ganz vorrangig die Leistung

der Konditionalisierung[83], über die Verfahrensordnungen strukturelle Kontingenz binden, um materiale Kontingenz zuzulassen. In eine kurze Formel gefaßt, bezeichnet Legitimität demnach die *Konditionalisierung von Herrschaft*.

Erheblich deutlicher als bei Formeln wie Gerechtigkeit, Fairneß oder verallgemeinerungsfähigen Interessen kommt bei dieser Formel zum Ausdruck, daß Legitimität sich nicht auf die Ordnung einer Gesellschaft insgesamt bezieht, sondern nur auf die Ordnung ihres politischen Systems; daß Legitimität angesichts der verzweigten Binnendifferenzierung und Komplexität politischer Systeme sich nicht auf einzelne einzige Prinzipien gründen läßt, sondern einen beliebig tief staffelbaren Prozeß der Generalisierung und Respezifikation von Kontextbedingungen für adäquates Entscheiden verlangt; und daß die Intransparenz und »neue Unübersichtlichkeit« nicht-trivialer sozialer Systeme es ausschließt, Legitimität an bestimmte materiale Werte oder Interessen zu binden.

Eine besonders herausgehobene Form der Konditionalisierung von Herrschaft bildet sich in *geschriebenen Verfassungen* aus. Der allgemeine Gesellschafts- und Herrschaftsvertrag als idealtypische oder »unvordenkliche« Form verdichtet sich in einer Verfassung zu einer konkreten Lösung des Problems der Legitimität einer Gesellschaft in einer bestimmten Epoche ihrer Entwicklung. So geben sich insbesondere die amerikanischen »Sezessionsstaaten« in der amerikanischen Verfassung eine Form legitimer politischer Ordnung, welche die Standards von Legitimität neu definiert und auch im Europa des 19. Jahrhunderts den »Verfassungsstaat« zur Regel macht, und sei es in der Form der konstitutionellen Monarchie.

Moderne Verfassungen dieser Art vereinen die beiden Grundelemente säkularer Ordnung, den Gesellschaftsvertrag und den Herrschaftsvertrag. Sie konstituieren also eine umfassende Ordnung der Gesellschaft sowohl für den (kontinentalen) Fall, daß die Trennung von Staat und Gesellschaft unter dem Primat des Staates die gesellschaftliche Ordnung

83 Siehe Luhmann 1984, 185f. mit Verweis auf den wichtigen Fall der Reziprozität.

als vom Staat abgeleitet und garantiert erscheinen läßt; wie auch für den (anglo-amerikanischen) Fall, daß das politisch-administrative System von vornherein bestimmte gesellschaftliche Autonomieräume als nicht-politisch respektiert. Denn in beiden Fällen liegt die Kompetenz-Kompetenz der Definition der Grenzen zwischen öffentlich und privat, zwischen politisch und nicht-politisch, bei der souveränen Entscheidungsgewalt der Politik als derjenigen Instanz, die kollektiv-verbindliche Entscheidungen fällt und durchsetzt.

Diese Kernidee der Verfassung als grundlegender Verfahrensordnung[84] zur Konditionalisierung von Herrschaft ist in einem präzisen Sinne ausgerichtet auf die Definition der Kriterien politischer Legitimität. Sie grenzt die Kontingenz möglicher institutioneller und prozeduraler Arrangements ein auf diejenigen Formen, die in einer gegebenen gesellschaftsgeschichtlichen Epoche das Anspruchsniveau an eine legitime Ordnung des politischen Systems setzen. In modernen, säkularen Gesellschaften kann diese Ordnung nicht definitiv sein, weil sich Ansprüche und Möglichkeiten ändern. Aber die Geltung auf vorläufige Dauer läßt es zu, Kontingenz auf der »mittleren« Ebene der Verfahrensordnung einzugrenzen unter der Bedingung, daß sie auf einer allgemeineren Ebene erhalten bleibt im Sinne der Revisionsfähigkeit der Ordnung selbst; und daß auf der Detailebene der (politischen und legislativen) Programme Kontingenz und mithin laufende Revision längst in Routinen institutionalisiert sind.

Diese hier nur angedeuteten Konturen des Verfassungsstaates des 19. Jahrhunderts gelten auch heute noch als adäquate Lösung des Problems der Verschränkung von Kontingenz und Legitimität. Zwei neuere Entwicklungen sprengen jedoch diesen Rahmen und die mit ihm implizierte Besonderheit der Rolle der Politik (und in herkömmlicher Sicht: des Staates) gegenüber der übrigen Gesellschaft. Es sind dies die »Erfindung« subjektiver Rechte, insbesondere verfassungsrechtlich verbriefter Grundrechte zum einen; und zum an-

84 Rawls 1981, 222: »... the constitution as the highest-order system of social rules for making rules.«

deren das Problem verfassungsrechtlicher Entscheidungen zur Architektonik gesellschaftlicher Ordnung, die nicht mehr auf das Verhältnis Bürger – Politik zielen, sondern auf das Verhältnis zwischen gesellschaftlichen Teilsystemen und dem Ganzen von Gesellschaft. Beide Momente lassen sich an revidierten Interpretationen der Funktion der Verfassung besonders deutlich beobachten.[85] Hinter dieser eher juristischen Sicht gilt es allerdings eine allgemeinere soziologische Bewegung auszumachen: eine die Ordnung von Gesellschaft verändernde Veränderung der Rolle von Politik gegenüber den autonomen Subjekten von Politik – den Bürgern – einerseits, gegenüber den autonom operierenden, ausdifferenzierten gesellschaftlichen Teilsystemen andererseits. Der Prozeß der Zivilisation wendet sich auf seinen Ausgangspunkt zurück: Nach der (im demokratischen Verfassungsstaat einigermaßen gelungenen) Zivilisation der Gesellschaft gemäß den Leitlinien der Operationsweise einer Politik, die physische Gewaltausübung zum Monopol der Macht und schließlich zu legitimer Herrschaft sublimiert, geht es in einer reflexiven Schleife nun um eine Zivilisierung der Politik und ihrer Staatsidee nach den Bedingungen, die eine in spezialisierte und hoch differenzierte Funktionsbereiche aufgeteilte Gesellschaft ihren Teilsystemen – und mithin auch der Politik – vorgibt.

1.3 Zivilisierung der Politik

Der Prozeß der Zivilisation, wie ihn Norbert Elias in detaillierten Beobachtungen beschrieben hat, gründet auf einer eigenartigen Paradoxie der Gewalt, die auch für das Verständnis des Prozesses der Zivilisierung der Politik grundlegend ist. Die Paradoxie lautet: Es gibt mehr Gewalt, weil es weniger Gewalt gibt; und es gibt weniger Gewalt, weil es mehr Gewalt gibt. Die direkte, ubiquitäre Gewalt aus dem Recht des Stärkeren weicht einer indirekten, kontrollierten Form der Gewalt aus dem Recht säkularer, kontingenter

85 Ausführlich dazu Willke 1975

Konvention. Der entscheidende Punkt, der diese hoch unwahrscheinliche Konstruktion abstützt, liegt in der ingeniösen Parallelität und Komplementarität von politischer Monopolisierung von Gewalt in der Form der politischen Kontrolle legitimer Ausübung physischer Gewalt einerseits, von personaler Internalisierung von Gewalt in der Form einer Verlagerung von Fremdzwang in sozialisatorisch regulierten Selbstzwang andererseits. Beide Momente zusammen bringen die wilde, kurzschlüssige und unkalkulierbare Gewalt direkter physischer Auseinandersetzung immer stärker zum Verschwinden, indem sie symbolisierte, über lange Handlungsketten anschließbare und kontrollierbare Gewalt steigern. Im Prozeß der Zivilisation verschwindet die Gewalt nicht einfach[86]; im Gegenteil, sie wird immens gesteigert, aber besser versteckt in internen Symbolstrukturen mentaler Systeme einerseits, in normativen Symbolstrukuren politischer Systeme andererseits.

Was sich hier als Generalisierung des Modells höfischer Gesellschaft ausbildet und schließlich zum politischen System moderner Gesellschaft einerseits, zum zivilisierten Menschen der Moderne andererseits führt, kann heute in evolutionstheoretischer oder gesellschaftsgeschichtlicher Perspektive unter den verschiedensten Aspekten aufgegriffen werden. Seien es nun Säkularisierung oder Kontingenzsteigerung, Routinisierung oder Differenzierung, Entzauberung oder Symbolisierung, Emanzipation oder Rationalisierung, oder andere Aspekte, die man in den Vordergrund stellen möchte – klar ist, daß der Prozeß der Zivilisation mit der Veränderung der Grundlagen für die Ausübung und Duldung von Gewalt eine radikale Transformation der Gesellschaft wie auch der ihr zugeordneten Menschen bewirkt und mithin vor allem auch die Beziehungen zwischen diesen beiden Größen, zwischen Individuum und Gesellschaft neu definiert hat.

86 »Wenn sich ein Gewaltmonopol bildet, entstehen befriedete Räume, gesellschaftliche Felder, die von Gewalttaten normalerweise frei sind. Die Zwänge, die innerhalb ihrer auf den einzelnen Menschen wirken, *sind von anderer Art als zuvor.*« (Elias 1969 (1936), Bd. II, 320, Hervorhebung mir, H.W.)

Anstatt diese Stränge der auch für die Staatstheorie wichtigen Veränderungen zu verfolgen, soll hier ein Gesichtspunkt im Vordergrund stehen, welcher die nicht-intendierten, kontraintuitiven, geradezu perplexen Folgen des Prozesses der Zivilisation für das politische System und seine gesellschaftliche Umwelt betont. Die Überlegung geht von der Vermutung aus, daß es präzise der überragende gesellschaftliche Erfolg der Monopolisierung legitimer physischer Gewaltausübung in den Formen politischer Macht ist, welcher sich unter wiederum radikal veränderten gesellschaftlichen Operationsbedingungen selbst zum Problem wird. Die Verbindung zum ursprünglichen Prozeß der Zivilisation ist eng, weil analog zur damaligen Situation heute die Frage im Zentrum steht, in welcher Weise und in welcher Form gewaltbasierte Macht den Optionen und Restriktionen, der Opportunitätsstruktur und den operativen Zwängen einer veränderten (und heute: hochdifferenzierten, hochkomplexen und hoch riskanten) Gesellschaft angemessen ist.[87]
Neben vielen anderen Punkten ist ein wichtiger Unterschied der heutigen Situation darin zu sehen, daß es sich nicht mehr um einen in der jeweiligen Gegenwart kaum beobachteten, geschweige denn beschriebenen, evolutionären Prozeß handelt, sondern um laufende gesellschaftliche Veränderungen, die unter den Augen der beobachtenden Wissenschaft ablaufen, die ihrerseits ihre Beobachtungen in den Veränderungsprozeß einfüttert und so zum Bestandteil des von ihr Beobachteten wird. Diese Rekursivität in der Form eines »re-entry« (Spencer Brown) kompliziert die Unterscheidung von deskriptiven und präskriptiven Elementen wissenschaftlicher Beobachtung. Immerhin erscheint es als möglich, zumindest anzugeben, was man als Beobachtung gesellschaftlicher Realität versteht und was man als wertende Analyse des Übereinstimmens oder Nicht-Übereinstimmens von Problemen und Problemlösungen sieht. Für unseren Fall bedeutet dies, daß zunächst eine Reihe von Beobachtungen über das Verhältnis von politischem System

87 Zur Veränderung des »Kampfes um die Monopole« vor und nach der Monopolisierung der Gewalt aufschlußreich schon Elias 1969, Bd. II, 153-156

und Gesellschaft vorgestellt und auf einen Hintergrund drängender gesellschaftlicher Probleme bezogen werden; und danach wird in einem zweiten Schritt versucht, mögliche Aufgabenstellungen der Politik und dementsprechende Formen des Staates mit Blick auf ihre Kapazität der Problemlösung zu bewerten.

Die beobachtungsleitende Differenz, die auf die Intuition eines Strukturwandels der Architektur gegenwärtiger Industriegesellschaften hin entworfen ist, um eben diesen Strukturwandel in den Blick zu bekommen, ist diejenige von hierarchischer und polyzentrischer Gesellschaftsstruktur. Man muß zunächst sehen, daß es gerade der Aufbau einer verbindlichen hierarchischen Ordnung der Gesellschaft war, welcher, mit der Politik als Spitze und maßgebender Instanz dieser Hierarchie, überhaupt erst den Prozeß der Zivilisation in seinem Kern ausmachte: der Eingrenzung und Steigerung kontrollierter Macht zum Zweck der Regulierung physischer Gewalt. Zwar sind seit dem Triumph dieses Ordnungsprinzips im absolutistischen Staat auch die Kosten dieses zivilisatorischen Fortschritts mit Händen zu greifen; doch gilt bei entsprechenden Vorkehrungen – insbesondere einer pluralistisch-kompetitiven internen (Parteien-)Differenzierung des politischen Systems – bis heute, daß es die hierarchische Spitzen- und Sonderstellung der Politik ist, welche durch die entsprechende Unterordnung aller anderen gesellschaftlichen Bereiche die Einheit einer intern pazifizierten Gesellschaft und mithin ihre zivile Rationalität ermöglicht.

Die Verortung und Einschätzung dieses an sich ziemlich unbestrittenen Tatbestandes fällt in bezeichnender Weise schwer, weil zivilisatorische Errungenschaften weniger im politischen System selbst sich Bahn gebrochen haben als vielmehr in Dissens und Auseinandersetzung mit dem politischen System. Dies gilt in erster Linie für die historisch allmähliche Durchsetzung der Grund- und Menschenrechte und der damit eingepflockten Autonomieräume jener sozialen Systeme innerhalb von Gesellschaft, die für die Realisierung der Menschenrechte Voraussetzung waren und sind: von Religion (Freiheit des Glaubensbekenntnisses) über

Ökonomie (Eigentumsgarantie, Berufsautonomie) und Verbände (Versammlungs-, Meinungs- und Partizipationsfreiheit, Tarifautonomie) bis zu Wissenschaft (Freiheit von Forschung und Lehre), Kommunen (Gemeindeautonomie, Subsidiaritätsgrundsatz) und Familie (Würde- und Freiheitsprinzip). In dieser Bewegung spiegelt sich das Dilemma der Monopolisierung legitimer Macht. Zwar ist eine Bündelung unerläßlich, um die diffuse und ubiquitäre Gewaltsamkeit physischer Dominanz zu unterbinden; doch setzt Zivilisation voraus, daß zugleich eine gegenläufige, wenngleich dann organisierte und normativ kontrollierte Umverteilung von Macht[88] einsetzt, die vor allem Minderheitenschutz und den Schutz hierarchisch nachrangiger Sozialsysteme garantiert.

In dieser Perspektive ist die Beobachtung nicht neu, daß die Zivilisierung moderner Gesellschaften auf der paradox erscheinenden Leistung des politischen Systems aufruht, zum einen Macht zu monopolisieren und in der Kompetenz-Kompetenz dieses Monopol auch durchzuhalten, und zum anderen dies zu verbinden mit einer *Selbstbeschränkung der Machtausübung* im Interesse von Autonomiespielräumen und durchsetzbaren Rechtspositionen. Die Umverteilung der Macht *nach* ihrer Monopolisierung im (heute: demokratisch legitimierten) politischen System setzt einen Prozeß der Zivilisierung der Gesellschaft *nach* dem primären Prozeß der Zivilisation in Gang, welcher seinerseits keineswegs abgeschlossen ist. Um eine Gesellschaft zu einer zivilisierten Gesellschaft zu machen, gehört in der Tat, wie Elias sagt, »die Zivilisierung des Staates, der Verfassung, der Erziehung...« dazu.[89] Wie aber läßt sich eine Zivilisierung der Politik und ihres Staates heute vorstellen?

Die gesellschaftliche Evolution der letzten zweihundert

88 »Der Kampf um die Monopole richtet sich von einem bestimmten Punkt der Entwicklung ab nicht mehr auf ihre Zerstörung, sondern er geht um die Verfügungsgewalt über ihre Erträge, um den Plan, nach dem sie aufgebaut und nach dem ihre Last und ihr Nutzen repartiert werden sollten, mit einem Wort um die Verteilungsschlüssel.« (Elias 1969, Bd. II, 156)

89 Elias 1969, Bd. I, 60f.

Jahre hat insofern neuartige Rahmenbedingungen für die Funktion und Funktionsweise von Politik und Staat geschaffen, als gerade die ursprünglich zentrale Kontroverse über den Primat des kapitalistischen Marktes einerseits, den Primat staatlicher Politik andererseits von der Wirklichkeit einer komplexen und notwendigen Interdependenz beider Steuerungsprinzipien eingeholt worden ist. Der Wohlfahrtsstaat ist geradezu definiert als der Versuch, die Mängel des kapitalistischen, individualgüter-orientierten Marktes politisch auszutarieren, ohne sie nur durch die Mängel staatssozialistischer Politik zu ersetzen.

Die bequeme Vorstellung, der Markt sorge für eine optimale Allokation »privater« Güter und die Politik für diejenige »kollektiver« Güter, führt dort in die Irre, wo moderne Gesellschaften ihre Potentialität und ihre Riskiertheit gleichermaßen verdichten: an den Orten jener komplexen Problemstellungen, die in vielschichtiger Verschachtelung sachlicher, sozialer, zeitlicher, operativer und kognitiver Dimensionen und Wertigkeiten keine eindeutigen, einfachen oder einseitigen Lösungen zulassen, sondern responsive und revisible Prozesse der Entscheidungsfindung erfordern: Wissenschafts- und Technologieplanung, Sicherheitspolitik, Gesundheitspolitik oder Umweltpolitik bis hin zu scheinbar geringeren Problemen wie Städtebauplanung, Energiepolitik oder Entwicklungshilfe. In allen diesen Beispielen sind ökonomische und politische Wertigkeiten, private und kollektive Kosten und Nutzen untrennbar verwoben. Aber nicht nur das; diese Wertigkeiten und Kalküle variieren je nach einbezogenem Zeithorizont und der Qualität des verfügbaren und genutzten Wissens; sie verändern sich durch resultierende Folgeprobleme und neu hinzukommende Probleme; sie sind untereinander verwoben, und Fortschritte oder Versäumnisse in einem Problembereich wirken zurück auf alle anderen Problembereiche.

Je massiver eigenständige Evolutionsprozesse in ausdifferenzierten Teilsystemen – durch Internalisierung der Mechanismen sozialer Evolution – an die Kandare teilsystemspezifischer interner Kriterien genommen werden, desto prekärer wird der Zusammenhang zwischen dem Ganzem von Gesellschaft als gemeinsamer Umwelt der gesellschaftlichen Teilsysteme einerseits und den Teilsystemen andererseits. Denn desto eigenständiger, selbstbezüglicher und geschlossener werden die Operationsmodi der Teile und desto weniger lassen sich die Teile von einer durchgängigen Ordnung des Ganzen her festlegen.

Diese evolutionäre Ausgangslage führt in ein tiefgreifendes Dilemma moderner Gesellschaften; denn zwei Evolutionsprinzipien werden nun zunehmend sich wechselseitig zum Problem: zum einen das Prinzip der funktionalen Differenzierung, wonach mit steigender Spezialisierung und thematischer Verengung der Funktionen ihre *Interdependenzen* zunehmen, weil jeder einzelne Funktionsbereich und mithin jedes gesellschaftliche Subsystem nur im Zusammenhang und Zusammenspiel mit allen anderen Teilsystemen eine funktions- und evolutionsfähige Einheit – eben Gesellschaft – ausmachen kann. Zum anderen das Prinzip operativer Geschlossenheit, wonach mit steigender Autonomie und Rekursivität der Subsysteme ihre *Independenzen* zunehmen, weil mit basaler Zirkularität, Selbstreferentialität und Selbstreproduktion des Systems diese zu »innengeleiteten« Systemen werden, also nur sehr selektiv von Umweltereignissen sich beeindrucken lassen. So hängt z.B. das Wissenschaftssystem einer modernen Gesellschaft ganz offensichtlich von (ökonomisch produziertem) Geld, (politisch produzierten) Entscheidungen oder (im Erziehungssystem produzierten) basalen Qualifikationen ab, ist also in ein interdependentes Verflechtungsmuster eingebunden. Aber in seiner spezifischen Operationsweise, nämlich der Produktion von Wissen oder Wahrheit, ist es ausschließlich auf sich selbst angewiesen, also autonom; und es muß und kann sich »richtiges« Wissen weder von der Religion noch von der Politik noch von der Wirtschaft vorschreiben lassen.[90]

Ein guter empirischer Indikator für das oben beschriebene Dilemma wachsender Abhängigkeiten *und* Unabhängigkeiten ist die Tatsache, daß Teilsysteme wie Wirtschaft, Technologie, Wissenschaft, Militär oder Recht massive negative

90 Stichweh 1987

Externalitäten für jeweils andere Teilsysteme – oder für die Lebenswelt insgesamt – produzieren; und daß eine interne Verrechnung oder auch nur Empfindlichkeit für die Bedeutung dieser Externalitäten außerordentlich schwierig erscheint.[91]

Mit dieser Fassung des Problems als Diskrepanz zwischen Autonomiebedarf und Steuerungsleistung kommt ein Mechanismus der Zivilisierung in den Blick, der nicht zufällig von Elias als Kern des abendländischen Prozesses der Zivilisation herausgestellt wird: der Umbau von Fremdzwang auf *Selbstzwang*, oder genauer: die auf der »Eigengesetzlichkeit der gesellschaftlichen Verflechtungserscheinungen«[92] beruhende Notwendigkeit, die zu simple und zu sehr restringierende Form des Fremdzwanges zu ersetzen durch flexiblere, dezentrale, je bereichsspezifische Formen des Selbstzwanges. Allerdings geht es heute im Ausgang des 20. Jahrhunderts nicht mehr in erster Linie um den Umbau des psychischen Habitus von Personen, sondern um den Umbau der gesellschaftlichen Verflechtungsform sozialer Systeme und sozietaler Teilsysteme mit dem Ziel, die zu einfache Form des hierarchisch strukturierten Fremdzwanges (durch staatlich organisierte Politik) durch eine angemessenere Form dezentraler Selbstorganisation und Selbststeuerung zu ersetzen.

Was angesichts der beobachtbaren Erscheinungen, Probleme und Schwierigkeiten in modernen Gesellschaften zur Debatte steht, ist nichts weniger als die Frage der Ordnung dieser Gesellschaften, die Frage der Architektur ihrer Komplexität. Wie immer dieser Frage in den letzten Jahrhunderten beantwortet wurde, wie unterschiedlich in Scholastik, Renaissance, Absolutismus, Aufklärung oder Moderne die Antworten im einzelnen ausfielen – unzweifelhaft scheint immer gewesen zu sein, daß diese Ordnung eine hierarchische sein müsse. Ordnung ohne hierarchische Struktur schien undenkbar zu sein. Und selbst noch als mit dem Übergang zur Neuzeit der Primat der funktionalen Diffe-

91 Für den Fall der Ökonomie vgl. Luhmann 1988, bes. 43ff.; Willke 1987e; für den Bereich des Rechts vgl. Teubner 1989, 123ff.

92 Elias 1969, Bd. II, 314

renzierung der damals modernen Gesellschaften registriert und im Topos gesellschaftlicher Arbeitsteilung thematisiert wurde, entwickelten sich zwar zunehmend Debatten und Dissens darüber, welche Gruppe oder welches Teilsystem die hierarchische Spitze von Gesellschaften bilden sollte. Daß aber eine hierarchische Spitze unumgänglich war, diese Grundannahme einigte – mit der bezeichnenden Ausnahme der Anarchisten, also derjenigen, die Ordnung als Ordnung ablehnten – alle Lager von Hegel über Marx bis Weber.

Vor allem Staatsphilosophie und Staatstheorie gaben diesem tief verwurzelten Denken in Kategorien hierarchischer Ordnung bereitwillig Stütze, auch noch in ihren aufgeklärten Formen. Auch für demokratische Gesellschaften, in denen »das Volk« als abstrakter Souverän figuriert, schien es unumgänglich zu sein, in der konkreten Organisation des gesellschaftlichen Lebens den hierarchischen Primat des Staates unangetastet zu lassen. Daß es der Staat sei, der »letztlich« verbindlich zu entscheiden habe, diese Selbstillusionierung einer ganzen Profession von Staats- und Gesellschaftswissenschaftlern läßt sich wohl überhaupt nur begreifen auf dem Hintergrund eines gemeinsamen Entsetzens über die Denkmöglichkeit einer gesellschaftlichen Ordnung ohne das Korsett der Hierarchie.

Es gibt natürlich gute Gründe für die Prädominanz von Hierarchie als Ordnungsform. So war der gesellschaftsgeschichtliche Fortschritt von multizentrischen, segmentär differenzierten (archaischen) Gesellschaften hin zu stratifizierten (hochkulturellen) Gesellschaften nur möglich, indem die verschiedenen Schichten in eine hierarchische Ordnung mit deutlich erkennbar besetzter Spitze sich fügten – klassisch ausgeprägt im Kastensystem Indiens mit den Brahmanen an der Spitze. Der strukturelle und schließlich evolutionäre Vorteil dieser Ordnungsform ergab sich aus ihrer höheren Kompatibilität mit Unsicherheit und Veränderung, aus ihrer größeren Leistung in der Verarbeitung von gesellschaftlicher Komplexität. Nachdem spätestens seit dem frühen Mittelalter die katholische Kirche eine immer ausgeprägtere hierarchische Ordnungsform ausbildete und auch die frühen Staatenbildungen in England und dann in Frankreich auf Zentralisierung (vs. Peripherie) und weiterer Hierarchisierung (vor allem zwischen Königshaus und übrigem Adel) aufbauten, konnte man zumindest im nachhinein erkennen, daß das Ordnungsprinzip der Hierarchie gegenüber dem einer polyzentrischen, segmentären Ordnung deutliche Entwicklungsvorteile bot. »Aufs Ganze gesehen muß man mithin damit rechnen, daß in segmentären Gesellschaften, weil sie strukturelle Asymmetrien ausschließen, Asymmetrisierungen gerade deshalb eine Chance haben, sich gegenstrukturell zu entwickeln.«[93] Wenn sich Asymmetrien etwa in Form von Schichten oder Ständen oder Kasten etabliert hatten, dann war die operative Überlegenheit hierarchischer Ordnung gegenüber »traditionalen« Formen so offenkundig, daß sie auch den Affront von Ungleichheit als Ordnungsprinzip überdeckte.

Eine allgemeine Erklärung der Überlegenheit von Hierarchie als Architektur von Komplexität hat Herbert Simon gegeben. Allerdings weist seine zentrale Idee des »modularen« Aufbaus komplexer Systeme bzw. der Dekomposition komplexer Systeme in beliebig tief staffelbare System-Subsystem-Beziehungen deutlich über Hierarchie im herkömmlichen Sinne hinaus. Tatsächlich definiert er sogar, daß es in komplexen Systemen zumindest auf der Ebene der Beziehungen der Subsysteme *keine Unterordnungsbeziehungen* gibt.[94] Damit ist ein wichtiger Unterschied zwischen einem primär stratifikatorisch strukturierten und einem primär funktional differenzierten System schon angeschnitten: in einer geschichteten Ordnung gelten die hierarchischen Über- und Unterordnungsbeziehungen durchgehend von oben bis unten. In den funktional differenzierten Gesellschaften der beginnenden Neuzeit dagegen bleibt dem Staat zwar klar die Position der hierarchischen Spitze. Darunter aber sind keine Unterordnungsbeziehungen – etwa zwischen dem Erziehungssystem, der Wissenschaft, der Religion, der Technologie oder dem Gesundheitssystem – mehr vorgegeben. Mit der Ausnahme des Staates ist für die anderen, sich immer weiter ausdifferenzierenden und spezialisierenden

93 Luhmann 1986a, VI, 40
94 Simon 1978, 97

Teilsysteme der Gesellschaft deutlich, daß sie im Geflecht ihrer Independenzen und Interdependenzen prinzipiell gleichrangig sind und Prioritätsannahmen widersinnig wären, weil sie dem Prinzip der funktionalen Differenzierung widersprächen.

Ist dann aber eine Sonderrolle für den Staat überhaupt noch begründbar? Dies wird in den folgenden Kapiteln noch ausführlich erörtert werden. Hier ist festzuhalten, daß mit dem Übergang zu einem Primat der funktionalen Differenzierung als Ordnungsprinzip moderner Gesellschaften eine aus der Operationsweise der Ordnung selbst folgende Begründung der Hierarchie entfallen ist. Um genau zu sein muß man sogar viel schärfer formulieren und sagen, daß ein funktional differenziertes komplexes System eine eigenständige innere Ordnung ausbilden muß, die dem Ordnungsprinzip der Hierarchie klar widerspricht. Denn welcher Teil eines interdependenten Zusammenhanges sollte Vorrang vor anderen beanspruchen können? Wenn alle Einzelleistungen der spezialisierten Teilsysteme für den Erhalt und die Operationsweise einer Gesellschaft unabdingbar sind, welche Teile sollten dann über- oder untergeordnet sein?

An diesem kritischen Punkt der Begründung der Grenzen von Hierarchie als gesellschaftlicher Ordnungsform soll ein vergleichender Blick über mehrere Ebenen der Systembildung hinweg eingeflochten werden. An den Beispielen der internen Organisation des mentalen Systems, der Entscheidungsprobleme psychischer Systeme und der Organisation von Organisationen kann eine frappierende Parallelität in der Problematik der internen Organisation hochkomplexer Systeme aufgezeigt werden. Diese Beobachtungen sollen verdeutlichen, daß die Idee einer polyzentrischen Systemstruktur keineswegs so überraschend ist, wie es sich für die Ebene von Gesellschaft zunächst anhört.

Bei einer geradezu prototypischen Problemlage – nämlich bei der Erforschung des menschlichen Gehirns als komplexes System – hat Warren McCulloch entgegen einer erdrükkenden Denktradition vom hierarchischen Aufbau des Gehirns den konsequenten Schritt getan und postuliert, daß aufgrund seiner hohen Komplexität das Gehirn nicht mehr als hierarchisch strukturiert verstanden werden kann. Statt dessen spricht er von »Heterarchie«[95] und von Netzwerken neuronaler Felder. Wie anstößig und fruchtbar dieser Gedanke war, läßt sich geradezu lehrbuchmäßig nachvollziehen an dem die Disziplin der Künstlichen Intelligenz formierenden Streit zwischen Hierarchisten und Heterarchisten, zwischen Atomisten und Konnektivisten. Die ersteren gingen von einer strikt logischen, hierarchisch dekomponierbaren Struktur intelligenter Maschinen aus, während die letzteren parallel prozessierende Netze mit dezentral verteilten (»distributed«) Informationsverarbeitungsprozessen zugrunde legten.[96] Heute ist noch nicht klar, ob neuronale Netze und dezentrales Parallelprozessieren eine Lösung der Grundprobleme der Künstlichen Intelligenz bringen werden; aber definitiv klar ist, daß die ursprüngliche Vorstellung einer gigantischen v.Neumann-Maschine mit einer hierarchisch plazierten zentralen Prozessoreinheit (CPU) nicht mehr trägt.

H. v. Foerster[97] hat den Gedanken der Heterarchie auch für den Fall sozialer Systeme aufgegriffen. Er präzisiert, daß Heterarchie verstanden werden könne als ein »Prinzip der potentiellen Führung«: in einem komplexen Netzwerk liegt die Autorität zur Führung oder Steuerung des Ganzen bei dem Teil, welcher in der gegebenen Situation über die optimale Information verfügt. Dies trägt der Einsicht Rechnung, daß in funktional differenzierten, mithin interdependenten Systemen kein Subsystem a priori den Primat oder die Führungsautorität für sich beanspruchen kann.

Ganz analoge Veränderungen der Architektur hochkomplexer Systeme von hierarchischen zu heterarchischen Formen lassen sich auch auf der Ebene individueller Personen, insbesondere von Entscheidern, und auf der Ebene von Organisationen, insbesondere von Unternehmen, beobachten. Im Kontext organisierter sozialer Komplexität wird für die beteiligten Menschen so etwas wie »Systemdenken« immer dringlicher, um sich im Gewirr widersprüchlicher Informa-

95 McCulloch 1965, 40ff.
96 Minsky 1988 und Dreyfus/Dreyfus 1988
97 v. Foerster 1984, 8

tionen, unklarer Befunde, schwer kalkulierbarer Risiken, undurchschauter Zusammenhänge, Rückwirkungen, Nebenfolgen etc. noch zurechtzufinden. Beispielhaft haben dies die Untersuchungen von Dietrich Dörner über den Umgang mit Unbestimmtheit und Komplexität in simulierten Situationen gezeigt – etwa der eines Leiters eines Entwicklungshilfeprojekts oder der eines Bürgermeisters einer Kleinstadt.[98]

Ausgangspunkt der Analysen war die Beobachtung, daß unter Bedingungen hoher (zeitlicher, sachlicher, kognitiver und operativer) Komplexität für die Entscheidungsfindung viele unterschiedliche Faktoren mit ungewissen Rückwirkungen aufeinander eine Rolle spielen. Für die Beurteilung des Zusammenspiels dieser Faktoren reichen zentral plazierte Spezialisten mit ihrem parzellierten Wissen nicht aus, sondern gefragt sind dezentral verteilte Generalisten wie etwa Arbeitsgruppen-Chefs oder Bereichs-Manager, welche die Aufgabe haben, die widersprüchlichen Aspekte zu integrieren, Zusammenhänge herzustellen oder vorauszusehen und eine Beurteilung der Dynamik und Entwicklungsrichtung des betreffenden Systems insgesamt zu leisten.

Die Ergebnisse der Simulationsanalysen menschlichen Entscheidungsverhaltens sind deshalb besonders aufschlußreich, weil sie zumindest einige Kriterien für »gutes« und »schlechtes« Entscheiden in komplexen Situationen an den Tag gebracht haben. So liegen die spezifischen Schwierigkeiten des Umganges mit hoher Komplexität vor allem darin, daß Entscheider

– die zeitliche Dynamik komplexer Systeme verkennen, weil sie selten zeitliche Verläufe überhaupt in ihre Kalküle einbeziehen und selbst dann, wenn sie Zeitreihen betrachten, bevorzugt lineare Inter- und Extrapolationen machen.
– Sie ignorieren weiter häufig Nebenwirkungen, Schwellenwerte, Umkippunkte und exponentiale Entwicklungen.
– Sie denken in Kausalketten statt in Netzwerken und Zirkularitäten.
– Sie kümmern sich vordringlich um Details und um das

98 Dörner et al. 1983; Dörner 1989

Nächstliegende und vernachlässigen so Zusammenhänge und Übersicht.

– Häufig folgen aus einem Alles-oder-nichts-Denken Radikallösungen, welche das Problem verschlimmern.

Andererseits zeichnen sich gute Problemlöser dadurch aus, daß sie sich zuerst intensiv mit der Analyse der Ziele beschäftigen; daß sie Probleme durch aufeinander bezogene Teilentscheidungen strukturieren; und daß sie vor allem in stärkerem Maße den Problemlösungsprozeß selbst steuern und durch Kommentierung reflektieren.[99]

Wie bei Individuen als komplexen psychischen Systemen, so erweist sich auch am Fall komplexer Organisationen die Begrenztheit von Hierarchie als Ordnungsform. Denn es zeigt sich, daß diese – auf individuelles Entscheidungsverhalten bezogenen – Erkenntnisse sehr gut mit den Erfahrungen übereinstimmen, die im Umgang mit der Dynamik komplexer Systeme im Ansatz der »system dynamics« besonders von Forrester[100] herausgestellt wurden. Es ist gerade das konter-intuitive, nicht-lineare, nicht-triviale Verhalten komplexer, dynamischer Systeme, welches ihre Beeinflussung und Steuerung so schwierig macht. Da nun insbesondere hochdifferenzierte Organisationen (wie z. B. Unternehmen) in einer gesteigerten Form die Merkmale dieses Systemtypus aufweisen, liegt ihr zentrales Dilemma auf der Hand: sie sind mit zunehmender Komplexität immer schwerer zu beeinflussen und zu steuern, und zugleich nimmt die Notwendigkeit und der Bedarf an Steuerung zu, weil Fehlentwicklungen und Risiken wahrscheinlicher werden.

Eine Lösung dieses Problems setzt eine in sich scheinbar widersprüchliche Leistung des Organisationsdesigns voraus. Den dezentralen Einheiten, seien dies Divisionen, Sparten, Arbeitsgruppen[101] oder Abteilungen, muß auf der einen Seite von der Unternehmensleitung ein hohes Maß an Autonomie, Entscheidungskompetenz und tatsächlicher Fehler-Freundlichkeit zugestanden werden; auf der anderen Seite und komplementär dazu übernehmen die differenzierten Teile

99 Ausführlich dazu Dörner 1983, 195f.

100 Forrester 1971; 1972; 1982

101 Am Beispiel von self-managing teams dazu Peters 1989, 297ff.

eine »eingebaute« Verpflichtung auf das Ganze des Unternehmens, welche dafür bürgt, daß die Teile ihre dezentrale Intelligenz und ihr Potential mit Blick auf und im Sinne des Ganzen einsetzen. Diese eingebaute Verpflichtung kann als das Äquivalent zu der Figur des »Selbstzwanges« verstanden werden, den Elias als Grundlage des Prozesses der Zivilisation betont.

Der Kern des Gedankens eines auf der dezentralen Autonomie der Teile gegründeten systemischen Zusammenspiels verschiedenster Akteure liegt in einer theoretischen Einsicht: Komplexe Systeme können von einer hierarchischen Spitze aus nicht mehr adäquat gesteuert werden. Denn dies würde gerade diejenigen »heroischen Vereinfachungen« (oder theoretisch gesprochen: diejenigen simplifizierten internen Modelle) voraussetzen, welche den Informationsreichtum, die Innovativität, die spezifische Expertise und die Detailkenntnis – kurz: die dezentrale Intelligenz – der Teile einebnen, auf ein Mittelmaß begrenzen oder gar den »abgehobenen« Imperativen einer zentralen Bürokratie unterordnen. Statt dessen hat die »politische« Einheit eines Systems, z. B. die Unternehmensführung, die Aufgabe, *die Kommunikationsbeziehungen* zwischen den dezentralen Einheiten so zu gestalten, daß optimale kombinatorische Gewinne aus der produktiven Verknüpfung und Vernetzung der Teile resultieren.

Besonders wichtig ist hier die Einsicht, daß die bekannten Merkmale einer differenzierten, hierarchischen Struktur – seien dies Bürokratien oder Unternehmen – wie insbesondere Ressort-Egoismen, interne Rivalitäten, unproduktiver Wettbewerb um Ressourcen, Abschottung nach »oben«, Budget-Maximierung etc. nicht in erster Linie von den Ressorts, Abteilungen, Divisionen oder Subsystemen selbst produziert werden, sondern eben von den systematischen Verzerrungen der Kommunikationsstruktur durch eine starre Hierarchie selbst. Und das bedeutet: Mit einer Änderung der Systemstruktur, z. B. zu einem heterarchischen Netzwerk, werden die genannten Merkmale für die Teile selbst dysfunktional. Sie brauchen sich nicht mehr gegen eine als kontrollierend perzipierte Zentrale »verteidigen«; vielmehr können sie nun die Unterstützung, Beratung, Vermittlung, generell: die Hilfe der Leitung in eigener Verantwortung in Anspruch nehmen. Und die Wahrscheinlichkeit wächst, daß diese dezentrale, netzwerkförmige Operationsweise *zugleich* Vorteile für die Teile wie für das System insgesamt erbringt, weil die Abteilungen füreinander nun nicht mehr nur Probleme darstellen und Probleme produzieren, sondern zugleich auch »problem-solving opportunities«, also Chancen einer kombinatorisch gesteigerten Problemlösung.[102]

Ein weiterer allgemeiner Gesichtspunkt ist zu beachten: Eine polyzentrische oder heterarchische Struktur eines komplexen Systems setzt voraus, daß zwei entgegengesetzte Extreme vermieden werden: einerseits die völlige Selbständigkeit der Teile, also ihre Autonomie im Sinne von Autarkie; andererseits die Verschmelzung von Teilen oder von Teilen mit dem Ganzen. Das Letztere liefe auf Entdifferenzierung hinaus. Entdifferenzierung aber ist eine riskante Strategie, nicht nur weil sie die produktiven Vorteile von Arbeitsteilung und Spezialisierung verspielt, sondern weil sie die spezifische Intelligenz und Expertise dezentraler Einheiten einebnet. Integrative Vernetzung dagegen bezeichnet einen Mischungsgrad zwischen Independenzen und Interdependenzen, der durchaus unterschiedliche Formen annehmen kann in der Spannweite von »strict« bis »loose coupling«. Notwendigerweise aber setzt polyzentrische Vernetzung die partielle Autonomie der Teile voraus. Partielle Autonomie impliziert zwar Abhängigkeiten zwischen Systemen und ihren jeweiligen Umwelten, gleichzeitig aber Freiheitsgrade der Systeme und Subsysteme, die ein eigenständiges Operieren zulassen.

Die eminente Bedeutung der wechselseitigen Abhängigkeit funktional differenzierter Teile eines Systems führte zu einer folgenreichen Einseitigkeit der Diskussion über funktionale Differenzierung und Re-Integration komplexer Gesellschaften. Überwiegend wurde Interdependenz als ubiquitäre und

102 Im Hinblick auf dieses Problem entwickelt Teubner 1990 die Idee von Netzwerken als kollektiven Akteuren einer höheren Ordnung.

fixe Größe behandelt. Nur wenige Autoren hoben hervor, daß innerhalb eines Gesamtsystems zwischen differenzierten Teilen nicht nur Abhängigkeiten bestehen, sondern notwendig auch Unabhängigkeiten und Schwellenwerte; und daß gerade diese Unabhängigkeiten und Indifferenzen eine elementare Voraussetzung der Ordnung und Steuerbarkeit eines komplexen Systems bilden. Dabei hatte Ashby[103] schon sehr früh darauf hingewiesen, daß erfolgreiche Ordnungsbildung oder Integration nicht nur die Integration von zusammenhängenden Aktivitäten erfordere, sondern auch die Independenz nicht-zusammenhängender Aktivitäten. In der Organisationssoziologie sind diese Anregungen aufgenommen und empirisch überprüft worden. Liwak/Meyer[104] fanden bestimmte Mechanismen der *Konflikterhaltung,* die verhindern, daß das System seine Teile aufsaugt. Und Gouldner[105] betont, daß Organisation nicht nur der Verbindung und Kontrolle der Teile diene, sondern sie vielmehr auch die Funktion habe, Teile zu trennen und ihre funktionale Autonomie zu schützen.

In der aktuellen Management-Literatur[106] ist das Spannungsverhältnis von funktionaler Autonomie und Systemintegration geradezu ein Leitthema. Konkret geht es einerseits darum, dysfunktional gewordene Barrieren zwischen verschiedenen Funktionen einzureißen, z. B. Entwicklungs-Ingenieure aus ihren Büros und in die Werkhallen zu bringen; andererseits ist es ein Ziel, kompetent zusammengesetzte Arbeitsgruppen mit erheblich größerer Autonomie und Entscheidungsfreiheit als bisher auszustatten. Die Auflösung taylorisierter Arbeitsparzellierung durch projekt-orientierte Arbeitsgruppen (wie z. B. bei Volvo, VW und anderen Großunternehmen) dürfte sich vom Produktionsbereich in andere Unternehmensbereiche fortsetzen. Zwar wird dies ganz sicher nicht, wie Kern/Schumann[107] etwas reißerisch formulieren, zu einem »Ende der Arbeitsteilung« führen, aber

103 Ashby 1960, 157
104 Liwak/Meyer 1966
105 Gouldner 1973, 382
106 S. statt vieler Peters 1989
107 Kern/Schumann 1984

doch zu einem Ende überzogen hierarchischer Arbeitsorganisation zugunsten:
1. eines *Abbaus hierarchischer Ebenen* und mithin einer Verlagerung hierarchischen Fremdzwanges zugunsten einer Selbststeuerung der dezentralen Einheiten,
2. einer *Verlagerung von Kompetenz* und Verantwortung in autonome Arbeitsgruppen,
3. einer zunehmenden Bedeutung *integrativer Mechanismen und Rollen,* sowie
4. einer Veränderung unternehmerischer Leitungsaufgaben zu *Unterstützungsfunktionen* für selbst-organisierte Koordinationsprozesse.

Ein unverstellter Blick auf entwickelte westliche Gesellschaften zeigt auch für die Ebenen von Gesellschaften mit aller Deutlichkeit Veränderungen, die auf eine Erschöpfung von Hierarchie als Ordnungsprinzip dieser Gesellschaften hinweisen: Zum einen ist inzwischen unübersehbar, daß entgegen einer individualistischen Konzeption von Gesellschaft es nicht Individuen, sondern *organisierte Gruppen* sind, welche als politische Akteure in demokratischen Gesellschaften auftreten.[108] Der Aufstieg der großen Assoziationen, Organisationen, Verbände, Gewerkschaften, Professionen, Korporationen und Interessengruppen ist ein weiteres Indiz für grundlegende, wenngleich zunächst subkutane Veränderungen in der Machtstruktur moderner Gesellschaften. Lange genug ist diese Entwicklung in defensiver Ignoranz subsumiert worden unter Schlagworte wie »Herrschaft der Verbände«, »Kolonisation des Staates durch Teilinteressen« oder »Demokratie der Interessenhaufen«. In Wirklichkeit hat sich nichts anderes ereignet als eine Ausweitung (»Inklusion«) der Teilnahme-, Mitbestimmungs- und Steuerungschancen organisierter und kollektiver Akteure gerade bei solchen »politischen« Entscheidungen, welche längst den Rahmen herkömmlicher, staatlich organisierter Politik gesprengt haben.

Z. B. sind Entscheidungen im Bereich der Steuerung des Gesundheitssystems, im Bereich der Wissenschafts- oder Tech-

108 Bobbio 1984, 6

nologiepolitik, der Wirtschaftsförderung, der Ausbildungsförderung, der Energiepolitik etc. alle weit jenseits der traditionellen bürokratischen Kompetenzen staatlicher Politik. Wenn im Vollzug wohlfahrtsstaatlicher Politik administratives Handeln in diesen Bereichen dennoch erforderlich wird, so kann dies sinnvoll gar nicht operationalisiert werden, ohne diesen Bereichen selbst Mitgestaltungsrechte an den jeweiligen Politiken zuzugestehen. Weder handelt es sich dabei um eine Vergesellschaftung des Staates noch um eine Verstaatlichung der Gesellschaft. Vielmehr geht es um einen für komplexe Gesellschaften unvermeidlichen Prozeß der intensiveren Verschränkung aller gesellschaftlichen Teilsysteme – einschließlich des politischen Systems – im Sinne einer gleichzeitigen Steigerung ihrer wechselseitigen Independenzen und Interdependenzen.

Genauer zu erläutern ist nun allerdings, welche internen Voraussetzungen in den einzelnen Subsystemen geschaffen sein müssen, damit sie überhaupt mit Aussicht auf Erfolg in einen Prozeß der Koordination und Integration eintreten können. Der springende Punkt ist hier, daß Teilsysteme eines Gesamtsystems wie Abteilungen, Divisionen oder gesellschaftliche Teilsysteme gar keine Veranlassung haben, sich mit anderen Systemen um Abstimmung zu bemühen, wenn sie sich selbst nicht in eine ungewöhnliche Lage versetzen: daß sie sehen, was sie nicht nur selbst angeht; und bemerken, was sie normalerweise nicht bemerken – nämlich die Wirkungen ihrer Operationsweise auf die anderen Teile von Gesellschaft und auf die Gesellschaft insgesamt.

Aufgrund ihrer Selbstreferentialität beziehen sich komplexe Sozialsysteme in erster Linie auf sich selbst, reagieren auf ihre eigenen Zustände und nehmen ihre Umwelt nur sehr selektiv nach Maßgabe ihrer eigenen Relevanzen wahr. Diese spezifische Blindheit selbstreferentieller Systeme – die mit der Blindheit natürlicher Evolution und inkrementalistischen Durchwurstelns korrespondiert – kann dadurch aufgehoben werden, daß ein System seine Operationen nicht nur an seinen jeweils anderen einzelnen Operationen orientiert, sondern an sich selbst als Einheit, d. h. als Teilsystem-in-einem-System. Mit dieser Orientierung wird die Einheit des Systems in der Organisation zu einem inneren archimedischen Bezugspunkt, der es ermöglicht, diese Einheit gewissermaßen aus den Angeln zu heben, indem sie zur Disposition von Operationen des Systems gestellt wird: indem es also denkbar wird, daß eine Organisation sich gezielt in Richtung auf eine andere gewählte Identität hin verändert.

Man kann sich diesen Entwicklungsschritt zur *internen Repräsentation der eigenen Einheit* nicht dramatisch genug vorstellen: damit verändert sich die Umwelt des Systems von einem bloßen Nicht-Dazugehörigen und Ausgegrenzten zu einem Teil des Zusammenhangs von Teil und Ganzem; und das System verändert sich von einer selbst-organisierenden zu einer selbst-transformativen Einheit, die darauf reagieren kann, welche Wirkungen sie in ihrer Umwelt erzeugt und welche Identität sie für sich selbst anvisiert. Im Anschluß an Luhmann[109] soll diese Fähigkeit eines Systems, die eigenen Operationen an der eigenen Identität als einer Leitidee zu orientieren, als *Reflexion* bezeichnet werden. Reflexion meint damit eine Form der Selbststeuerung, durch welche Systeme ihre eigene Identität thematisieren und genau darauf einstellen, daß ihre Umwelt im wesentlichen aus anderen Systemen besteht, mithin jedes System auch Umwelt für andere Systeme ist. Es hat damit die Wahl, sich selbst als mehr oder weniger geeignete, mehr oder weniger bedrohliche oder aber kooperative Umwelt anderer Systeme zu organisieren. Reflexion in diesem Sinne ist eine gesteigerte Form der Selbstreferenz, in welcher der Rückbezug eines Systems sich intentional auf seine Identität und deren Wirkungen in seiner Umwelt richtet.[110]

Was können diese Überlegungen zu einem Modell der Zivilisierung der Politik beitragen? Es sind zwei Momente, die für die Architektur entwickelter Gesellschaften bedeutsam sind. Zum einen verweist die Idee der Reflexion darauf, daß an eine Zivilisierung der Politik im Sinne einer Ent-Hierarchisierung nur zu denken ist, wenn in *allen* gesellschaftlichen Teilsystemen die Voraussetzungen dafür geschaffen sind,

109 Luhmann 1984, 617
110 Ausführlich dazu Teubner/Willke 1984, 14ff.

daß der implizierte Wegfall eines äußeren (hierarchischen) Zwanges zur Anpassung an gesellschaftliche Restriktionen kompensiert werden kann durch einen funktional äquivalenten Selbstzwang. Soll die Auflösung der Fremdsteuerung nicht in Chaos münden, müssen Mechanismen der Selbststeuerung in den Subsystemen für die erforderliche Kompatibilität und die dezentrale Herstellung eines gemeinsamen Rahmens sorgen. Erst der Aufbau einer Kapazität zur Reflexion setzt das autonome, operativ geschlossene Teilsystem in die Lage, über seinen Tellerrand hinaus auf den Zusammenhang des Ganzen zu blicken und die Freiheitsgrade seiner Operationsweise so zu nutzen, daß an die Stelle einer lokalen Maximierung der Teilsystemrationalität eine Strategie der Selbststeuerung tritt, welche eine Optimierung der gesellschaftlichen Rationalität zuläßt.

Zum anderen verweist die Idee der Reflexion darauf, daß mit der Einbeziehung von Umweltwirkungen, vor allem von negativen Externalitäten, in das Kalkül systemspezifischer Operationen sich für das System der Horizont relevanter Ereignisse ausweitet. Vor allem in zeitlicher, operativer und kognitiver Hinsicht nimmt der Aufwand zu, um alternative Optionen fundiert durchzuprüfen. Allerdings muß man sich klar machen, daß dieser Aufwand ansonsten in der »Zentrale« oder der hierarchischen Spitze getrieben werden müßte –, und mit zunehmender Komplexität wird immer weniger wahrscheinlich, daß dies gelingen könnte. Was den Teilsystemen mit Reflexion also zugemutet wird, erinnert nicht zufällig wieder an Eliassche Kategorien des Prozesses der Zivilisation: die Notwendigkeit »Langsicht« und die Fähigkeit des Prozessierens »langer Handlungsketten«.[111] Tatsächlich verlangt Reflexion eine längerfristige Perspektive; und sie verlangt vor allem die Einbeziehung von Nebenfolgen und nicht-intendierten Folgen der gewählten Strategien.

Die Fähigkeit zur Empathie, zur Beobachtung von Ereignissen *auch* aus der Sicht einer anderen Person oder Rolle, verlangen wir von einigermaßen erwachsenen und zivilisier-

111 Elias 1969, Bd. II, 336ff.

ten Menschen. Warum nicht auch von sozialen Systemen? Die Folgen der naturwüchsigen Borniertheit und Eigendynamik von Teilen einer Organisation können die Organisation oder das Unternehmen insgesamt sehr schnell vor Existenzprobleme stellen. Eine Steigerung der Reflexionsfähigkeit sozialer Systeme erscheint deshalb besonders dringlich. Reflexion ist höchst voraussetzungsvoll. Sie verlangt vorausschauende Investitionen in Einrichtungen der Selbst-Aufklärung über systemexterne Wirkungen der Handlungsweise eines Teils. Und sie verlangt Investitionen in einen reflexiven Steuerungsmodus, der es dem System insgesamt ermöglicht, im Hinblick auf eine zukünftige Identität kontrollierte Veränderungen in Gang zu setzen. Sie verlangt die Fähigkeit zur Selbstbeobachtung und Selbstbeschreibung und schließlich zum »Verstehen«[112] auch anderer, externer Systeme.

Über *Selbstbeobachtung* erschließt ein System seine eigene Einheit auf dem Hintergrund der Differenz zu seiner Umwelt. Beobachten läßt sich all das, was in der Form irgendeiner Differenz vorliegt oder in diese Form gebracht werden kann, solange gerade diese Differenz für die Operationskriterien eines Sozialsystems Sinn macht. Die Einheit eines Systems läßt sich erschließen, wenn das System insgesamt von seiner Umwelt sich abhebt, etwa als Figur-Hintergrund-Konfiguration oder als Prozessoreinheit eines spezifischen Sinnes, welcher von anderen Sinndomänen durch eigene Kommunikationskriterien sich unterscheiden läßt. So muß sich z. B. die Einheit der Differenz von Angebotspreisen und Nachfragepreisen, welche als »Markt« beobachtbar sein soll, gegenüber anderen Formen möglicher Einheit – wie etwa Zuteilung, Planung, Potlatch oder »grants-economy« – absetzen. Und so ist etwa die Einheit der Differenz von Mann und Frau, die als »wilde Ehe« bezeichnet wird, nur deshalb beobachtbar, weil sie sich von anderen Formen möglicher Einheit wie Ehe, Freundschaft oder Arbeitsbeziehung abhebt.

Reflexion läßt sich dann präziser beschreiben als die Beob-

112 Zu dem hier zugrunde gelegten Begriff des Verstehens vgl. Willke 1987a

achtung der Wirkungen der eigenen Identität in der Umwelt (einschließlich der besonders relevanten Rückwirkungen dieser Wirkungen auf das System selbst) im Unterschied zu den Wirkungen, die andere Systeme in ihrer Umwelt erzeugen. Der entscheidende Punkt der Besonderheit dieser Rekonstruktion ergibt sich für selbstreferentielle Systeme daraus, daß diese »anderen« Systeme auch *unterschiedliche Identitäten*, d. h. unterschiedliche Ausprägungen der Funktionsweise desselben Systems sein können. Reflexion beruht insofern tatsächlich darauf, daß ein System die Differenz von System und Umwelt immer wieder in das System einführt – und zwar unter dem Gesichtspunkt des Vergleichs möglicher Identitäten. Ein Effekt der Erziehung im Sinne eines Prozesses der Selbständerung tritt allerdings erst dann ein, wenn die mitlaufende Selbstbeobachtung ein System dazu führt, aus dem »variety pool« oder Kontingenzraum möglicher Identitäten diejenigen zu realisieren, welche – bei Wahrung der eigenen Autonomie – eine bessere Einpassung in den übergreifenden Systemzusammenhang erlaubten.

Reflexion verlagert mithin den Anpassungszwang in das Innere eines Systems und realisiert so das Prinzip, Fremdzwang durch Selbstzwang zu ersetzen. Anstatt sich von außen autoritativ zu einem bestimmten Verhalten zwingen zu lassen, erlaubt dies einem Sozialsystem, sich selbst der Einsicht in das Notwendige zu beugen. Allerdings mit entscheidenden Vorteilen für die eigene Autonomie und die Komplexitätsverarbeitungskapazität des Gesamtsystems! Denn wenngleich die bloße Verlagerung von Zwang auf den ersten Blick eher zynisch erscheint, weil sie die Summe des Zwanges nicht reduziert, so verändert der Einbau von Selbstzwang doch Wesentliches: Die Anpassung geschieht durch das System, also in der Logik und mit der eigenen Wissensbasis und Expertise des Systems. Dies bietet die einzig vorstellbare Gewähr dafür, daß systemische Veränderungen nicht entweder einfach leerlaufen oder aber disruptiv und zerstörerisch wirken und damit nicht intendierte Kosten für das Ganze verursachen. Darüber hinaus wird die Steuerungsleistung der hierarchischen Spitze des Systems nicht nur entlastet, sondern – jedenfalls in dieser Hinsicht – über-

flüssig, so daß es lohnender wird, die Kosten von Hierarchie als Ordnungsstruktur überhaupt neu zu kalkulieren. Selbstzwang heißt auch Selbstorganisation und Selbststeuerung; und damit erwächst einer hierarchischen Steuerung die entscheidende Konkurrenz.
Die besondere Bedeutung der Fähigkeit zur Reflexion (als Bedingung der Möglichkeit einer von gewählten Kriterien abhängigen Operationsweise des Teilsystems) kommt erst zum Vorschein, wenn Reflexion als Modus der Systemsteuerung in Kontrast zu anderen Steuerungsformen gesetzt wird. So hat insbesondere »muddling through« zwar den Vorteil einer anspruchslosen und auch in komplexe Sozialsysteme gewissermaßen naturwüchsig eingebauten Verfahrensweise[113]; aber durch ihren engen Zeithorizont und ihre inkrementalistische Problembehandlung läuft diese Form Gefahr, an jeder nächsten Ecke von einer nicht vorhergesehenen, unüberwindlichen Schwierigkeit überrascht zu werden. Reflexion zielt auf jene besonders schwierige Form des Lernens oder der Selbst-Erziehung, welche Veränderungen der systemeigenen Prozesse, Prioritäten und Positionen im Hinblick auf angezielte zukünftige Wirklichkeiten *eines die eigene Identität übergreifenden Zusammenhanges* verlangt. Eine Beziehung zu sich selbst herzustellen mit dem Ziel, sich selbst als identisches und spezifisches Teil eines vernetzten Ganzen zu begreifen, dies verlangt voraussetzungsvolle Einsichten in Relationen und Relativitäten, die an ein »Verstehen« der Funktions- und Entwicklungsbedingungen anderer betroffener Systeme gebunden sind. Dies trifft etwa auf Mitglieder des Sozialsystems Familie, auf Abteilungen des Systems Unternehmen, auf Ministerien als Teile des politisch-administrativen Systems ebenso zu wie auf Funktionsbereiche des Systems Gesellschaft.
Reflexion bindet die überbordende Handlungsfähigkeit und Optionenvielfalt der spezialisierten Teilsysteme an die Fähigkeit zur Selbstkontrolle und zur Selbstbindung: In die subsystemspezifischen Relevanzkriterien und Entscheidungsprämissen werden diejenigen Umweltbedingungen als

113 Lindblom 1965; zur Kritik s. Forester 1984

interne Restriktionen eingebaut, welche unter dem Gesichtspunkt des notwendigen Zusammenhangs und der unverzichtbaren Koordination des Ganzen reziproke Rücksichtnahmen auf die jeweiligen Bestandsbedingungen der anderen Teile erfordern. Reflexion setzt die interne Modellierung der Funktionsbedingungen »fremder« Systeme voraus, und sie wirkt sich aus als gesamtsystemisch geforderte Selbstselektivität der Funktionssysteme: diese selektieren aus dem Möglichkeitsraum ihrer Optionen diejenigen, die innerhalb des Systems, etwa einer differenzierten Gesellschaft, anschließbar sind und im günstigsten Falle auf eine optimale Koordination und Integration der differenzierten Teile eines komplexen Sozialsystems hinauslaufen.

All dies wäre wohlbekannt und unterschiede sich in nichts von bloßer Evolution, gäbe es nicht einen entscheidenden Unterschied: Reflexion ermöglicht *vorausschauende* Veränderungen und das Durchspielen unterschiedlicher Optionen im Hinblick auf ihre Kompatibilität im Kontext des Gesamtsystems, so daß über bloße Anpassung hinaus eine bestimmte Richtung der Entwicklung und mithin eine »Strategie der Veränderung« realisierbar erscheint – diesmal aber nicht eine Strategie der politischen Machbarkeit durch autoritären Eingriff, sondern eine Strategie dezentraler Selbststeuerung unter dem Aspekt einer Optimierung der Entwicklungsbedingungen des Ganzen.

Daß dies keineswegs nur theoretische Erwägungen sind, zeigt die Fülle einschlägiger Beobachtungen zum Aufbau reflexiven Potentials und nicht-hierarchischer koordinativer Abstimmung zwischen gesellschaftlichen Teilsystemen und anderen kollektiven und organisierten Akteuren, welche im Forschungsansatz des *»Neokorporatismus«*[114] systematisiert worden sind. Bei aller Unterschiedlichkeit im Detail hat die Neokorporatismus-Debatte insgesamt doch deutlich gemacht, in welch grundsätzlicher und vielfältiger Weise der autoritative Führungsanspruch der Politik sich der Trias von Unregierbarkeiten, Implementationsdefiziten und Teilbereichsautonomien hat beugen müssen. In unterschiedlichen

114 Vgl. Schmitter 1983; Schmitter/Lehmbruch 1979; Willke 1983, Kap. 4

neokorporatistischen Arrangements ist das politische System in Kooperationsbeziehungen mit anderen Teilsystemen eingetreten und hat auf der anderen Seite diese in Prozesse der gesellschaftlichen Entscheidungsfindung mit eingebunden. In durchaus unterschiedlich erfolgreicher Weise ist damit in Konzertierten Aktionen, sozio-ökonomischen Räten, Vernehmenlassungsverfahren, Sozialpartnerschaften, Bildungs-, Wissenschafts- und Technologie-Räten etc. die Grundidee einer polyzentrischen Architektur gesellschaftlicher Ordnung praktisch geworden.

Aufschlußreich an dieser Praxis nicht-hierarchischer, politisch induzierter gesellschaftlicher Koordination ist die Beobachtung, daß trotz des Mangels an autoritativen Eingriffsmöglichkeiten die Politik keineswegs als geschwächt oder gar handlungsunfähig erscheint. Ganz im Gegenteil: Indem sie von einer kostspieligen und widerstandsträchtigen »big stick policy« abrückt und in verwickelten und undurchsichtigen Problemlagen flexiblere Strategien sich zugesteht, ist sie gerade in Bereichen einflußreich und wirksam geworden, die bislang sich entweder administrativ-formalem Zugang sperrten oder aber als gegen die Politik erkämpfte Autonomieräume gegen jeden »hoheitlichen« Übergriff der Politik sorgfältig abgeschirmt wurden. Während der Laufzeit der klassischen Konzertierten Aktion galt dies für den Bereich der Tarifautonomie[115]; dies gilt gegenwärtig z. B. im Rahmen der Konzertierten Aktion im Gesundheitswesen für die Autonomie der Verbände; und dies wird in Zukunft vor allem für den Bereich der Wissenschaftsautonomie brisant werden.

Parallel dazu haben sich die Instrumentarien politischer Steuerung weit über die klassische Form hoheitlichen Handelns auf der Grundlage eines allgemeinen Gesetzes und öffentlich-rechtlicher Normierung hinaus diversifiziert. Für komplexe Problemlagen hat sich »zwischen Markt und Staat« ein Dritter Sektor mit gemischten Steuerungsformen etabliert, in dem eine Vielzahl unterschiedlicher Organisationsstrukturen – von para-staatlichen Organisationen bis zu

115 Willke 1983a

Nicht-Regierungs-Organisationen (NGOs)[116] – zur Verfügung steht, um durch ein nicht-hierarchisches, zwischen Politik und anderen gesellschaftlichen Akteuren abgestimmtes Handeln auch dort wirksame Einflußnahme ausüben zu können, wo hoheitlich-autoritative Intervention unwirksam wäre oder eher Widerstand erzeugen würde.[117] Komplizierte und sensible Aufgabenfelder wie etwa Technologieförderung, Entwicklungshilfe oder Gesundheitsförderungsprogramme, regionale Anpassungsprojekte oder die Erstellung und Implementation neuer technischer Sicherheitstandards sind inzwischen fester Bestandteil dieses Dritten Sektors.

Es fällt nicht schwer, diese Veränderungen als Momente eines Prozesses der Zivilisierung der Politik zu verstehen, wenn Zivilisierung in erster Linie meint, daß an die Stelle eines äußeren Zwanges die Möglichkeit tritt, Selbstorganisation, Selbststeuerung und mithin auch Selbstbestimmung der Teilsysteme einer Gesellschaft für die Ordnungsbildung dieser Gesellschaft zu nutzen. Schwieriger zu beurteilen ist, ob mit dieser Entwicklung die Rolle der (staatlich verfaßten) Politik sich nur vom Leviathan zum Präzeptor gewandelt hat, derselbe Inhalt sich also nur in geschickterer Verpakkung zeigt. Gelänge es der Politik, ihre bestimmende Funktion statt in der nicht mehr brauchbaren Rhetorik des Leviathan nun in der zeitgemäßeren Rhetorik des Präzeptors zu formulieren, dann hätte sie ihre gesellschaftliche Sonderrolle gewahrt, und dann wäre die Idee einer nicht-hierarchischen, polyzentrischen Ordnung der Gesellschaft nur die unfreiwillige Bestätigung dafür, daß einige Beobachter, ich eingeschlossen, auf das Raffinement dieser Umstellung hereingefallen sind.

Für diesen Verdacht sprechen zwei Argumente. Zum einen zeigen in den 80er Jahren die beiden entwickeltsten »staatlosen« Gesellschaften, die USA und Großbritannien, eine massive Rhetorik politischer Programmatik, die präzise

116 Überblick und Diskussion bei Schuppert 1989

117 »Hieran ist interessant, daß nicht einfach der staatliche Sektor abdankt und ein anderer, wie immer bezeichneter Sektor an dessen Stelle tritt, sondern daß eine spezifische Art der Verzahnung eintritt.« (Schuppert 1989, 67)

Lindbloms Definition präzeptoraler Politik erfüllt: eine einseitige Meinungsbeeinflussung seitens der Herrschaftsgewalt, die an die ganze Bevölkerung gerichtet wird.[118] Ironischerweise benutzten Reagan und Thatcher die Formel »weniger Staat«, um in einer traditionell staatlosen Gesellschaft die inzwischen angewachsene Realität eines Sozial- und Wohlfahrtsstaates zurückzudrängen. Beide boten als Sympathie- und Werbeträger ihrer Kampagnen »die Nation« an (»wir lassen uns nicht mehr – als Nation – herumstoßen«, etwa von den Iranern oder den Japanern, von den Argentiniern oder den anderen Europäern); und beide wollten mit der Formel »weniger Staat« die Politik stärken, indem diese auf ihren Kern reduziert würde, d. h. insbesondere von den unübersichtlichen Verwicklungen in gesellschaftliche Prozesse und Probleme freigemacht werden sollte.

Im Falle Reagan war das präzeptorale Element gut beobachtbar, weil er seine Belehrungen des Volkes in der Rolle des »great communicator« zelebrierte. Innenpolitisch[119] war Kernpunkt der Überzeugungsbemühungen die Reformulierung des Verhältnisses von Politik und Ökonomie in Richtung einer stärkeren Trennung und Eigenständigkeit beider Bereiche – bis hin zu einer Steuerreform, welche die »politischen Belastungen« der Ökonomie verringern sollte. Weit interessanter als der schwer einzuschätzende praktische Erfolg dieser Bemühungen ist die zunächst paradox erscheinende Beobachtung, daß mit dem Rückzug der Politik eine Stärkung ihrer Eigenständigkeit beabsichtigt war, während ihre Verwicklung in die Unzahl ökonomischer und sozialer Probleme von den Reaganomisten als Schwächung und Gefährdung der Politik verstanden wurde.

In der hier zugrunde gelegten Perspektive allerdings löst sich die scheinbare Paradoxie schnell auf: Auch in den Vereinig-

118 Lindblom 1980, 102 und oben vor 1.1

119 Zur außenpolitischen Seite s. Johnson 1989, 37: »Reagan, over eight years, has been seen a good deal on European television. The impression he contrived to give can be summed up on one word: reassuring... (the Europeans) saw him as an old man with much sense and some wisdom. And they warmed to him. They, too, found him hard to dislike.«

ten Staaten hatte sich im Zuge der Ausbildung des Wohlfahrtsstaates das politische System von seiner »splendid isolation« als hierarchische Spitze der Gesellschaft in die Niederungen komplexer und undurchschaubarer sozioökonomischer Probleme begeben müssen und dabei seinen Mythos als kollektiv verbindlich entscheidende Instanz eingebüßt. Als konservatives Bekehrungsprogramm war die »Reagan revolution« geradezu zwangsläufig darauf gerichtet, diese Entwicklung zu revidieren und mithin die starke, übergeordnete Rolle der Politik zurückzugewinnen. Dies kann und soll hier nicht abschließend beurteilt werden. Immerhin sind die Alternativen klar: Sollte diese Bewegung des amerikanischen politischen Systems sich durchsetzen, dann wäre die These einer heterarchischen Ordnung moderner Gesellschaften für diesen Fall widerlegt. Ich nehme aber an, daß auch in dieser Hinsicht die Politik Reagans die gegenteilige Bewegung nur sehr kurzfristig aufgehalten und dann eher beschleunigt hat. Wie in der Frage der Hegemonie[120] oder der Hochrüstung[121] hat sie auch in dieser Hinsicht nicht einen Anfang gemacht, sondern das Ende einer Entwicklung besonders deutlich markiert.[122]

Ein noch schärfer akzentuiertes Bild bietet der britische Fall des Thatcherismus, der die Formel eines Rückzuges der Politik verbindet mit einer schon missionarischen Rhetorik des präzeptoralen Staates.[123] Anders als im Fall Reagans war die Politik von Frau Thatcher nicht nur auf eine Beseitigung der sozial- und wohlfahrtsstaatlichen Verwicklungen des politischen Systems gerichtet, sondern ganz explizit auch auf eine Schwächung oder gar Zerstörung vorhandener intermediärer Strukturen und Instanzen, »die bis dahin unter soziali-

120 Calleo 1987, bes. 82ff.
121 Willke 1988
122 Zum Erfolg des »weniger Staat« s. Aho/Levinson 1988, 11: »Much of the prosperity of the past six years... is due to the federal government's peristently spending more that it was taking in by a very wide margin... In qualitative terms, the federal government has been spending a greater share of its income on military programs, income transfer payments such as social security, and interest payments on bonds issued to finance the deficits incurred in previous years.«
123 Ausführlich dazu Abromeit 1989; Offe 1990

stischen wie ebenso unter konservativen Regierungen der *verhandlungsförmigen* Kompromiß- und Konsensbildung gedient hatten.«[124]

Im Fall des Thatcherismus stellt sich die Alternative noch deutlicher: Sollte dieser Form der Politik die Zukunft gehören, dann wäre in der Tat die hierarchisch-autoritative Position des politischen Systems in der Gesellschaft etabliert und abgesichert durch eine präzeptorale Rhetorik, welche die gesteigerte Interventionskapazität des Zentralstaates hinter der Nebelwand einer »conviction politics«[125] von einfachen Werten und moralischen Trivialitäten verdeckt.

Dies ist das eine Argument, welches gegen die Annahme einer sich durchsetzenden polyzentrischen Ordnung moderner liberaler Gesellschaften sprechen könnte. Es ist gegenwärtig, zumindest für den Fall Großbritannien, nicht definitiv zu entscheiden und bietet deshalb einen offenen Test für die hier vorgeschlagene Idee. Ein zweites Argument bezieht sich auf kontinentale Gesellschaften wie etwa Skandinavien, Österreich oder die Bundesrepublik. Auch dort gibt es seit längerer Zeit eine massive präzeptorale Rhetorik der Politik des Wohlfahrtstaates, die allerdings ganz im Gegensatz zum angloamerikanischen Beispiel um das Problem kreist, wie die relevanten, autonomen Kollektivakteure in die Formulierung und Implementation dieser Politik eingebunden werden sollen. Insbesondere Karl Schiller hatte als Wirtschaftsminister diese Rhetorik meisterhaft erfunden und beherrscht.[126]

Die Frage ist, ob auch diese präzeptorale Rhetorik der Verschleierung einer Strategie diente, mit Hilfe einer »moral

124 Offe 1990, 13 (Hervorhebung im Original). Offe faßt dann (13f.) die populistische Strategie des Thatcherismus in folgender Weise zusammen: »... direkte Kommunikation zwischen politischer Führung und der Masse der Bevölkerung unter Ausschaltung und Schwächung von Verbänden, Parteien, des Parlaments und der entsprechenden autonomie-verbürgenden Rechtsinstitute... Insgesamt ergibt sich das nur scheinbar widersprüchliche Bild einer bedeutend *geschrumpften Agenda* anerkannter staatlicher Ausgaben, insbesondere der auf *lokaler* Ebene zu erfüllenden, bei gleichzeitig autoritär *gesteigerter Eingriffstiefe* der Tätigkeit vor allem des *Zentralstaats.«*

125 Gamble, zit. bei Offe 1990, 13

126 Ausführlicher Willke 1979

suasion« die hierarchisch-autoritative Stellung der Politik zu festigen, sie dem Publikum aber als gleichberechtigte Kooperation »am runden Tisch der Vernunft« darzustellen. Die Antwort ist vielleicht überraschend, jedenfalls eindeutig: Die kontinentalen Demokratien sind, ganz unabhängig davon, wie die Rhetorik ursprünglich auch gemeint war, ihrer eigenen Rhetorik erlegen und haben sie in Realität umgesetzt. Besonders deutlich zeigt dies die Bundesrepublik, wo selbst nach einer konservativen »Wende« mit zaghaftem Anklang an die Formel des »weniger Staat« in dieser Hinsicht alles beim alten blieb.

Während man demnach argumentieren kann, daß für den Common-law-Bereich entwickelter Gesellschaften die Frage der sich gegenwärtig ausbildenden Architektur sozietaler Ordnung noch offen ist – wobei wohl deutlich geworden ist, daß ich selbst sie nur für late-comer halte –, scheint für die modernen kontinentalen Gesellschaften die Frage entschieden zu sein. Sie sind auf dem Weg zu einer anderen Ordnung ihrer selbst. Es ist eine heterarchische, polyzentrische Ordnung, wie sie Michael Polanyi schon vor vierzig Jahren für fortgeschrittene, freiheitliche Gesellschaften beschrieben hat.[127]

Damit löst sich schließlich die tragische Verwicklung des Staates in seine eigene Aufhebung als hierarchische Spitze des Gesellschaftssystems. In dieser Form hat er in der Entfaltung der Moderne gewährleistet, daß hinter seinem Rücken und unter seinem Schutz die embryonalen gesellschaftlichen Teilsysteme sich entwickeln, zu operativer Geschlossenheit verdichten und letztlich zu autonomen Konkurrenten in der Definition gesellschaftlicher Ordnung heranwachsen konnten. Nun bleibt dem Staat nur noch Ironie. Aber es könnte sein, daß die Form der Ironie Möglichkeiten bietet, die ihm im Kontext der Selbstbeschreibung von Politik in einer liberalen Gesellschaft zu ganz neuen Aufgaben verhelfen.

127 Polanyi 1951, bes. 159ff.: »Where large numbers are involved, such mutual adjustment must be indirect; each individual adjusts himself to a state of affairs resulting from the foregoing actions of the rest... The totality of these displacements (hier: der wechselseitigen Anpassungen) represents a case of *polycentric order.*« (171)

2 Formen des Staates

In der Form des Staates schafft sich die Politik eine Leitidee ihrer selbst. Nachdem Säkularisierungsdynamik und Kontingenzbewußtsein externen Begründungen der Vertretbarkeit von Politiken den Boden entzogen hatten, mußte die Politik ihre Legitimität selbst besorgen. Sie mußte dem heillosen Gedanken kontingenter Zufälle die säkulare Tröstung formaler Notwendigkeit entgegensetzen, also eine Form ihres Operierens erfinden, in der die nicht aufhebbare Kontingenz jeglicher Politik vom Schatten einer Staatsform abgedunkelt und damit dem ungeschützten Blick entzogen wird. Es ist nur allzu verständlich, daß Betroffene und Beobachter der Politik diese Schatten bis heute zur wirklichen Wirklichkeit erklären. Die prekäre Verschachtelung von Zufall und Notwendigkeit läßt sich so entschärfen und die Brisanz einer paradoxen Selbstkonstituierung des politischen Systems reduziert sich auf mehr oder weniger gelehrte Abhandlungen über die Notwendigkeit einer Staatsform.

Was wäre eine Alternative hierzu? Das vielleicht konsequenteste Plädoyer, unter modernen Bedingungen Kontingenz nicht mit Metaphysik zu übertünchen, sondern als Kommunikationsgrundlage ernst zu nehmen, kommt von Richard Rorty.[1] Er schlägt vor, Sprache und sprachabhängig konstituierte Weltbilder strikt als idiosynkratische Vokabulare zu begreifen, die bei aller Veränderung genau dies bleiben: kontingente Semantiken, welche durch andere mögliche Semantiken abgelöst werden, sich aber in keiner Weise einer wirklichen Wirklichkeit oder letzten Wahrheit annähern. Personen, die ihre Sprache und ihre Wahrheiten in dieser Weise begreifen und darüber weder verzweifeln noch metaphysisch werden[2], nennt Rorty *Ironiker:* »›Ironikerin‹

1 Rorty 1989

2 »Ich weiß aber auch, daß die Menschen sich eines Tages nicht einmal mehr an die Probleme, die uns heute am meisten bekümmern, erinnern werden. Das ist mein Schicksal, das ich annehmen muß, und ich nehme es an. Aber es läßt mich weder verzweifeln noch stumpfsinnig werden.« Castoriades 1990 (1975), 158

nenne ich eine Person, die der Tatsache ins Gesicht sieht, daß ihre zentralen Überzeugungen und Bedürfnisse kontingent sind«.[3]

Für den Bereich des Privaten – und Rorty interessiert sich nahezu ausschließlich für diese Seite der Unterscheidung von privat und öffentlich und handelt das Öffentliche ebenso kursorisch wie unbefriedigend ab – bietet Ironie als geradezu sokratischer Umgang mit Ungewißheit die gelungenste Form aufgeklärter Unerschrockenheit. Von Kierkegaard stammt eine besonders beeindruckende Formulierung der Entscheidung für Kontingenz und Ironie: »Ebenso wie die Philosophie mit dem Zweifel, ebenso beginnt ein Leben, das menschenwürdig genannt werden kann, mit der Ironie.«[4] Was Ironie leisten soll, läßt sich beschreiben als das Ausbalancieren zweier Ungewißheiten: Für den Ironiker ist die Gegenwart ungewiß, weil die gegebene Wirklichkeit ihre Gültigkeit »ganz und gar verloren (hat), sie ist ihm eine *unvollkommene Form* geworden, die allenthalben lästig wird.«[5] Aber auch die Zukunft, das Neue, ist ungewiß; denn der Ironiker kann nur seine idiosynkratische Alternative anbieten und hoffen, daß dieses alternative Vokabular die Sprache der nächsten Generation prägt.[6] Die Zukunft ist in

3 Rorty 1989, 14; eine ausführlichere Definition gibt er auf S. 127: »›Ironikerin‹ werde ich eine Person nennen, die drei Bedingungen erfüllt: (1) sie hegt radikale und unaufhörliche Zweifel an dem abschließenden Vokabular, das sie gerade benutzt, weil sie schon durch andere Vokabulare beeindruckt war, Vokabulare, die Menschen oder Bücher, denen sie begegnet ist, für endgültig nahmen; (2) sie erkennt, daß Argumente in ihrem augenblicklichen Vokabular diese Zweifel weder bestätigen noch ausräumen können; (3) wenn sie philosophische Überlegungen zu ihrer Lage anstellt, meint sie nicht, ihr Vokabular sei der Realität näher als andere oder habe Kontakt zu einer Macht außerhalb ihrer selbst.«

4 Kierkegaard 1961 (1841), 4 (Dissertationsthese XV)

5 Kierkegaard 1961, 265 (Hervorhebung von mir, H.W.)

6 So Rorty 1989, 61, während Kierkegaard deutlicher wird: »In gewissem Sinne freilich ist der Ironiker prophetisch, denn er weist fort und fort hin auf etwas im Kommen Begriffenes, aber er weiß nicht, was es ist.« (1961, 265) Darauf käme es an: zu zeigen, daß mit dem unerschrockenen *Gebrauch* eines alternativen Vokabulars das im Kommen Begriffene sich konstituiert.

ihrer vollkommenen Form noch nicht erkennbar – schlimmer noch, sie wird es nie sein.
Der Ironiker zieht sich selbst aus dieser doppelten Schlinge, indem er weder sich selbst noch die Welt ganz ernst nimmt und doch ernst genug, um an einem neuen Vokabular zu arbeiten, welches die Welt für ihn angemessener beschreibt. Das Motiv hierzu kommt aus der Überzeugung, daß auch das eigene Vokabular nur ein vorläufiges, tentatives ist und aus der Auseinandersetzung mit anderen kontingenten Vokabularen Nutzen ziehen könnte. So zeichnet sich nach Rorty der Ironiker dadurch aus, daß er ein »phantasievolles Einfühlungsvermögen« in alternative Vokabulare entwickelt (nichts anderes also als klassische Empathie); daß er die Fähigkeit hat, die Bedeutung vieler verschiedener Vokabulare oder Semantiken zu begreifen, also an verschiedenen Sprachspielen und Diskursen sich zumindest zu orientieren und daher die Kontingenz seines eigenen Vokabulars ernst zu nehmen.[7] Er weiß sich damit in einer Gesellschaft, die zwar die Form einer »Arbeitsgemeinschaft von Exzentrikern«[8] annimmt – immerhin aber einer Arbeitsgemeinschaft, also einer Gemeinschaft von wechselseitig sich als autonom und interdependent respektierenden Subjekten.
Für den Bereich des Privaten und Persönlichen hat Rortys Vorschlag den heiteren Touch des elegant Aufmüpfigen: Jeder ist seiner Sprache Schmied, jedes Vokabular ist kontingent, aber mit ironischer Distanz läßt sich auch dies noch aushalten. Etwas befremdend ist zwar, daß im wesentlichen nur Schriftsteller und Philosophieprofessoren Kontingenz und Ironie realisieren können, aber niederere Formen des Lebens sind ja nicht prinzipiell von diesen Genüssen ausgeschlossen. So weit, so gut.
Ungereimtheiten zeigen sich aber dann, wenn man nach gesellschaftstheoretischen Konsequenzen sucht. Rorty bietet zum einen die »klare Unterscheidung zwischen dem Privaten und dem Öffentlichen«[9] an, ohne auch nur einen Augenblick zu sehen, daß gerade an den zentralen Merkmalen

7 Rorty 1989, 158ff.
8 Rorty 1989, 108
9 Rorty 1989, 142

hochentwickelter Gesellschaften private und öffentliche Aspekte, Relevanzen und Kalküle untrennbar miteinander verschränkt sind: sowohl an den humanen Errungenschaften der Sozialpolitik und der Wohlstandsgesellschaften wie etwa Sozialhilfe- und Krankenversicherungssysteme (ist Gesundheit eine private oder eine öffentliche Sache, ein privates oder öffentliches Gut? Ist Arbeitslosigkeit und dadurch verursachter elementarer Mangel eine private oder eine öffentliche Angelegenheit in hochtechnisierten Industriegesellschaften?), wie auch an den spezifischen Riskiken moderner Gesellschaften wie Umweltzerstörung, technologische Risiken oder demographische Bewegungen. Was soll daran »klar« privat oder öffentlich sein?
Trotz dieser eklatanten Schwachstelle seines Argumentes ist Rortys Perspektive anregend und bedenkenswert für eine Staatstheorie, die ihren Ausgangspunkt sucht beim Verlust konventioneller Gewißheiten über die Ordnung der Gesellschaft und die Form des Staates. Gesellschaftstheorie wie Staatstheorie müssen der Tatsache ins Gesicht sehen, daß ihre zentralen Annahmen und Selbstverständlichkeiten kontingent sind. Sie können im Ausgang des 20. Jahrhunderts nicht länger übersehen, daß nach vielen Jahrhunderten der Säkularisierung, Rationalisierung und Positivierung die Grundlagen für einen Glauben an endgültige Formen und an eine Ordnung jenseits von Zeit und Veränderung entfallen sind. Sie müssen nicht nur in allgemeiner Weise, sondern eben auch für die Frage der Konstituierung ihres eigenen spezifischen Forschungsgegenstands Konsequenzen ziehen aus den Wirkungen der Idee von der Machbarkeit der Welt, aus der Verlagerung der Zeitperspektive in eine zu gestaltende Zukunft, aus der Ubiquität von Kontingenz als Grundlage der Operationsweise psychischer und sozialer Systeme und schließlich aus der daraus folgenden Konsequenz der Verantwortung von Personen und Sozialsystemen für ihre Entscheidungen unter der Bedingung von Kontingenz.
Der Verlust der Sicherheit einer Ordnung jenseits von Zeit und Veränderung betrifft nicht nur den gegenwärtig wohlfeilen Fall des gründlich mißlungenen Großexperiments des Sozialismus. Er betrifft in ebenso tiefgreifender Weise die

Idee der endgültigen Form eines kapitalgesteuerten Marktes, die Idee einer auf naturwissenschaftlichen Erkenntnisinteressen fußenden Logik der Wissenschaft, eines auf der Idee von Disziplinierung und Verwahrung beruhenden Erziehungssystems, eines die Idee einer gnadenlosen Vermeidung des Todes verfolgenden Gesundheitssystems etc. Trotz des unbestreitbaren systemischen und in vielen Hinsichten auch humanen und emanzipatorischen Erfolges dieser Ideen in liberalen, funktional differenzierten Gesellschaften sind es keine endgültigen Formen. Und auch wenn ihre gegenwärtigen Realitäten noch so blendend aussehen auf der kontrastierenden Folie des Zusammenbruchs der vermeintlich wichtigsten Alternative, nämlich der Formen entwickelter sozialistischer Gesellschaften, so ist gerade dieser Vergleich besonders irreführend. Ernst zu nehmende Konkurrenz für die Leitideen und Formen liberaler Gesellschaften erwächst ausschließlich im Innern dieser Gesellschaften selbst. Sie erwächst aus alternativen Entwürfen einer zukünftigen Realität, sobald solche Entwürfe sich erlauben, auch noch angesichts des blendenden Erfolges gegenwärtiger Formen am Maßstab prinzipieller Kontingenz die Schattenseiten und Kosten des Erfolges zu bezeichnen.

Nachdem das verführerisch einfache Gegenmodell des praktizierten Sozialismus weitgehend entfallen ist, laufen komplexe liberale Gesellschaften in besonderem Maße Gefahr, Opfer ihres Erfolges zu werden, indem sie sich selbst »mehr von demselben« empfehlen. Wie oben bereits argumentiert, sehe ich in dieser Strategie des gesunden Menschenverstandes den Ansatzpunkt einer tragischen Verwicklung moderner liberaler Gesellschaften. Der abstrakte Kern des Problems liegt in der Verdrängung von Kontingenz durch den ungenierten Hinweis auf Erfolg; und die Paradoxie der Situation ist darin zu sehen, daß gerade im Augenblick ihres Triumphes über ihre externen Kritiker diese Gesellschaften nichts ernster nehmen müßten als ihre Kritiker innerhalb der eigenen Reihen.

Ich werde deshalb im folgenden einige alternative Modelle des Staates beleuchten. Dies geschieht in der Absicht, Anhaltspunkte für ein alternatives staatstheoretisches Vokabular zu gewinnen, das der spezifischen Problematik und Riskiertheit moderner Gesellschaften angemessen erscheint. Leitlinie dieser Skizze ist die Idee, der tragischen Selbstverstrickung des Staates die kathartische Kraft kalter Kontingenz entgegenzusetzen. Die Einsicht in die Vorläufigkeit und Kontingenz auch noch der gegenwärtigen Form des Staates bildet die Voraussetzung dafür, einem Modus des Umganges mit Kontingenz näher zu treten, welcher weder auf Verzweiflung noch auf Metaphysik hinausläuft: dem Modus der Ironie des Staates.

Die Ironie des Staates erweist sich im ironischen Umgang des Staates mit sich selbst. Natürlich ist mit dieser Sprechweise nicht gemeint, daß der Staat, verstanden als Selbstbeschreibung des politischen Systems, mithin als Modell und imaginäre Größe, in ironische Distanz zu sich selbst tritt oder ironisch in sich hineinlächelt. Gemeint ist vielmehr, daß der Staat in seiner Form als Modell und imaginäre Größe *eine Operationsweise realisiert,* die von einem Beobachter als ironisch bezeichnet werden kann (wenn diesem ein entsprechend elaborierter Begriff von Ironie zur Verfügung steht). Das Motiv, von *Ironie* zu sprechen, entspringt meiner grundlegenderen Absicht, die konstituierende Bedeutung von Kontingenz für die Operationsweise hochkomplexer sozialer Systeme im allgemeinen und hier des politischen Systems im besonderen gegen ihre metaphysische Negierung zum Angelpunkt der Reflexion über den Staat zu machen und dennoch und gleichzeitig auf einer Zivilisierung des Staates zu bestehen. Daraus folgt, daß es reizvoll und hilfreich sein könnte, den Zusammenhang von Kontingenz und Ironie zugrunde zu legen, wie er für den Bereich des Privaten beispielhaft von Rorty analysiert worden ist; und daß es unumgänglich ist, diesen Zusammenhang auch – und vielleicht sogar in erster Linie – für die Ebene von Gesellschaft und den Bereich des Öffentlichen zu etablieren, ohne sich mit den kläglichen Vokabeln zu begnügen, die Rorty dafür anzubieten hat.

Gerade auch soziale Systeme sind als kommunikativ und mithin symbolisch konstituierte Systeme der vollen Wucht von Kontingenz ausgesetzt, sobald beobachtbar wird, daß die Grundfesten sozialer Kommunikation nicht mehr in unvordenklicher Tradition, religiösen Heilsplänen oder objektiver Wahrheit festliegen, sondern in selbstreferentiell operierenden Verweisungszusammenhängen, welche nach selbst gesetzten Kriterien des Systems änderbar und wählbar sind. Auch soziale Systeme setzen sich mit dieser Beobachtungsmöglichkeit der Auseinandersetzung mit Alternativen aus, bis sie schließlich ihren Operationsmodus umstellen müssen von Einheit auf Differenz, von der Kontinuierung des immer Identischen auf Kontingenz der jeweiligen Identität. Auch sie brauchen, prozessual analog zu psychischen Systemen, zur Orchestrierung dieser tiefgreifenden Umstellung Mechanismen der Kontrolle von Kontingenz und Verfahren zur Dissimulierung der Konsequenzen verlorengegangener Einheit. Gesellschaftsgeschichtlich betrachtet unterscheiden sich diese Mechanismen und Verfahren vor allem danach, ob sie latent gehalten werden (können) oder ob sie im Zuge von Kritik und Aufklärung manifest geworden sind.

Ein adäquates Verständnis des Staates moderner politischer Systeme verlangt immer dringlicher eine neue Semantik und Theorie des Staates, weil dieser spätestens seit dem Zweiten Weltkrieg, in wichtigen Hinsichten aber schon seit den Sozialreformen Ende des 19. Jahrhunderts und mit der Keynesianischen Revolution den Schleier der Latenz hat fallen lassen müssen. Nun ist der Staat in seiner Funktion der Kontrolle politischer Kontingenz zu erkennen und die Staatstheorie muß sich darauf neu einstellen. Der Mythos des Staates als einer dem gesellschaftlichen Interessenstreit übergeordneten eigenständigen Realität hat sich mit der Erfahrung der Steuerungsbedürftigkeit moderner Gesellschaften ebenso aufgelöst wie der sehr viel neuere Mythos des Staates als bloßes Instrument der herrschenden Interessen.[10] Beide Mythen verkennen sowohl die spezifische Funktion des politischen Systems für eine differenzierte Gesellschaft wie insbesondere auch die Operationsbedingungen einer sich

10 Für eine unübertroffene Darstellung der Mythologie des Staates vgl. Cassirer 1978 (1949). Theda Skocpol (1985, 21) hat die ›neue‹ »Tocquevillesche« Sichtweise treffend charakterisiert: »When the effects

selbst legitimierenden Politik. Es ist die Politik als Teilsystem einer funktional differenzierten Gesellschaft, die die Last der Logik und der Legitimität kollektiv verbindlicher Entscheidungen zu tragen hat und die unter säkularisierten Bedingungen diese Aufgabe nur bewältigen kann, wenn sie in der Form des Staates ein Leitmodell ihres eigenen Operierens vor Augen hat. Zweifelsohne gibt es in der neueren staatstheoretischen Diskussion einige hoch reflektierte Vorschläge, wie Modelle dieser Art aussehen könnten oder sollten. Ich werde im folgenden einige dieser Vorschläge unter dem sehr selektiven Aspekt diskutieren, welche Grundentscheidungen die vorgeschlagene Staatsform als Form für die Operationsweise des politischen Systems impliziert.

2.1 Der minimale Staat

Nozick versteht seinen Begriff des *minimalen* Staates gerade nicht in der gewöhnlichen Weise, wonach Minimum ein Mindestmaß, eine Mindestausstattung oder eine untere Grenze des Erforderlichen bedeutet. Vielmehr behauptet er, daß die von ihm vorgeschlagene minimale Ausstattung des Staaes mit Aufgaben die einzige gerechte sei und daß jede darüber hinausgehende Aufgabe des Staates ungerecht und nicht zu rechtfertigen sei. Danach ist der minimale Staat begrenzt auf die enge Funktion des Schutzes gegen Gewalt, Diebstahl, Betrug und der Durchsetzung von Verträgen. Alle weitergehenden Kompetenzen des Staates, so Nozick in einer sardonischen Argumentation, führe zur Demoktesis, zum Kollektiveigentum aller an allen Menschen (»ownership

of states are explored from the Tocquevillian point of view, those effects are *not* traced by dissecting state strategies or policies and their possibilities for implementation. Instead, the investigator looks more macroscopically at the ways in which the structures and activities of states unintentionally influence the formation of groups and the political capacities, ideas, and demands of various sectors of society.« Die Frage bleibt allerdings, ob bestimmte Strukturen und Aktivitäten, die dem Staat zugeschrieben werden, nicht *gezielte* Veränderungen gesellschaftlicher Zustände und Problemmuster bewirken können.

of the people, by the people, and for the people«).[11] Zwar wundert er sich an mehreren Stellen seines Buches, warum alle modernen Staaten kaum eine Ähnlichkeit mit dem minimalen Staat haben, doch beeinflußt diese Beobachtung ganz offensichtlich seine Argumentation nicht.

Dennoch ist zuzugeben, daß Nozicks Argument für den minimalen Staat scharfsinnig und stringent ist, solange man die Prämissen seiner Problemstellung teilt. Hier aber liegt das Problem. Nozicks Staatstheorie evoziert nicht zufällig das Bild einer Gesellschaft, die auf dem Stand umherziehender primitiver Haufen verblieben ist. Diese bilden zum wechselseitigen Schutz »protective associations« und irgendwann eine dominante »protective agency«[12], den minimalen Staat, doch das Gesellschaftsbild, das dahinter aufscheint, ist weiterhin dasjenige einer zwanglosen Assoziation unabhängiger Individuen in einem mythischen originären Zustand. Die Rekonstruktion der Genese des Staates bei Nozick kann akzeptiert werden als ein idealtypischer Prozeß der Herausbildung eines dominanten Schutzverbandes. Tatsächlich muß nicht vorausgesetzt werden, daß dieser Staat irgendwelche Rechte postuliert oder für sich in Anspruch nimmt, welche nicht auch dem Individuum selbst zustehen. Insofern handelt es sich um eine »Invisible-hand«-Erklärung der Genese des Staates.[13]

Der entscheidende Einwand ist, daß Nozicks Analyse genau an diesem Zeitpunkt endet, also nur die minimalen Bedingungen der Möglichkeit des Staates umfaßt. Die wichtigere Frage aber ist, was *danach* kommt, vor allem: welche Art von Gesellschaft sich inzwischen herausgebildet hat und inwiefern diese das Nozicksche Axiom eines unmittelbaren und unvermittelten Verhältnisses zwischen Individuum und Staat[14] obsolet gemacht hat. Die Theorie des minimalen Staa-

11 Nozick 1974, 290
12 Nozick 1974, 90
13 Nozick 1974, 119
14 Seine Perspektive beschreibt Nozick so: er lege eine Untersuchung vor, »a philosophical exploration of issues, many fascinating in their own right, which arise and interconnect when we *consider individual rights and the state.*« (1974, XII, Hervorhebung von mir, H.W.)

tes, die Nozick entwirft, scheint einer minimalen Gesellschaft angemessen zu sein. Der Staat wird zur imaginären Institution einer imaginären Gesellschaft, die mit der Realität gegenwärtiger, hochkomplexer und funktional differenzierter Gesellschaften nichts gemein hat. Selbst dort, wo Nozick Aspekte moderner Gesellschaft, wie Risiko oder Umweltverschmutzung, zumindest streift[15], gerät ihm schon die Definition der Problematik zur Karikatur einer Gesellschaft, in der »normale Unfälle«, kollektive Risiken und organisierte Unverantwortlichkeit zum alltäglichen Betrieb gehören.[16] Dem zugrunde liegt eine Reihe fundamentaler Veränderungen im Verhältnis von Individuum und Gesellschaft und mithin auch von Individuum und Staat. Dazu gehört vor allem die Emergenz intermediärer Ebenen und Organisationsformen, welche die Frage kollektiven Handelns, kollektiver Güter und kollektiver Rechte/Pflichten aufwerfen; und dazu gehören systemische Merkmale von Organisationen, gesellschaftlichen Teilsystemen und ganzen Gesellschaften, welche sich nicht auf Individuen oder Individualmerkmale zurückführen lassen.

Bei der Entwicklung einer Staatstheorie diese Merkmale moderner Gesellschaften zu ignorieren heißt, die eigentliche Problematik des modernen Staates zu verfehlen. Verändert man aber Prämissen und Problemstellung in dem hier vorgeschlagenen Sinn, dann läßt sich mit Nozicks Frage nach dem minimalen Staat durchaus etwas anfangen: Was sind für komplexe, hochdifferenzierte Gesellschaften die minimalen Kompetenzen und Aufgaben des Staates? Mit welcher Begründung läßt sich die immer drohende Hypertrophie des Staates zurückstutzen auf die minimal notwendigen und gerechtfertigten Funktionen des Staates? Es sollte klar sein, daß diese Fragen sich weder stellen noch beantworten lassen, solange man den Staat nicht in einem angemesssenen gesellschaftstheoretischen Kontext thematisiert. Aufgaben und Formen des Staates ändern sich mit den strukturbildenden Merkmalen und den Operationsbedingungen von Gesellschaft, weil unterschiedliche Strukturen (wie vor allem in-

15 Nozick 1974, 73f., 79ff.

16 Dazu Perrow 1988 (1984); Wildavsky 1979; Beck 1988

terne Differenzierung und Grade organisierter Komplexität) und unterschiedliche Operationsbedingungen (wie vor allem die Ausdifferenzierung von Kommunikations- und Steuerungsmedien und die Emergenz systemischer Eigendynamiken) sehr unterschiedliche produktive Möglichkeiten (»opportunities«) und destruktive Gefahren nach sich ziehen, welche die Bestimmung der Aufgaben des Staates maßgeblich beeinflussen.

Ich werde im nächsten Kapitel diesen Aspekt des Argumentes ausführlich mit Blick auf die Veränderung der *Staatsaufgaben* entfalten. Zunächst aber steht die allgemeinere Frage im Vordergrund, welche Strategie der Beobachtung und Argumentation gewählt wird, wenn man sich für eine bestimmte Form des Staates entscheidet.

Die Idee des minimalen Staates implizierte eine Strategie der Beobachtung, die aus der Sicht der Einzelperson nach Rechten fragt, über welche das Individuum verfügen kann – also etwa auch einer anderen Instanz zur Ausübung übertragen kann. Die Ockhamsche Rasierklinge dieser Argumentation setzt bei der genannten Qualität von Rechten an und schneidet alle diejenigen (möglichen) Rechte des Staates ab, welche die Rechte irgend eines Individuums verletzen würden: Nach Nozick kann der Staat keine Rechte reklamieren, die ein Individualrecht verletzen würden[17]; und er kann – mit einer einzigen Ausnahme – kein Recht für sich beanspruchen, das nicht selbst und zuerst ein Recht des Individuums ist. Diese Ausnahme ist das einzige Recht, welches zwar dem Staat, nicht aber den Individuen legitimerweise zusteht, also nicht direkt von den Individuen auf den Staat übertragen wurde: Es ist das Recht des Monopols auf Ausübung physischer Gewalt in einem Territorium zum Schutz der Rechte der »Mitglieder« dieses Territoriums.

Nozick, der sein Argument in dieser Hinsicht sehr eng an Max Weber anlehnt, glaubt für die einzige Ausnahme, das Recht auf Gewaltmonopol, eine »invisible-hand«-Erklärung gefunden zu haben, weil dieses Recht nicht bewußt und rational konstruiert wird etwa im Sinne eines Hobbesschen

17 Nozick 1974, 113

oder Rousseauschen Vertrages, sondern weil es *von selbst* und hinter dem Rücken der Akteure entsteht, ohne daß jemand an die Entstehung dieses emergenten Rechtes denkt:

> »We have explained how, without anyone having this in mind, the self-interested and rational actions of persons in a Lockean state of nature will lead to single protective agencies dominant over geographical territories;... and we have explained how, without claiming to possess any rights uniquely, a protective agency dominant in a territory will occupy a unique position. Though each person has a right to act correctly to prohibit others from violating rights.... only the dominant protective association will be able, without sanction, to enforce correctness as it sees it.«[18]

Tatsächlich hat Nozick sehr scharfsinnig eine neue, kollektive Eigenschaft eines Sozialsystems (hier: des Staates im Sinne der dominanten Schutzgemeinschaft) erklärt, welche den Individuen als Mitgliedern des Systems nicht zukommt. Ob man dies in der Tradition von Adam Smith nun eine »Unsichtbare-Hand-Erklärung« nennt oder in der Tradition der Systemtheorie eine »emergente Eigenschaft«, ist zweitrangig. Vorrangig ist, daß damit ein Prozeß aufgedeckt ist, in welchem unabhängig vom Zutun der Mitglieder oder Elemente eines Systems durch die spezifische Struktur und Operationsweise des Systems Eigenschaften – in unserem Falle: *kollektive Rechte* – entstehen können, welche nicht auf die Eigenschaften der Mitglieder oder Elemente des Systems reduzierbar sind.

In einer systemtheoretischen Perspektive ist dies nicht überraschend.[19] Emergente Eigenschaften sind auch jenseits des Marktmechanismus und des Gewaltmonopols normale und notwendige Bestandteile der Evolution hochkomplexer Systeme. So wie sich das Operieren des Marktes nicht auf

18 Nozick 1974, 118

19 Für soziale Tatsachen – wie Solidarität oder Recht – als Folge der Beobachtung von Beobachtungen schon Durkheim 1977, 114ff.; für kognitive Tatsachen vgl. Piagets (1971, 320f.) Begriff des »abstraction réfléchissante«; ausführlich Willke 1987, 96ff. und zur Emergenz von Recht Teubner 1989, Kap. 3

individuelle Merkmale der homines oeconomici, und wie sich das Gewaltmonopol nicht auf Rechte der individuellen Mitglieder einer Gemeinschaft reduzieren läßt, so gibt es eine Vielzahl spezifischer, irreduzibler Eigenschaften selbstreferentieller Sozialsysteme. Überraschend ist daher vielmehr, daß Nozick glaubt, die Emergenz kollektiver Rechte und systemischer Eigenschaften in der Entwicklung des Staates auf diesen einzigen Fall, auf das Gewaltmonopol einschränken zu können. Noch gravierender ist, daß er die grundlegenden Veränderungen unberücksichtigt läßt, welche die Entwicklung der modernen Gesellschaften vor allem in diesem Jahrhundert kennzeichnen und welche sich besonders klar und folgenreich in der Ausbildung neuer systemischer Eigenschaften zeigen. Neben vielem anderen[20] gehört dazu die Entwicklung kollektiver Rechte auf der Grundlage der Problematik kollektiver Güter sowie die Entwicklung kollektiver Risiken auf der Grundlage der Problematik kollektiver Entscheidungen.[21]

Es ist die Ausbildung dieser emergenten Eigenschaften in hochdifferenzierten gegenwärtigen Gesellschaften, die es verbietet, eine Staatstheorie auf das alleinige Standbein individueller Rechte zu gründen, wie dies Nozick tut. Das, was das Gesicht heutiger Gesellschaften prägt und was sie von bloßen Aggregationen von Individuen unterscheidet, ist die Präsenz und die Brisanz kollektiver Güter und kollektiver Risiken. Über die von Nozick gesehenen und akzeptierten kollektiven Güter des Friedens und der inneren Sicherheit hinaus sind dies vor allem Gesundheit, soziale Sicherheit und Schutz vor struktureller Gewalt; und die kollektiven Risiken, wie etwa diejenigen atomarer, chemischer und biologischer Technologien, sind inzwischen[22] tagtäglich mit Händen zu greifen. Eine Staatstheorie, die davor paßt, kann sich nicht einmal rühmen, den Schutz individueller Rechte und Güter gebührend ernst zu nehmen. Denn über den Umweg

20 Ausführlich dazu Willke 1989, bes. Kap. 3 und 4

21 Grundlegend dazu Olson 1971 und 1982, 17ff.

22 Zuzugeben ist, daß Anfang der 70er Jahre, als Nozick seine Staatstheorie schrieb, die Beobachtung und das Bewußtsein dieser Risiken noch in den Kinderschuhen steckte.

einer Gefährdung kollektiver Güter werden nun individuelle Rechte wie körperliche Unversehrtheit oder Schutz des Eigentums besonders perfide und flächendeckend beeinträchtigt.

Versucht man, auf dieser Grundlage sich der Form des minimalen Staates zu nähern, so wird klar, daß sie als Staatsform nur Sinn macht im Kontext einer entsprechenden Form von Gesellschaft: der minimalen Gesellschaft. Nur wer die Hegelsche Trennung von Staat und Gesellschaft wieder aufleben läßt, kann mit Nozick einen minimalen Staat postulieren und die Form der Gesellschaft im dunkeln lassen oder gar annehmen, daß die Form des Staates unabhängig von derjenigen der Gesellschaft bestimmt werden könne. Ist dagegen plausibel, daß der Staat als Eigenmodell des politischen Systems die Leitidee der Politik bezeichnet, und akzeptiert man, daß in modernen Gesellschaften das politische System ein funktional ausdifferenziertes Teilsystem der Gesellschaft ist, dann kommt im Staat zwar die operative Autonomie der Politik zum Ausdruck, er läßt sich aber nicht mehr unabhängig von der *Form* und der *Problematik* seiner Gesellschaft beschreiben.

Die Form moderner westlicher Industriegesellschaften ist in knappster Weise durch den Primat funktionaler Differenzierung, die operative Autonomie der Teilsysteme bei gleichzeitiger Interdependenz der Funktionssysteme und durch eine innengeleitete Eigendynamik der Teile gekennzeichnet. Daraus folgt neben vielem anderen als zentrale Problematik dieser Gesellschaften eine Verfremdung traditionell familialer Funktionen durch (allmähliche) Auslagerung von Teilfunktionen in externe Sozialsysteme wie Erziehungssystem, Gesundheitssystem, Betriebe oder Rechtssystem; und zum anderen folgt daraus eine Überlastung der Gesellschaft durch die Überproduktion von Optionen der Funktionssysteme, weil diese nicht mehr zentral kontrolliert oder koordiniert werden können. Beide Prozesse beschäftigen die Sozialwissenschaften seit langer Zeit und brauchen hier nicht detailliert behandelt zu werden. Für unseren Zusammenhang ist zentral, daß mit diesen Prozessen auf der einen Seite die Entstehung neuer kollektiver Güter und kollektiver

Rechte verbunden ist, andererseits die Notwendigkeit kollektiver Entscheidungen, welche inzwischen zu unübersehbaren kollektiven Risiken geführt haben und weiter führen. Auch dies soll im folgenden nicht ausgeführt, sondern nur beispielhaft deutlich gemacht werden.

Der Funktionsverlust der Familie im Zuge von Industrialisierung und Modernisierung schuf neue kollektive Güter in den Bereichen Gesundheit, Versorgung und Erziehung, weil diese Güter nicht mehr als private durch individuelle Tätigkeit oder familiale Solidarität ausreichend gesichert werden konnten. Komplementär dazu läßt sich spätestens seit dem 19. Jahrhundert beobachten, daß diese Güter als individuelle Rechte (auf körperliche Unversehrtheit, Partizipation und Entfaltung der Persönlichkeit) durch systemische Bewegungen und gesellschaftliche Strukturmerkmale (wie Landflucht und Verstädterung, Kernfamilie, Risiken industrieller Produktion[23], Zivilsationskrankheiten[24] etc.) nicht mehr nur zufällig und partiell, sondern systematisch und flächendekkend bedroht werden. Durch Individualrechte allein sind diese fundamentalen Güter nicht mehr stabilisierbar. Durch individuelle oder familiale Aktivitäten allein ist ihr Schutz nicht mehr zu erreichen. Nicht um völlig neue Rechte geht es also bei der Frage der Kollektivgüter, sondern um den Schutz der traditionellen fundamentalen Rechte unter neuen gesellschaftlichen Voraussetzungen.

Wenn angesichts der Verelendung der Landbevölkerung und der Industriearbeiter, angesichts »normaler«, durch die Operationsweise der neuen Industrien produzierter Krankheit und Invalidität *politische Entscheidungen* erforderlich wurden, um die zwar offensichtliche, individuell aber nicht zurechenbare Verletzung von Individualrechten zu verhindern oder zumindest zu kompensieren, dann läßt sich dies zwanglos interpretieren als eine Veränderung der Form der Politik in Reaktion auf eine massive und fundamentale Veränderung der Struktur und Operationsweise einer Gesellschaft, die von einer agrarischen zu einer industriellen sich gewandelt hat. Sobald man sich also von der mythischen

23 Vgl. nur Polanyi 1978, 113ff.
24 Vgl. die empirischen Daten bei Alber 1989, 204ff.

Vorstellung einer Gesellschaft umherziehender archaischer Haufen löst und die Realität hochkomplexer Industriegesellschaften in Augenschein nimmt, verliert die Emergenz neuer Güter und neuer Rechte ihre Absonderlichkeit. Ganz im Gegenteil: es wäre seltsam, wenn der radikale und andauernde gesellschaftliche Umbruch die Rolle von Politik und Staat unbeeindruckt ließe, wenn die simplen traditionellen Formen des Schutzes individueller Rechte weiterhin ausreichten, wenn eine auf das Individuum zentrierte Sicht der Aufgaben und Kompetenzen des Staates die neue Realität adäquat erfassen könnte.

Die Idee des *minimalen* Staates allerdings verlangt, die Klasse der implizierten Güter und der darauf bezogenen Rechte nicht uferlos auszudehnen. Dem läßt sich entsprechen mit der hier besonders hilfreichen Unterscheidung von kollektiven (öffentlichen) und meritorischen Gütern.[25] Als meritorische Güter bezeichnen die Musgraves solche, die – wie kollektive Güter auch – hohe öffentliche Bedeutung haben, deren Realisierung aber Eingriffe in die Konsumentscheidungen von Minoritäten nicht nur als »das bedauerliche Nebenprodukt eines Vorgehens (erfordert), in dem die individuellen Präferenzen so gut wie möglich erfüllt werden sollen«[26], sondern deren Bereitstellung auf solche Eingriffe gerade zielt, weil sie der *Zweck* der öffentlichen Maßnahme sind. Beispiele sind Steuern auf Zigaretten oder Alkohol, Wohngeld, Bafög, Kindergeld oder sozialer Wohnungsbau. In diesen Fällen greift die Politik mit kollektiv verbindlichen Entscheidungen in individuelle Konsumentscheidungen ein und benachteiligt/bevorzugt bewußt bestimmte Minoritäten aus einem von der Mehrheit definierten öffentlichen Interesse heraus. Jedenfalls aus dem Blickwinkel der Idee des minimalen Staates ist diese Kategorie von Maßnahmen und Gütern nicht zum Schutz elementarer individueller Rechte unabdingbar und deshalb nicht gerecht und nicht legitimierbar.

Anders dagegen, so hier das zentrale Argument, ist die

25 Zu dieser Differenz und zu den folgenden Begriffsbestimmungen vgl. Musgrave u.a. 1978 (1973), Kap. 3

26 Musgrave u.a. 1978, 76

Situation bei kollektiven Gütern im strengen Sinne zu beurteilen: Kollektive oder öffentliche Güter wie Qualität von Luft und Wasser, Naturschutz, Gesundheit (im Sinne von »öffentlicher« Gesundheit, die von Maßnahmen wie Impfschutz oder Kampf gegen Zivilisationskrankheiten beeinflußt wird), Genießbarkeit von Lebensmitteln, Schutz vor gefährlichen Produkten (z.B. durch den TÜV) oder Erhaltung der Ozonschutzschicht sind Güter, die der auf individualistischem Privateigentum beruhende Markt nicht produziert, weil für sie weder das »Ausschlußprinzp« gilt, noch der Konsum rivalisiert. Insofern liegt tatsächlich, wie Musgrave u.a. argumentieren[27], ein Marktversagen vor. Gewichtiger allerdings erscheint, daß es in den meisten Fällen gerade das »normale« Operieren des Marktes ist, das über negative Externalitäten und Sozialkosten des Produzierens »von selbst«, d.h. ohne bewußte Absicht der einzelnen Akteure, die öffentlichen Güter erst schafft aufgrund einer *allgemeinen, individuell nicht mehr spezifizierbaren und nicht mehr zurechenbaren Gefährdung elementarer Rechtspositionen* wie insbesondere Gesundheit, persönliche Entfaltung und Eigentum.

Die Entstehung kollektiver Güter aus einer spezifischen Gefährdung elementarer individueller Rechtspositionen läßt sich in unterschiedlichen Dimensionen[28] genauer fassen: In der *sachlichen* Dimension gründet die Entstehung nicht intendierter, emergenter Gefährdungen auf der Komplizierung und Komplexifizierung sowohl der Produktionstechnologien wie der Produkte selbst. Nicht intendierte und nicht vorhergesehene Nebenfolgen, kombinatorische Effekte oder Fernwirkungen von Produkten, die so trivial sein können wie Haarsprays oder so exotisch wie Überschallverkehrsflugzeuge, bedrohen das Individuum in seinen Rechten auf Leben und Gesundheit nicht direkt und individuell, sondern indirekt und kollektiv. Die Sequenz vom Haarspray zum Ozonloch bis zum Krebstod ist nicht mehr individualisierbar, aber sie ist in ihren Effekten doch allzu real und

27 Musgrave u.a. 1978, 54f.

28 Zur Unterscheidung dieser Dimensionen vgl. Luhmann 1984, 112ff. und Willke 1987, 51ff.

konstituiert paradigmatisch einen »Invisible-hand«-Mechanismus der neuen, der destruktiven Art.

In der *sozialen* Dimension läßt sich die Emergenz kollektiver Güter auf Gefährdungen und Risiken zurückführen, die mit der gesteigerten Dichte und Größe sozialer Systeme zusammenhängen: Wenn nur wenige Autos fahren, wie im letzten Jahrhundert, so gibt es kaum ein Problem. Wenn auf engem Raum Millionen fahren, resultiert eine Unzahl gänzlich neuartiger und überraschender Gefährdungen *aller* Beteiligter. Ähnliches gilt für Krankheiten, die erst durch eine gesteigerte soziale Dichte epidemisch werden und etwa durch Massenimpfungen bekämpft werden müssen, oder für Folgen des Massentourismus, des Massenkonsums, der Massenunterhaltung. Wenn letztere etwa im Fall der Rockmusik[29] den Drogenkonsum von Jugendlichen populär und subkulturell akzeptabel macht und mithin anheizt, so sind wiederum beispielhaft weder die Ursachen noch die Folgen individuell begründbar oder zurechenbar. Und eben deshalb entstehen aus der massiven kollektiven Gefährdung individueller Güter durch Drogenseuche und Begleitverbrechen neue Momente der Kollektivgüter öffentliche Gesundheit und innere Sicherheit, die ihrerseits nicht mehr durch individuelle Schutzrechte allein gewahrt werden können.[30]

Die Relevanz der *zeitlichen* Dimension für die Konstituierung von Kollektivgütern ist deutlicher geworden, seit Umweltzerstörung und genetische Manipulationsmöglichkeiten die Frage der kollektiven Rechte *zukünftiger Generationen* unabweisbar machen. Der Kern des Problems ist die eingebaute bornierte Kurzsichtigkeit und Kurzfristigkeit des auf Individualgüter ausgerichteten Marktes. Der Markt leistet eine effiziente und gerechte Allokation von Gütern nur unter der Prämisse der Gültigkeit kurzfristiger, geradezu momenthafter Kalküle.[31] Daraus folgt zum einen, daß Güter

29 Aufschlußreich Bloom 1988, 73ff.

30 Aufschlußreich ist, daß Nozick (1974, 80) zumindest diesen Aspekt ausdrücklich anerkennt, indem er gegen das Problem der Umweltverschmutzung die Möglichkeit einer kollektiven Klage, einer »group suit« zulassen möchte.

31 Ausführlich dazu Baecker 1988, 60ff. und 198ff.

normalerweise[32] nicht produziert und angeboten werden, die ein mittel- oder gar langfristiges Kalkül erfordern bzw. erst mittel- oder langfristig Gewinn versprechen. Dem entspricht zum anderen, daß der Markt nur kurzfristige Risiken seiner Produkte und seines Operierens beobachten kann, nicht aber die bei komplexen, technologisch aufwendigen Produkten relevanteren mittel- und langfristigen Gefährdungen und Risiken. Gegenwärtig läßt sich dies etwa am Fall gentechnischer Produktionsanlagen und Produkte beobachten, aber auch am Problem des Marktes für alternative Energiegewinnung und selbst noch am Markt für Giftgasanlagen. Nach seiner Operationsweise kann der Markt nicht ins Kalkül ziehen, daß spätere Generationen eben kein Erdöl mehr haben werden oder mit möglicherweise letalen Mutanten leben oder sterben müssen. Eben aus dieser Insuffizienz einerseits, aus der unabweisbaren Beeinträchtigung elementarer individueller Rechte in sozial und zeitlich nicht spezifizierbarer Weise andererseits heraus ergibt sich die Notwendigkeit, diesen kollektiven Gefährdungen kollektive Rechte entgegenzustellen. Kollektive Gefährdungen entstehen nichtintentional als emergente Eigenschaften des Operierens sozial verdichteter, hochkomplexer Gesellschaften. Kollektive Rechte sind rational konstruierte, intentional geschaffene Schutzformen für kollektive Güter, die ihrerseits erst erkennbar und beobachtbar werden mit der Erfahrung der neuen Gefährdungen.

Die *operative* Dimension des Problems kollektiver Güter und Rechte führt uns zurück zur Kategorie der Kontingenz. Im Prozeß der Säkularisierung und Modernisierung wächst nicht nur für Personen, sondern auch für Sozialsysteme die Zahl und Reichweite wählbarer Optionen. Dies erbringt zwar auf der einen Seite operative Autonomie und Selbststeuerungsfähigkeit, wird aber dann zu einer Gefahr, wenn die Systeme wechselseitig füreinander in ihrer Optionenproduktion unüberschaubar werden oder gar destruktive Optionen produzieren. Dieses Dilemma führt in das schwierige

32 Eben bei »normalem« Funktionieren des Marktes. Zu neo-merkantilistischen Eingriffen in den Markt und deren Rationalität vgl. Willke 1988a

Problem der Eingrenzung von Systemautonomie durch die Fähigkeit zur Reflexion, insbesondere der Reflexion im Sinne der Einbeziehung der Wirkungen der eigenen Operationsweise auf die Umwelt.[33] Hier muß es genügen festzuhalten, daß diese Lage komplexe Sozialsysteme zu einer *Optionenpolitik* zwingt, in der primär die Qualität der Relationen zu anderen Systemen und deshalb notwendig der Grad der Selbstbegrenzung und Selbstveränderung festzulegen ist. Diese Implikation der Selbstbegrenzung oder Selbstbindung im Hinblick auf die Operationsbedingungen anderer Systeme (in der Umwelt des fokalen Systems) macht Optionenpolitik zu einer kritischen und sensiblen Systemvariable. In ihr entscheidet ein System über seine Kompatibilität und »Umweltverträglichkeit«. Wenn man an diesem Punkt des Arguments nicht völlig unrealistische Annahmen über systemischen Altruismus macht, dann kommt in den Blick, daß es erst die Erfahrung der Möglichkeit einer kollektiven (gesamtsystemischen) Selbstschädigung oder gar Selbstzerstörung ist, welche jedes Teilsystem auf den Weg des aufgeklärten Egoismus im Sinne einer wechselseitigen Selbstbegrenzung bringen könnte.

Einen radikalen Vorschlag hat in diesem Zusammenhang Claus Offe in die Idee einer »Utopie der Null-Option« gekleidet.[34] Danach soll die bestandsbedrohende Überproduktion systemischer Optionen während eines Moratoriums auf Null heruntergefahren werden, damit die betroffenen Systeme überhaupt erst wieder einen Überblick über ihre Möglichkeiten und Riskiertheiten gewinnen. Die Dramatik des Vorschlags spiegelt in angemessener Deutlichkeit die Dramatik der gegenwärtigen Situation auch dann, wenn andere Lösungswege plausibler erscheinen.[35] Und sie macht deutlich, daß inzwischen schon die Überlebensfähigkeit ganzer Gesellschaften und ihrer Funktionssysteme in Begriffen eines Kollektivgutes gedacht werden muß, dessen Verletzung in unabsehbarem Ausmaße individuelle Güter und Rechte negiert.

33 Ausführlich dazu Willke 1987, 70ff.; Willke 1989, 120ff.
34 Offe 1986
35 Vgl. Willke 1987c und 1987d

Wenn diese Linie der Argumentation auch nur einigermaßen plausibel ist, dann ergeben sich massive Schlußfolgerungen für die Bestimmung der Form des minimalen Staates. Es erscheint dann geradezu als frivol, die Aufgaben des Staates, auch des minimalen Staates, auf den Schutz individueller Rechte zu begrenzen. Bevor ich darauf eingehe, soll schließlich die *kognitive* Dimension der Emergenz kollektiver Güter zur Sprache kommen.

Sie beleuchtet ein Moment der Evolution gegenwärtiger Gesellschaften, das einer bloß individualistischen Beobachtungsweise verborgen bleiben muß:

> »It is only within the last two hundred years and in a sense almost within this generation that man has become widely conscious of his own societies and of the larger sociosphere of which they are a part. This movement of the social system into *self-consciousness* is perhaps one of the most significant phenomena of our time, and it represents a very fundamental break with the past, as did the development of personal self-consciousness many millennia earlier.«[36]

Die Fähigkeit komplexer Gesellschaften zur Selbstbeobachtung und zur Reflexion läßt sich als Folge und als komplementäre Seite ihrer Selbstgefährdung begreifen. In einer einzigen Ressource könnte dem destruktiven Potential dieser Gesellschaften ein Gegengewicht erwachsen: in besserem *Wissen* über sich selbst.[37] Auch für die Wahrnehmung kollektiver Güter und für den Schutz kollektiver Rechte ist diese kognitive Dimension von entscheidender Bedeutung. Kollektive Güter lassen sich als solche erst wahrnehmen und begreifen, wenn das entsprechende Wissen über mögliche produktive Chancen und »opportunities« laufender Entwicklungen der institutionellen wie der technologischen Veränderung absehbar ist, oder wenn auf der anderen Seite

36 Boulding 1966, 4; (Hervorhebung von mir, H.W.)

37 Dies formuliert Etzioni (1971, 133) besonders klar: »Post-modern societies and collectivities increasingly use knowledge to shape their relations to each other and to guide their own transformations. Because of this trend (however uneven it may be), the significance of knowledge as a variable which partially explains differences in societal conduct is increasing.«

Wissen über unmittelbar drohende, sachlich nicht beherrschte, sozial diffuse (d.h.: individuell nicht zurechenbare) und zeitlich längerfristige Beeinträchtigungen fundamentaler individueller Rechte wissenschaftlich fachgerecht erarbeitet ist und in politisch wirksamer Form vorliegt. Für beide Seiten der Medaille, für die Chancen wie für die Risiken gesellschaftlicher Entwicklungen und deren Implikationen für die Schaffung neuer kollektiver Güter und kollektiver Rechte ist die kognitive Dimension zentral, weil hochkomplexe Gesellschaften es sich nicht mehr leisten können, sich blind den Prozessen ihrer Selbstveränderungen auszuliefern: die Kosten von Fehlentwicklungen sind zu hoch und die Risiken von Fehlschlägen unübersehbar. Dies führt zurück zur Optionenpolitik.

Gerade wenn man ernst nimmt, daß der minimale Staat den Schutz individueller Rechte zur Aufgabe hat, kann man nicht die Augen davor verschließen, daß die Selektion systemischer Optionen – in der Regel durch verbindliche Entscheidung, also durch die Politik – Entscheidungen für und gegen bestimmte kollektive Güter und Rechte notwendig einschließt. Entscheidungen für oder gegen Optionen wie Kernenergie, zivilen Überschalltransport, Genmanipulation, Schulreform, Schutz nicht erneuerbarer Naturgüter, Quotenregelungen für Frauen etc. ad libitum, haben über die Zwischenstufe des Schutzes bzw. der Gefährdung kollektiver Rechte massive Auswirkungen auf individuelle Rechte. Dies bedeutet, daß mit der Existenz einer säkularen Politik und eines positivierten Rechtssystems und mit dem Bewußtsein der Machbarkeit sozialer Realitäten eine säuberliche Trennung zwischen Individualgütern und Kollektivgütern, zwischen individuellen und kollektiven Rechten nicht mehr möglich, ja geradezu irreführend ist. Zwar ist die Idee des minimalen Staates nicht zu verwerfen, denn sie postuliert den für eine freiheitliche Gesellschaft unverzichtbaren Anspruch auf eine von nachvollziehbaren Kriterien geleitete Begrenzung der Staatsaufgaben. Aber die Begrenzung kann jedenfalls nicht diejenige des Schutzes »reiner« individueller Rechte sein.

Eine in diesem Sinne angemessenere staatstheoretische Perspektive möchte ich im folgenden Abschnitt unter dem Titel des »aktiven Staates« vorstellen.

2.2 Der aktive Staat

Die Idee des aktiven Staates als notwendige und geeignete Instanz zur Perfektionierung der Gesellschaft beschäftigt wie keine zweite das Staatsdenken »moderner«, »progressiver« Akteure und Gruppen seit Comte. Das auf Hegel zurückgehende Schisma des 19. Jahrhunderts zwischen Marxscher revolutionärer Verdammung des Staates und Bismarcks konservierendem Ausbau des Obrigkeitsstaates zum paternalistischen Sozialstaat hatte sich im 20. Jahrhundert mit der russischen Revolution in einer einzigen Steigerungsrichtung gesellschaftlicher Veränderung aufgehoben: der »Fortschritt« kommt von Staats wegen. Es ist der Staat, sei es in der sozialistischen Form der führenden Rolle der Partei oder in der demokratischen Form der führenden Rolle des Wohlfahrtskalküls, welcher die auf »Fortschritt« zielende Veränderung der jeweiligen Gesellschaft in die Hand nimmt, organisiert und vorantreibt. So wie die Nozicksche Idee des minimalen Staates von der – angesichts der Arroganz der Macht durchaus berechtigten – Leitfrage ausgeht: »Why not have anarchy?«[38], so geht die Idee des aktiven Staates von der – angesichts des wirtschaftlichen, medizinischen, technischen etc. Fortschritts durchaus berechtigten – Leitfrage aus: »Why not have paradise?«

Wenn es gelänge, durch eine geeignete Ausrichtung und Organisation staatlicher Aktivitäten die in einer Gesellschaft gegebenen personalen und sozialen Ressourcen so zu nutzen, daß die Grundbedürfnisse jeder Person befriedigt[39] und darüber hinaus mit dem kumulativen Effekt organisierter Kooperation der allgemeine Wohlstand gesteigert werden

38 Nozick 1974, 4

39 Darauf zielt die Minimaldefinition des Wohlfahrtsstaates von Wilensky (1975, 1): »The essence of the welfare state is government-protected minimum standards of income, nutrition, health, housing and education, assured to every citizen as a political right.«

könnte[40], wäre dann die philosophische Debatte um die Berechtigung des Staates nicht obsolet? Wäre dies nicht eine Selbst-Rechtfertigung des Staates an dem für die betroffenen Menschen einzig relevanten Maßstab: an dem der Befreiung von existentieller Not und Ärmlichkeit? Hat der Sozialstaat der deutschen Sozialdemokratie oder der Wohlfahrtsstaat der skandinavischen Länder nicht bewiesen, daß über den kargen Minimalstaat hinaus eine organisierte Steigerung des Wohlstandes nicht nur möglich ist, sondern sogar dazu beiträgt, bestehende Ungleichheiten und Disparitäten in der Gesellschaft abzubauen[41]? Der Minimalstaat nach Nozick bietet keine Handhabe für die Kontrolle der großen Organisationen, die moderne Gesellschaften prägen: mächtige Wirtschaftsunternehmen, einflußreiche Pressekonzerne, meinungsbestimmende Fernsehanstalten, monopolistische Energieproduzenten etc. Es ist schwer zu sehen, wie eine sozialstaatliche Kontrolle gesellschaftlicher Machtballungen[42] individuelle Rechte stärker beeinträchtigt als schützt.

Dennoch zeigt nicht erst der Zusammenbruch der sozialistischen Version des aktiven Staates, daß der »pursuit of happiness« keine unproblematische staatliche Aufgabe ist. Auch die westlichen Wohlfahrtsstaaten haben die Machbarkeit der Annäherung an das Paradies überschätzt. Die ehrgeizigen Reformprojekte der späten 60er und der 70er Jahre sind ge-

40 Darauf zielt die Definition von Asa Briggs (zit. bei Alber 1989, 28): »A welfare state is a state in which organized power is deliberately used (through politics and administration) in an effort to modify the play of market forces in at least three directions – first, by guaranteeing individuals and families a minimum income irrespective of the market value of their work or their property; second, by narrowing the extend of insecurity by enabling individuals and families to meet certain ›contingencies‹...; and third, by ensuring that all citizens without distinction of status or class are offered the best standards available in relation to a certain agreed range of social services.« Beide Definitionen zusammen (vorige und diese Fußnote) ergeben schon eine ziemlich gute Annäherung an das Paradies.

41 Detailliert hierzu Wilensky 1975, 86ff.

42 Etwa im Sinne der Konzeption der sozialen Marktwirtschaft, durch Kartellämter, Rundfunkräte oder die »Empfehlung« einer freiwilligen Selbstkontrolle der Presse.

scheitert und haben häufig sogar neue erhebliche Probleme geschaffen. Auch hier wurde die an sich valide Konzeption des aktiven Staates ohne Rücksicht auf die Restriktionen gesetzt, welche die Form der Gesellschaft der Form ihres Staates vorgibt. Wie im Falle des minimalen Staates (in der Version Nozicks) scheitert die Idee des aktiven Staates (in der Version sozialstaatlicher Planungs- und Reformpolitik) daran, daß sie die Komplexität und Dynamik der Gesellschaft unterschätzt, mit der sie zu tun hat. Ich werde diese Behauptung in Kap. 4 ausführlich am Problem der begrenzten Steuerungsfunktion des Staates zu begründen versuchen. Hier geht es zunächst darum, das Scheitern der Konzeption des aktiven Staates als *Planungsstaat* deutlich zu machen, um dann eine revidierte Fassung der Idee des aktiven Staates vorzuschlagen – eine Fassung, welche den aktiven Staat auf den Kontext einer aktiven Gesellschaft zurückführt.

Sozial- und wohlfahrtsstaatlich motivierte politische Steuerung ist nicht gerade neu. Der klassische Eingriffsstaat (Interventionsstaat) hatte mit dem Instrument der Verbotsnormen (z.B. Strafrechtsnormen, Jugendschutzbestimmungen, der Gewerbeordnung oder Bauvorschriften) sehr direkte, letztlich auf Zwang gestützte Steuerungsmöglichkeiten zur Verfügung. Aber bereits der sich in Europa Ende des 19. Jahrhunderts und definitiv nach der Weltwirtschaftskrise entwickelnde Sozialstaat mußte sich neue Steuerungsinstrumente schaffen, um seine sozialpolitischen und wirtschaftspolitischen Ziele zu realisieren. In den Vordergrund traten dabei Anreizsysteme, durch welche erwünschtes Verhalten der Bürger durch direkte Zahlungen oder indirekte Transferleistungen erzeugt und verstärkt wurde.

Mit dem Ausbau des Wohlfahrtsstaates und der zunehmenden Verantwortung der Politik für alle Lebensbereiche entsteht allerdings ein weitergehender Steuerungsbedarf, der durch Verbotsnormen und finanzielle Anreizsysteme allein nicht zu befriedigen ist. Hier schien »Politische Planung« Möglichkeiten zu bieten, nach dem Muster von Unternehmensplanung (korporativer Planung) auch gegenüber dynamischer und komplexer werdenden Umweltbedingungen Gestaltungsfunktionen wahrnehmen zu können.

Die besonderen Schwierigkeiten der politischen Planung durch aktive und prospektive Gestaltung gesellschaftlicher Prozesse ergeben sich aus den Merkmalen eines politischen Steuerungsinstrumentes, welches

– gegenüber Verbotsnormen und Anreizsystemen aufgrund seiner komplexeren Anlage vielfältigere Folgewirkungen und Folgeprobleme nach sich zieht, so daß der informationelle Aufwand einer Bedingungs- und Wirkungsanalyse erheblich größer ist;

– als prospektive Weichenstellung hohe Selektionswirkung hat, also mehr Alternativen verbaut als eröffnet und deshalb einen hohen und verzweigten Konsensbedarf aufwirft; und

– auf unmittelbare staatliche Leistungen zielt und deshalb wirtschafts- und finanzpolitisch hoch sensibel ist.

Formuliert man als Aufgabe politischer Planung die aktive und prospektive Gestaltung sozialer Prozesse, so ist damit gesagt, daß politische Planung über Krisenmanagement und aktuelle Problemlösung hinausgehen soll. Dies setzt voraus, daß sich anbahnende Probleme sowohl rechtzeitig erkannt wie auch rechtzeitig in den relevanten Entscheidungszusammenhängen berücksichtigt werden – rechtzeitig, bevor diese Probleme Krisenerscheinungen zeitigen, die durch unkoordinierte Ad-hoc-Maßnahmen nur kurzfristig gemildert werden können. Hieran zeigt sich ein Grundproblem politischer Planung: Der Zeithorizont der Politik (genauer: der parlamentarischen Politik) ist kurzfristig, zusammengeschrumpft auf die Trends öffentlicher Meinung und die Konjunkturzyklen politischer Programme und Reformen und häufig genug auch noch auf die bloße Aktualität wirtschaftspolitischer Interventionen. Der Zeithorizont politischer Planung müßte aber, um greifen zu können, mittel- und langfristig sein, weil nur so die hochgradige Verengung möglicher Zukunft durch gegenwärtiges Entscheiden aufgebrochen und mithin überhaupt Handlungsspielräume eröffnet werden können.

Gemäß der Idee des aktiven Staates hat politische Planung eine Steuerungsfunktion gegenüber eigensinnig und naturwüchsig ablaufenden gesellschaftlichen Prozessen. Bedingung eines möglichen Erfolges politischer Planung ist deshalb, daß sie die Besonderheiten der Intervention in selbstreferentielle Sozialsysteme zur Kenntnis nimmt und ihre Methode und ihr Instrumentarium darauf einstellt. Anstatt mit aktuellen Problemlösungen und Krisenbearbeitung sich zu beschäftigen, müßte sie sich in vorausschauender Weise mit dem Entwerfen von Strategien befassen, welche die Selbstveränderung sozialer Systeme zum Ziel haben, »um Systeme hervorzubringen, die weniger Probleme aufwerfen«[43], und um alternative Wahlmöglichkeiten offenzuhalten, die bei naturwüchsiger Entwicklung verschüttet würden. Eine solche Form der Steuerung setzt allerdings voraus, daß die Organisation eines sozialen Systems, seine Funktionen, Strukturen und wesentlichen Prozesse soweit bekannt sind, daß das Systemverhalten rekonstruiert und simuliert werden kann. Dann erst kann die Organisation eines Systems planmäßig so verändert werden, daß ein alternatives System entsteht. Kriterium der Leistungsfähigkeit politischer Planung wäre danach die Fähigkeit eines politischen Systems zur aktiven Umgestaltung gesellschaftlicher Prozesse.[44]

Die Erfahrung mit politischer Planung in den letzten zwanzig Jahren hat allerdings unmißverständlich gezeigt, daß derart hoch gespannte Erwartungen entsprechend tief enttäuscht werden können. Die Grenzen der Steuerungsmöglichkeit in einer komplexen differenzierten Gesellschaft sind inzwischen deutlicher geworden. Daß Steuerung notwendig ist, heißt noch nicht, daß sie auch machbar ist. Der Anspruch auf gesamtgesellschaftliche Steuerung ist – unter den gegebenen Bedingungen – überzogen. Er mußte zunächst reduziert werden auf einige zentrale Aspekte, die gesteuert werden könnten, obwohl und während viele andere Prozesse ungeplant ablaufen. Es käme dann darauf an, »an gesellschaftlich sensiblen und relevanten Stellen primäre Planungen anzusetzen, durch Kernbereichsplanungen strategisch wichtige Punkte und Entwicklungen zu steuern.«[45] Selbst dieser reduzierte Anspruch wirft noch erhebliche Schwierig-

43 Forrester 1971, 82
44 Scharpf 1973, 39
45 Wahl 1973, 139

keiten auf. Als Bedingung der Möglichkeit von Kernbereichsplanungen erweist sich immer nachdrücklicher die Fähigkeit des politischen Systems, dezentrale Selbstorganisation und Selbststeuerung einzelner gesellschaftlicher Bereiche anzuleiten und einzubauen in eine Rahmen- und Kernbereichsplanung, die sich auf wenige strategisch wichtige Parameter beschränkt. Eine solche Kombination von formellen und informellen Steuerungsprinzipien, von Kontextsteuerung und Selbstorganisation[46], von äußeren und inneren Bedingungen der Koordination komplexer Systeme scheint aussichtsreicher und realistischer zu sein als die wohltäterische Vorstellung einer umfassenden Gesellschaftssteuerung.

Weniger beachtet ist bislang eine weitere Reduktion des Anspruchs politischer Planung: Gerade in einigen für den Bestand ganzer Gesellschaften kritischen Problembereichen – wie Rüstung, Umweltzerstörung, Nukleargefährdung, bürgerliche Grundrechte und humane Lebenswelt – geht es gar nicht mehr um die positive Bewirkung besserer Zustände, um die Verwirklichung neuer Ziele. Vielmehr sind Versäumnisse, vermeintliche Sachzwänge und Gefährdungen hier so weit fortgeschritten, daß es zunächst darauf ankommt, nicht mehr korrigierbare Fehler zu vermeiden, irreversible Katastrophen zu verhindern. Dies sind »Vermeidungsimperative« neuer Art. Sie belegen auch, wie weit wir von politischer Planung in einem umfassenden Sinne entfernt sind und wie wichtig es ist, die Grenzen politischer Planung realistisch zu sehen, um wenigstens innerhalb dieser Grenzen vorausschauend entscheiden zu können.

Wie jede Planung wird auch politische Planung dann erforderlich, wenn der Entscheidungsdruck in komplexer werdenden Systemen so groß wird, daß die Bedingungen der Möglichkeit und Angemessenheit von Entscheidungen selbst vorentschieden werden müssen. Organisation und Planung sind funktionale Äquivalente dafür, Entscheidungsabläufe zu strukturieren, indem über den Zusammenhang und die Spannbreite möglicher Inhalte von Entscheidungen

46 Dazu Teubner/Willke 1984

vorgängig entschieden wird. Mit Luhmann kann man Planung definieren als das Entscheiden über Entscheidungsprämissen.[47] Ein Entscheidungsproblem wird definiert, nicht aber entschieden, sondern nur die Prämissen seiner Lösung festgelegt. Im politischen System westlicher Demokratien findet diese Zweistufigkeit des Entscheidungsprozesses ihren institutionellen Ausdruck in der Trennung von Politik und Verwaltung. Modellhaft formuliert, definiert die Politik die Grundlagen und Rahmenbedingungen für künftiges Entscheiden, während die Verwaltung aufgrund von Plänen und Programmen bindende Entscheidungen herstellt. In Wirklichkeit hat gerade die Ministerialverwaltung wichtige Planungsfunktionen inne, da sie eigenständige Programmentwicklung und ressortinterne Planung betreibt, welche häufig genug die Politik in Zugzwang bringt. Immerhin aber kann politische Planung die Vorteile der funktionalen Differenzierung von Politik und Verwaltung ausnutzen und Planung als zweistufigen Entscheidungsprozeß organisieren. So können zukünftige Ereignisse nach gegenwärtigen Präferenzen gesteuert, generelle Entscheidungsmuster mit unbestimmten, aber in künftigen Situationen bestimmbaren Detailinformationen kombiniert werden. Für künftige Einzelfallentscheidungen werden Zeit und Freiheitsgrade gewonnen, weil ungewisse Ereignisse auf schon vorgefertigte Raster bezogen werden können.

Diese Reflexivität oder Mehrstufigkeit der Entscheidungsfindung erhöht die Kapazität der Komplexitätsverarbeitung des politischen Systems und ermöglicht diesem, höhere Umweltkomplexität zu verarbeiten. Vor allem erlaubt sie es, auf verschiedenen Stufen des Entscheidungsprozesses verschiedene Rationalitätskriterien einzuführen, da auf jeder Stufe andere Eigengesetzlichkeiten der betroffenen Teilsysteme eingreifen. Die Grundbedingung, unter der politische Planung in entwickelten Gesellschaften steht, ist die hohe Komplexität dieser Gesellschaften und ihrer Subsysteme. An diesem Merkmal hoher Komplexität erweist sich besonders deutlich die Schwierigkeit, Systemsteuerung auf die spezifi-

47 Luhmann 1971, 67ff.

sche Rationalität politischer Planung auszurichten. Die vorherrschende Rationalität der Planung ist die ökonomische, nicht die politische. Ökonomische Planungsrationalität gehorcht idealtypisch dem zweckrationalen Handeln, nach Max Weber also den Kriterien der Durchrechnung und Methodisierung, der Zweck-Mittel-Kausalität, der Stetigkeit und Berechenbarkeit

Dieses rationale Wirtschaftsethos im Verein mit rationaler Buchführung, rationaler Technik, rationalem Recht und der Rationalisierung der Lebensführung waren nicht nur die Voraussetzung für den spezifisch okzidentalen Kapitalismus; sie begründeten zugleich jenes Paradigma rationaler Planung, welches Planung schlechthin in Zusammenhang brachte, ja gleichsetzte mit der Rationalität einer individualistisch ausgerichteten Marktökonomie. Planung in diesem Sine ist identisch mit dem Begriff des rationalen Wirtschaftens. Sie ruht im wesentlichen auf drei Grundannahmen:

1. Auf der Vorstellung klarer eindeutig geordneter Ziele, klarer zurechenbarer Mittel und eindeutiger Kausalitäten;
2. auf der Vorstellung klarer Maßstäbe für die Zielerreichung, Maßstäbe wie Rentabilität, Effektivität und Effizienz; und
3. auf der zentralen Grundannahme, daß sich die Vielzahl der individuell rationalen Einzelhandlungen bruchlos zu einem rationalen und optimalen Gesamtergebnis aggregiere.

Insbesondere die Bedeutung der letzteren Annahme kann nicht hoch genug veranschlagt werden. Sie beinhaltet die Vorstellung, daß Gesamtheiten aus sogenannten »unabhängigen Einheiten« bestünden, daß ein Ganzes verlustlos in eigenständige Teile dekomponiert werden könne. Natürlich ist dies auch eine Ausdrucksform der historischen Ausbildung des westlichen Individualismus. Sie führt zu einem Verständnis etwa der Politik als Aggregat von individuellen Interessenten; der Wirtschaft als Aggregat von Besitzindividualisten (Macpherson); oder der Wissenschaft als Aggregat von individuellen kritischen Rationalisten. Und daraus folgt ein Planungsmodell, nach welchem Planung in Politik, Wirt-

schaft oder Wissenschaft nichts anderes wäre als die Summierung von planvollem individuellem Handeln.
Die ganze Schwierigkeit der wohlfahrtsstaatlichen Planungsprogramme des aktiven Staates liegt nun darin, daß die drei genannten Grundannahmen der ökonomischen Planungsrationalität in Zweifel gezogen werden müssen. Statt klarer Ziele, Mittel und Kausalitäten erweisen sich in der Planungspraxis Ziele hartnäckig als veränderlich, Mittel als widersprüchlich und Kausalitäten als sprunghaft. Statt klarer Maßstäbe sehen sich Planer mit verwickelten und gegenläufigen Prioritäten konfrontiert; entgegen der Annahme atomisierter Ganzheiten scheint in Wirklichkeit alles mit allem unprognostizierbar zusammenzuhängen. Auf eine Formel gebracht kann man sagen: Der liberalistische Mythos eines einfachen, individualistisch organisierten Marktmodells der Gesellschaft erweist sich als unhaltbar; an seine Stelle tritt das Modell einer hochkomplexen, funktional differenzierten und deshalb interdependenten Gesellschaft mit entsprechend strukturierten Teilsystemen und Organisationen.
Nur zwei Merkmale dieser Form von Gesellschaft sollen hier kurz angeschnitten werden, weil sie für den Mißerfolg einer wohlfahrtsstaatlichen Planung vor allem in den 70er Jahren besonders wichtig sind: Das Merkmal organisierter Komplexität und dasjenige der Interdependenz von funktional ausdifferenzierten Teilbereichen eines Gesamtzusammenhangs. Diese beiden Momente charakterisieren in knappster Form die Problematik politischer Planung in hochentwickelten komplexen Industriegesellschaften. An ihnen läßt sich wohl am klarsten zeigen, daß politische Planung sich selbst als Bestandteil jenes gesellschaftlichen Zusammenhanges begreifen muß, welcher auf Grund seiner Komplexität und Differenziertheit einfachen Konzepten nicht mehr zugänglich ist.
Bereits vor über 40 Jahren hat Warren Weaver die Probleme *organisierter Komplexität* als jenen Bereich bezeichnet, in welchem die Wissenschaft nur sehr wenig Fortschritt gemacht habe. Inzwischen gibt es immerhin einige Erkenntnisse, die sich vorweisen lassen, wenngleich sie insgesamt nur allzu deutlich machen, wie weit wir noch von einer adäqua-

ten Modellierung – und mithin kontrollierter Beeinflussung – hochkomplexer Systeme entfernt sind. In der Organisationstheorie haben Lawrence und Lorsch, in der Planungstheorie vor allem Jay Forrester und Todd La Porte und in der Allgemeinen Systemtheorie vor allem Luhmann das Problem organisierter Komplexität ernstgenommen.[48]

Hohe organisierte Komplexität bedeutet praktisch vor allem, daß ein differenziertes, interdependentes System sowohl gegenüber seinen Umwelten wie auch gegenüber seinen internen Möglichkeiten ein hohes Maß an Selektivität aufbringt. Und dies wiederum hat die sehr praktische Folge, daß Kausalitäten schwer prognostizierbar werden. Die Fähigkeit der aktiven Gestaltung sozialer Systeme bis hin zu ganzen Gesellschaften würde voraussetzen, mittels geeigneter Instrumente die empfindlichen und kritischen Parameter und Prozesse eines Systems ausfindig zu machen, um überhaupt Interventionen so ansetzen zu können, daß Prozesse der Selbstveränderung in kontrollierter Weise in Gang kommen. Geeignete Instrumente hierfür fehlen nahezu völlig[49], weil das Grundproblem organisierter sozialer Komplexität in den Sozialwissenschaften bislang sträflich vernachlässigt worden ist.

Dieses Problem wird jedenfalls dort beherrschend, wo eine größere Zahl von Variablen in einer wesentlichen Beziehung zueinander stehen, also eine Zahl von Faktoren aufeinander einwirken und »zu einem organischen Ganzen verbunden sind«.[50] Hier können einzelne Variablen oder Faktoren nicht zu Randbedingungen erklärt und dann vernachlässigt werden, weil sonst die Besonderheit des zu untersuchenden Problemfeldes, der ganzheitliche Charakter eines organisierten Zusammenhanges verlorenginge. Der Bereich organisierter Komplexität umfaßt alle Formen lebender und sozialer Systeme. Und je deutlicher wird, daß (zumindest in einer systemtheoretischen Perspektive) gerade und insbesondere

48 Weaver 1978; Lawrence/Lorsch 1969; Forrester 1972; La Porte 1975; Luhmann 1984

49 Siehe Darstellung und Diskussion bei Warfield 1976 und Vester/Hesler 1980

50 Weaver 1978, 44

hochkomplexe Gesellschaften mit dem Konzept selbstreferentieller Systeme sich plausibel beschreiben lassen, desto widersinniger erscheint es, Interdependenzzusammenhänge willkürlich zu zerschneiden in einzelne, nach wissenschaftlichen Disziplinen und Instrumenten geordnete Portionen. Auch die einschlägigen Spezialdisziplinen sind im Umgang mit organisierter Komplexität noch reichlich unerfahren. Die Entwicklung adäquater Instrumente, Methoden, Konzepte und Denkmuster hat erst begonnen und wird weiterhin von dem irreführenden Ideal kausalwissenschaftlich strikter Naturgesetzlichkeit stark behindert.[51]

Insofern ist es wenig überraschend, daß der Versuch scheiterte, gemäß einer naiven Idee des aktiven Staates Veränderungsprozesse in entwickelten Gesellschaften zu planen und nach diesen Plänen zu implementieren.[52] Planung ist eine viel zu anspruchs- und voraussetzungsvolle Veränderungsstrategie, sobald sie auf nicht-triviale Systeme angewendet werden soll. Ich werde am Ende des vierten Kapitels eine Alternative skizzieren, die auf einem reduzierten Anspruch gründet und nicht von vornherein auf eine Überlastung der Steuerungskapazität des politischen Systems hinausläuft. Hier bleibt die Frage zu beantworten, welche Momente der Idee des aktiven Staates es wert sind, in einer angemessenen Staatstheorie aufgehoben zu werden.

Das Problem des minimalen Staates im Sinne eines Nachtwächterstaates ist, so hatten wir im vorigen Abschnitt gesehen, ein unterlegtes Gesellschaftsmodell, welches mit der Realität verdichteter, sozial und technologisch dynamischer Gesellschaften nichts zu tun hat. Komplementär dazu ist es das Hauptproblem des aktiven Staates im Sinne sozial- und wohlfahrtsstaatlicher Perfektionsvorstellungen, daß die fun-

51 Siehe etwa Riedl 1982. Die monokausale Verengung hat Olson (1982, 10) mit folgendem überzeugenden Satz kommentiert: »Only the British have Big Ben and only the Germans eat a lot of sauerkraut, but it would of course be absurd to suggest that one is responsible for the slow British growth and the other for the fast German growth.«

52 Eine ausführliche empirische Bestandsaufnahme am Fall der Umweltpolitik bieten Mayntz u.a. 1978; zur theoretischen Reflexion vgl. Mayntz 1983 und 1987

damentalen Schwierigkeiten der gezielten und kontrollierten politischen *Intervention* in selbstreferentielle und eigendynamische gesellschaftliche Funktionssysteme schlicht übersehen wurden.[53] Auch hier muß die in vielen Zügen geradezu tragische Illusion einer Machbarkeit gesellschaftlichen »Fortschritts« zurückgeführt werden auf eine heroische Trennung von Staat und Gesellschaft, die es erlaubt, staatliche Reform- und Implementationsstrategien in traditionellen Denkmustern staatlichen Handelns zu entwerfen. Die traditionellen Denkmuster des Eingriffsstaates waren durchaus erfolgreich bei einfachen Problemstellungen, einfachen Sozialbeziehungen und einfach strukturierten Konflikten. Gerade weil sie erfolgreich waren, wurden sie als Patentrezepte angesehen auch noch unter Bedingungen, unter denen sie längst museumsreif geworden waren. Dies ist nicht überraschend; es entspricht dem Prinzip des »Mehr von demselben« einmal erfolgreicher Problemlösungen.

Die Idee des aktiven Staates ist dennoch attraktiv, weil sie im Gegensatz zum Konzept des minimalen Staates ernst nimmt, daß moderne Gesellschaften das Stadium bloß naturwüchsiger Entwicklung verlassen haben und den unterschiedlichsten intentionalen Veränderungsabsichten ausgesetzt sind. Das Gewimmel konkurrierender und unkoordinierter teilbereichsspezifischer Strategien fügt sich keineswegs zu einer rationalen Steuerung der Gesellschaft zusammen. Aber die Unschuld naturwüchsiger Entfaltung ist verlorengegangen. Damit steht die Frage der Verantwortung und der Verantwortbarkeit der faktischen Entwicklung auf der Tagesordnung. Wenn die Operationsweise der Wirtschaft zugleich Reichtum und Armut produziert, diejenige des Wohnungsmarktes zugleich Behausung und Obdachlosigkeit, die des Arbeitsmarktes zugleich Beschäftigung und Arbeitslosigkeit, die von Produktionstechnologien zugleich hohe Produktivität und hohe Unfallraten, diejenige des Gesundheitssystems zugleich neue Heilungsmöglichkeiten und neue Krankheiten, diejenige der Wissenschaft zugleich gesteigertes Wissen und gesteigerte Ignoranz, dann ist schwer zu

53 Zu diesen Schwierigkeiten vgl. Willke 1987a und 1987d

sehen, wie die negativen Externalitäten Individuen überantwortet werden sollen, die mit der Formung der je spezifischen Operationsweise nichts zu tun haben.[54]
In dieser Frage der Zurechnung der »human costs« struktureller Merkmale der Organisationsform moderner Gesellschaften gibt es keine Brücke zwischen der Form des minimalen und des aktiven Staates. Aber auch wenn man mit Smith und Marx zur Kenntnis nimmt, daß der Markt überindividuelle emergente Merkmale in den Prozeß des Wirtschaftens einfügt; und auch wenn man mit Durkheim, Weber und vielen späteren Beobachtern sieht, daß Gesellschaften nicht nur in den Interaktionen von Individuen sich konstituieren, sondern inzwischen wirksamer in einem dichten Netzwerk von Assoziationen und korporativen Akteuren, Interessen-Organisationen und repräsentativen Körperschaften, dann genügt dies noch längst nicht als Grundlage für Schlußfolgerungen über die möglichen Aufgaben und Wirkungsweisen des aktiven Staates. Erforderlich ist in erster Linie, die Idee des aktiven Staates zu einer Staatsform zu verdichten, welche ihre Legitimität aus dem Zusammenhang mit einer entsprechenden *Form von Gesellschaft* schöpft. Nur wenn eine Beschreibung von Gesellschaft gelingt, die begreiflich macht, daß und warum eine auf individuelle Schutzfunktionen reduzierte passive Rolle des Staates dessen Kontext – nämlich die Spezifität seiner Gesellschaft – verfehlt, ist ein adäquater Ausgangspunkt für die Begründung einer aktiven Rolle des Staates gewonnen. Da trifft es sich gut, daß eine solche Beschreibung in einer nach wie vor frappierend elaborierten Version vorliegt: Etzionis Theorie der aktiven Gesellschaft.[55]
Etzionis Gesellschaftstheorie hat den unschätzbaren Vorteil, die Bedingungen der Möglichkeit aktiver Gestaltung sozialer Realität primär in der Form der Gesellschaft zu suchen, und nicht beim Staat. Dies liegt für einen amerikanischen Gesellschaftstheoretiker sicherlich näher als für einen europäi-

54 Wie die Form eines Sozialsystems die ihm ausgesetzten Individuen formt, beschreibt am Fall der Schule aufschlußreich Dreeben 1980 (1968)
55 Etzioni 1971 (1968)

schen. Während in Kontinentaleuropa die *Staatszentriertheit* auch noch der Gesellschaftstheorie gewissermaßen seit Machiavelli über Hegel bis zu Max Weber ungebrochen sich durchzieht, ist in der anglo-amerikanischen Tradition der Staat als Gegenstand gesellschaftstheoretischer Analyse nahezu verlorengegangen.[56] Eine beide Traditionen umschließende und aufhebende Position ist im Kontext einer systemtheoretischen Gesellschaftstheorie naheliegend, weil einerseits die Gesellschaft als das umfassende Sozialsystem verstanden wird, der das politische System als differenziertes und spezialisiertes Funktionssystem angehört; weil sie andererseits mit der Notwendigkeit von Selbstorganisation und Selbstthematisierung der Funktionssysteme dem Staat (zunächst im Hinblick auf das politische System und darüber mittelbar auch im Hinblick auf die Gesellschaft insgesamt) eine wichtige und unabdingbare Rolle zuweist.

Etzionis Theorie stützt diese aufhebende Position ab, indem er die Steuerungsfunktion des Staates für eine notwendige, aber nicht hinreichende Bedingung der Möglichkeit einer aktiven Gesellschaft begreift: »A society without a state is largely passive, and a state without a societal base is a control network with only a limited capacity fo the mobilization of consensus.... The state is more a mechanism of ›downward‹ political control than a mechanism of ›upward‹ societal consensusformation.«[57] Zugleich kommt in diesem Zitat zum Ausdruck, daß es nach Etzioni nicht genügt, wenn das politische System über eine staatliche Kontrollkapazität zur Implementation politischer Programme verfügt. In »postmodernen«, »aktiven« Gesellschaften ist ein komplementärer Prozeß der Mobilisierung von Konsensus (»compliance«, Akzeptanz) erforderlich, weil die eigendynamischen und innengeleiteten gesellschaftlichen Funktionssysteme ansonsten auf politische Intervention allergisch reagieren. Dieser Grundgedanke stimmt gut mit gegenwärtigem systemtheoretischem Denken überein. Hinzugekommen sind

56 Deshalb auch die Furore um den Versuch, ihn wieder zu entdecken: s. Evans u. a. 1985 und dazu Cammack 1989; zuvor bereits Easton 1981 und Nettl 1968

57 Etzioni 1971, 106f.

inzwischen vor allem detaillierte Analysen zu den Grundlagen von Eigendynamik und Selbstreferenz[58] und zu den Grundlagen der Möglichkeit von Intervention und Steuerung.[59]

Eine der wichtigsten Aufgaben einer brauchbaren gesellschaftstheoretischen Fundierung der Staatstheorie ist darin zu sehen, den Staat vor der Zumutung nicht lösbarer Aufgaben zu schützen. Was eine lösbare und was eine nicht lösbare Aufgabe ist, läßt sich nicht abstrakt oder nach einer normativen Idee des Staates selbst bestimmen. Vielmehr gibt die Form der je gegebenen Gesellschaft die Optionen und Restriktionen vor, auf die sich der Staat als Leitidee des politischen Systems einzustellen hat. Solange sich z. B. gesellschaftliche Gruppierungen nicht in Interessengruppen und korporativen Akteuren organisiert haben, sieht sich das politische System einer Gesellschaft ziemlich anderen Möglichkeiten und Schwierigkeiten sozialer Intervention gegenüber, als wenn diese Organisierung einen hohen Grad erreicht hat. Solange das Erziehungssystem, das Wissenschaftssystem oder etwa das Gesundheitssystem einer Gesellschaft nicht über professionalisierte Rollen, spezialisierte Organisationen und ein eigenständiges Kommunikationsmedium sich selbst autonom gesetzt hat, ist es für das politische System relativ einfach, in diesen Bereichen Veränderungen zu erreichen. Nach der Ausbildung von Autonomie und selbstreferentieller Operationsweise lassen sich diese Funktionssysteme dagegen nur noch in höchst voraussetzungsvoller und spezifischer Weise von außen beeindrucken.

Ich möchte mich im folgenden darauf beschränken, im wesentlichen vier Momente in Etzionis Konzeption der aktiven Gesellschaft hervorzuheben. In ihnen unterscheidet sich die Form der aktiven Gesellschaft grundsätzlich von traditionellen Beschreibungen, vor allem von den in der Tradition von Locke und Tocqueville stehenden Gesellschaftstheorien, welche nur Individuen und individuelle Akteure kennen. Die formende Bedeutung kollektiven Handelns und kollek-

58 Grundlegend Luhmann 1984, mit Blick auf Ökologie Luhmann 1986a und mit Blick auf die Ökonomie Luhmann 1988a

59 Willke 1987a und 1989

tiver Akteure für gegenwärtige Gesellschaften unterstreicht Etzioni mit dem Konzept der »*collectivity*«[60]: »A collectivity is a macroscopic unit that has a potential capacity to act by drawing on a set of macroscopic normative bonds which tie members of a stratification category.«[61] Die Fähigkeit korporativer Systeme zu kollektivem Handeln, und zwar nicht im diffusen Sinne eines Massenphänomens, sondern im Sinne gerichteter strategischer Kommunikation auf der Basis der Verfügung über sozietale Ressourcen und der Verankerung im Stratifikationsmuster der Gesellschaft[62], verbietet es, eine Gesellschaft auf die Aggregation atomistischer Individuen zu reduzieren. Wenn aber korporative Systeme wie Organisationen, Vereinigungen, Interessengruppen oder öffentliche Körperschaften gesellschaftlich relevant handeln können[63], dann stellt sich unweigerlich die Frage ihrer kollektiven Rechte und Pflichten. Dies, so haben wir im vorigen Abschnitt bei der Revision der Idee des minimalen Staates gesehen, verändert die Regeln des politischen Spiels um individuelle und kollektive Güter und Rechte – und mithin die Rolle des Staates. Aber es stellt sich auch die Frage der Beeinflußbarkeit und des Einflusses der korporativen Systeme, die Frage nach dem Modus und der Qualität der Interaktionen zwischen korporierten kollektiven Akteuren, von denen

60 Um Mißverständnisse zu vermeiden, übersetze ich hier den Begriff der »collectivity« mit »korporativem System«. Die »Inkorporierung« soll auf die wesentlichen Momente der »collectivity«, die dichte soziale Vernetzung und die gemeinsame normative Bindung hinweisen.

61 Etzioni 1971, 98; ganz ähnlich bezeichnet Unger (1975, 20) seine Studie über Knowledge and Politics als den Versuch, to vindicate »the claims of communities of shared purposes against the liberal conception of society as an association of independent and conflicting individuals.«

62 Zu dieser Operationalisierung der korporativen Systeme s. Etzioni 1971, 98ff.

63 Besonders deutlich macht dies ein erfahrener Beobachter japanischer korporativer Systeme: »Wenn man mit einer großen japanischen Firma verhandelt, so verhandelt man nicht mit einem Unternehmer, sondern mit ihm als Teil eines komplizierten Netzwerks: Bankfreunde, Industrieverbände und schließlich Japans Zentralbankräte und Wirtschaftsbürokraten.« (van Wolferen 1990)

diejenigen der Politik nur Akteure unter anderen Akteuren sind.

Etzioni bezeichnet es als eine zentrale Hypothese seiner Studie, daß im Gefüge der Typen von Interaktionen in modernen Gesellschaften sich charakteristische Verschiebungen ergeben. Während die Modi der direkten und der symbolischen Interaktion zwischen korporativen Systemen an Gewicht verlieren, steigt die sozietale Bedeutung der »repräsentationalen« oder *systemischen Interaktion:* »representational interaction« nennt Etzioni eine über den institutionellen oder organisatorischen Apparat der korporativen Akteure geregelte Kommunikation, welche dem korporativen System insgesamt, nicht aber individuellen Akteuren zugerechnet wird.[64] Systemische Kommunikation und Interaktion wird zwar auch von kommunizierenden und handelnden Individuen, etwa Vorsitzenden, Vertretern oder Bevollmächtigten mitgetragen, ihre Inhalte und Wirkungen beziehen sich aber nicht auf diese Personen als Individuen, sondern als *Repräsentanten des Systems.* Ihre gesellschaftlichen Wirkungen entfalten systemische Kommunikationen aufgrund dieser Repräsentativität und ihrer Zurechnung auf das jeweilige korporative Sozialsystem, nicht aber, weil dort bestimmte Individuen handeln.

Mit der Unterscheidung von direkter, symbolischer und systemischer Interaktion bietet Etzioni ein leicht nachvollziehbares Konzept für die Erklärung der nach wie vor höchst umstrittenen Frage, wie nicht-individuelles, kollektives oder systemisches Kommunizieren und Handeln vorstellbar sein soll. Er macht deutlich, daß das Handeln von Systemen über die Figur der Repräsentativität[65] nicht nur möglich und normal, sondern eben für komplexe Gesellschaften und ihre Makro-Dynamik besonders bedeutsam ist.

Diese frühen Hypothesen Etzionis sind in der nachfolgenden langjährigen Diskussion um die Theorie des Neokor-

64 Etzioni 1971, 102ff.

65 Das hätte man zwar auch schon aus den elementaren Vertretungsregeln des BGB lernen können; aber Sozialwissenschaftler lassen sich von juristischen Argumentationen immer noch wenig beeindrucken.

poratismus eindrucksvoll bestätigt worden.[66] In korporatistischen Verhandlungssystemen, wie z.B. Konzertierten Aktionen, kommunizieren die Vertreter von korporativen Systemen mit Wirkung für ihre Systeme und mit sozietalen Wirkungen, eben weil sie nicht als individuelle Personen, sondern als Repräsentanten von Systemen agieren. An diesen Fällen lassen sich auch einige der Konsequenzen systemischer Kommunikation gut beobachten: Entgegen naiven Vorstellungen von Kommunikation und Handeln kommt es für die Inhalte der systemischen Interaktion nicht auf die Intentionen oder Interessen der beteiligten Individuen an, sondern auf die Gesetzmäßigkeiten der Operationsweise der betroffenen Sozialsysteme. Einen eindrucksvollen Anschauungsunterricht hierfür bieten die seit Herbst 1989 sich überstürzenden Veränderungsprozesse der mitteleuropäischen sozialistischen Gesellschaften, insbesondere die radikale Transformation der DDR bis zur Vereinigung mit der BRD. Reformgruppierungen mit einem »naiven« Politikverständnis, die auf die Wirkung von Personen und individuellen Intentionen setzten, scheiterten in einer schon tragisch anmutenden Weise an der Realität organisierter Interessenvermittlung und systemischer Kommunikation.

Ein dritter zentraler Aspekt der aktiven Gesellschaft ist die Fähigkeit zur *Selbsttransformation* sozialer Systeme, die über Homöostase und Ultrastabilität hinausgeht, indem sie Selbstthematisierung und Selbstbeschreibung einschließt.[67] Es ist bemerkenswert, in welch klarer Weise Etzioni sieht,

66 Vgl. Schmitter/Lehmbruch 1979; Willke 1983, Kap. 4

67 Etzioni 1971, 121: »A societal unit has *transformability* if it also is able to set – in response to external challenges, in anticipation of them, or as a result of internal developments – a new self-image which includes a new kind and level of homeostasis and ultra-stability, and is able to change its parts and their combination as well as its boundaries to create a new unit. This is... an ability to design and move toward a *new* system *even if the old one has not become unstable.*« (Hervorhebungen im Text) Mit dieser Beschreibung nimmt Etzioni in erstaunlicher Weise die von der Theorie der Autopoiese beeinflußten systemtheoretischen Vorstellungen der Selbsttransformation komplexer Systeme voraus. Nach systemtheoretischem Denken ist für komplexe Systeme Selbstbeschreibung notwendig, weil

daß die Fähigkeit zur Selbsttransformation mehr voraussetzt als bloße Anpassung an Umweltbedingungen oder -veränderungen. Die Ausbildung einer alternativen systemischen Identität ist ein *intern* ausgelöster Prozeß, der auf *interne* Bedingungen des Systems antwortet.[68] Also muß die betreffende soziale Einheit in der Lage sein, als System ihre internen Bedingungen zur Kenntnis zu nehmen und mit Blick auf alternative Realitäten Veränderungsprozesse abzuwägen und in Gang zu setzen. Eben deshalb sind Selbstthematisierung der eigenen Identität auf der Folie einer Selbstbeschreibung[69] der gegebenen Systemrealität und eine Reflexion alternativer Realitäten unabdingbar, soll es zu intern ausgelösten Transformationen kommen.

Auf der anderen Seite verändert die Fähigkeit sozialer Systeme zur Selbsttransformation grundlegend die Bedingungen, unter denen das politische System einer Gesellschaft arbeitet. Denn Selbsttransformation setzt die operative Autonomie des Systems voraus. Neuere systemtheoretische Überlegungen haben sehr viel genauer spezifiziert, was unter operativer Autonomie eines Sozialsystems zu verstehen ist.

diese den Prozeß der Selbstreproduktion in Erinnerung hält und einen Kontroll-Maßstab für die Ordnung des Prozesses bereitstellt.

68 »Such *self-triggered* transformability is a ›higher‹ and less common level of activeness than *environmentally-triggered* transformation.« Etzioni 1971, 121 (Hervorhebung im Text)

69 Die »rudimentäre Selbstbeobachtung des Systems auf der Ebene seiner Operationen wird zur Selbstbeschreibung, wenn sie semantische Artefakte produziert, auf die sich weitere Kommunikationen beziehen können und mit denen die Einheit des Systems bezeichnet wird.« (Luhmann 1984, 618) Für korporative Systeme sind solche Selbstbeschreibungen z.B. Satzungen, Verfassungen, Gründungsurkunden oder andere Ausdrucksformen der »corporate identity« bis hin zur »Aktenmäßigkeit« der Identität vieler bürokratischer Organisationen, deren innere Repräsentation der Außenwelt und der Innenwelt sich auf das beschränkt, was in den Akten steht. Ein nicht ganz unerhebliches Beispiel für die Realität einer aktenförmig konstituierten Identität eines Systems ist eine moderne US-Fregatte, die über 20 t Akten und Dokumente an Bord mitführt, aus welcher sich in der Tat ihre Identität und die Bedingungen ihrer Kommunikation mit sich selbst und mit ihrer Umwelt ergeben (vgl. dazu Peters 1989, 377).

Ein System erreicht *Autonomie*, wenn es auf der Grundlage einer selbstreferentiellen Operationsweise sich selbst steuert und spezifische, durch seinen Kommunikationscode und seinen Operationsmodus vorgezeichnete Umweltbeziehungen unterhält. Es ist dann autonom in dem Sinne, daß es nach Maßgabe seines eigenen Codes operiert und in dieser Tiefenstruktur seiner Selbststeuerung von seiner Umwelt unabhänig ist.[70] Für hochdifferenzierte, komplexe Gesellschaften ist festzuhalten, daß Teilsysteme wie Politik, Ökonomie, Wissenschaft, Erziehung, Gesundheitswesen, Unterhaltungs- und Pop-Kultur, Recht oder Sport etc. jeweils inzwischen hochkomplexe, selbstreferentielle Systeme geworden sind. Ihre Operationsweise als soziale Systeme, d.h. die Strukturregeln und -muster der in ihnen ablaufenden Kommunikationen, richtet sich *primär* an internen Konditionalitäten aus und erst darauf aufbauend und nachrangig an externen Bedingungen.[71] Die Operationsweise eines spezialisierten Systems gehorcht in erster Linie der Logik dieses Systems selbst; es kommt zu einer zirkulären Vernetzung seiner Operationen, zu einer »basalen Zirkularität« (Maturana), nach welcher das System auf sich selbst reagiert, sich selbst Probleme schafft und nur nach Maßgabe der Logik seiner Selbststeuerung aus externen »Ereignissen« Informationen ableiten kann. So reagiert etwa das ökonomische System sensibel auf Schwankungen der Geldmenge oder der Inflationsrate, nicht aber auf eine Millionenzahl von Arbeitslosen, weil letztere kein ökonomisches Datum darstellen. So reagiert das politische System sehr genau auf spezifisch politische Daten wie etwa Wahltermine, Wählerwanderungen oder neue korporative Akteure, aber nur sehr träge auf »objektiv« drängende Problemlagen wie etwa Überrüstung oder technologische »Restrisiken«, da diese nicht unmittelbar politische Relevanzkriterien ansprechen.

Entgegen dieser zu beobachtenden Selbstreferenz und Selbstbeschränkung funktional spezialisierter Teilsysteme gehen gegenwärtige Theorien des Staates, des Rechts und der Politik immer noch von einem expansiven Politikverständnis

70 Willke 1987, 49

71 Vgl. Luhmann 1984, 15ff. und Kap. 1

aus. Dieses weist der Politik die hierarchische Spitze und mithin den Steuerungsprimat in der Gesellschaft zu. Die Politik als Teil ist für das Ganze der Gesellschaft verantwortlich und soll deshalb in der Lage sein, gesellschaftliche Teilbereiche in direktem Zugriff zu steuern. Eine entsprechende Auffassung des gegenwärtigen Wohlfahrts- und Interventionsstaates betont deshalb die Fähigkeit von Staat und Recht, von außen her innerhalb der jeweiligen Bereiche bestimmte Wirkungen zu erzielen.

Es gibt vielfältige Gründe, diese Sicht als unangemessen für ein Verständnis hochkomplexer Gesellschaften abzulehnen. Ich werde in den folgenden beiden Kapiteln ausführlich darauf eingehen. Hier soll der Hinweis genügen, daß die Theorie selbstreferentieller Systeme[72] die Basis für eine Präzisierung des Arguments bietet. Diese Theorie geht davon aus, daß komplexe, selbstorganisierende, autonome Systeme ihre Identität und Eigenständigkeit in der Aufrechterhaltung einer spezifischen, regenerativen »basalen Zirkularität« finden, in welcher ein System in einem Produktionsprozeß die Elemente produziert, die ihrerseits diesen Prozeß wieder aufbauen. In dem Maße nun, in welchem in modernen Gesellschaften Teilbereiche wie Wirtschaft, Politik, Wissenschaft, Erziehung etc. sich funktional ausdifferenziert und zu relativ autonomen, komplexen, selbstorganisierenden Teilsystemen entwickelt haben, werden sie jeweils selber zu operativ geschlossenen Systemen. Sie entwickeln ein eigenständiges Funktionsprinzip, einen spezifischen operativen Modus, welcher im Laufe gesellschaftlicher Evolution sich vom allgemeinen gesellschaftlichen Kommunikationsprozeß entfernen und schließlich abkoppeln kann, wenn er in den Anschlußmöglichkeiten kommunikativer Akte immer ausschließlicher auf andere Akte derselben Art, d.h. desselben spezifischen und spezialisierten Kommunikationszusammenhanges verweist – bis eben zu jenem Punkt, an dem der entstehende Verweisungszusammenhang rekursiv in sich selbst zurückläuft zu einem Netzwerk selbstreferentieller Operationen.

72 Dazu vor allem Maturana 1982; Zeleny 1981; Luhmann 1984

Wenn man den Primat funktional differenzierter Teilsysteme in modernen Gesellschaften in diesem Sinne re-interpretiert als die Ausbildung selbstreferentieller Funktionssysteme für Teilaspekte des gesellschaftlichen Kommunikationszusammenhanges, dann läßt sich mit einer präziseren Fassung der Voraussetzungen und Folgen funktionaler Differenzierung und operativer Autonomie auch die Idee der aktiven Gesellschaft präzisieren.

Wenn Veränderungen, Reformen, Strukturwandel etc. in erster Linie *innere Angelegenheiten* der autonomen korporativen Systeme sind, dann gewinnen diese mit ihrer operativen Autonomie den Handlungs- und Entscheidungsspielraum, *der diese verteilten, dezentralen und differenzierten Sozialsysteme innerhalb einer Gesellschaft zu aktiv handelnden Akteuren macht.* Im Anschluß an Etzioni läßt sich deshalb formulieren, daß eine aktive Gesellschaft in dem Sinne und in dem Maße aktiv ist, als ihre verteilten korporativen Systeme zu eigener kollektiver Handlungs- und Selbststeuerungsfähigkeit gelangen. Daraus folgt eine Form der aktiven Gesellschaft, die nicht durch ein konsensgeleitetes, einheitliches »gesamtgesellschaftliches« Aktivitätsniveau gekennzeichnet ist, sondern durch eine Vielzahl konkurrierender und divergierender, zunächst und grundsätzlich in *Dissens* zueinander operierender Sozialsysteme, die aber – darauf kommt es hier an – je für sich das Niveau eines aktiven gesellschaftlichen Teilsystems erreicht haben. Diese Form der Gesellschaft ist aktiv im Sinne eines eigendynamischen, nicht-trivialen und selbst-transformierenden Systems, aber sie erreicht dieses Niveau einer »self-triggered transformability« als Aggregat einer wilden (nur unter höchst voraussetzungsvollen Bedingungen koordinierbaren, dazu unten Kap. 4) Kombination aktiver Teilsysteme.

Dieser Unterschied ist hier wesentlich, weil das politische System und sein Staat als Bestandteile einer verteilten, polyzentrischen Form der aktiven Gesellschaft vor historisch neuartigen Schwierigkeiten der Erfüllung ihrer gesellschaftlichen Funktion – der Produktion und Durchsetzung kollektiv verbindlicher Entscheidungen – stehen. Denn die erprobten Mittel direkter Intervention und extern verfügter

Veränderung, nämlich Macht und Geld, genügen angesichts der Komplexität, Undurchdringlichkeit und Innen-Orientierung korporativer Systeme definitiv nicht mehr. Damit sind diese Mittel nicht obsolet; für die Masse der Routineprobleme und Alltagsinterventionen in überschaubaren und individualisierbaren Problemlagen sind sie auf der Höhe ihrer Zeit und inzwischen gewissermaßen perfektioniert. Aber mit Blick auf die qualitativ neuartigen Problemlagen der atomaren, biologischen und chemischen Gefährdungen sowie der epidemischen psychischen Deformation etwa durch Suchtkrankheiten und der sozialen Anomie etwa durch Sinndefizite muten die herkömmlichen Mittel des Staates für regulative Politik an wie die Tomahawks der Indianer gegenüber der Winchester der Siedler.

Was zunächst aber wichtiger ist als eine Revision der Mittel des Staates, ist eine Revision der Form des Staates. In grober Vereinfachung läßt sich sagen, daß die Form des Wohlfahrtsstaates sich an der Herausforderung entfaltet hat, die individuellen Leiden an den Kosten der Modernisierung zu lindern.[73] Der aktive Staat kommt zu seiner Form, wenn die Politik sich der Herausforderung stellt, die kollektiven Leiden an den negativen Externalitäten der Arbeitsweise der aktiven Gesellschaft auf ein systemverträgliches[74] Maß zu bringen. Die gravierendste Veränderung sowohl in der Form der aktiven Gesellschaft wie in der korrespondierenden Form des aktiven Staates sehe ich in der gegenüber früheren gesellschaftsgeschichtlichen Formationen einschneidend ge-

73 Vielfältiges Anschauungsmaterial bietet Dreitzel 1980, der aber entgegen dem Titel der Arbeit auf der Ebene individuell perzipierter Rollen und individuell perzipierter Leiden verharrt. Die gesellschaftliche Dimension verfestigter sozialer Netzwerke und autonomer korporativer Systeme und ihres Anteils an der Produktion gesellschaftlicher Leiden kommt damit nicht in den Blick.

74 Es ist hier notwendig, ausdrücklich darauf hinzuweisen, daß der Begriff der Systemverträglichkeit natürlich Verträglichkeit auch für Menschen – und darüber hinaus: auch für Ökologien – einschließt. Denn Menschen und Natur sind, obwohl nicht Elemente und »Bestandteile« von Gesellschaften, doch als eigenständige operativ geschlossene Systeme deren (strukturell gekoppelte) Basis in dem strengen Sinne, daß jede Zerstörung von Menschen oder ökologischen Systemen auch Bedingungen von Gesellschaft zerstört.

stiegenen Bedeutung von *Wissen*. Die gesellschaftliche Produktion, Allokation, Dislozierung und Verwendung von Wissen ist zum Angelpunkt der Ausbildung der aktiven Gesellschaft geworden.[75] Sie werden auch zum Angelpunkt der Antwort auf die Frage werden, ob es gelingt, eine dem Entwicklungsstand der Gesellschaft entsprechende Form des aktiven Staates zu schaffen.

In Etzionis Theorie der aktiven Gesellschaft hat die Frage des Umgangs mit kollektivem Wissen als zentraler Ressource sozietaler Steuerung konstitutive Bedeutung. In der Anerkennung der formenden Rolle kollektiven Wissens kann er sich zwar auf wichtige Arbeiten der Wissenssoziologie berufen, doch bringt er insofern einen neuen Aspekt ins Spiel, als er in gesellschaftstheoretischer Absicht Wissen neben Macht und Geld als eigenständigen, in seiner Steuerungswirkung zumindest ebenbürtigen Faktor der säkularen Konstruktion gesellschaftlicher Realität ernst nimmt. Der erste Schritt hierzu ist ein Verständnis der Bedeutung des *kollektiven* Wissens gegenüber dem gewöhnlich im Vordergrund stehenden individuellen Wissen. Das in den gesellschaftlichen Operationsmodus eingegrabene und institutionalisierte Wissen, von der Sprache über spezialisierte Steuerungsmedien bis hin zu den identitätsstiftenden Symbolen und geschichtlich gewordenen Selbstverständnissen, ist in eigensinniger Weise unabhängig von individuellen Wissensbeständen. Es unterliegt autonomen Entwicklungsbedingungen und Dynamiken und zeigt deshalb sozietale Wirkungen, die von den Wirkungen individuellen Wissens grundverschieden sind.[76] Das kann hier nicht ausgeführt

75 »Processes long considered largely the domain of economic and coercive factors are increasingly influenced by the allocation, withholding, and management of knowledge.« Etzioni 1971, 134

76 »Societal units produce knowledge and use it collectively. Knowledge does not exist only in the minds of individuals; like other societal assets, knowledge is stored in collective facilities (from libraries to computer tapes), is made available for collective action..., and is shifted from the service of one societal goal to the service of another...« (Etzioni 1971, 135). Parallel dazu betont Unger (1975, 19): »It is part of my method to deny that either order or consciousness may in any sense be thought of as prior one to the other.« Und: »But

werden. Festzuhalten ist aber, daß Existenz und Relevanz kollektiven Wissens mit hinreichender Plausibilität zeigen, daß eine auf Individualmerkmale und individuelle Eigenschaften reduzierte Beobachtung nicht nur nicht ausreicht, sondern irreführend ist. Ihr entgehen diejenigen Momente von Gesellschaft, welche diese als emergente Ebene der Systembildung über die bloße Aggregation von Individuen hinaus zu einer eigenständigen »sozialen Tatsache« machen.

So kommt es z. B. für das Aktivitätsniveau und den Grad der Reflexionsfähigkeit einer Organisation nicht nur auf die Wissensbestände und das Lernverhalten ihrer Mitglieder an. Zumindest ebenso bedeutsam sind die in »standing operation procedures« und unpersönlichen Satzungen und Regelwerken eingelassenen Definitionen von systemischen und systemisch relevanten Erwartungen, die das Handeln der Organisationsmitglieder steuern. Steuernd wirkt dabei die organisierte Selektivität der in den spezifischen Regelsystemen stabilisierten Erwartungsmuster, die bestimmte Anschlüsse fördern und andere erschweren und den Fortgang der Operationen so in eine eigensinnige Ordnung bringen. Organisationsstrukturen sind es auch, die festlegen, wie die Organisation mit ihrem kollektiven Wissen umgeht, es erarbeitet, aufbereitet, einsetzt und auch, wie dieses Wissen revidiert und veränderten Umweltbedingungen und -restriktionen angepaßt wird. Die Folge ist z. B., daß es innovative und regredierende, risiko-bereite und risiko-scheue, verknöcherte und responsive Organisationen gibt und daß die Differenz in hohem Maße durch die Art der systemisch organisierten Informations- und Wissensverarbeitung bestimmt wird.[77]

Für die sozietale Ebene hat neben Etzioni insbesondere Karl W. Deutsch die Relevanz der Art und Qualität der Wissensbasis einer Gesellschaft hervorgehoben.[78] In unserem Zu-

no state of individual beliefs can be identified with a type of social consciousness. An individual can embrace only a small fraction of the wealth of understandings and ideals associated with a mentality.«

77 Vgl. etwa Lawrence/Lorsch 1969a und mit reichem empirischen Material Peters 1989 (1987)

78 Deutsch 1970 (1966), bes. Kap. 10

sammenhang geht es weniger um die Details als um die Einsicht in die grundsätzliche Bedeutung der Prozessierung von kollektivem Wissen, die Deutsch etwa für die demokratietheoretisch zentrale Differenz zwischen autoritär-traditionaler, retrospektiver (oder utopischer) und liberalistisch-säkularer Orientierung ganzer Gesellschaften fruchtbar macht. Er nutzt dafür auch für die Behandlung des Problems gesellschaftlichen Lernens den Zusammenhang zwischen kollektivem Wissen und kollektivem Gedächnis und trifft sich mit Etzioni darin, daß die in einer Gesellschaft entwickelten Antworten auf das Problem der *Revision* der bestehenden kollektiven Wissensbasis als ein Kernstück ihrer Fähigkeit betrachtet werden müssen, Modernität im Sinne einer säkularen, zivilisierten Operationsform zu realisieren.

Anstöße zur Revision des kollektiven Wissens einer Gesellschaft kommen seit langem nicht nur von den Veränderungen individuellen Wissens und Bewußtseins, sondern auch von der Dynamik der Wissensbestände von Organisationen und korporativen Systemen. Das ist für gesellschaftliche Umbruchsituationen wie Renaissance, Reformation oder (amerikanische und französische) Revolution deutlich genug und involviert Höfe, Universitäten, Sekten, wissenschaftliche Gesellschaften, Salons, politische Gruppierungen etc. Weniger deutlich ist, daß mit der grundlegenden Differenzierung der Ebenen von Interaktion, Organisation und Gesellschaft[79] widersprüchliche und eigenaktive Wissensstrukturen auch im Verhältnis von Organisationen und Gesellschaft wirken, die es für moderne Gesellschaften zu einem Problem machen, wie sie gegenüber dem Gewimmel der organisierten Spezialisten und Exzentriker[80] eine ausreichende oder gar eine optimale kollektive Wissensbasis erhalten können. Die Gefahr eines Auseinanderdriftens von organisatorischen und sozietalen Wissens- und Bewußtseinsstrukturen

79 Luhmann 1975a, 9ff.

80 Rorty bezeichnet aus individualistischer Perspektive treffend die liberale Gesellschaft als »Arbeitsgemeinschaft von Exzentrikern« (1989, 108). Diese Charakterisierung trifft aus systemischer Perspektive auch auf sozietale Teilsysteme zu, die mit spezialisierter Funktion und operativer Autonomie eine *Dezentrierung* der Gesellschaft in Gang gesetzt haben.

ist sicherlich nicht neu, aber es könnte neue Wirkungen zeitigen, wenn die überschäumende Produktivität der Teilsysteme einer aktiven Gesellschaft die Entwicklungsbedingungen des Ganzen in Frage stellen *und* keine Instanz in der Lage ist, darauf Antworten zu geben.

Ebensowenig wie individuelles Wissen und kollektives Wissen übereinstimmen müssen, darf man von einer bruchlosen Verknüpfung des kollektiven Wissens von Organisationen und korporativen Systemen zu einer einheitlichen Wissensbasis und einer kohärenten systemischen Intelligenz einer Gesellschaft ausgehen. Während Divergenzen dieser Art in vieler Hinsicht wünschenswert und produktiv sein können, weil sie Pluralität und Kontingenz, Differenziertheit und Innovativität einer Gesellschaft steigern, gibt es andererseits wohl Grenzen der Diskontinuität. Sie sind zum einen dort erreicht, wo das überlegene kollektive Wissen der Organisationen und Korporationen fundamentale Rechte der Individuen gefährdet; darüber besteht inzwischen große Übereinstimmung, und juristische Institute von der Gefährdungshaftung bis zum grundrechtlichen Schutz gegen informationelle Knebelung bestätigen dies. Zum anderen aber wird eine Grenze auch dort erreicht, wo fundamentale kollektive Güter dadurch gefährdet werden, daß eine auf das Ganze der Gesellschaft bezogene Reflexion der Dislozierung von spezialisiertem Wissen und relativer Ignoranz unterbleibt.[81] Ich werde diese Frage unter dem Stichwort der wissensbasierten Infrastruktur im nächsten Kapitel ausführlich behandeln. Hier geht es um den allgemeineren Gedanken, der gerade mit der Steigerung von organisiertem kollektiven Wissen verknüpften Ausbildung der aktiven Gesellschaft in der Form des aktiven Staates eine adäquate Beschreibung der Aufgaben der Politik zur Seite zu stellen.

Was die Form des aktiven Staates deshalb in besonderer Weise auszeichnen müßte, ist die Fähigkeit, einen Reflexi-

81 Lapidar und treffend formuliert Olson 1982, 25: »Information and calculation about a collective good is often itself a collective good.« Knapper läßt sich nicht ausdrücken, daß Wissen und wissensbasierte Infrastruktur selbst zu einem Kollektivgut geworden sind.

onsprozeß in Gang zu setzen, in welchem die perzipierten Nutzen und Risiken einer uneingeschränkten Produktion von Optionen – und darunter die besonders folgenreiche Produktion von neuem Wissen – durch gesellschaftliche Teilsysteme, die von ihrer je spezifischen und begrenzten Rationalität geleitet sind, an einem neuen Maßstab gemessen werden: am Maßstab auch der kollektiven Güter einer Gesellschaft, die dem Mythos naturwüchsiger Evolution und kontinuierlichen Fortschritts entwachsen ist.

Die Gefährdung kollektiver Güter und Rechte ist nicht so einfach zu beobachten wie diejenige individueller Güter und Rechte. Allzu klar ist nur, daß unreflektierte, herkömmliche politische Intervention häufig – und oft in grotesker Weise – kollektive Güter gefährdet, indem sie an der Eigengesetzlichkeit der betroffenen Problemfelder scheitert: besonders deutlich in der externen Entwicklungspolitik, die in der Negierung der Autonomie der intervenierten Systeme auf »tödliche Hilfe«[82] hinauslaufen kann. Aber auch in der internen Entwicklungspolitik, etwa der Psychiatriereform, der Familienpolitik, der Forschungsförderung, der Gesundheitskostendämpfung oder was immer, ist die verläßlichste Erwartung diejenige, daß politische Intervention das Gegenteil dessen bewirkt, was beabsichtigt war.

Die Idee der aktiven Gesellschaft und eines ihr komplementären aktiven Staates könnte dazu beitragen, die Schwierigkeiten der Intervention in autonome Systeme besser zu verstehen und dadurch geeignetere Interventionsstrategien zu entwickeln. Praktische Erfahrungen auf der Ebene von Interaktion und Organisation – etwa Therapie und Unternehmensberatung – könnten dabei Leitlinien für Überlegungen zur Ebene von Gesellschaft abgeben.[83] Auf allen Ebenen geht es darum, mehrere autonome Systeme in einen nichtzufälligen, produktiven und selbstbindenden Zusammenhang zu bringen. Auch politische Interventionsstrategien setzen voraus, daß sozietale Systeme trotz operativer Geschlossenheit, wechselseitiger Intransparenz, systemspezi-

82 Vgl. Erler 1985 und die beeindruckenden Modellierungen bei Dörner 1989, 22ff.

83 Ausführlicher dazu Willke 1987a

fischer leitender Differenzen und unterschiedlich spezialisierter und codierter Kommunikation zu transferentiellen Operationen fähig sind. Zu Operationen also, die weder auf wechselseitige Anpassung noch auf direkte Kausalbeziehungen hinauslaufen, sondern auf ein über Reflexion geleitetes Zusammenspiel operativ autonomer Akteure.

Politische Intervention im Kontext einer aktiven Gesellschaft kann demnach gar nicht die Lösung irgendeines gesellschaftlichen Problems beinhalten, sondern bestenfalls autonomes Problemlösungs- oder Problemmanagementverhalten stimulieren. Ebenso wie Therapie oder Organisationsentwicklung müssen die politischen Interventionsstrategien des aktiven Staates indirekt wirken; sie können Ressourcen (wie Geld, Regeln, Wissen und Aktivitätsniveaus) zur Verfügung stellen und damit die Kontextbedingungen des autonomen Operierens der betroffenen Systeme beeinflussen.

Als angezeigt erscheinen demnach Interventionen des aktiven Staates in Form einer *Optionenpolitik*. Damit ist gemeint, daß dem intervenierten System innerhalb seines eigenen Operationsmodus und seiner eigenen Freiheitsgrade solche Optionen unterbreitet (und durch eine entsprechende Gestaltung von Kontextbedingungen annehmbar gemacht) werden, welche die systemische Autonomie nicht verletzen, aber z.B. andere oder geringere negative Externalitäten produzieren. Dem entspricht auf der Seite des intervenierten Systems die Möglichkeit, bei der Gestaltung und Auswahl seiner eigenen Optionen deren Umweltwirkungen ins Kalkül zu ziehen und unter Umständen zu einer Selbstbeschränkung durch Reflexion zu kommen.

Natürlich bleibt die Frage, wie der Staat das Kunststück fertigbringen soll, einen derart voraussetzungsvollen Reflexionsprozeß zur Abstimmung der relevanten kollektiven Akteure und korporativen Systeme zustande zu bringen. Ein Erreichen dieser Ziels erscheint zweifelhaft, wenn man zwei wichtige Implikationen der Logik kollektiven Handelns berücksichtigt: Zum einen das Paradox, nach dem ein Gesamtsystem (ohne die Hilfe spezieller Arrangements) gerade dann nicht im Gesamtinteresse handelt, wenn es aus *rationalen*

Teilsystemen zusammengesetzt ist[84]; zum anderen die Schwierigkeit, daß bloßes Verhandeln zwischen korporativen Systemen mit gemeinsamen Interessen nicht ausreicht, um ein optimales Ergebnis zu erreichen.[85]
Es sind nun präzise diese Schwierigkeiten, aus dem freien Zusammenspiel je für sich rationaler korporativer Systeme ein Gesamtinteresse zu generieren, die den Staat in einer geeigneten Form auf den Plan rufen. Eine geeignete Form des Staates für die Bedingungen einer aktiven Gesellschaft setzt voraus, daß die beschriebenen vier Merkmale der aktiven Gesellschaft – kollektive Handlungsfähigkeit, systemische Interaktion, selbst-gesteuerte Transformationsfähigkeit und gesteigerte Bedeutung der eigenständigen Wissensbasis ihrer Teilsysteme – als Grundlage und Ausgangspunkt staatlicher Interventionsstrategien gelten. Aber über diese Komplementarität der Geschäftsgrundlagen hinaus ist offenbar etwas Zusätzliches erforderlich, um aus dem von Olson beschriebenen Dilemma kollektiven Handelns und kollektiven Verhandelns herauszukommen. Es muß ein funktionales Äquivalent zu der Größe gefunden werden, die in einfacheren Zeiten als Gemeinwohl, öffentliches Interesse oder gar Staatsraison bezeichnet werden konnte. Diese Formeln laufen in komplexen, funktional differenzierten Gesellschaften leer, weil jedes operative autonome gesellschaftliche Teilsystem das öffentliche Interesse oder das Gemeinwohl nur aus seiner je spezifischen Perspektive formulieren kann und deshalb gerade offen und strittig bleibt, was ein das Ganze übergreifendes Gemeinwohl sein könnte. Es ist keine Instanz und kein System ersichtlich, das die Gesellschaft insgesamt repräsentieren könnte.[86] *Auch nicht die Politik*. Denn

84 Die Olsonsche Formulierung betrifft das Verhältnis zwischen großen Gruppen und rationalen Individuen und wurde hier auf eine systemische Ebene transponiert; vgl. Olson 1982, 18

85 Olson 1982, 36f.

86 Dies gilt, wie Allison (1971, 84) in seiner klassischen Studie zur Entscheidungsfindung in komplexen Situationen betont, bereits für die Ebene von Organisationen: »The overriding fact about large organizations is that their size prevents any single central authority from making all important decisions or directing all important activities. Factored problems and fractionated power are two edges of

sie ist ein funktional ausdifferenziertes und operativ autonomes System wie etwa das Gesundheitssystem, die Ökonomie oder die Wissenschaft auch, und sie hat wie alle anderen Funktionssysteme und korporativen Akteure in erster Linie ein Interesse an sich selbst.

Gegen diese grundlegenden Funktionsbedingungen einer modernen aktiven Gesellschaft, welche diejenigen ihres politischen Systems einschließen, läßt sich eine Formulierung des gesellschaftsübergreifenden »Gemeinwohls« nicht bewerkstelligen. Aber vielleicht mit ihnen. Denn für jedes Teilsystem schließt das Interesse an sich selbst eine interne Berücksichtigung der externen Restriktionen gerade dann ein, wenn deutlich wird, daß die Politik und ihr Staat die Rolle der Repräsentation der Gesellschaft insgesamt in einer übegreifenden Formel des Gemeinwohls nicht mehr leisten können. Die Entzauberung von Staat und Politik als Akt der Aufklärung über fundamentale Verschiebungen in der Architektonik moderner Gesellschaften wirkt zwar auf der einen Seite desillusionierend und zerstört die Ideologie einer politischen Steuerung komplexer Gesellschaften. Auf der anderen Seite aber provoziert diese Aufklärung jedes autonome und dezentrierte Teilsystem dazu, nun Verantwortung sich selbst gegenüber zu übernehmen, wo es bislang diese Verantwortung auf »den Staat« abschieben konnte. Damit kommt der Begriff der Rationalität ins Rutschen.

In einem ersten Schritt haben differenzierungstheoretische Analysen[87] hinreichend belegt, daß Teilsysteme wie Politik, Religion, Wissenschaft, Erziehung, Gesundheitssystem etc.

the same sword.« Für die Gesellschaft vgl. Luhmann 1981a, 22: Die moderne Gesellschaft »ist eine Gesellschaft ohne Spitze und ohne Zentrum ... (sie) ist ein System ohne Sprecher und ohne innere Repräsentanz.« Und ders. 1988, 253: »In einer funktional differenzierten Gesellschaft gibt es weder eine Spitze noch eine Mitte, die die Gesellschaft in der Gesellschaft repräsentieren und damit ihr ›Wesen‹ zugänglich machen könnte ... keines der Funktionssysteme kann die Nachfolge (des Adels) antreten – auch nicht die *Politik*. Alle Funktionssysteme realisieren eine dramatische Steigerung ihrer eigenen Bedeutung und ihrer eigenen gesellschaftlichen Wirksamkeit, aber keines von ihnen kann in Anspruch nehmen, die Gesellschaft in der Gesellschaft zu repräsentieren.«

87 Vgl. die Studien in Mayntz u.a. 1988

jeweils eigenständige Rationalitäten ausbilden, die sich definitiv nicht mehr auf die utilitaristische Rationalität der Ökonomie reduzieren lassen. In einem aufschlußreichen weiteren Schritt hat Jon Elster für die Ebene des Individuums Möglichkeiten der Subversion einer rein utilitaristisch begriffenen Rationalität aufgezeigt, indem er die spezifisch menschliche Fähigkeit zur *globalen* Maximierung und die ebenso spezifische Fähigkeit zu *strategischem* Handeln in den Mittelpunkt rückt.[88] Da der Mensch einerseits zum Warten fähig ist, also eine lokal rationale Handlung zugunsten einer später möglicherweise global rationalen Handlung negieren kann; und da er andererseits vorgestellten zukünftigen Ereignissen handlungsrelevante Bedeutung bemessen kann (etwa in der Form des Thomas-Theorems), sprengen seine Möglichkeiten einen bloß ökonomisch-utilitaristischen Bezugsrahmen. Wie die tägliche Anschauung von Künstlern, Greenpeace-Mitgliedern, Eltern, religiösen Märtyrern und manchmal auch Wissenschaftlern lehrt, ist das ökonomisch verkürzte utilitaristische Rationalitätskalkül eine denkbar schlechte Beschreibung sozialer Realität. Dies ist nicht gerade eine neue Erkenntnis. Schwierig wird es erst dort, wo es darum geht, diese wichtigen Einsichten von der zu konkreten und gesellschaftstheoretisch nicht zentralen Ebene des Individuums zu lösen und auf die Problematik organisierter und sozietaler Systeme zu übertragen.

Das entscheidende Brückenelement ist hier die Idee der *Selbstbindung* als Strategie der Eingrenzung und Fokussierung von Optionen, wie sie grundlegend von Thomas Schelling entwickelt[89] und auch von Elster aufgegriffen worden ist. Der Kern der Bedeutung der Idee der Selbstbindung für die aktive Gesellschaft ist darin zu sehen, daß sie plausibel machen kann, warum es möglich sei, die traditionelle externe Bindung der korporativen Systeme durch die Politik mittels autoritativ gesetzter Normen zu komplementieren und in bestimmten Problemfeldern zu ersetzen durch eine im eigenen Interesse geleistete interne Bindung der sozietalen Teil-

88 Elster 1987, 34ff.
89 Schelling 1960

systeme. Während inzwischen klarer geworden ist, daß die systemtheoretisch und steuerungstheoretisch geleitete Problembeschreibung brauchbar ist, wonach eine politische Steuerung komplexer Gesellschaften durch externe, autoritative Intervention in entscheidenden Problembereichen scheitern muß, sind die Vorstellungen über Alternativen und Problemlösungen nach wie vor eher tastend. Wenn das Argument gelänge, daß organisierte Sozialsysteme in der Lage sind, ihre begrenzte Teilsystemrationalität im eigenen Interesse an globaler Maximierung und strategischem Handeln zu transzendieren, dann wäre der Eckpfeiler herkömmlicher Staatstheorie erschüttert: der fraglos angenommene Bedarf der Gesellschaft nach einer zentralen, hierarchisch übergeordneten Steuerungsinstanz. Denn dann wäre der Gedanke zugelassen, daß Organisationen und Korporationen – mit der Fähigkeit zu kollektivem Handeln, intern regulierter Transformation, Selbstthematisierung und Reflexion – auch über die Weitsicht verfügen, sich im eigenen Interesse vor sich selbst zu schützen. Dies geschieht etwa dadurch, daß sie sich selbst gegenwärtig binden – wie Odysseus vor den Sirenen –, um einer drohenden zukünftigen Irrationalität vorzubeugen.

Sucht man mit einem durch diese Fragestellung geschärften Blick, so findet man erstaunliche Beispiele der Selbstbindung oder Selbstverpflichtung nicht nur von Personen (berühmte Fälle sind Odysseus, Pascal oder Descartes), sondern auch von Sozialsystemen. Sie reichen von der Einrichtung des *graphe paranomon* im klassischen Griechenland bis zu bestimmten Aspekten der Autonomie von Zentralbanken, der Außenpolitik oder des BBC-Rundfunk-Modells in der Gegenwart.[90] Ohne Zweifel sind hierzu auch die verschiedensten Einrichtungen neokorporatistischer Selbstbindung in Verhandlungssystemen zu zählen, die präzise dem Zweck

90 Diese Beispiele führt Elster 1987, 120ff. an als Fälle von Institutionen, die als Einrichtungen der Selbstverpflichtung interpretiert werden können. Sie können als Hüterinnen »der Vernunft vor der kurzfristigen Anfechtung durch die (hier: politische) Leidenschaft« betrachtet werden. Einschlägige Formulierungen etwa von Bagehot, Hyppolite Taine und Schumpeter dort S. 128f.

dienen, gegenüber den bornierten, kurzfristigen Partialinteressen ein vorausschauend kalkuliertes strategisches Interesse der Korporationen zur Geltung zu bringen, mit dem sie zumindest der Absicht nach zu einer globalen Maximierung beitragen, ohne von außen dazu gezwungen zu werden: Sie können dies nur selbst und in ihrem eigenen Interesse tun, indem sie die Verantwortung sich selbst gegenüber übernehmen[91] in dem Sinne, daß sie über den Tag hinaus und mit den Kosten kalkulieren, die ihre zukünftige Irrationalität ihnen eintragen müßte.

Obwohl gesellschaftliche Akteure und Systeme nur eigene Operationen und mithin ihre eigene Rationalität realisieren können und obwohl eine übergreifende Instanz nicht erkennbar ist, die das Ganze der Gesellschaft repräsentieren könnte, ist die Durchsetzung eines Gesamtinteresses dann nicht ausgeschlossen, wenn die von einem Problemkomplex betroffenen korporativen Systeme je für sich eine globale Maximierung durch strategisches Handeln verwirklichen. Die entscheidenden Voraussetzungen dafür lassen sich nach dem bislang Ausgeführten präzisieren: Selbstbindung und strategisches Wissen.

Selbstbindung ist erforderlich im Sinne einer internen Optionenpolitik, durch die bestimmte Möglichkeiten des Systems im eigenen Interesse ausgeschlossen werden, um das System vor sich selbst, vor den selbstschädigenden oder selbstzerstörenden Folgen kurzfristigen Handelns zu schützen. Beispiele sind nicht schwer zu finden: kurzfristige Gewinnmaximierung von Unternehmen ist vielleicht der bekannteste Fall eines selbstschädigenden Verhaltens; kurzfristige Stimmenmaximierung einer politischen Partei an einem Reizthema ist in aller Regel schon mittelfristig ein Bumerang; die enge Ausrichtung von Universitäten und Forschungsinstituten auf verwertbare Produkte vernachlässigt die Grundlagenforschung und hat offensichtlich selbstschädigende Folgen; möglichst schnelle maximale Leistungssteigerung in Trainingssystemen des gegenwärtigen Sports hat häufig die Folge, daß schon mittelfristig Gesundheit, Talent

91 Zu dieser Logik der Intermediatisierung und ihren Problemen s. Schmitter 1983

und Potential ruiniert werden[92]; sogar militärische Systeme können durch das Ausspielen aller nur denkbaren Optionen ungewollt einen Bumerangeffekt auslösen[93], während andererseits sich dort viele Beispiele für gelungene Selbstbindung – etwa Nichtangriffs-Verpflichtungen – finden lassen.

Neben Selbstbindung ist *strategisches Wissen* der zweite Pfeiler, auf dem die dezentrale Realisierung eines Gesamtinteresses aufbaut. Ich habe im Anschluß an Etzioni die grundlegende Bedeutung von Wissen für die Form der aktiven Gesellschaft als gesellschaftsgeschichtliche Bewegung dargestellt, in der die Ressource Wissen neben die traditionellen Ressourcen Macht und Geld tritt. Nun läßt sich präzisieren, daß ein wichtiger Bestandteil dieses Wissens strategisches Wissen im Sinne von *Steuerungswissen* ist. Eine ironische Wende nimmt diese Bewegung, indem Steuerungswissen gerade nicht mehr das Wissen einer übergeordneten, zentralen Steuerungsinstanz ist. Denn es ist die ungeheure Explosion des Wissens selbst, und implizit zugleich: des Nichtwissens, welche eine hierarchische Kontrolle scheitern läßt. Vielmehr residiert das Steuerungswissen in den dezentralen Einheiten in der Form der Selbstbeobachtung ihrer Operationsweise. Dies schließt als kritische Variable das Wissen darüber ein, wie im System selbst das institutionalisierte Wissen verändert und neuen systemischen Bedingungen entsprechend reorganisiert und revidiert werden kann.[94] Selbstbindung im eigenen Interesse und strategisches Wissen über das Gesamtinteresse im Sinne des Willens und des Wissens zu globaler Maximierung sind Mittel, das Paradox einer dezentralen Realisierung des »gemeinen Wohls« zu entfalten. In dem Maße, wie beide Bedingungen nicht nur theoretische Konstrukte sind, sondern in vielfältiger Form bereits vorliegen und funktionieren, geht es in der staatstheoretischen Rekon-

92 Dazu Bette 1984, 168ff.

93 Dies war die Wirkung des amerikanischen SDI-Programmes in der zweiten Hälfte der 80er Jahre, vgl. Willke 1988

94 »Societal units that are effective from this viewpoint seem to be those whose organization of knowledge includes an institutionalized provision for revision of the community-of-assumptions.« (Etzioni 1971, 180)

struktion nicht um Spekulation, sondern wieder einmal darum, auf die Höhe ihrer Zeit zu kommen.
An der Leitlinie des Paradoxes einer dezentralen Realisierung des Gesamtinteresses führt die Idee des aktiven Staates zu einer *ironischen Wendung* in der Beschreibung der Möglichkeit und der Notwendigkeit des Staates. Im Kontext der aktiven Gesellschaft ist der Staat möglich als Form der Selbstbeschreibung des politischen Systems, welches als funktional spezialisiertes, operativ autonomes Teilsystem von Gesellschaft in einem prinzipiell gleichrangigen Verhältnis zu anderen Funktionssystemen steht. Der Staat definiert ein Modell der Politik, an dem die Politik sich selbst orientieren und ihre paradoxe Selbstlegitimierung erreichen kann. Zugleich beschränkt diese zwingende Einbettung in den Funktionszusammenhang der Gesellschaft die Möglichkeiten des Staates auf den Spielraum der Politik. Dieser Spielraum ist in der internen Dimension gegeben durch die Fähigkeit zur Selbsttransformation, zur reflektierten Wahl aus kontingenten Identitäten, insgesamt durch eine interne Optionenpolitik. In der externen, gesellschaftlichen Dimension ist der Spielraum definiert durch die Restriktionen, welche die anderen Funktionssysteme, Korporationen und Organisationen setzen. Ironie kommt ins Spiel, weil die Politik wissen kann, daß ihre internen Möglichkeiten größer sind als ihre externen; weil sie wissen muß, daß die Möglichkeiten der steuernden Intervention in nicht-triviale gesellschaftliche Problembereiche so voraussetzungsvoll sind, daß sie kaum zu realisieren sind; und weil sie beobachtet, daß dennoch alle anderen gesellschaftlichen Akteure als Abnehmer von Politik das herkömmliche Bild regulativer Politik pflegen. Dies zwingt die Politik zu einem ironischen Umgang mit sich selbst und mit gesellschaftlichen Systemen und empfiehlt eine Ironie des Staates, die das politische Spiel der Organisationen und Korporationen darin ernst nimmt, daß es ein Spiel ist, in dem alle es besser wissen, als sie es zugeben mögen.[95] Die Gegenwart einer politisch definierten Gesell-

95 Diese Umkehrung der Benjaminschen Formel von Ironie als »im Nicht-wissen besser wissen« (1974, 21 ff.) ist eine Folge der Umstellung von Fremdreferenz auf Selbstreferenz: man weiß über sich

schaft ist für den Staat eine *unvollkommene Form* geworden[96], weil sich gegenwärtige differenzierte Gesellschaften nicht mehr unter dem Titel eines einzelnen Teilsystems subsumieren lassen und weil dies für den Staat impliziert, daß er Leitidee oder organisierendes Prinzip nicht mehr für die Gesellschaft insgesamt sein kann, sondern nur noch für den spezialisierten Bereich der Politik.
In ironischer Umkehrung fordert die Idee des aktiven Staates anstelle der gewöhnlichen »Arroganz der Macht« eine neue Bescheidenheit der Politik, die Selbstbegrenzung auf eine Stimme im Konzert gesellschaftlich unabdingbarer Leistungen und Funktionen. Die Form des aktiven Staates ist dann zu verstehen als Korrelat einer Gesellschaftsform, in der eine Vielzahl autonomer, selbstreferentieller Systeme Veränderungen bewirken, indem sie sich selbst ändern, nicht aber, indem sie anderen Systemen durch externe Interventionen Veränderungen aufzwingen. Der Staat ist mit den Problemen der »Unregierbarkeit«, »Nicht-Steuerbarkeit«, Intransparenz oder »Neuer Unübersichtlichkeit« primär konfrontiert, weil die institutionalisierten Erwartungen nach wie vor darauf gerichtet sind, daß die Politik und ihr Staat planen, steuern und »regieren« können müßten. Aber in der aktiven Gesellschaft ist Ordnungsbildung nicht mehr nur ein politisches Problem. Gesellschaftliche Ordnung ist nur noch möglich aus einem spezifischen, voraussetzungsreichen Zusammenspiel autonomer Akteure. Ordnung durch Hierarchie und Planung ist ebenso antiquiert, wie die liberalistische Formel der Ordnung durch Evolution riskant geworden ist. Naturwüchsige Entwicklung kann in evolutionäre Sackgassen oder Schlimmeres führen; sie ist auf lokale Optimierung begrenzt. Planung setzt, wie wir oben gesehen haben, Möglichkeiten der Kontrolle voraus, die in eigendynamischen Sozialsystemen nicht gegeben sind und nur um den hohen Preis massiver Simplifizierung und Trivialisierung hergestellt werden könnten.

selbst und seine Situation Bescheid, kann es aber nach außen nicht loswerden. Den Hinweis auf Benjamin verdanke ich Dirk Baekker.

96 Vgl. oben Fn. 5

Was als besondere Aufgabe des aktiven Staates bleibt, ist eine »Arbeitsgemeinschaft von Exzentrikern«[97] zu organisieren, ohne Hoffnung auf die Wiederherstellung eines Zentrums der Gesellschaft. Bei dieser Aufgabe haben zwar Macht und Geld als Steuerungsmedien keineswegs ausgedient, doch gewinnt für hochkomplexe Problemfelder das Medium Wissen immer mehr an Gewicht. In der Aufgabe der Organisation und der Vermittlung eines spezifischen Steuerungswissens könnte deshalb die Besonderheit einer Form des Staates gesehen werden, die an die neuartige Rolle des Wissens so eng gekoppelt ist wie die Form des traditionellen Interventionsstaates an die Rolle von Macht und die des Sozial- und Wohlfahrtsstaates an die Rolle von Geld: die Form des präzeptoralen Staates.

2.3 Der präzeptorale Staat

Die Idee des präzeptoralen Staates gründet in der Annahme, daß die Form des Staates und die Operationsweise der Politik zwar nach wie vor vom Medium der Macht bestimmt sind, daß aber die politischen Prozesse der Machtbildung und Machtausübung in spezifischer Weise von modernen Prozeßmustern des Kommunikationsmediums ›Wissen‹ moderiert werden. Sicherlich kam auch die Politik der Nationalstaaten des 18. und 19. Jahrhunderts nicht ohne Wissen aus, genausowenig wie eine Politik ohne Rücksicht auf Operationsformen und -folgen des Mediums Geld möglich war. Aber ebenso, wie sich die Relevanz des Geldes für politische Prozesse mit der Ausbildung des Sozial- und Wohlfahrtsstaates qualitativ und grundsätzlich geändert hat, so hat sich mit den wissenschaftlichen und technologischen Umwälzungen des 20. Jahrhunderts die Relevanz von Wissen für moderne, hochtechnisierte Gesellschaften qualitativ grundlegend geändert.

Bezeichnenderweise hat allerdings Lindblom die Herausbildung eines präzeptoralen Regimes nicht am Falle der

97 Rorty 1989, 108

höchstentwickelten westlichen Gesellschaften geprüft, sondern an dem durchaus atypischen Fall stark unterentwickelter Gesellschaften, die sich das Ziel eines »Großen Sprunges« in ihrer Entwicklung gesetzt hatten: das China und das Kuba der zweiten Hälfte der 60er Jahre. Allerdings ging es schon Lindblom weniger um diese konkreten Fälle präzeptoraler Systeme an sich, als vielmehr um mögliche Folgerungen aus diesen Beispielen für die allgemeinere steuerungstheoretische Frage nach der Rolle einer dritten sozietalen Steuerungsform neben Tausch und Autorität – eben *Überredung* (»persuasion«) oder *Belehrung* als Grundlage einer Form der politisch-ökonomischen Organisation von Gesellschaften, welche »in der Form gegenseitiger Beeinflussung und gegenseitigen Überzeugens« auch in modernen, freien Gesellschaften als Methode sozialer Steuerung für das System der liberalen Demokratie von grundlegender Bedeutung sei.[98]

In dieser dritten Form kommt ein alter Traum politischer Erneuerung zum Ausdruck, der Rousseau ebenso bewegt hat wie John Stuart Mill, Hobbes ebenso wie Tocqueville, und der immer dann besonders virulent wird, wenn einmal mehr deutlich geworden ist, daß weder Autorität noch Tausch, weder physischer Zwang noch materieller Anreiz genügen, um jene humane Qualität gesellschaftlicher Organisation zu erreichen, die reflektiert, daß sowohl Menschen wie soziale Systeme ihre Kommunikationen auf *Expertise und Unterscheidungsvermögen* aufbauen und insofern wissensbasiert operieren. Wie Autorität und Tausch ist auch Erziehung als abstraktes Prinzip unbestimmt und läßt sich in ihren Konsequenzen für die Strukturierung politischer Prozesse erst abschätzen, wenn die Kriterien offenliegen, nach denen Belehrung tatsächlich stattfinden oder realisiert werden soll. Präzeptorale Formen reichen von Indoktrination, Gedankenkontrolle und Propaganda über Information, Werbung, Schulung und Überredung bis zu Ermahnung, Erziehung, Wissensvermittlung und Beratung. Präzeptorale Formen zielen immer auf den »neuen Menschen«; aber die

98 Lindblom 1980, 38

Frage ist, nach welchem Bild dieser neue Mensch geformt sein soll.

Bereits die traditionellen Antworten auf diese Frage spiegeln die notwendige Paradoxie jeder Erziehung, die zuerst darin begründet lag, daß der Erzieher, und sei er Gott, auf der Freiheit zur Perfektion bestehen mußte, ohne diesen Zwang zur Freiheit präzeptoral begründen zu können. Heute wird die Paradoxie präzeptoraler Absichten dadurch verschärft, daß auch der Zögling um dieses Dilemma jeder Erziehung wissen kann und deshalb auch Selbstveränderung nur noch Einsicht in die Notwendigkeit operationalisiert. Solange es nur um die Verhältnisse zwischen Personen ging, um Lehrer und Schüler, Aufklärer und Unwissende, Herrscher und Beherrschte, Freie und zu Befreiende, ließ sich die doppelte Paradoxie jeder Erziehung im Wohlgefallen eines Fortschritts zur Mündigkeit auflösen. Aber mit der Verdichtung sozialer Strukturen und gesellschaftlicher Organisiertheit wurde Erziehung bereits im 19. Jahrhundert mit Hegel und Marx zu einer sich selbst dementierenden Aufklärung über Fortschritt. Jedenfalls im Bereich sozialer Relationen und Operationen war Fortschritt nicht mehr von den Kosten des Fortschritts zu trennen, und der Weg gesellschaftlicher Selbstbewegung von der Dialektik als Aufklärung zur Negativen Dialektik war schon sehr kurz.

Auch Lindblom gesteht ohne Umschweife zu, daß die Versuche der politisch organisierten gesellschaftlichen Erziehung der Massen in der UdSSR, in China oder in Kuba nicht besonders erfolgreich waren. Die Perversion der gemeinten Überzeugungsarbeit scheint bei Lindblom deutlich auf, wenngleich er die zugrundeliegende Paradoxie nicht bemerkt:

> »Für die UdSSR, Kuba und China gilt gleicherweise, daß die Schablone für den neuen Menschen aus Elementen sozialistischen Gedankenguts, George Orwells Roman ›1984‹ und der Wertewelt des viktorianischen Englands modelliert worden ist... Bei dieser neuen Persönlichkeit sind zwei Eigenschaften unabdingbar: ›Erziehung‹ versucht Menschen zu schaffen, die kollektiven Interessen ›autonom‹ dienen, d.h. die aus eigener Initiative das tun, was man ihnen in anderen Gesellschaften be-

fehlen oder wozu man sie überreden müßte. ›Erziehung‹ hat außerdem Menschen zu schaffen, die sich für besondere Aufgaben dem Staat und der Partei freiwillig zur Verfügung stellen.«[99]

Heute, zwanzig Jahre danach, wissen wir genauer, wie selbstzerstörerisch diese Versuche waren. Dennoch erledigt diese Einsicht nicht die Relevanz des präzeptoralen Modells politisch-ökonomischer Organisation moderner Gesellschaften. Denn auch liberale Demokratien haben der Versuchung präzeptoraler Lenkung der Freiheit nicht widerstanden. Sie sind aber aufgrund ihrer Offenheit der Paradoxie von Überredung stärker ausgesetzt und mußten und konnten deshalb diese Paradoxie besser invisibilisieren, was Lindblom in einem erstaunlich gebauten Argument[100] konstatiert und zugleich zur Stützung der »Normalität« präzeptoraler Systeme nutzt. Aber er geht auch einen Schritt weiter und hebt diejenigen Aspekte der präzeptoralen Gesellschaftssteuerung hervor, die heute und auch im Fall liberaler Demokratien besonderes Augenmerk verdienen: zum einen »einige bemerkenswert humane Elemente der präzeptoralen Vision sozialer Organisation«[101], die etwa in dem berühmten Wort Maos ausgedrückt sind, wonach von allen Dingen in der Welt Menschen das Kostbarste sind. Als Vision vom erzogenen und schließlich mündigen Bürger ist diese Formel nicht zwingend weniger attraktiv und weniger human als die nach wie vor dominanten Formeln vom markt-rationalen und macht-rationalen Bürger. Sie spiegelt den in allen präzeptoralen Versuchen durchscheinenden Vorbehalt gegen zu hohe Spezialisierung, Einseitigkeit und gegen Kästchendenken[102] und trifft sich darin einerseits mit aktuellen Entwicklungen in der Organisations- und Unternehmenssteuerung

99 Lindblom 1980, 103

100 »Wenn sich Herrschaft und Autorität im liberalen Verfassungsstaat des Westens hinter einer Rhetorik der Partizipation und Initiative verbergen, dann darf es nicht überraschen, sie auch in einer präzeptoralen Ideologie verschleiert zu finden.« (Lindblom 1980, 112)

101 Lindblom 1980, 112

102 Vgl. Lindblom 1980, 436, der dann fortfährt: »In dieser Hinsicht ist die präzeptorale ›Erziehung‹ Teil einer weltweiten Gedankenströ-

und andererseits mit neueren Überlegungen zu den Folgekosten und Risiken hochgetriebener Spezialisierung und Differenzierung moderner Gesellschaften.

Hier genau, im Bereich hochkomplexer liberaler Demokratien, könnte das Modell einer präzeptoralen Steuerung die Brisanz gewinnen, die es für unterentwickelte sozialistische Gesellschaften wie Kuba oder China längst verloren hat. Denn es fällt schwer zu sehen, wie das Marktmodell gesellschaftlicher Selbstorganisation auf der einen Seite, das Machtmodell politischer Steuerung der Gesellschaft auf der anderen Seite ausreichen könnten, um die manifesten Funktions- und Steuerungsprobleme in den Griff zu bekommen, welche in wesentlichen Merkmalen zurückgehen auf eine wild gewordene Marktlogik einerseits, eine stumpf gewordene Machtlogik andererseits. Bei einer ganzen Reihe unzweifelhaft drängender und explosiver Risikolagen wie etwa der gegenwärtig laufenden Zerstörung des tropischen Regenwaldes und der schützenden Ozonschicht, aber auch bei Problemen wie dem der Abfallbeseitigung, der Endlagerung von Atom- und Plutoniummüll, der kontinuierlichen Vergiftung von Boden, Wasser und Luft verquicken sich zudem ökonomische Borniertheit und politische Machtlosigkeit, so daß nicht viel Vorstellungsvermögen erforderlich ist, um zu erkennen, daß die Logiken des Marktes und der Macht allein für zu viele Problemlagen keine ausreichenden Lösungen in Aussicht stellen.

Immerhin gibt es einige Problembereiche, in denen die Erfahrungen mit der »Logik des Mißlingens«[103] schon so lange andauern und so massiv sind, daß sich sowohl die praktische Politik wie auch die wissenschaftliche Reflexion politischer Strategien darauf eingestellt haben, daß über Markt und Macht hinaus neue Formen der politischen Steuerung gesell-

mung, in der Motivation auf Kosten der Koordination betont wird.« Das ist natürlich eine veraltete Fragestellung. Heute geht es sehr viel anspruchsvoller darum, durch optimale Formen der Koordination zugleich »autonome« Motivation zu schaffen. Besonders aufschlußreich hierzu Peters 1989.

103 So der treffende Titel bei Dörner 1989; dort auch ebenso treffende Illustrationen und Fallstudien.

schaftlicher Prozesse unabdingbar sind. Vor allem präventive Aspekte der Gesundheitspolitik und der Verbrechensbekämpfung und prospektive Aspekte der Familien- und Frauenpolitik, Berufsbildungs-, Bildungs- und Schulpolitik, Verkehrs-, Umwelt- und Wirtschaftspolitik werden routinemäßig auf Erziehungs- und Aufklärungskampagnen gestützt, weil sich herausgestellt hat, daß alles andere noch weniger wirksam ist. Sicherlich ist dies noch keine besonders elaborierte Grundlage für die mögliche Bedeutung und Tragweite präzeptoraler Strategien politischer Steuerung – und mithin für Kriterien der Ausbildung des präzeptoralen Staates. Aber die Beispiele zeigen deutlich genug, daß gerade in hochentwickelten Gesellschaften mit weit getriebener Spezialisierung und funktionaler Differenzierung der erreichte gesellschaftliche »Fortschritt« eine ganze Klasse neuer Problemlagen mit sich bringt, die weder mit dem Knüppel noch mit dem Goldstück, weder mit Macht noch mit Geld zu lösen sind. Auf der Seite der Personen geht es um Probleme der Lebensform und der Lebensqualität; auf der Seite sozialer Systeme um Probleme der Operationsform und der Operationsqualität.

Ein eindrückliches Beispiel ist das Problem der Kriminalität in nordamerikanischen Großstädten. Die Vereinigten Staaten sind eines der reichsten Länder der Erde mit entsprechendem Pro-Kopf-Einkommen, hoher Produktivität und einer reichen Ausstattung mit natürlichen Ressourcen. Die Ökonomie funktioniert schulmäßig, so daß man nicht ohne weiteres von einem deutlichen Marktversagen sprechen kann. Auch das politische System, vom Bund bis zu den Städten, leidet nicht gerade an Machtauszehrung. Die Präsenz von schießbereiten Polizisten, Wachen und Sicherheitsorganen ist ubiquitär, so daß man ebensowenig ein deutliches Machtversagen diagnostizieren könnte. Beide herkömmlichen Steuerungsformen, Markt und Autorität, funktionieren durchaus; aber es gibt offensichtlich Bereiche, in denen sie erst gar nicht greifen; die von anderen Gesetzmäßigkeiten beherrscht werden, in denen es zwar auch um Macht und Geld geht, aber in einer gegenstrukturellen, gegen-kulturellen Weise. Auch hier scheint der einzige brauchbare Ausweg

in Erziehung und Beeinflussung zu liegen, sei es dramatisiert als »war on drugs« und »war against crime« oder routinisiert als allgegenwärtige Aufklärungs-, Informations- und Anzeigenkampagne gegen die ebenso allgegenwärtige subkutane Verführung zu Drogen und Kriminalität.[104]
Das Grundprinzip dieser präzeptoralen Strategien ist Gegen-Verführung. Tatsächlich ist, wie Lindblom sagt, »in einem präzeptoralen System (...) die richtige Einstellung von entscheidender Bedeutung«[105]. Einstellungen lassen sich nicht einfach kaufen oder erzwingen; sie bilden und verändern sich in einem langwierigen und komplexen Lernprozeß, in welchen die Person insgesamt mit ihren Erwartungen und Erfahrungen verwickelt ist. Augenscheinlich wird dies besonders dort, wo die verschiedenen Aspekte personaler Identität, wie religiöse, kulturelle, politische, ökonomische und familiale Prägung, untereinander Wahlverwandtschaften oder Strukturaffinitäten aufweisen und sich deshalb zu einem konsistenten *Habitus* verdichten können, in welchem durchaus unterschiedliche Merkmale in einem einheitlichen Grundmuster zusammenspielen.[106] Max Weber hat am Leitfaden der protestantischen Ethik die Ausbildung eines solchen Habitus beschrieben als eine Form, in der die Person mit Gottesfürchtigkeit, innerweltlicher Askese, penibler Arbeitsamkeit im gewählten Beruf und Demut gegenüber der rechtmäßigen politischen Obrigkeit die Fähigkeit und Disposition zu einer praktisch-rationalen *Lebensführung* überhaupt, zu einer »Systematisierung der ethischen Lebensführung«[107] insgesamt erlangt. Fünfzig Jahre später hat Daniel Bell auf Brüche und Widersprüche innerhalb der kapitalistischen Gesellschaftsordnung zwischen protestantisch-asketischen und weltlich-hedonistischen Momenten hingewiesen, die auf eine Aufsplitterung der

104 Allein in den ersten sechs Monaten des Jahres 1990 wurden in New York über 1300 Morde offiziell registriert, die meisten davon im Zusammenhang mit Drogen. Der gesamte Golfkrieg hat die Amerikaner weniger als zweihundert (offizielle) Gefallene gekostet.
105 Lindblom 1980, 435
106 Dazu Bourdieu 1983 (1970), 125ff. im Anschluß an Panofsky
107 Weber 1973, 139

Person und ihres Habitus in gegenläufige Orientierungen aufmerksam machten.[108]

Heute ist die Rede von den »multiple selves«, der Aufsplitterung und Dezentrierung der Person, Bestandteil vieler wissenschaftlicher und populärwissenschaftlicher Teildiskurse. Die dahinterstehende, schwerwiegende Frage ist, woher in gegenwärtigen hochspezialisierten Gesellschaften die Fähigkeiten und Dispositionen zu einer praktisch-rationalen Lebensführung, zu einem gesellschafts- und umweltverträglichen Habitus kommen sollen. Weder Religion noch Familie, weder Schule noch Berufsleben, weder Massenkultur noch Massenmedien scheinen gegenwärtig überzeugende Kandidaten für diese Aufgabe zu sein. Im Gegenteil: sie sind ihrerseits zerrissen von widersprüchlichen funktionalen Imperativen[109], die aus der jeweiligen Einbettung in polykontexturale personale und soziale Systembeziehungen folgen. Religion wie Familie, Schule wie Berufsleben, Musik-Kultur wie Fernsehen bieten heute jeweils die gesamte Skala von anspruchsvollster Reflexion bis zu destruktiver Regression. Das entscheidende Problem, jedenfalls aus gesellschaftstheoretischer Sicht, scheint zu sein, daß es in all diesen Bereichen weder verbindliche interne Kriterien der Definition von Qualität gibt, noch daß externe Vorgaben machbar erscheinen, welche die Formung eines konsistenten Habitus, eines nicht-trivialen und nicht-destruktiven personalen und sozialen modus operandi ermöglichten.

Verläßt man die personale Ebene und versucht, das Problem einer Dekomposition der einheitsstiftenden Idee auf die Ebene sozialer Systeme zu transponieren, dann fällt zunächst die enge Verflechtung beider Problemdimensionen auf. Die Aufsplitterung der Person in verschiedene und oft widersprüchliche Rollensegmente, Orientierungen und Er-

108 Vgl. Bell 1976a, der von der Auflösung traditionaler Moralbindungen durch den »kapitalistischen Hedonismus« spricht.

109 Den »imperial and imperious demands of the specialized disciplines unfiltered by unifying thought«, wie Bloom 1988, 337 treffend mit Blick auf das Fehlen einer »liberal education« bemerkt. Auf diese Frage kommt es an: Was ist der einheitsbildende Gedanke moderner, hochdifferenzierter und hochspezialisierter Gesellschaften?

wartungskontexte ist eine von vielen Folgen des Primats funktionaler Differenzierung. Sie bringt Unabhängigkeiten und Freiheitsgrade ebenso wie die Gefahr normalisierter Schizophrenie. Hinzu kommt, daß jedenfalls heute auch innerhalb der ausdifferenzierten Teilsysteme widersprüchliche Rollenanforderungen und -zumutungen auf die Person zugreifen: der subjektive Fallout der in die Teilsysteme eingebauten, tragenden Paradoxien. So wird in der Ökonomie ein und dieselbe Person zum Sparen ermuntert und zur Kreditaufnahme verführt, zu wirtschaftlich rationalem Kosten-Nutzen-Kalkül aufgefordert und zugleich zu Luxus und »conspicuous consumption« angestachelt. Im Erziehungssystem steht Erziehung zu Freiheit und Autonomie auf dem Programm eines rigiden, administrativ verordneten Curriculums; im Sportsystem erreicht nur das Ideal des vollkommenen Körpers, wer seinen Körper zur Höchstleistung quält; in der Politik verdeutlicht der alles entscheidende Wahlakt die Bedeutungslosigkeit der einzelnen Person; und so ließe sich jedes einzelne gesellschaftliche Teilsystem vorführen bis hin zum Verkehrssystem, das ungeahnte Mobilität bietet und deshalb kein Fortkommen mehr zuläßt oder zum Gesundheitssystem, das technologisch ausgereifte Heilung verspricht und damit jedes Grundwissen über gesunde Ernährung oder gesundes Verhalten unwichtig macht.

Auch auf der Ebene sozialer Systeme, so möchte ich folgern, zerreißen die paradoxen und imperialen Ansprüche der hochspezialisierten Teilaspekte den personalen wie den sozialen *Kontext,* der als einheitsstiftende Idee dem Ganzen Sinn geben könnte, wenn die Bildung dieses Kontextes nicht durch Mechanismen und Prozesse gestützt wird, die gegenwärtigen Gesellschaften angemessener sind als die dahinschwindenden Bindungskräfte von Religion, Familie und Schule. Auffällig ist, daß gerade der Staat traditionellerweise zu diesen drei Stützen der Gesellschaft ein besonders enges Verhältnis pflegt. Sollte die Diagnose einer schwindenden einheitsstiftenden Kraft von Religion, Familie und Schule zutreffen, so liegen die drei daraus folgenden Optionen für den präzeptoralen Staat auf der Hand: Er kann erstens ver-

suchen, die Integrationsfunktion dieser drei traditionellen Bereiche zu stärken und sich gegen die Auszehrung ihrer Bindungskraft stemmen. Eine zweite, keineswegs nur theoretische Möglichkeit ist darin zu sehen, daß der Staat seinerseits von der desintegrativen Dynamik wachsender Spezialisierung und Zersplitterung affiziert wird und damit die Politik selbst die Idee ihrer Einheit verliert und das bleibt, was sie in nicht unerheblichem Maße bereits darstellt – ein Spiegel gesellschaftlicher Zersplitterung, ohne die prägende Kraft einer Idee des Ganzen. Denkbar ist allerdings auch eine dritte Option, nach welcher der Staat die historische Entwicklung einer Privatisierung von Religion, Familie und Schule nicht umzukehren versucht, sondern als Ausgangspunkt nimmt für eine revidierte Aufgabenstellung, die den Staat als Präzeptor in eine neue Rolle bringt.
Niemand weiß heute, welche der drei Optionen die zukünftige Entwicklung des Staates prägen wird. Für jede der drei Alternativen lassen sich empirische Belegstücke zitieren, ohne daß dies Hinweise auf den Vorrang der einen oder der anderen Tendenz geben könnte. Auch historisch oder international vergleichende Studien sind von einem nur sehr begrenzten Erkenntniswert, weil es sich um eine historisch neue Herausforderung an den Staat handelt und weil die höchst entwickelten Industrieländer vor sehr ähnlichen ungelösten Problemen stehen, ohne daß im Hinblick auf die grundlegende Steuerungsproblematik erkennbar ist, daß irgendwo die hausbackene Alternative von mehr/weniger Staat und mehr/weniger Markt grundsätzlich in Frage gestellt und überwunden würde. Es gibt allerdings ein gesellschaftliches Experimentierfeld, das beweglicher und dynamischer auf analoge gesellschaftliche Herausforderungen reagieren muß als der Staat und das deshalb oft schon Entwicklungen vorweggenommen hat, die danach auch die Form des Staates ergriffen und geprägt haben: es ist die »mittlere« Ebene der großen Organisationen und vor allem der Unternehmen. Schon aus Mangel an anderen Beobachtungsmöglichkeiten erscheint es sinnvoll, die Veränderungs- und Restrukturierungsstrategien großer Organisationen vergleichend heranzuziehen, um auf die Spur funktionaler

Äquivalente für die Ebene der Gesellschaft und die Form des Staates zu kommen.
Ganz offensichtlich stehen komplexe Organisationen wie z.B. Unternehmen vor analogen Problemen der Einheitsbildung wie moderne Gesellschaften. Auch sie sind inzwischen durch den Primat funktionaler Differenzierung gekennzeichnet, auch wenn – wie bei Gesellschaften – die älteren Differenzierungsformen nicht ersetzt, sondern überlagert werden. Mit der Ausbreitung und dann dem Primat der funktionalen Differenzierung ändert sich allerdings die Grundproblematik einer Organisation oder eines Unternehmens zumindest in drei Hinsichten: Zum einen nimmt die *Komplexität* eines primär funktional differenzierten Systems dramatisch zu, weil jeder ausdifferenzierte Bereich nun eigendynamisch wird, sich intern weiter differenziert und spezialisiert und damit vielfältige Probleme der zeitlichen, inhaltlichen, sozialen und operativen Abstimmung entstehen. Darüber hinaus entstehen zwischen den Teilen *Interdependenzen* unterschiedlicher Art, welche die Teile zu einem zwar potentiell leistungsfähigen, andererseits aber sehr anfälligen Ganzen vernetzen. Und schließlich entsteht aufgrund der strukturell nicht mehr vorgegebenen Rangordnungsverhältnisse zwischen den spezialisierten Teilen ein neuartiges Problem der *Systemsteuerung* in dem Sinne, daß kein Teil mehr einen »natürlichen« Führungsanspruch mehr hat, sondern Steuerung sich aus der kunstvoll arrangierten Interaktion und Abstimmung autonomer Akteure entfalten muß.
Denn funktional differenzierte Organisationen sind, strenggenommen, Systeme ohne Spitze und ohne Zentrum. Ihre Interdependenz-Beziehungen sind nicht mehr hierarchisch, sondern heterarchisch, d.h. netzwerkförmig, strukturiert, da im Prinzip keine der spezialisierten Funktionen (und ihre Leistungen für die jeweils anderen Teile der Organisation) verzichtbar ist. An die Stelle der bislang notwendigen Annahme von Transitivität in den Beziehungen der Teile tritt nun die Annahme von Zirkularität. Zwar mag es in konkreten Unternehmen nach wie vor »Status«unterschiede geben zwischen Funktionen oder Abteilungen, zwar mögen Inge-

nieure auf Manager, diese auf Außendienstler etc. herunterschauen und sie für mehr oder weniger überflüssig halten – und umgekehrt. Völlig klar ist dennoch, daß keine der ausdifferenzierten Funktionen grundsätzlich vorrangig ist und daß ein produktives Gesamtergebnis erst dann zustande kommt, wenn alle spezialisierten Bereiche adäquat, d.h. auf die Gesamtaufgabe des Unternehmens bezogen, koordiniert und integriert sind. Diese Beschreibung trifft längst nicht mehr nur auf dynamische und komplexe Unternehmen zu, sondern auch auf eine ganze Klasse »innovativer« oder »responsiver« Organisationen, wie etwa Hochschulen, Forschungs- und Entwicklungslabors, Redaktionen privater und öffentlicher Medien, Kliniken, Gerichte, große Anwaltskanzleien, Einrichtungen der Fort- und Weiterbildung, psychotherapeutische Einrichtungen, Expertenstäbe, große Finanzdienstleistungsgruppen und ähnliches.

Die Koordination und Integration dieser professionellen, spezialisierten Systeme ist nun allerdings das schwierigste Problem der Systemsteuerung. Da soziale Systeme Kommunikationssysteme sind, bedeutet funktionale Differenzierung immer auch semantische Differenzierung. Konkret heißt dies, daß die Teile eigene »Sprachspiele« ausbilden, eigene Handlungslogiken und Teil-Rationalitäten, eigene Spielregeln, Präferenzen und Dynamiken. Sie orientieren sich zunehmend an sich selbst (»Selbst-Referenz«), werden »innen-geleitet« und operativ geschlossen und genau dadurch äußeren Interventionen immer weniger zugänglich. Es ist dann keineswegs mehr offensichtlich, wie die zentrifugale Dynamik differenzierter Systeme durch Steuerung ausbalanciert werden könnte.

Jede Praxis der Organisations- und Unternehmenssteuerung muß sich heute damit auseinandersetzen, daß funktional differenzierte Organisationen ihren beachtlichen Zugewinn an Spezialisierung, Effizienz und Optionenreichtum teuer erkauft haben: mit einer zentrifugalen Dynamik, welche den Grad der inneren Turbulenzen, der Selbst-Gefährdung und des zu verarbeitenden Risikos dieser Systeme in einem Ausmaß gesteigert haben, der vielen Beobachtern bereits als unbeherrschbar gilt. Wie oben in Kap. 1.3 ausführlicher dargestellt, läßt sich beobachten, daß komplexe Organisationen auf ihren kritischen Integrationsbedarf durchaus reagieren – wenngleich keineswegs ausreichend. Sie bilden intermediäre Rollen und Instanzen, projekt-orientierte Arbeitsgruppen, laterale Netzwerke, koordinative Gremien, interne Verhandlungssysteme etc. als Einrichtungen der intersystemischen Abstimmung und Koordination aus. Damit sind zumindest Orte und Verfahren bezeichnet, über welche die wechselseitige Intransparenz eigendynamischer und innen-geleiteter Funktionssysteme durch »dritte Instanzen« überspielt werden kann. Insgesamt hat diese Strategie das Ziel, durch den Aufbau von Reflexionspotential in den differenzierten Teilen Koordinations- und Integrationsformen zu ermöglichen, welche die Leistungsfähigkeit und Motivkraft hoher Spezialisierung und Professionalisierung nicht untergräbt, sondern im Gegenteil stützt und fördert.

In modernen Unternehmen können die differenzierten Teile ihr »Eigeninteresse« unterschiedlich definieren und in ganz unterschiedlichen Handlungsstrategien verfolgen. Sie können mit einer *Maximierungsstrategie* versuchen, in kurzfristiger Perspektive die eigenen Vorteile zu maximieren und diejenigen der ›Gegenspieler‹ zu minimieren. Das Zusammenspiel unterschiedlicher Systeme und Akteure wird damit als Konflikt und als Null-Summen-Spiel definiert (was der eine gewinnt, verliert der andere: die Summe von Gewinn und Verlust bleibt Null). Denkbar ist aber auch eine *Optimierungsstrategie*, die ganz andere Prämissen der Auseinandersetzung zugrunde legt:

1. Es geht nicht um einen einmaligen Konflikt, sondern um eine kontinuierliche Verarbeitung von (notwendigen) Widersprüchen zwischen den verschiedenen Teilen.
2. Angemessen ist deshalb eine mittel- oder gar langfristige Perspektive für die Kalkulation von Nutzen und Kosten.
3. In komplexen Konfliktlagen sind Null-Summen-Konstellationen unwahrscheinlich.
4. Kooperation trotz punktueller Konflikte erhöht die Wahrscheinlichkeit mehrerer Gewinner (Positiv-Summen-

Spiel) und die Optimierung der kombinatorischen Nutzen[110] für die Organisation insgesamt.
Das klassische Beispiel für diese unterschiedlichen Strategien und ihre Folgen ist natürlich der Konflikt zwischen Arbeit und Kapital, zwischen Gewerkschaften und Unternehmerverbänden. Hier sind auf *beiden* Seiten allmählich Fähigkeiten zur Reflexion aufgebaut worden und mithin zur Möglichkeit, die Außenwirkungen des eigenen Handelns abzuschätzen und die Position des Gegners in das eigene Entscheidungskalkül mit aufzunehmen – und dies auch aus dem Grunde, daß es sicher ist, daß man wieder miteinander zu tun haben wird: »For cooperation to prove stable, the future must have a sufficiently large shadow«.[111] Auch hier läßt sich ein Umbau hierarchischer Verhältnisse von Siegern/Verlierern (oder alteuropäisch: Herr/Knecht) zu rekursiven Zirkularitäten beobachten. Für ein Verständnis moderner Unternehmen ist es wichtig zu sehen, daß eine auf der Fähigkeit zur Reflexion fußende Optimierungsstrategie für die unterschiedlichen Akteure, Abteilungen, Arbeitsgruppen, Divisionen etc. eines Unternehmens zu einer ernsthaften Option wird. Ernsthaft deshalb, weil Sozialsysteme mit wachsender Komplexität, Dynamik und Vernetzung immer stärker auf Zukunft ausweichen und deshalb auf eine operationsfähige Zukunft – und mithin auf Kooperation mit anderen Gestaltern von Zukunft – angewiesen sind.
Wichtige Merkmale der Operationsweise komplexer Organisationen wie auch der Beziehungen zwischen spezialisierten Sozialsystemen weisen demnach darauf hin, daß der Aufbau einer entwicklungsfähigen Ordnung des jeweiligen Ganzen besondere Fähigkeiten im Umgang mit *organisierter Komplexität* voraussetzt. Organisierte Komplexität bezeichnet das Problem eines paradoxen Verhältnisses von Komplexität und Kontingenz: den scheinbaren Widerspruch zwischen der prinzipiellen Machbarkeit verschiedener Realitäten durch die bewußte Auswahl bestimmter Optionen eines komplexen Zusammenhanges einerseits; und einer Selbst-

110 Aufschlußreich hierzu Axelrod 1984 und Axelrod/Keohane 1985

111 Axelrod 1984, 174

lähmung des komplexen Systems durch genau dieses Übermaß an Optionen andererseits.[112] Das Problem, für das organisierte Komplexität eine Lösung darstellen soll, ist die Konstituierung einer leistungs- und entwicklungsfähigen Ordnung.

Wenn Chaos die Unverbundenheit der Teile eines Aggregates meint und Ordnung die Herstellung und Sicherung von wirksamen Relationen zwischen den Teilen, dann ist es genau das Phänomen der Komplexität, welches einer einfachen Vorstellung von Ordnung entgegensteht. Die Paradoxie der Ordnung erweist sich nämlich daran, daß schon bei einer relativ geringen Zahl von Teilen eine vollständige Verbindung (Relationierung) der Teile innerhalb überschaubarer Zeiträume nicht mehr möglich ist.[113] Vollständige Relationierung oder perfekte Ordnung müßte zu einer Erstarrung des Systems führen, weil die ins Unendliche steigende Zahl notwendiger Verknüpfungen jede Variabilität ausschließt. Andererseits ließe das Fehlen jeder Relationierung (Anarchie) einen so unübersehbaren Möglichkeitsraum – also: Kontingenz –, daß jede faktische Verknüpfung zu bloßer Willkür und bloßem Zufall verkommen müßte. Die gängige Dichotomie von Ordnung/Anarchie verdeckt also zumindest im Hinblick auf komplexe Systeme das eigentliche Problem: das »mittlere Maß« einer Verbindung von Zufall und Notwendigkeit, von Komplexität und Kontrolle.

Die Notwendigkeit einer Mittellage zwischen Chaos und perfekter Ordnung wurde bereits in der Hochscholastik in der Überlegung ausgedrückt, daß die Einfügung »wohlgeordneter Übel« die Schönheit des Ganzen steigere; und später faßte Richelieu dies in die prägnante Formel: »Le désordre fait, non sans utilité, partie de l'ordre.«[114] Es ist wesentlich, Prozesse der Formation eines geordneten Systems – einer komplexen Organisation ebenso wie einer komplexen Gesellschaft – als Problemlösung zu begreifen, welche sich von Chaos ebenso unterscheidet wie von perfekter Ordnung. Systembildung ist eine Strategie der Erzeu-

112 Grundlegend dazu La Porte 1975
113 Anschaulich hierzu Segal 1988, 149ff.
114 Hübener 1984, 1263ff.

gung selektiver oder reduktiver Ordnung. Dies soll heißen, daß Systeme organisierter Komplexität dann entstehen, wenn zwei Bedingungen erfüllt sind: wenn zum einen durch die Schaffung von Grenzen gegenüber dem Chaos kontingenter Ereignisse in der Welt Inseln eingeschränkter Beliebigkeit oder partieller Ordnung entstehen, und wenn zum anderen die Relationen zwischen den eingegrenzten Teilen (z. B. der Unzahl abstrakt möglicher Entscheidungen innerhalb eines betrieblichen Teilsystems) aus Zeitgründen nicht mehr vollständig realisiert werden können. Dann werden nach einem bestimmten Suchmuster (z. B. Erwartungen, Präferenzen, Normen) nur bestimmte selektive Relationen zwischen den Elementen eines Systems verwirklicht; die übrigen bleiben Möglichkeit, und dieser überschießende Möglichkeitsreichtum läßt sich dann im Falle moderner Unternehmen etwa als Grad des unvermeidbaren Risikos solcher Organisationsformen beobachten und beschreiben.
Erst dieses Zusammenfallen überschießender Kontingenzen einerseits und darauf bezogener selektiver Zuordnungen oder Verknüpfungen von Elementen andererseits schafft für ein System Freiheitsgrade und Zeit für Variation und kontrollierte Strukturänderung; es läßt gegenüber der Selbstlähmung perfekter Ordnung und der Willkür perfekter Unordnung eine produktive Dynamik der Systemprozesse zu. Dies ist deshalb wesentlich, weil weder vollkommenes Chaos noch vollkommene Ordnung gezielt verändert, also gesteuert werden können. Steuerungsfähigkeit beruht vielmehr auf einer spezifischen wechselseitigen »Infizierung« von Chaos und Ordnung, von Freiheit und Notwendigkeit, von Kontextabhängigkeit und Autonomie. Diese Folgerungen aus systemtheoretisch orientierten Überlegungen zu den Bedingungen der Möglichkeit von Ordnung in komplexen Systemen sind für die Staatstheorie besonders relevant, weil hier die Idee der Ordnung zu oft und zu lange mißverstanden wurde als Abwehr von Variabilität und Komplexität.
Komplexität läßt sich definieren als Grad der Vielschichtigkeit, Vernetzung und Folgelastigkeit eines Ereignisfeldes. Dabei bezeichnet etwa im Hinblick auf Unternehmen *Vielschichtigkeit* den Grad der funktionalen Differenzierung und

die Zahl der hierarchischen Referenzebenen; *Vernetzung* bezeichnet Art und Grad der wechselseitigen Abhängigkeit und Unabhängigkeit zwischen den Teilen sowie zwischen Teilen und Ganzem; *Folgelastigkeit* meint Zahl und Gewicht der durch eine bestimmte Entscheidung in Gang gesetzten Kausalketten oder Folgeprozesse innerhalb des in Frage stehenden Handlungskontextes; und schließlich weist der Begriff *Entscheidungsfeld* darauf hin, daß es keine Komplexität an sich gibt, sondern nur in Relation zu einem bestimmten Problem, welches für ein bestimmtes Sozialsystem oder für eines seiner Teile in einer bestimmten Situation Auswahlhandlungen erfordert.[115]

Nimmt man eine Skala an von extrem niedriger Komplexität (Chaos, z. B. die Moleküle eines Gases, anarchistische Kleingruppe) bis zu extrem hoher Komplexität (Suprakomplexität, perfekte Ordnung, z. B. umfassende Zentralplanung), dann sind soziale Systeme angesiedelt zwischen diesen idealtypischen Extremfällen als Einheiten organisierter Komplexität. Soziale Systeme organisieren die unbewältigbare Kontingenz vollkommener Entropie einerseits und die unbewältigbare Komplexität vollkommener Ordnung andererseits durch die systemspezifische Selektion bestimmter herausgehobener Relationen zwischen ihren Elementen, d. h. zwischen den Kommunikationen, die im jeweiligen System operationsfähig sind. Kriterien der Selektion sind die besonderen Operationsbedingungen des jeweiligen Systems, vor allem seine leitenden Differenzen, Erwartungsstrukturen oder »Spielregeln« – insgesamt also die Tiefenstruktur seiner Selbststeuerung.

Organisierte Komplexität erzeugt nun ein für soziale Systeme grundlegendes Problem, weil nur im Rahmen komplexer Beziehungsmuster (zwischen Menschen, Maschinen, Techniken, Regeln, Erfahrungen, Erwartungen, Prozessen, Technologien, Wissensbeständen etc.) ein Grad an Innovation, Dynamik, Elastizität (»resilience«) und Responsivität erreicht werden kann, welcher heute Überlebensvorausset-

115 Vgl. Willke 1987 16ff.; mit Blick auf Unternehmen Peters 1989, 355ff. und mit Blick auf Entscheidungsprozesse Dörner 1989, 58ff.

zung komplexer Sozialsysteme ist. Zugleich ist es genau die Komplexität der Beziehungsmuster, welche das System insgesamt unübersichtlich und intransparent macht, so daß es keine herausgehobene Stelle mehr im System gibt, von der aus das Ganze in seiner Komplexität durchschaut werden könnte. So »weiß« z. B. in einem großen Unternehmen die Finanzabteilung nicht, was in der F&E-Abteilung vor sich geht, ebensowenig wie die Personalabteilung eine Ahnung hat, warum bestimmte Außendienstler erfolgreicher sind als andere etc. Jeder ausdifferenzierte Teil des Unternehmens entwickelt eine Eigenkomplexität, d. h. eigene spezifische Erwartungen, Erfahrungen, Prozesse, Präferenzen, Techniken, Wissensbestände, interne Differenzierungen und leitende Ideen etc. Wie gesagt: dies ist keine pathologische Entwicklung, sondern unabdingbare Voraussetzung für Spezialisierung, Leistungssteigerung und dezentrale Intelligenz. Aber es bedeutet zugleich, daß der Zusammenhang des Ganzen prekär und riskant wird.

Weder für die Unternehmenstheorie im besonderen noch für die Organisationstheorie im allgemeinen ist diese Formulierung des Problems prinzipiell neu.[116] Neu ist allerdings die aus der systemtheoretischen Fundierung des Problems der Komplexität folgende Einsicht, daß für die Lösung des Problems neue Wege beschritten werden müssen. Denn die mit organisierter Komplexität unweigerlich verbundenen Antinomien zwischen Autonomie und Steuerung, Teilrationalitäten und Systemrationalität, dezentralem Entscheiden und Einheitsbildung lassen sich nicht hinweg-lösen; sie müssen akzeptiert und in entsprechend adäquat komplexen Verfahren der Systemsteuerung aufgehoben werden. Zu diesen neuen Wegen gehört die Ablösung der hierarchisch begründeten Autorität der jeweiligen Zentrale oder Spitze eines Systems durch eine *präzeptoral* begründete Steuerungsfunktion. In Organisationen und Unternehmen wird dies in vielfältiger Weise bereits praktiziert: durch kontinuierliche Fortbildung und Mitarbeiterschulung; unternehmensweite Kampagnen; die Pflege einer »corporate identity« als über-

116 Vgl. inbesondere Lawrence/Lorsch 1969 und 1969a

greifende Klammer für die autonom und dezentral operierenden Teilbereiche; die Betonung des Lernens von der Umwelt, insbesondere von Kunden und der Konkurrenz; als Lernauslöser lancierte Pilotprojekte; und insgesamt durch eine Dezentralisierung des Informationsflusses.[117] Wenn dies für Unternehmen, die sich am Markt bewähren müssen, nicht nur möglich, sondern förderlich und produktiv ist, dann empfiehlt es sich, diese Strategie des Umgangs mit hoher organisierter Komplexität auch auf ihre Brauchbarkeit für komplexe Gesellschaften und ihren Staat zu überprüfen.

Die Idee des präzeptoralen Staates, wie sie von Lindblom entworfen wurde, weist zwar in diese Richtung; sie leidet aber schwer an grundlegenden Mängeln des Begriffes und der Konzeption von »Erziehung«[118], wie sie traditionellerweise verstanden werden. Würde der Staat in diesem Sinne präzeptorale Aufgaben übernehmen, so wäre er wiederum nichts anderes als Zuchtmeister der Gesellschaft. Will man diesen Kurzschluß vermeiden, dann ist es unumgänglich, Erziehung als präzeptorale Aktivität im Lichte des Problems komplexer, intransparenter und operativ autonomer Systeme neu zu sehen. Dazu gibt es zwei Hilfestellungen, auf die ich zurückgreifen möchte.

So hat Alice Miller in einer scharfsinnigen Kritik der Erziehung in Familie und Schule gezeigt, daß Erziehung so lange das selbstgesteckte Ziel einer Stützung von Autonomie und Freiheit nicht erreichen kann, wie sie Erziehung vom Erzieher aus denkt. Dies gilt bezeichnenderweise auch für »antiautoritäre« Erziehung, die zwar das Raffinement steigert, aber nach wie vor, und meist sehr heftig und missionarisch, erziehen will. Brauchbare Erziehung beginne erst dann, wenn der Erzieher nicht etwas erreichen, nichts übertragen oder vermitteln will, sondern zuläßt, stützt und auffängt. Erziehung, so Miller, lehrt nur erziehen, nicht aber das, was sie lehrt.[119]

117 Ausführlich dazu Peters 1989, 145ff., 221ff., 505ff.

118 Dem trägt Lindblom insofern durchaus Rechnung, als er bewußt den Begriff Erziehung immer in Anführung setzt.

119 Miller 1980, 117ff.

Dies stimmt gut mit den Beobachtungen überein, die Robert Dreeben auf der organisatorischen Ebene der Schule zum Erziehungsprozeß gemacht hat. Der Kontrast zwischen dem Erziehungs»klima« in Familie und Schule, oder genauer: in den sozialstrukturellen Kontexten personenorientierter Erziehung, brachte Dreeben darauf, daß neben den curricularen Inhalten, die irgendwie und mehr oder weniger auch eine Rolle spielen, es im wesentlichen sehr allgemeine Verhaltensprinzipien sind, die die Schüler in der Schule lernen:

> »Wiewohl die Wissensvermittlung und das Lehren von Fähigkeiten zweifellos zum Lehrplan der Schule gehören, legen ihre charakteristischen Struktureigenschaften sowie die Tatsache, daß auch andere Agenturen ähnliche Unterrichtsfunktionen erfüllen, den Schluß nahe, daß das, was in der Schule gelernt wird, sich weder auf das, was dort gelehrt wird, noch auf das, was pädagogisch lehrbar ist, beschränkt. Auf die Frage, was in der Schule gelernt wird, läßt sich an diesem Punkt nur eine hypothetische Antwort geben – eine Antwort, die die Resultate berücksichtigt, die sich aus den Erfahrungen der Schüler ergeben und durch ihre Partizipation in einer sozialen Situation bedingt sind, deren Merkmale ich definiert habe: Die Schüler lernen, Prinzipien des Verhaltens oder soziale Normen zu übernehmen und entsprechend zu handeln.«[120]

Für eine gewisse Zeit nehmen die Schüler die Schule für die Welt und lernen, wenn sie es lernen, wie sie in dieser Welt überleben können. Die curricularen Lehrinhalte sind nur die Meßgrößen, an denen die Lehrer den Erfolg dieses Lernens für das Leben in der Welt abgreifen; sie sind für den eigentlichen Lernprozeß eher zufällig. All dies spricht nicht gegen Erziehung in der Schule, sondern gegen die dort gepflegte Ideologie einer Erziehung zu Freiheit und Autonomie. Die Schüler lernen in der Schule etwas für das Leben in einer schulmäßig organisierten Gesellschaft; aber für eine Erziehung zu Freiheit und Autonomie braucht es sicherlich mehr und anderes, als es die Schule bieten kann.
Die Gründe für diese Schwierigkeit sind deutlicher zu sehen,

120 Dreeben 1980, 44 (ohne Hervorhebungen)

seit der Prozeß der Entfaltung personaler und sozialer Autonomie in Abgrenzung zu der Perspektive externer Anleitung in der Begrifflichkeit selbstreferentieller Eigendynamik untersucht wird. Die leitende Idee ist, daß Erziehung deshalb nicht so funktioniert, wie Erzieher sich das vorstellen, weil der Erzieher nicht »verstehen« kann, was im Schüler vorgeht, und umgekehrt. Vielmehr beschränkt sich Verstehen darauf, in einer idiosynkratischen Operationsweise wahrzunehmen, daß andere Systeme eine je eigene idiosynkratische Operationsweise realisieren, die auf je spezifische Umweltrestriktionen zugeschnitten ist. Diese Sicht betont die Paradoxie jedes Verstehens und mithin jeder Erziehung: »Je mehr die Bedingungen des Verstehens verstanden werden, desto weniger ist es möglich.«[121] Die grundlegende Schwierigkeit präzeptoraler Kommunikation liegt darin, daß sie sich in ihren Wirkungen von einem autonomen Prozeß des Verstehens seitens des zu beeinflussenden Systems ab hängig machen muß. Das intervenierte System gibt die Kriterien vor, unter denen es bereit ist, sich beeindrucken zu lassen. Aber damit nicht genug. Das präzeptorale System kann nicht wirklich wissen, was diese Kriterien sind. Es kann nur Unterstellungen produzieren und testen und über erfolgreich getestete Unterstellungen ein hypothetisches Modell der Operationsweise des zu belehrenden Systems erstellen.
Die Schwierigkeiten präzeptoraler Strategien fangen bereits mit den grundlegenden Operationen, mit der Beobachtung, an. Jedes operativ geschlossene, autonome System ist für jedes andere zunächst eine opake, undurchdringliche Einheit, deren »Realität« im Kopf des Beobachters mit Hilfe spezifischer Semantiken rekonstruiert wird. Dies bedeutet, daß präzeptorale Interaktion – sei dies auf der Ebene von Personen, Organisationen oder gesellschaftlichen Funktionssystemen – auf der Grundlage wechselseitiger Intransparenz und wechselseitiger interner Modellierung in terms der Operationsweise des jeweiligen Beobachters anläuft. Keiner kann in das Bewußtsein, die organisatorische oder systemische Operationsweise des anderen hineinschauen

121 Luhmann 1986b, 82

und beobachten, nach welchen Operationsregeln der andere arbeitet. Kein Akteur weiß, wie sich die Beobachtungen und Operationen des zu beeinflussenden Systems bilden, verknüpfen, verändern und aneinander anschließen. Aber dies ist nur die eine Hälfte der Ungewißheit. Hinzu kommt, daß das präzeptorale System als selbstreferentielles System nicht nur für andere, sondern auch für sich selbst weitgehend unzugänglich ist.[122]

In der präzeptoralen Interaktion zweier Systeme entfaltet sich die doppelte Ungewißheit eigener und anderer Intransparenz als eine über doppelte Negation gesteuerte Gewißheit: die Intransparenz von alter wird verständlich, weil ego seine eigene Intransparenz beobachten kann. Die Beobachtung der eigenen Intransparenz ist allerdings sehr voraussetzungsvoll. Sie setzt den souveränen Umgang mit der eigenen Selbstbeschreibung und mit der Differenz von Selbstbeschreibung und System voraus. Denn nur aus dieser Differenz können Informationen über den Grad der eigenen Intransparenz abgeleitet werden. Und erst eine Verarbeitung dieser Informationen über Bedingtheit und Begrenzung der eigenen Selbstbeschreibung kann dazu führen, daß ein System sich selbst versteht. In Erweiterung von Luhmanns Vorstellung, nach welcher Verstehen »Beobachtung im Hinblick auf die Handhabung von Selbstreferenz«[123] ist, möchte ich von Verstehen erst dann sprechen, wenn ein Beobachter die Selbstbeschreibung eines Systems rekonstruiert. (Auch hier schließt Verstehen Mißverstehen ein, denn es gibt keine Garantie dafür, daß die Rekonstruktion adäquat ist.)

Die hier vorgeschlagene Fassung des Begriffs »Verstehen« erlaubt zwei Präzisierungen. Zum einen ist die Beobachtung der »Handhabung« von Selbstreferenz wohl nur aufschlußreich, wenn diese Handhabung auf den Kontext einer ope-

122 Mit Blick auf das psychische System formuliert Luhmann 1985, 404: »Kein Bewußtsein kann die Totalität seiner Systembedingungen als Prämissen oder als Gegenstände seiner eigenen Operationen ins System wiedereinführen. Alter ego heißt demnach: er ist für mich ebenso intransparent, wie ich selbst es für mich bin.«

123 Luhmann 1986b, 91

rationsleitenden Struktur bezogen werden kann. An den Kommunikationen zwischen Organisationen oder zwischen gesellschaftlichen Teilsystemen kann ich Selbstreferenz nur feststellen (und Selbstreferenz von Geräusch nur dann unterscheiden), wenn ich eine Vorstellung von der einheitsstiftenden Idee dieser Systeme als Kontext der ablaufenden Operationen habe, also Beobachtungen über deren Selbstbeschreibung gemacht habe. Ich muß mithin Kontext und Operationen – und ihre Differenz – beobachten, um jene Inkongruenz von Beobachtungen zu erzeugen, welche Beobachtung selbstreferentiell und rekursiv macht und aus dieser Rekursivität Verstehen hervortreibt.

Zum anderen läßt diese Begriffsfassung eine Verknüpfung von Verstehen und Lernen zu. Im Gegensatz zu bloßer Anpassung setzt Lernen Verstehen voraus – und dieses nichttriviale Lernen beruht auf »aktiver« Selbstbeschreibung, d.h. auf einem Vorgang, in dem das lernende System sich selbst beobachtet und daraus eine Beschreibung seiner Operationsweise ableitet.[124]

In diesem präzisen Sinne – und ganz und gar nicht in einem diffusen, emphatischen Sinne – ist Verstehen Grundlage sinnvoller präzeptoraler Intervention. Die hier vorgenommene Bestimmung der »operation called ›Verstehen‹« erscheint zunächst plausibel hinsichtlich des Problems des Sich-selbst-Verstehens. Es ist ausgeschlossen, daß ein System sich insgesamt oder unmittelbar versteht, denn dies setzte eine isomorphe Modellbildung des Systems im System voraus, was logisch ausgeschlossen ist. Aber auch die Leistung einer (simplifizierenden und im Sinne Löfgrens »passiven«) Selbstbeschreibung ist noch nicht hinreichend für Verstehen. Denn diese betrifft nur die interne Modellierung der Organisation, nicht aber die Beobachtung der eigenen Operationsweise im Hinblick auf die Differenz zwischen aktuellen und virtuellen, realisierten und möglichen Formen der Selbstbeschreibung. So hat etwa eine Zelle in ihrem Genom eine (hochentwickelte) Selbstbeschreibung zur Selbststeuerung ihrer Operationsweise, aber sie kann sich mangels

124 Zur Unterscheidung von aktiver und passiver Selbstbeschreibung s. Löfgren 1977, 205f.

alternativer Operationen der Selbstbeschreibung (wohl) nicht selbst verstehen. Erst die interne Rekonstruktion einer Selbstbeschreibung und die damit verbundene reflexive Distanz zu einer bestimmten, festgelegten Ausprägung derselben schafft die Möglichkeit, aus der Differenz möglicher Selbstbeschreibungen eines Systems die Informationen zu gewinnen, welche durch Verfremden Verstehen produzieren. Deshalb ist aktive Selbstbeschreibung der Politik in der Form des Staates und ›Verstehen‹ der für die Modernität entwickelter Gesellschaften konstituierenden Differenzierung und operativen Autonomie unabdingbare Grundlage jeder rationalen und verantwortbaren präzeptoralen Aktivität des Staates.

Die Idee des präzeptoralen Staates führt nach dem Ausgeführten an den Schnittpunkt zweier eher skeptisch stimmender Beobachtungen: Es ist offensichtlich, daß die Ausprägungen präzeptoraler Systeme, von denen Lindblom ausging, eklatante Fehlschläge waren und nicht weiterführen. Versucht man aber, die darin ausgedrückte Idee auf den Fall hochentwickelter, moderner Industriegesellschaften zu übertragen, dann stößt man auf die nicht geringere Schwierigkeit, daß in diesen Gesellschaften präzeptorale Strategien an der Hermetik der operativen Geschlossenheit der Funktionssysteme auflaufen. Die Politik könnte zwar auf Belehrung und Erziehung setzen – und sie muß dies wohl auch, weil sie in vielen Problembereichen keine funktionierenden Alternativen hat; aber sie muß sich dann den spezifischen Bedingungen beugen, welche die Möglichkeit von Erziehung im Sinne instruktiver Kommunikation zwischen autonomen Systemen definiert. Diese Bedingungen besagen in erster Linie, daß präzeptorale Strategien darauf beschränkt sind, Anregungen zur Selbständerung und Selbststeuerung der autonomen Sozialsysteme zu geben, indem sie gezielte Irritationen und Interventionen setzen, die in den vielschichtigen internen Ungleichgewichtsprozessen der Funktionssysteme bestimmte Momente unterstützen und andere bremsen. Präzeptorale Interventionen zielen auf die Programmebenen von Funktionssystemen; dort können sie Anreize setzen, Gewichte verschieben, neue Alternativen einfüh-

ren.[125] Sie können *nur* auf die Programmebene zielen, weil die systemkonstituierende Ebene der Leitdifferenz, der basalen Codierung der systemspezifischen Kommunikationen den »inviolate level«[126] darstellt, den die Intervention nicht stören darf, ohne das System insgesamt in seiner Autonomie und funktionalen Spezialisierung zu gefährden.
Die Ausgangslage für Interventionen in komplexe, selbstreferentielle Systeme ist dadurch gekennzeichnet, daß sich zwei verschiedene, nicht-triviale, selbstreferentielle Systeme gegenüberstehen. Ganz im Gegensatz zu herkömmlichen Vorstellungen von Intervention bedeutet dies, daß jede nicht-letale externe Intervention darauf angewiesen ist, sich als Ereignis im Bereich der möglichen Perzeptionen des intervenierten Systems darzustellen und als Information in die operativen Kreisläufe dieses Systems eingeschleust zu werden. Wie diese Informationen sich auswirken, hängt demnach in erster Linie nicht von den Absichten der Intervention, sondern von der Operationsweise und den Regeln der Selbststeuerung des Systems ab, in das interveniert werden soll. Damit ist jede direkte Verhaltenslenkung nach dem Muster der Lenkung trivialer Maschinen ausgeschlossen.[127] Jede Beeinflussung eines psychischen oder sozialen Systems setzt deshalb voraus, daß Umweltereignisse als perzipierte Differenzen auf den Bahnen des Regelwerks der Selbststeuerung dieses Systems prozessiert werden. Um bleibende Veränderungen zu bewirken, müssen die aus diesen Differenzen intern gewonnenen Informationen Veränderungen dieses Regelwerkes induzieren, ohne dabei den Zusammenhang des Regelwerkes als Netzwerk der operativ geschlossenen Selbstverweisungen des Systems zu zerstören. Ähnlich wie bei Fehlerkorrekturen im Vollzug der genetischen Selbststeuerung einer Zelle ist es so, als müßte ein (sehr kompliziertes) Auto in voller Fahrt repariert werden.

125 Grundlegend zur Bedeutung dieser Strategie Zeleny 1982
126 Hofstadter 1984, 686ff. hält nicht nur allgemein fest: »Below every tangled hierarchy lies an inviolate level«, sondern er spielt dies genauer für die Frage der Regelveränderung von sich selbst ändernden Spielen durch.
127 Vgl. v. Foerster, 1984, 9ff.

Entscheidende Voraussetzung hierfür ist die Trennung von Code und Programmen. Unter Code soll hier das leitende Handlungsschema eines Systems verstanden werden, gewissermaßen die Unterscheidung, nach der es die Welt aufteilt und aufschlüsselt. Für psychische Systeme ist dies psychischer *Sinn*, im Sinne individuell über Gedanken, Gefühle und Vorstellungen rekonstruierter sinnvoller/sinnloser Ereignisse. Für soziale Systeme ist dies funktional spezifizierter sozialer Sinn, im Sinne von themengeleiteten Kommunikationen, in denen systemspezifisch sinnvolle/sinnlose Ereignisse rekonstruiert werden. So erscheint als Code von Politik Regierung/Opposition im Medium von Macht; als Code der Ökonomie Zahlung/Nichtzahlung im Medium von Geld; als Code der Wissenschaft wahr/unwahr im Medium von Wissen etc.[128]

Während Codes in dieser Weise die »letzten Differenzen« – und mithin die Einheit – eines Systems bezeichnen, welche nicht ausgetauscht werden können, ohne die Existenz dieses Systems zu zerstören, lassen sich *Programme* als die Formen verstehen, in welchen in beliebiger Differenziertheit der jeweilige Code abgearbeitet werden kann. Programme arbeiten also im Rahmen eines bestimmten Codes und machen nur Sinn im Hinblick auf diesen Code. So sind z. B. Gesetze Programme zur Abarbeitung des rechtlichen Codes von Recht/Unrecht oder Methodologien Programme zur Abarbeitung des wissenschaftlichen Codes wahr/unwahr. Diese Programme »bestimmen das Nähere« der Operationsweise des Codes, wenngleich immer im Rahmen des Codes. Sie operationalisieren mithin den Code etwa durch das Einspielen von Kriterien, Prämissen, Konditionalisierungen, Relevanzen, Präferenzen etc., kurz: durch die Definition von Optionen und »constraints«. Programme definieren die Bereiche und die Einsatzstellen für den binären Code. Sie beziehen sich auf die Einheit der Differenz der Codierung, und sie legen fest, wohin der »Aufmerksamkeitsbereich« des Codes gesteuert wird.

Es versteht sich nun von selbst, daß Interventionen in kom-

128 Grundlegend dazu Luhmann 1984, 220ff.; 1989a, Kap. 2

plexe, selbstreferentielle Systeme nur auf der Ebene der Programme, niemals auf der Ebene der Codes erfolgen sollen. Denn Eingriffe in die Codierung gefährden die Autonomie, mithin die Existenz des Systems. Über die Beeinflussung von Programmen aber können veränderte Gewichtungen in der Operationsweise des Codes induziert werden – und mehr braucht es nicht.

Lehrreich sind auch hier besonders die Mißerfolge. Sozialistische Gesellschaften haben die Belehrungsfunktion der Arbeiterklasse, der Partei oder was immer die Stelle des Großen Präzeptors einnahm, in schließlich selbstzerstörerischer Weise nicht auf die Programmebene begrenzt, sondern auch auf die fundamentalen Leitdifferenzen ausgedehnt und damit die funktionale Differenzierung der Gesellschaft, die operative Autonomie der Systeme Wirtschaft, Wissenschaft, Erziehung, Kunst, Religion etc. gebrochen mit der Folge, daß damit zwar eine politische Steuerung erzwungen war, aber mit Kosten, die sich nur auf Zeit und nur mit gigantischen Fehlbuchungen verschleiern ließen. Dies ist heute zwar offensichtlich genug, aber es lohnt sich nach wie vor, die unüberschätzbare Bedeutung einer bis in verfassungsrechtliche Prinzipien abgesicherten funktionalen Differenzierung der Gesellschaft in autonome Teilsysteme hervorzuheben. Weniger offensichtlich ist immer noch, daß auch demokratische Industriegesellschaften oft genug, und eklatant etwa in ihrer (externen) Entwicklungspolitik und in einigen Bereichen interner Reformpolitik, gegen den »inviolate level« der Respektierung der operativen Autonomie der betroffenen Sozialsysteme verstoßen und entsprechende Mißerfolge geerntet haben.[129] Es genügt also nicht, auf das kostspielige Scheitern der entwickelteren sozialistischen Gesellschaften hinzuweisen. Auch hochdifferenzierte westliche Gesellschaften sind keineswegs immun gegen die Versuchung, mit »guten« politischen Steuerungsabsichten die Grenzen zur Entdifferenzierung zu überschreiten. Um so wichtiger erscheint es, die mögliche Reichweite einer präzeptoralen Funktion des Staates in demokratischen Indu-

129 Mit Fallstudien dazu Erler 1985 und Dörner 1989

striegesellschaften abzustecken und die Nutzen und Risiken präzeptoraler Strategien zu reflektieren.
Ein Problembereich, an dem diese Reflexion empirisch illustriert werden kann, ist das Feld der Forschungs- und Technologiepolitik. Es ist beispielhaft geeignet, weil dort in den OECD-Ländern der Staat vielleicht am weitesten fortgeschritten ist in einem Lernprozeß, der ihn aus der Rolle des Befehlenden verdrängt und in die Position des Belehrenden gebracht hat. Die Forschungs- und Technologiepolitik ist auch für das resultierende Dilemma des Staates bezeichnend, weil dort einerseits aufgrund der verbreiteten und wirksamen Perzeption einer internationalen Konkurrenzsituation gerade unter den entwickeltsten Gesellschaften eine Steuerungsfunktion des Staates zur Stärkung der Wettbewerbsfähigkeit massiv gefordert wird; weil andererseits gerade dieser Bereich sich einer autoritativen Steuerung herkömmlicher Art gänzlich entziehen kann und auch entzieht. Der zugleich technologische wie auch vor allem politische Mißerfolg der politischen Steuerung von Großtechnologien – vor allem Atomkraft und Großcomputer – in den späten 60er und den 70er Jahren führte unter der Leitlinie »Weniger Staat, mehr Marktorientierung« zu differenzierteren, insgesamt stark am ›Modell Japan‹ angelehnten politischen Steuerungsstrategien. Die Veränderung der Strategien selbst ist gut dokumentiert und erforscht.[130] Offen dagegen ist die Frage, wie die von einem Zusammenspiel vieler Faktoren erzwungenen Änderungen sich auf die jeweiligen nationalen Politik-Entscheidungsmuster und damit auf die Rolle und Definition der Aufgaben des Staates auswirken; genauer: ob und in welchem Sinne die massiven Erfahrungen der politischen Systeme mit Problemen und Mißerfolgen in der Technologiepolitik die Qualität staatlicher Interventionsstrategien *insgesamt* verändert haben. Die interessantesten Hypothe-

130 Für die erste Phase vergleichend Kitschelt 1986; 1989; ausführliche Dokumentation der deutschen Entwicklung in den Bereichen Kernforschung und Mikroelektronik bei Eckert/Osietzki 1989; vom Ergebnis her besonders deutlich Sharp/Holmes 1989, die dem Kapitel 8 die Überschrift geben »Conclusions – Farewell to the National Champions«.

sen im Feld policy-orientierter Untersuchungen beziehen sich auf die Erwartung und teilweise auch schon auf die Beobachtung eines vielschichtigen Transformationsprozesses, dessen primäre Entwicklungsrichtung aber deutlich genug erscheint: weg von zentral implementierten, »großen« Projekten der politisch forcierten Förderung einzelner Großtechnologien; hin zu dem Versuch, »Schlüsseltechnologien« ausfindig zu machen, sie dezentral und marktkonform zu fördern und dabei den Einfluß der Politik nicht als externe Steuerung erscheinen zu lassen, sondern als politische Hilfe zur Selbsthilfe der vor je spezifischen Problemen stehenden Technologie-Sektoren.

Was die Einordnung und evaluative Beurteilung dieses Transformationsprozesses angeht, so tobt nach wie vor ein heftiger Streit (sowohl konzeptuell-theoretisch wie praktisch-politisch) zwischen Neo-Liberalen und Neo-Merkantilisten. Neo-Merkantilisten können nicht nur auf lange europäische Traditionen und auf den unleugbaren Erfolg Japans und weiterer südost-asiatischer Schwellenländer verweisen; vielmehr können sie sich mit der »new trade theory« auf eine inzwischen anerkannte ökonomische Schule zugunsten bestimmter Formen der Staatsintervention stützen.[131] Das Hauptargument dieser Schule ist, daß Nicht-Intervention nur begründet ist, solange »tatsächlicher« bzw. zumindest »workable« oder »imperfect« Wettbewerb zwischen konkurrierenden Firmen gegeben ist. Wenn aber der normalerweise oligopolistische Wettbewerb zugunsten eines Monopols zusammenbricht, und vor allem, wenn dieser Monopolist ein fremder Staat ist, dann führe kein vernünftiger Weg an eigener staatlicher Intervention zugunsten einer eigenen »champion firm« vorbei.

Der Generaleinwand der Neo-Liberalen gegen diese Argumentation ist, daß keine markt-externe Instanz, insbesondere nicht »der« Staat genügend Wissen habe, um rational über zu fördernde Sektoren, Technologien und Produkte entscheiden zu können. Deshalb verzerre jede Intervention das Marktgeschehen, verhindere das Funktionieren des

131 Umfassender Überblick bei Kierzkowski 1984

Marktes als Entdeckungsverfahren und befördere die Entstehung einer »rent-seeking society«[132] von nicht konkurrenzfähigen Firmen.

Das interessanteste Ergebnis dieses andauernden[133] Streites kann man in den noch vereinzelten Versuchen sehen, die Simplizität der Alternative Staat vs. Markt, Intervention vs. Nicht-Intervention zugunsten komplexer gebauter Modelle technologie-politischer Steuerung aufzuheben. Basis dafür ist die Anerkennung der hochgradigen Autonomie sowohl der Ökonomie wie der Politik und daraus folgend die grundsätzliche Schwierigkeit, in kontrollierbarer Weise politisch in ökonomische Prozesse einzugreifen. Erforderlich ist eine sehr viel aufwendiger gebaute Konzeption politischer Steuerung, die sich auf eine entsprechend revidierte Form des Staates stützen kann. Zu einer solchen Form des Staates gehören nach meinem Argument die hier gegenüber den traditionellen Positionen entwickelten Aspekte des minimalen, des aktiven, wie des präzeptoralen Staates. Ihnen gemeinsam ist die Prämisse, daß die Politik und ihr Staat jedenfalls für den Bereich komplexer gesellschaftlicher Problemlagen nach wie vor, und in vielen Fällen dringlicher und existentiell notwendiger als je zuvor, Steuerungsaufgaben leisten müssen, weil eine naturwüchsige, marktförmige oder evolutionäre gesellschaftliche Entwicklung in unkalkulierbare Risiken führen würde; daß aber zugleich die Bedingungen der Möglichkeit zielgerichteter Intervention sich grundlegend gewandelt haben und heute neben dem Medium Macht auch eine elaborierte Verwendung der Medien Geld und Wissen voraussetzen. All dies verändert die Rolle und Funktion des Staates in profunder und in vielen Hinsichten noch nicht überschaubarer Weise. Klar ist zumindest, daß die Form des Staates einen epochalen Gestaltwandel von Hierarchie zu Heterarchie, von direktiver Autorität zu kommunikativer Vernetzung, von zentraler Position zu polyzentrischer Komposition, von Fremdbindung zu Selbstbindung, von

132 Tullock 1967; Krueger 1974

133 So hat sich die EG mit dem »Multiannual Framework Programme for Research & Development« als Teil des 1987 Single Act klar auf die Seite der Neo-Merkantilisten geschlagen.

eindimensionaler Kontrolle zu polykontexturaler Einbindung durchmachen wird.

Während es abwegig wäre, dies empirisch »beweisen« zu wollen, ist es leicht, dafür sehr unterschiedliche – und gerade durch die Unterschiedlichkeit ihre Plausibilität steigernde – empirische Illustrationen zu finden. Ich habe immer wieder die Analogie zu entsprechenden Problemen und Prozessen auf der Ebene von komplexen Organisationen und Unternehmen und den aufschlußreichen Kontrast zu dem gescheiterten sozialistischen Großexperiment angeführt. Weitere Analogien auf der Ebene kognitiver und digitaler Systeme ließen sich ausbauen, insbesondere die Differenz zwischen hierarchischen und konnektivistischen Architekturen. Für die Ebene ›westlicher‹ Gesellschaften hat die langjährige Diskussion über Implementationsprobleme einerseits, über Neokorporatismus andererseits eine Fülle von Material zu laufenden Veränderungsprozessen politischer und staatlicher Kommunikationsstile und Operationsarchitekturen beigebracht. Gegenwärtig sind es insbesondere vergleichende Studien zu den nationalen Wissenschafts- und Technologiepolitiken, welche die empirische Basis für die Beschreibung der neuen Form des Staates verdichten. Die genauere Bearbeitung und Auswertung dieses dichten empirischen Materials soll und kann hier den Spezialisten überlassen bleiben. Ich möchte den Blick auf ein Beobachtungsfeld richten, das durch eine besonders enge und konstituierende Nähe zu Politik und Staat ausgezeichnet ist: die Entwicklung der Form des Rechts. An der Form des Rechts als zentralem Instrument des Staates muß sich ein Gestaltwandel des Staates auch ablesen lassen; und nur wenn Veränderungen der Form des Rechts plausibel demonstriert werden können, wäre auch für den Kernbereich des Staates selbst begründet, daß er nicht mehr als Zentrum und hierarchische Spitze der Gesellschaft begriffen werden kann.

2.4 The forms of law

In den Formen des Rechts verdichtet sich das pastöse Medium politischer Macht zu eng gekoppelten Elementen, die Entscheidungen strukturieren und mithin Bindung und Kontrolle von Kontingenz ermöglichen.[134] Die inzwischen kaum mehr überschaubare Menge von rechtlichen Elementen läßt es allerdings zu, Recht selbst als Medium zu begreifen, das sich einerseits in den elementaren Rechtsakten konkretisiert, andererseits aber von unterschiedlichen *Makro-Formen* geprägt ist, welche Verwendungsmöglichkeiten und Programmtypen des Rechts definieren. Die einzelnen Formen des Rechts, beobachtbar als Rechtsregeln oder Rechtsakte, legen eine bestimmte Information fest, indem aus der prinzipiellen Kontingenz möglicher Verknüpfungen zwischen den lose gekoppelten Elementen des Macht-Mediums ganz bestimmte Verknüpfungen realisiert und damit herausgehoben und markiert werden. Die damit geschaffene »Information« liegt in der Bezeichnung gerade dieser bestimmten Verknüpfung in Abgrenzung von allen anderen möglichen Verknüpfungen, liegt also in der Festlegung einer Unterscheidung. Gut sichtbar ist dieser Informationswert etwa an Verkehrsschildern, an den Sätzen einer Geschäftsordnung oder an den Bestimmungen eines Vertrages.

An der zivilrechtlichen Figur des privaten Vertrages läßt sich beispielhaft zeigen, wie durch Festlegung und Bestimmung aus dem Meer möglicher Verknüpfungen einzelne Formen geschaffen werden, die spezifische Informationen beinhalten. In und mit der Form wird ein Inhalt geschaffen, und jede Veränderung der Form verändert den Inhalt. Auch aus diesem Grund macht es Sinn, die Differenz Form/Inhalt durch diejenige von Form und Medium zu ersetzen. Zudem bleibt offen, was mit der durch die Form geschaffenen Information geschieht. Sie kann in sehr unterschiedlicher Weise mitgeteilt und in ebenso unterschiedlicher Weise gelesen, d.h. verstanden werden, so daß an die mit der Form geschaffene Infor-

134 Zur zugrundeliegenden Unterscheidung von Form und Medium vgl. Luhmann 1990, 181ff., der auf Heider und Parsons zurückgreift.

mation sehr unterschiedliche Kommunikationen anknüpfen können.[135] Tatsächlich kann etwa die in einem Vertrag erzeugte Information die unterschiedlichsten Kommunikationsketten in Gang setzen und dadurch gleichzeitig oder sequentiell verschiedene Wirkungen zeitigen.

Für unseren Zusammenhang ist ein weiterer Aspekt von Bedeutung. Ein Vertrag legt nicht nur bestimmte (rechtliche) Formen und Inhalte fest; er selbst ist darüber hinaus eine (rechtliche) Makro-Form, die von anderen rechtlichen Formen wie etwa Gesetz, Satzung oder Verwaltungverordnung zu unterscheiden ist. Jede dieser Makro-Formen bildet einen bestimmten, zugleich einschränkenden wie auch ermöglichenden Kontext für die Schaffung elementarer rechtlicher Formen. Eine Makro-Form legt die ›Qualität‹, die ›Gestalt‹, den ›Stil‹ möglicher rechtlicher Formen fest; und es macht deshalb für die Möglichkeiten und Restriktionen der Erzeugung von Rechtsregeln und Rechtsakten einen Unterschied, welche Makro-Formen des Rechts als evolutionär oder gesellschaftsgeschichtlich ausgebildet zur Verfügung stehen. Es liegt deshalb nahe, einen evolutionär oder politisch entschiedenen Formwandel des Rechts, insbesondere einen Wandel möglicher Makro-Formen, als qualitative Änderung des Kontextes der Rechts(formen)bildung zu begreifen. Und umgekehrt liegt die Vermutung nahe, daß es eine valide Strategie sein könnte, evolutionäre oder entwicklungsgeschichtliche Engpässe rechtlich codierter Gestaltungsmöglichkeiten politischer Wirklichkeit durch die Erfindung neuer Makro-Formen des Rechts zu überwinden.

Ich habe an anderen Stellen argumentiert, daß mit Blick auf eine der zentralen Makro-Formen des Rechts, das Gesetz, ein solcher Formenwandel beobachtbar ist.[136] Der Wandel der Form des Gesetzes ist Folge, und dann Mitursache, des Wandels der Form gesellschaftlicher Differenzierung und der daraus folgenden Veränderungen der Funktionen, insbesondere der Steuerungsaufgaben des Staates. Seit Maine, Durkheim und Weber hat eine kontinuierliche soziologische

135 Zu dieser begrifflichen Fassung von Kommunikation s. Luhmann 1984, 196ff.

136 Willke 1983, Kap. 2; Willke 1986a

Tradition den Zusammenhang von gesellschaftlicher Evolution und der Ausbildung neuer Formen des Rechts herausgestellt. Daß ein solcher Zusammenhang besteht, ist als Erkenntnis selbst nicht gerade überraschend, da das Recht als eine der bestimmenden Strukturen der gesellschaftlichen Erwartungsbildung soziale Realität mit definiert und mit anderweitig verursachten Änderungen sozialer Realität abgestimmt werden muß. Aufschlußreicher ist, daß die ›großen‹ Unterscheidungen von archaischem und modernem Recht, repressivem und restitutivem Recht, traditionalem und formalem Recht Beobachtungskategorien vorgeben, welche die spannungsreiche Ko-Evolution von Gesellschaften und ihren Rechtssystemen in die Begrifflichkeit soziologischer Modernisierungstheorien bringen. Diese sehr einfache begriffliche Einbindung läßt sich heute im Rahmen einer entwickelten Differenzierungstheorie differenzierter fassen. So lassen sich je nach Grad der Ausdifferenzierung des politischen Systems einer Gesellschaft und nach Grad der funktionalen Ausdifferenzierung anderer gesellschaftlicher Teilbereiche sehr unterschiedliche Funktionen der Politik bezeichnen, die entsprechende Formen des Staates und damit verknüpft auch entsprechende Formen des Rechts nach sich ziehen.

Die wohl bekannteste Unterscheidung von Formen des Rechts, genauer: der Makro-Formen von Gesetzen, bezieht sich auf die Alternative *Konditionalprogramm und Zweckprogramm.* Max Weber feiert das rechtliche Konditionalprogramm als Prototyp des rationalen, berechenbaren und voraussehbaren formalen Rechts und setzt es gegen das »irrationale« Recht ursprünglicher Streitschlichtung und gegen das traditionale Recht ab, das von Rechtspropheten, von Rechtshonoratioren oder von theokratischen Gewalten geschaffen war. Das formale Konditionalprogramm setzt sich zunächst als Handelsrecht für einen rational kalkulierenden Kaufmannsstand durch, dann aber auch als Arbeitsgrundlage einer formal organisierten Bürokratie. Schon Max Weber selbst weist darauf hin, daß die Vorzüge der formalen Strenge und Klarheit des Konditionalprogramms durch neuere Entwicklungen, mit »dem Erwachen moderner Klassenprobleme« und den Forderungen nach einem sozialen Recht »auf der Grundlage pathetischer sittlicher Postulate (›Gerechtigkeit‹, ›Menschenwürde‹)«, gefährdet seien.[137] Allzu offensichtlich haben diese Bedenken die stürmische Entwicklung des Sozial- und Wohlfahrtsstaates nicht aufhalten können. Die in seiner Geschichte sich manifestierende Steigerung der Komplexität sozialer und gesellschaftlicher Problem- und Konfliktlagen hat den routinemäßigen Einsatz rechtlicher Zweckprogramme erzwungen, und sowohl die prozessuale Praxis wie die Rechtsdogmatik haben sich inzwischen darauf eingestellt. Diese Entwicklung hat den

137 »Dies aber stellt den Formalismus des Rechts grundsätzlich in Frage. Denn die Anwendung von Begriffen wie ›Ausbeutung der Notlage‹ (im Wuchergesetz) oder die Versuche, Verträge wegen Unverhältnismäßigkeit des Entgeltes als gegen die guten Sitten verstoßend und daher nichtig zu behandeln, stehen grundsätzlich auf dem Boden von, rechtlich betrachtet, antiformalen Normen, die nicht juristischen oder konventionellen oder traditionellen, sondern rein ethischen Charakter haben: materiale Gerechtigkeit statt formaler Legalität beanspruchen.« (Weber 1967, 336) Luhmann, der die Unterscheidung von Konditionalprogramm und Zweckprogramm besonders deutlich konstatiert (1981, 140ff.; 275ff.), sieht ganz ähnlich wie Weber im Zweckprogramm eine Deformation des formal rationalen Rechts und lehnt eine »Folgenberücksichtigung« im Recht ab (1981, 47ff.). Die Rechtsentwicklung ist über diese Einwände hinweggegangen. Auch eine Revision der theoretischen Verortung der Emergenz von Zweckprogrammen erscheint überfällig. Was Weber und Luhmann als systemwidriger Angriff auf die formale Rationalität des Rechts erscheint, bekommt in einer soziologischen Perspektive, die Recht nur als kontingentes Mittel sozialer Steuerung betrachtet, einen anderen Stellenwert. Die Orientierung liegt nicht auf bedrohlichen gesellschaftlichen Entwicklungen, die an den Grundfesten der Rechtsform rütteln; sie richtet sich vielmehr auf Schwachstellen und Auslassungen politischer Steuerung der Gesellschaft, die auf den inhärenten Beschränkungen des rechtlich gesteuerten Staatshandelns beruhen. (Ausführlicher dazu Willke 1983, 66ff.). Sogar im amerikanischen Common Law ist die Unterscheidung von Konditionalprogramm und Zweckprogramm, vor allem in der Regelstruktur von »regulatory agencies« und als Problem der Regulierungsstrategie aufgefallen. So unterscheidet Schoenbrod (1983, 740ff.) zwischen »rules statutes« und »goals statutes« und betont analog zur obigen Argumentation, daß das »goals statute« ein Ziel oder Ergebnis vorschreibt, die regulatorischen Maßnahmen aber der Agency überläßt.

Formenreichtum und die Steuerungskapazität des Rechts vergrößert, keineswegs aber zu der befürchteten Auflösung der formalen Qualität des Rechts geführt. Es gibt offensichtlich genügend sekundäre Stabilisierungsmöglichkeiten für die juristische Dogmatik und die Rechtsprechungspraxis, um auch einen so grundlegenden Formenwandel noch aufzufangen.

Viel spannender ist, daß für die entwickeltsten Demokratien nach dem Zweiten Weltkrieg und besonders deutlich seit den 70er Jahren eine weitere Stufe der Komplexität gesellschaftlicher Problem- und Risikolagen erkennbar ist, welche in Frage stellt, ob die herkömmlichen Mittel der politischen Regierungsfähigkeit und der sozietalen Steuerbarkeit ausreichen. Das Zweckprogramm als elaboriertere Rechtsform entspricht erfolgsgesteuertem, instrumentellem Handeln. Ein legislativ vorgegebenes Ziel (oder Zielbündel) wird mit Hilfe variabel einsetzbarer Mittel verfolgt, wobei die Erfolgskontrolle rudimentäre Lernfähigkeiten in Form einfacher Rückkopplungsschleifen voraussetzt. Das, was das Recht heute angesichts hochkomplexer Konflikt- und Risikolagen leisten müßte, entspricht voraussetzungsvollen Formen reflexiver und reflektierter Kommunikation, geprägt von hoher Lernfähigkeit, Strukturflexibilität und kontinuierlicher Zielrevision in Prozessen der Metakommunikation über intersystemische Abstimmung. Eine diesen Anforderungen entsprechende Form des Gesetzes wäre ein *Relationierungsprogramm*, welches die unterschiedlichen Logiken und Teilrationalitäten der beteiligten Systeme nicht auf die Perspektive eines einzelnen Systems reduziert (etwa auf autoritativ gesetzte politische Steuerungsziele), sondern das die ausdifferenzierten Eigenlogiken und operativen Autonomien der zu koordinierenden Akteure erhält und diese in ihren Bedingungen und Konsequenzen aufeinander bezieht und abstimmt, eben relationiert.

Schematisch vereinfacht, kann dies wie folgt dargestellt werden[138]:

138 Vgl. dazu Willke 1983, 56

Zuordnung von politischen Ordnungsfunktionen, Staatsformen und Formen des Gesetzes

FUNKTIONEN	STAATSFORM	FORM DES GESETZES
1. Ordnung	absoluter Staat	Konditionalprogramm (repressiv)
2. Ordnung	liberaler Staat	Konditionalprogramm (repressiv + restitutiv)
3. Ordnung	Interventionsstaat	Zweckprogramm (globale Parameter)
4. Ordnung	Wohlfahrtsstaat	Zweckprogramm globale + Mikro-Parameter
5. Ordnung	Supervisionsstaat	Relationierungsprogramm (dezentrale Kontextparameter)

Auch im Falle des Relationierungsprogrammes als neuer Form des Rechts vollzieht die Theorie nur nach, was in der Praxis bereits wirksam ist. Ich betrachte etwa Konzertierte Aktionen, österreichische oder skandinavische Formen der Sozialpartnerschaft, schweizerische Formen des Vernehmlassen-Verfahrens, den Wissenschaftsrat, aber auch regionale und kommunale Formen des diskursiven Aushandelns von legislativ vorgegebenen Entwicklungsmustern wie etwa die Kommissionen der Berufsausbildung[139] als Prozeßformen für Relationierungsprogramme.[140] Denn gegenüber Zweckprogrammen hat sich mit der Rolle des Staates auch die Form des Rechts verändert:

1. Der Staat setzt bei hochkomplexen und risikoreichen Steuerungsaufgaben nicht auf die herkömmlichen Konditionalprogramme und Zweckprogramme. Beide beruhen auf einer als hierarchische Spitze der Gesellschaft konzipierten

139 S. Heinze/Voelzkow 1990

140 Für eine kritische Einschätzung der Steuerungsmöglichkeiten des konventionellen Rechts vgl. Nocke 1988; eine detaillierte Beschreibung der französischen Regulierungspraxis im Umweltbereich bietet Lascoumes 1990; zu korporatistischen Verhandlungssystemen auf kommunaler und regionaler Ebene s. Heinze/Voelzkow 1990.

Rolle des Staates und setzen voraus, daß der Staat direktiv und autoritativ steuernd in gesellschaftliche Problemlagen eingreifen könne. An vielen empirisch bezeichenbaren Fällen hat sich diese Vorstellung als irrig erwiesen. In der Praxis haben sich deshalb Indizien und Beispiele für eine neue Form des Rechts entwickelt, welche es nun theoretisch zu verorten gilt.

2. Die Politik setzt in diesen Fällen nicht ihre herkömmlichen Steuerungsmittel, nämlich Verbote/Gebote und positive/negative Anreize ein. Vielmehr handelt es sich um eine Form der prozeduralen Steuerung, in welcher das politische System, als ein Teilsystem der Gesellschaft neben anderen, relevante gesellschaftliche Akteure in Verfahren der Programmformulierung, Entscheidungsfindung und Implementierung einbindet. Dieser prozeduralen Logik entspricht eine prozedurale Form des Rechts[141] einerseits, eine wechselseitige Selbstbindung der beteiligten Akteure andererseits.

3. Das Konditionalprogramm und auch noch das Zweckprogramm sind auf die Individualisierbarkeit des zu regelnden Problems, der Verantwortung und Zurechenbarkeit angewiesen. Sie müssen deshalb spezifizierte Regeln zur Verfügung stellten und schließlich auf spezifisch definierte individuelle Verhaltensweisen abzielen. Das heißt, daß sie überall dort nicht nur nicht greifen, sondern nicht greifen können, wo es um die Regulierung oder Steuerung des Verhaltens von Systemen geht, wo systemisch Zusammenhänge wichtiger sind als individuelle und individualisierbare Zurechnungen, wo die Systemdynamik das zu regulierende Problem oder Risiko hervorbringt und nicht das Einzelhandeln von Personen.[142] Dies macht deutlich, daß Relationierungsprogramme vor allem dort unentbehrlich sind, wo die Gefährdung bestehender oder die Produktion gewünschter kollektiver Güter und wo systemisch produzierte Risiken ins Spiel kommen. Und dies macht deutlich, daß es wohl schon an der Zeit ist, sich mit Relationierungsprogrammen als komplexerer Form des Gesetzes näher zu beschäftigen,

141 Dazu ausführlich Teubner 1989, 83ff. m.w.N.; Eder 1990
142 Überzeugend hierzu Lowi 1990, bes. 39

wenn die Frage der Steuerungsfunktionen und -kapazitäten von Staat und Recht zur Debatte stehen.

4. Die Politik arbeitet in diesen Fällen nicht mit den herkömmlichen Steuerungsmedien Macht und Geld allein, sondern in den oben präzisierten Formen des minimalen, des aktiven und des präzeptoralen Staates. Sie nutzt für Steuerungszwecke das Spektrum zwischen »moral suation« und rationalem Diskurs und setzt in diesem Prozeß zunehmend auf das dritte der voll ausdifferenzierten Steuerungsmedien: auf Wissen.[143]

Die hier aufscheinende neue Form des Gesetzes läßt sich in einer etwas anderen Terminologie auch unter differenzierungstheoretischem Blickwinkel beschreiben. Hier korrelieren die gesellschaftliche Funktion des Staates sowie die Form und Rationalität des Rechts mit den gesellschaftsgeschichtlichen Entwicklungsschüben, in welchen die Struktur von Gesellschaften durch unterschiedliche Formen der Differenzierung geprägt wurden. So sind archaische Gesellschaften dadurch definiert, daß sie nach dem Prinzip der segmentären Differenzierung in sehr ähnliche Einheiten – wie Großfamilien, Clans, Dörfer etc. – gegliedert sind, innerhalb dieser Einheiten aber die Gesamtheit der sozialen Funktionen für das Leben und Überleben der Einheit erfüllt werden. Die »gesellschaftliche Arbeitsteilung« ist rudimentär und hauptsächlich auf die familiale und generative Arbeitsteilung begrenzt. Es gibt kein ausdifferenziertes Sozialsystem für Politik und deshalb auch keinen Staat. Das Recht ist religiös und traditional bestimmt und Teil des einheitlichen Lebensvollzuges.

Mit dem sich ausbildenden Primat stratifikatorischer Differenzierung in den frühen Hochkulturen entsteht eine gesellschaftliche Hierarchie von Schichten, deren Spitze als »Herrschaft« das Ganze der Gesellschaft repräsentiert. Hier liegen die Anfänge einer Ausdifferenzierung von Politik und Staat; und auch das Recht beginnt sich von den magisch-religiösen Quellen zu lösen und seine Begründung zumindest teilweise – als »pre-adaptive advances« – auf säkulare

143 Ausführlicher dazu im Kontext einer Diskussion von Staatsaufgaben unten Kap. 3. 3

und naturrechtliche Grundlagen umzustellen. Aber erst mit dem Durchbruch des Primates der funktionalen Differenzierung im Übergang zur Neuzeit vollendet sich dieser Prozeß, den ich in Kap. 1.1 ausführlicher beschrieben habe. Die in ihrer soziologischen Bedeutung kaum zu überschätzende *Positivierung des Rechts* erzwingt eine formale und prozedurale Rationalität des Rechts im Rahmen eines liberalistischen Staates, der die paradox erscheinende Leistung erbringt, selbst seinen Machtanspruch zu begrenzen, um die Autonomie und operative Geschlossenheit der anderen, funktional ausdifferenzierten und spezialisierten gesellschaftlichen Funktionssysteme zu garantieren – bis hin zu ihrer verfassungsmäßigen Absicherung und im ›Interesse‹ einer Steigerung der Leistungsfähigkeit der Gesellschaft als funktional differenziertem System insgesamt.

Für die Gegenwart reicht allerdings die Beschreibung der Gesellschaftsstruktur als funktional differenziert nicht mehr aus. Die zentrifugale Dynamik dieses Differenzierungsprinzips hat zu Spannungen geführt, die spätestens seit den 70er Jahren in allen hochentwickelten Demokratien zu Versuchen geführt haben, durch den Einbau von Vermittlungs-, Koordinations- und Abstimmungsinstanzen die Regierbarkeit der eigendynamischen Funktionssysteme zu erhöhen, die Kapazitäten der Selbststeuerung der hochkomplexen Gesellschaften insgesamt zu steigern, und das heißt vor allem: die Kontextbedingungen der Selbststeuerung der spezialisierten Funktionssysteme so zu formulieren, daß die risikoreiche Eigendynamik dieser autonomen Systeme einer minimalen »Umweltverträglichkeit« genügen. Insofern läßt sich die Gegenwart als Spätform funktionaler Differenzierung begreifen, die bereits auf ihre eigenen Folgeprobleme reagiert und Formen der Vernetzung hervortreibt, welche eine bessere Re-Integration der ausdifferenzierten Teile ermöglicht. Ich nenne diese Form *»organisierte Differenzierung«*, um hervorzuheben, daß das für die Gesellschaft insgesamt riskante Auseinandertreiben der Funktionsbereiche jedenfalls punktuell und teilweise in organisierten Vernetzungen aufgefangen wird. Es kann dann kaum mehr überraschen, daß diese elaboriertere Struktur hochentwickelter Gesellschaften, die wohlgemerkt nicht auf Entdifferenzierung hinausläuft, sondern auf eine gleichzeitige Steigerung von Ausdifferenzierung und Vernetzung, auch die Aufgaben von Politik und Staat neu definiert und eine entsprechende Form des Rechts verlangt. Die dieser Entwicklung entsprechenden Aufgaben der Politik und des Staates habe ich oben in den reformulierten Aspekten des minimalen, des aktiven und des präzeptoralen Staates schon angedeutet. Ich werde im weiteren Verlauf des Arguments diese und weitere Aspekte unter dem Titel des Supervisionsstaates zusammenfassen, um herauszustellen, daß im Verhältnis zu den autonomen und spezialisierten Funktionssystemen der Politik nur noch eine supervisorische Rolle zukommt.

Wiederum schematisch vereinfacht, läßt sich diese Entwicklung wie folgt darstellen[144]:

Strukturprinzip der Gesellschaft	*Form des Staates*	*Form des Rechts*	*Rationalität des Rechts*
Segmentäre Differenzierung	——	archaisch religiös	magisch reziprok
Stratifikatorische Differenzierung	absoluter Staat	religiös repressiv Naturrecht	material substantiell
Funktionale Differenzierung	liberaler Staat Interventionsstaat	säkular positiviert	formal prozedural
Organisierte Differenzierung	Wohlfahrtsstaat Supervisionsstaat	reflexiv relational	systemisch diskursiv

Dem gesellschaftlichen Strukturprinzip der organisierten Differenzierung entspricht, daß die Politik zwar nicht mehr als hierarchische Spitze der Gesellschaft in andere Funktionssysteme direkt intervenieren kann – dem steht deren operative Geschlossenheit und verfassungsrechtlich garantierte Autonomie entgegen; daß sie sich aber auch nicht auf bloßes Durchwursteln zurückziehen kann – dem stehen die

144 Vgl. zu einer früheren Form der Schematisierung Willke 1986a, 285f.

unkalkulierbaren Risikolagen einer »naturwüchsigen«, weder durch interne Stoppregeln noch durch externe Rücksichten gebremsten Selbststeuerung der Funktionssysteme entgegen. Eine beide Restriktionen berücksichtigende Form der Steuerung habe ich als *»dezentrale Kontextsteuerung«* vorgeschlagen.[145]

Dezentrale Steuerung der Kontextbedingungen soll heißen, daß ein Mindestmaß an gemeinsamer Orientierung oder »Weltsicht« zwar unumgänglich ist für die Konstitution einer komplexen differenzierten Gesellschaft; daß aber dieser gemeinsame Kontext nicht mehr von einer zentralen Einheit oder von einer hierarchischen Spitze der Gesellschaft erzeugt und vorgegeben werden kann.

Wenn man den Primat funktional differenzierter Teilsysteme in modernen Gesellschaften in diesem Sinn re-interpretiert als die Ausbildung selbstreferentieller Funktionssysteme für Teilaspekte des gesellschaftlichen Kommunikationszusammenhangs, dann läßt sich mit einer präziseren Fassung der Voraussetzungen und Folgen funktionaler Differenzierung auch das Steuerungsproblem moderner Gesellschaften präzisieren. Die Voraussetzung funktionaler Differenzierung, nämlich der Aufbau selbstreferentieller gesellschaftlicher Teilsysteme kann nur dadurch erfüllt werden, daß bestimmte Kommunikationskontexte sich zu operativer Geschlossenheit verdichten und dabei eine systemspezifische zirkuläre Verweisungsstruktur ihrer durch eine spezifische Leitdifferenz definierten kommunikativen Elemente herstellen. Dies bedeutet aber, daß ein solches Teilsystem in seinem Operationsmodus – und nur in diesem – unabhängig von äußeren Ereignissen wird. Und genau dies konstituiert das eigentliche Steuerungsproblem hochdifferenzierter Gesellschaften: ihre Teile lassen sich nicht mehr direkt und unmittelbar beeinflussen. Jede Intervention von außen muß über die Barriere einer eigengesetzlichen Relevanz- und Kausalstruktur hinweg und macht sich damit in ihren Wirkungen vom internen Operationsmodus des betreffenden Teilsystems abhängig.

145 Vgl. hierzu und auch zum Folgenden Willke 1987c; 1987e; 1987d; 1988a; 1989, bes. Kap. 4

Dieser interne Operationsmodus schließt die spezifischen Umwelt- oder Intersystemrelationen des betreffenden Subsystems mit ein. Man muß nur sehen, daß alle nicht-trivialen Systeme, die ihre Operationsweise selbst generieren und die darüber operative Autonomie erreichen, auch noch jedes »Hinausgreifen« in die Umwelt des Systems, also jede Fremdreferenz, nur als systemeigene Operation realisieren, also auch die Umweltrelationen noch von den Gesetzen der Selbststeuerung des Systems bestimmt werden. Über diese Relationen ist jedes System in einen Kontext von Umwelt – die vor allem auch aus anderen Systemen besteht – eingebunden. Und die Ontogenese des Systems ist die Geschichte dieser Relationen mit seiner Umwelt. Dies ist so zu verstehen, daß ein selbstreferentielles System als *strukturdeterminiertes* System durch eine spezifische Operationsweise gekennzeichnet ist, welche dafür sorgt, daß genau dieses System in seiner Struktur, seinen Elementen und seiner Operationsweise reproduziert wird. Die Struktur des Systems läßt einen gewissen Spielraum für Variationen der Operationsweise; und die Weite des Spielraums ist ihrerseits durch die Struktur determiniert. *Insofern sind selbstreferentielle Systeme auch in der Art der möglichen Strukturänderung durch ihre Struktur determiniert.* Dieser Zusammenhang von strukturell determinierten Optionen der Strukturänderung einerseits und den von vornherein eingebauten notwendigen Umweltrelationen eines selbstreferentiellen Systems andererseits scheint der geeignete Ansatzpunkt einer Analyse der Bedingungen der Möglichkeit der Steuerung selbstreferentieller Systeme zu sein. Die Frage ist dann, in welcher Weise Recht (als eine positivierte, künstlich geschaffene Struktur aus normativ abgesicherten Verhaltenserwartungen) Funktionen der Steuerung in strukturdeterminierten Systemen ausüben kann. Und hier wird sehr genau zu unterscheiden sein zwischen Wirkungen solcher normativer Strukturvorgaben innerhalb der spezifischen Operationsweise selbstreferentieller Systeme und den Wirkungen von Normen auf die Intersystemrelationen eines bestimmten Systems.

Problematisch ist politische Steuerung mit den Mitteln des

Rechts dort, wo über Rechtsnormen Erwartungen erzeugt werden, die vom betroffenen System nicht ohne weiteres akzeptiert werden. Zunächst ist es sehr wichtig zu sehen, daß dort wo eine »freiwillige« Übernahme der rechtlich positivierten Erwartungen (aus welchen Gründen auch immer) nicht stattfindet, in interdependenten Systemen *Zwang* keine brauchbare Alternative ist. Denn Zwang verkürzt die Problematik der Abstimmung inkongruenter Perspektiven auf Entdifferenzierung und Vernichtung von Komplexität. *Macht* dagegen ist eine sehr wichtige Steuerungsressource, die so lange trägt, wie sie systemspezifische Selektionsprämissen beeinflußt, aber nicht ersetzt.[146]

Das Recht als Form der Codierung politischer Macht ist demnach insofern und so lange Steuerungsressource, wie es systemspezifische Selektionsprämissen und Selektionsprozesse beeinflußt. Die Frage ist, wie eine solche Beeinflussung möglich ist. Begreift man im Anschluß an Luhmann[147] Einfluß als die Übertragung von Reduktions- und Selektionsleistungen, so läuft Systemsteuerung darauf hinaus, extern vorgenommene Selektionen für interne Systemoperationen relevant zu machen. Die in der laufenden Ontogenese eines Systems stattfindenden Prozesse, die sich aus der spezifischen Selektivität des laufenden Anschlusses und der Verknüpfung von Kommunikationen ergeben, können dadurch beeinflußt werden, daß systemintern vorgegebene Präferenzen durch alternative Optionen in ihren relativen Gewichten sich verlagern. Präferenzen sind Erwartungswerte für Nutzenkalküle, wobei der Nutzen sich aus sehr unterschiedlichen Faktoren zusammensetzen kann. Alternativen ergeben sich aus Ereignissen, wenn diese nach den leitenden Diskriminierungsregeln des jeweiligen Systems sich als relevant erweisen. Die leitenden Differenzen, die für das Rechtssystem Informationen produzieren – Informationen in dem Sinne, daß sich für das System aus Ereignissen Veränderungen ergeben – sind deshalb so etwas wie Suchmuster. Mit

146 »Der Erfolg einer Machtordnung besteht in der Steigerung noch überbrückbarer Situations- und Selektionsdifferenzierungen.« (Luhmann 1975, 22)

147 Luhmann 1975, 74

ihnen sucht das Rechtssystem die laufenden gesellschaftlichen Ereignisse ab auf solche, die systemintern Informationen liefern können, d.h. in einem strengen Sinne spätere Ereignisse im System beeinflussen können: »any difference which makes a difference *in some later event*«[148].
So sind für das Rechtssystem etwa Warnstreiks oder spontane Demonstrationen zunächst diffuse gesellschaftliche Ereignisse. Sie werden erst dann auch zu spezifisch rechtlichen, wenn sie nach der Suchregel rechtmäßig/unrechtmäßig oder zulässig/unzulässig in den Diskriminierungsbereich des Rechts rücken und weitere rechtliche Ereignisse – etwa rechtliche Erörterungen der Grenzen der Tarifautonomie oder der Demonstrationsfreiheit – beeinflussen.
Umgekehrt können natürlich die dann folgenden rechtlichen Ereignisse im politischen oder ökonomischen System für interne Systemoperationen relevant werden. So ist vorstellbar, daß eine bestimmte rechtliche Definition der Grenzen der Tarifautonomie – mithin eine vom Rechtssystem vorgenommene Selektionsleistung – den Handlungsalternativen ökonomischer Akteure veränderte Präferenzen zuweist. Immer setzt eine solche Beeinflussung durch Übernahme vorgefertigter Selektionen voraus, daß die externen Informationsangebote »im Netz zirkulär vorhandener Binnenkontakte verarbeitbar sind«[149]; daß sie mithin die Selbstreferentialität der internen Operationen nicht aufbrechen, sondern durch eine Konditionalisierung der Kontextbedingungen für systemspezifische Operationen externe Selektionen ins Spiel bringen. Wie sich die so eingespielten Ereignisse auf die Operationsweise des Systems auswirken werden, ist schwer zu sagen, weil zum einen die Spielregeln in Form der operativen Geschlossenheit des Systems schon vorher festliegen; und weil zum anderen die Übernahme externer Selektionen nicht gleichzusetzen ist mit einer Übernahme der externen Kausalitäts- oder gar Bedeutungsmuster.
Tatsächlich stößt ein interventionistisches Rechtsverständnis genau an diese Barrieren der Eigengesetzlichkeit (im Sinne

148 Bateson 1972, 381 (Hervorhebung von mir).
149 Wie Luhmann/Schorr 1981, 47 im Zusammenhang pädagogischer Intervention formulieren.

eigener basaler Zirkularitäten) ausdifferenzierter Funktionssysteme. Und ein Ausweg liegt weder in der Systemüberfremdung oder Kolonialisierung – mithin: Entdifferenzierung – noch im Verzicht auf die Steuerungsfunktion des Rechts. Für ein angemessenes Verständnis der Steuerungsmöglichkeiten des Rechts ist es unumgänglich, Folgerungen aus der selbstreferentiellen Qualität der Teilsysteme komplexer, moderner Gesellschaften zu ziehen. Das heißt: Sowohl expansiv-direkte als auch restriktiv-kausale Steuerung scheitert an der basalen Selbstreferenz systemspezifischer Prozesse. Politische Interventionen in komplexe selbstreferentielle Systeme sind auf den indirekten Weg *dezentraler Kontextsteuerung* verwiesen. Rechtlich-politische Steuerung muß sich vom Leitbild hierarchischer Interaktionsbeziehungen verabschieden und sich auf die retikulare, vernetzte Kommunikationsstruktur gleichgeordneter Subsysteme neu einstellen. In einer retikularen Steuerungsstruktur gibt es bereichsspezifische Perspektiven und operative Modi, die füreinander weitgehend unzugänglich bleiben. So wie der Lehrer nicht in den Schüler und seine Kausalstruktur »hineinsieht«, so wenig kann rechtlich-politische Steuerung die operative Geschlossenheit von Wirtschaft, Wissenschaft, Religion, Familie etc. durchdringen. Die Bedingung der Notwendigkeit rechtlicher Steuerung – die Autonomie der Teile – muß zugleich als Bedingung der Möglichkeit der Intervention begriffen werden: Steuerungsimpulse sind möglich in der Form der *Konditionalisierung der Randbedingungen,* die als beobachtbare Differenzen die Informationsbasis der jeweiligen basalen Zirkularität abgeben.
Die theoretische, insbesondere erkenntnistheoretische Problematik selbstreferentieller Systeme liegt darin, daß diese von außen nicht »wirklich« begriffen, sondern nur als »black boxes« mehr oder weniger adäquat über die Konstruktion eines analogen »generativen Mechanismus« nachgespielt werden können.[150] Aussagen über selbstreferentielle Systeme sind zwingend solche eines Beobachters; und die Realität ist mithin ein Bereich, der durch Operationen des

150 Maturana 1982, 16

Beobachters bestimmt wird.[151] Selbst dann noch, wenn ein selbstreferentielles System sich selbst beobachtet, muß ein Teil das Ganze in sich abbilden und über interne Operationen das Ganze zu erfassen suchen.

Das steuerungstheoretische und mithin politische Problem selbstreferentieller Systeme liegt ganz analog darin, daß sie von außen nicht nur aufgrund ihrer operativen Geschlossenheit und Undurchdringlichkeit nicht vollständig erkannt, sondern deshalb auch nicht linear kausal oder kausal stringent beeinflußt werden können. Dies ist nun eine außerordentlich weitreichende Behauptung. Sie impliziert, daß die gängigen Vorstellungen linearer, kausaler Intervention in komplexe Systeme ad acta gelegt werden können. Systemgrenzen erweisen sich nicht nur als Interdependenzunterbrecher, sondern auch als Kausalitätsunterbrecher. Man muß demnach davon ausgehen, daß der Operationsmodus selbstreferentieller Systeme je eigenständige Formen der Kausalität und Konditionalität realisiert mit der Folge, daß er sich einer zugriffssicheren, linearen Außensteuerung weitgehend entzieht. Denn die spezifische Prozeßlogik des intervenierenden Systems muß keineswegs mit jener des intervenierten Systems übereinstimmen; und sie werden dies um so weniger tun, je höher funktional differenziert die jeweiligen Systeme sind. Es kommt dann zu Kollisionen unterschiedlicher Kausalitäten und Tiefenstrukturen der Selbststeuerung, deren Folgen bislang in Verlegenheitsformeln wie »konterintuitives Verhalten« oder »nicht-beabsichtigte Folgen absichtsvollen Handelns« abgeschoben werden. Bei selbstreferentiellen Systemen ist es indessen unumgänglich, die Vorstellung linear-kausaler Steuerung aufzugeben und zu ersetzen durch die Vorstellung einer *Anregung zur Selbststeuerung*.

Selbstreferentielle Systeme, die an ihren eigenen Operationsmodus gebunden sind, können Außenwirkungen überhaupt nur als Informationen auffassen, die den eigenen Prozeß der Selbstreproduktion und Selbstbestimmung interpunktieren, mithin die Kontextbedingungen autonomer Prozeßsteue-

151 Maturana 1982, 264; Luhmann 1990 passim, bes. 68ff.

rung (oder Selbstbestimmung) verändern. In diesem Sinne erscheinen Außenwirkungen als »Bestimmung zur Selbstbestimmung«, als externe Vorgaben zur systemspezifischen Aufbereitung. Dies beeinträchtigt nicht die operative Geschlossenheit des Systems, die bedeutet, daß die Regeln der Selbstorganisation und operativen Autonomie intern festliegen und von außen nicht gesteuert werden können. Im Gegenteil, die Geschlossenheit der selbstreferentiellen Operationsweise ist Bedingung der Möglichkeit eines organisierten und mithin steigerbaren Umweltkontaktes: denn sie steigert die für das System verarbeitbare Umweltkomplexität dadurch, daß sie der Umwelt ein »umgekehrtes« Konditionalprogramm aufzwingt, also die Bedingungen festlegt, unter denen das System sich von der Umwelt beeindrucken zu lassen bereit ist. Genau dadurch bringt ein System die gegenüber der Umweltkomplexität erforderlichen Selektionen unter die Kontrolle eigener Spielregeln und setzt sich insoweit gegenüber seiner Umwelt autonom. Wollen Akteure, etwa der Politik, in der Umwelt dennoch auf das System intervenierend zugreifen, so können sie diese Selektivität nicht beseitigen, ohne die Identität des Systems zu zerstören; sie müssen vielmehr diese Selektivität, die eine systemspezifische Konditionierung vorhandener Bestände und Informationen ist, ihrerseits konditionalisieren, d.h. in einer Weise interpunktieren, die dem System erlaubt, weiterhin die eigene Melodie zu spielen, nun aber in einem anderen Rhythmus. Und da Prioritätensetzungen im wesentlichen Fragen der Zeitkontrollen sind, lassen sich durch entsprechende Temporalisierungen und Interpunktionen durchaus Prioritäten und Präferenzen verändern.
Beeindrucken lassen sich selbstreferentielle Systeme demnach nicht durch Umweltereignisse per se, sondern nur über solche in der Umwelt beobachteten Differenzen, die das System selbst als relevant definiert und über die es in spezifischer Weise mit seiner Umwelt gekoppelt ist. Dies heißt zugleich, daß Vorgänge oder Veränderungen der Umwelt Zustandsveränderungen in einem autonomen System nicht festlegen und insbesondere nicht eindeutig und linear-kausal determinieren, sondern lediglich auslösen, anstoßen und in

der zeitlichen Dynamik beeinflussen können. Interventionen in selbstreferentielle Systeme können also nicht nach dem Modell des unmittelbaren Durchgriffs, der zentralen Planung, der direkten Steuerung, insgesamt also der linearen, instrumentellen Verursachung von bestimmten Wirkungen ablaufen, sondern vielmehr in der Form einer *Konditionierung der Selbststeuerung.*

Das Recht als Steuerungsinstrument staatlich organisierter Politik unterliegt diesen Restriktionen als Bedingung seiner Wirksamkeit. Dort, wo rechtliche Intervention diese Bedingung möglicher Steuerungswirksamkeit nicht beachtet, läuft sie Gefahr, leer zu laufen oder das Gegenteil der beabsichtigten Wirkung zu erreichen. Es gibt starke Anhaltspunkte dafür, daß die rechtliche Überformung etwa der Wissenschafts- und Forschungsförderung, der schulischen Erziehung oder der regionalen Wirtschaftsförderung Innovation, Phantasie, Selbstorganisation und die Mobilisierung eigener Ressourcen eher hemmt als unterstützt oder gar in produktive Bahnen lenkt.

Da in allen komplexen Systemen Interventionen und Steuerungsprozesse informationell vermittelt werden müssen, ist es wesentlich, sich darüber klar zu werden, wie Operationen der Informationsverarbeitung verstanden werden können. Die hier entscheidende Intuition stammt von Gregory Bateson: »always the fact that information is a transform of difference should be remembered«.[152] Grundlage jeder Informationsverarbeitung, und damit jeder Kommunikation und jedes Verstehens, ist demnach das *Prozessieren von Differenzen.* Innerhalb eines systemischen Zusammenhangs (›systemic circuit‹) werden Differenzen vielfältig transferiert, etwa von physikalischen (unterschiedliche Amplituden von Schwingungen) über neuronale (unterschiedliche elektro-chemische Erregungszustände) in psychische (angenehm oder unangenehm) oder in Handlungsgrößen (Attraktion oder Flucht). Die Differenz, auf die es bei selbstreferentiellen Systemen ankommt, erweist sich als Kategorie des Beobachtens und Vergleichens, die aus der Unzahl mög-

152 Bateson 1972, 319

licher Differenzen gerade diejenige herausgreift (und auf höheren Stufen der Komplexität auch generalisierend abstrahiert), die nach dem Maßstab der Selbstreferenz des Systems ›informativ‹, d.h. verändernd und mithin bedeutsam werden kann.

Ein informationsverarbeitendes System besteht aus einem Netzwerk verknüpfter Pfade, entlang derer die Transformation von Differenzen stattfindet. Bei einem modernen Computer ist dies noch leichter einsichtig zu machen als bei der Infomationsverarbeitung von psychischen oder sozialen Systemen: Im Computer werden von der natürlichen Sprache über Benutzersprache und Maschinensprache bis zum Mikro-Code unterschiedliche spezifische Differenzen prozessiert, sozusagen bis der Computer das geboten bekommt, was er verstehen kann, nämlich die basale Differenz: Impuls oder Nicht-Impuls.

Die Besonderheit der Informationsverarbeitung operativ geschlossener, selbstreferentieller Systeme liegt allerdings darin, daß die Netzwerke, in denen Differenzen prozessiert werden, eine zirkuläre Logik der Verknüpfung von unterschiedlichen Formen der Information aufweisen. Es gibt keine prinzipiell übergeordneten, dominanten oder steuernden Teile innerhalb des systemischen Kreislaufs – und gerade dies ist der Punkt, der dem herkömmlichen Denken zu begreifen außerordentlich schwer fällt. Diesem Denken bleibt die selbstreferentielle, rekursive Natur operativ geschlossener Systeme verborgen, wenn und soweit dieses Denken zweckrational orientiert ist und auf linearer Kausalität aufruht.[153] Die »Falle« linearer Sequenzen liegt genau darin, daß mit Interventionen in soziale Systeme versucht wird, eine bestimmte Variable zu ändern, und daß dies ohne Verständnis und ohne Rücksicht auf das homöostatische Netzwerk geschieht, in das diese Variable als Moment eines dynami-

153 »But, if the total mind and the outer world do not, in general, have this lineal structure, then by forcing this structur upon them, we become blind for the cybernetic circularities of the self and the external world. Our conscious sampling of data will not disclose whole circuits but only arcs of circuits, cut off from their matrix by our selective attention.« (Bateson 1972, 445)

schen Gleichgewichts eingebettet ist; und daß eben deshalb zielorientierte oder zweckrationale Interventionen entweder sinnlos sind oder gar konterproduktiv sich auswirken können.

Festzuhalten bleibt, daß es Differenzen sind, aus denen Bedeutungen gemacht werden, und daß die Einheit jeder bedeutsamen Differenz die Basis systemspezifischer Informationsverarbeitung ausmacht. Die Umformung von Differenzen in andere Differenzen durch bestimmte Formen der Codierung[154] ermöglicht den Aufbau komplexer rekursiver Prozesse, die in Systemen von hoher organisierter Komplexität zum einen sich selbst reproduzieren, zum anderen darüber hinaus in Prozessen reflexiver Abstraktion eigenständige »imaginäre« oder besser: emergente Realitäten erzeugen können: reine Formen oder Relationen von Relationen.[155] Es ist genau der Zusammenhang eines mehrstufigen Prozesses der Umcodierung von Differenzen, welcher einen systemischen Kontext erzeugt, in dem strukturierte, rekursive Abhängigkeiten bestehen.

Auch das Rechtssystem reagiert nicht nur auf seine Leitdifferenz Recht/Unrecht, sondern gemäß seiner internen Differenzierung auf eine Fülle anderer Differenzen; so etwa im Strafverfahren auf Differenzen wie bewiesen/nicht bewiesen, schuldig/nicht schuldig, strafbar/nicht strafbar, vorbestraft/nicht vorbestraft etc. Dies erzeugt nicht nur rechtsinterne Verweisungs- und Anschlußmöglichkeiten, sondern auch differenzierte Ansatzpunkte für Intervention in das Rechtssystem und seine Steuerung. Denn alle diese für das Rechtssystem relevanten Differenzen, die in bestimmten Verfahren umgeformt und prozessiert werden, lassen sich in geeigneter Weise konditionalisieren, d.h. durch extern vorgenommene Selektionen aufbereiten – solange gewährleistet ist, daß die jeweilige Operation in einer rechtlich relevanten Differenz abschließt.

Ganz analog kann das Recht in differenzierter Weise in andere gesellschaftliche Subsysteme intervenieren, indem es

154 Z.B. analog, digital, matrizenförmig oder ostentativ, dazu Bateson 1980, 122ff.

155 Piaget 1971, 153f.

das Prozessieren der dort relevanten Differenzen konditioniert. So reagiert das ausdifferenzierte ökonomische Subsystem der Gesellschaft zwar primär auf die an Zahlungen[156] orientierte Differenz von Geld-Haben und Geld-Nicht-Haben, oder ökonomischer gesprochen: von Zahlungsfähigkeit und Zahlungsunfähigkeit; doch wird diese Leitdifferenz aus einer Fülle abhängiger Differenzen komponiert, wie etwa liquide/nicht liquide, kreditwürdig/nicht kreditwürdig, abgesichert/nicht abgesichert, Vorleistung/synallagmatische Leistung, rentabel/nicht rentabel etc. Besonders interessant ist in diesem Zusammenhang die Differenz von rechtmäßiger vs. unrechtmäßiger Zahlung, weil hier das Recht modulierend auf die Ökonomie zugreift und die Spannweite zugelassener ökonomischer Ereignisse definiert. Daraus wird deutlich, daß das Recht zwar durchaus in kompakter Weise ökonomische Prozesse modulieren kann, indem es Bedingungen für die Zulässigkeit von Zahlungen überhaupt vorgibt. Aber dies ist ein grober Keil, dessen Treffsicherheit sehr fraglich ist. Es ist eine alltägliche Erfahrung, daß unrechtmäßige Zahlungen im ökonomischen System ziemlich problemlos als Zahlungen non olet sich ereignen. Daraus ließe sich folgern, daß die Ökonomie solche (hier: rechtliche) Modulationen als Restriktionen der Möglichkeitsbedingungen ihrer Selbstorganisation betrachtet und daß sie diese Restriktionen nach ihren eigenen Funktionsgesetzen nur akzeptieren kann, wenn die Nutzen ihrer Einhaltung höher sind als die Kosten ihrer Mißachtung.
Dies heißt andererseits, daß rechtliche Interventionen in die Ökonomie nur dann Sinn machen, wenn sie stringent auch in der Sprache der Ökonomie – also in preisorientierten Kosten-Nutzen-Relationen – durchkalkuliert sind. Das ist natürlich nicht immer einfach; und gerade deshalb erscheint es erfolgversprechender zu sein, wenn rechtliche Interventionen in die Ökonomie nicht auf die Zulässigkeit von Zahlungen insgesamt zugreifen, sondern in differenzierter Weise auf die Programmierung relevanter Differenzen, aus deren Zusammenspiel im Sinne eines »Prozessierens von Differen-

156 Dazu grundlegend Luhmann 1988a und Baecker 1988

zen« das für die Ökonomie basale Ereignis einer Zahlung sich erst ergibt.
Für die Frage der Intervention in selbstreferentielle Systeme ergibt dieser Gedanke der Differenzierung der Differenzbildung den Ausgangspunkt für ein Überschreiten reiner Selbstreferenz und reiner Autopoiese. Die Ausdifferenzierung eines Systems aus seiner Umwelt muß auch in der Selbstbeschreibung eines Systems auftauchen und mithin in die selbstreferentiellen Operationen einfließen. Trotz dieses Different-Setzens bleiben zwischen System und Umwelt Verbindungen und Übergänge, die einerseits als Spuren der evolutionären Genese des Systems erkennbar und als laufende Ko-Ontognese und Ko-Evolution von System und Umwelt wirksam bleiben und so die materielle und energetische Abhängigkeit des Systems von seiner Umwelt reflektieren. Diese Verbindungen sind komplizierter und indirekter als in der Evolutionstheorie bislang angenommen. Sie lassen sich beschreiben als Verknüpfung von externen und internen Bedingungen der Koordination komplexer Systemprozesse (L. Whyte), als »strukturelle Koppelung« (Maturana), als Differenz von Identität und Differenz (Luhmann) oder als Verbindungsform von Kontext und Autonomie.[157]
Im Kern steht jeweils die Aussage, daß die operative Geschlossenheit selbstreferentieller Systeme sich auf die Tiefenstruktur der Selbststeuerung bezieht und daß die Bedingungen der Möglichkeit dieser Geschlossenheit und die Bedingungen der Möglichkeit einer sehr spezifischen und selektiven Offenheit wechselseitig sich bedingen.
Immer ist es wesentlich zu beachten, daß sich die operative Geschlossenheit eines selbstreferentiellen Systems nur auf die basale Zirkularität der Selbststeuerung der eigenen Reproduktion bezieht; in anderen Hinsichten, insbesondere bezüglich der Aufnahme von Energie und Information (d. h. der Verarbeitung möglicher bedeutsamer Differenzen), ist es durchaus und notwendigerweise offen. Und genau dies macht es notwendig, das Grundproblem selbstreferentieller Systeme genauer zu fassen: daß sie weder (in der klassischen

157 Teubner/Willke 1984

Weise) als geschlossene Systeme begriffen werden können, die nach einem Schöpfungsakt sich verwirklichen ohne äußeres Zutun; noch daß sie offene Systeme sind im Sinne einer durchgängigen Abhängigkeit von ihrer Umwelt. Vielmehr müssen wir nun von einem voraussetzungsvolleren und präzise zu bestimmenden Interferenz- und Bedingungsverhältnis von partieller Geschlossenheit und dadurch ermöglichter Offenheit ausgehen.

Die zirkuläre Grundstruktur eines autonomen Systems bewirkt die Selbstreferentialität dieses Systems, d.h. es bezieht sich in seinen Interaktionen auf sich selbst, reagiert also auf sich selbst. Dies schließt weder Lernen noch Evolution aus, weil die Umwelt über bedeutsame Differenzen auf die Informationsaufnahme des Systems einwirken kann. Allerdings sind Systeme so komplex, daß sie für jeden Umweltkontakt ein verzweigtes Netz von Selbstkontakten aktivieren können und müssen – wiederum ein Grund, warum lineare kausale Interventionen in komplexe Systeme nicht zielsicher und erfolgreich sein können.

Andererseits entsteht aufgrund der Zirkularität die Gefahr eines unendlichen Regresses der Selbstreferenz, die immer weiter nur in sich selbst zurück- und weiterläuft. Oder stärker bereits auf soziale Systeme hin formuliert: es besteht die Gefahr einer Verabsolutierung der Teilsystemrationalität auf Kosten der Rationalität des Ganzen. Gerade um diese Gefahr zu vermeiden, brauchen hochkomplexe soziale Systeme Umweltkontakt und mithin eine spezifische Umweltoffenheit. Denn über Umweltkontakte werden in die Selbstreferenzschleifen Unterbrechungen des Selbstbezuges eingeführt, sozusagen Stoppregeln und Neuanstöße für die operativ geschlossenen Prozesse basaler Zirkularität. Umweltanstöße wirken sich so aus als Interpunktionen systemeigener Prozesse.

Sie müssen zum einen in der »Sprache« (d.h. in den relevanten Differenzen) des Systems formuliert sein, um überhaupt wahrgenommen zu werden, und sie müssen zum anderen als Kontextinformationen in die zirkuläre Operationsweise des Systems sich einschleusen lassen, um überhaupt wirksam zu werden. Die partielle Offenheit des selbstreferentiellen Systems ist dadurch erzwungen, daß für das System selbst die Differenz von System und Umwelt notwendige Operationsgrundlage ist und die Einheit dieser Differenz es dem System ermöglicht, in intelligibler Weise relevante Informationen aus der Umwelt aufzunehmen und in die eigenen Operationen einzubauen.

Aus dieser Charakterisierung selbstreferentieller, funktional ausdifferenzierter und autonomer Systeme lassen sich wichtige Hinweise für das Problem des Verhältnisses von Selbststeuerung und Intervention und speziell für die Frage der Steuerungseignung und Steuerungskapazität des Rechts ableiten. Selbststeuerung setzt voraus, daß ein System (wie etwa eine Organisation oder die Ökonomie) seine Identität auf deren Umweltwirkungen hin beobachtet und daraus Schlüsse für eine mögliche Veränderung der eigenen Identität zieht. Im Falle einer Organisation, deren Identität im wesentlichen aus sozialen Konstrukten wie Sinnmuster, Regeln, Ideen, Verfahren, erinnerte Geschichte etc. besteht, bedeutet dies z. B., daß sie diese Kontexte für konkrete Interaktionen auf ihre Umweltverträglichkeit hin prüft und dabei ihre Identität selbst thematisiert. Da aber in selbstreferentiellen Systemen sich bestimmte Handlungskontexte zu einer operativen Geschlossenheit verdichtet haben, also eine systemspezifische rekursive Verweisungsstruktur ihrer Kommunikationen sich ausgebildet hat, und da die Logik eines solchen Systems genau darin besteht, diese basale Zirkularität zu erhalten und zu reproduzieren, kann Lernen und Evolution nicht darin bestehen, die basale Zirkularität aufzuheben, sondern nur darin, die Art der Erhaltung dieser Zirkularität und operativen Geschlossenheit zu verändern[158] bzw. die Reflexionsfähigkeit des Systems zu steigern, so daß es die Möglichkeit alternativer Identitäten für sich selbst in Betracht ziehen kann.

Die Frage ist nun, in welcher Weise eine Gestaltung von Intersystembeziehungen denkbar ist, so daß die operative Geschlossenheit der entwickelten, funktional differenzierten Subsysteme von Gesellschaft gewahrt bleibt und zu-

158 So die Formulierung Maturanas 1982, 37

gleich die Art der Erhaltung dieser Zirkularität eine ›brauchbare‹ Rationalität des Gesamtsystems als interdependente System-Umwelt-Ökologie fördert. Systemsteuerung bedeutet in diesem Zusammenhang zunächst ganz allgemein, angesichts der durch externe Interventionen nicht determinierbaren systemischen Prozesse brauchbare Verknüpfungen zwischen Systemen und Umwelten, zwischen System und umweltinduzierter Intervention zu finden. Erforderlich ist dazu eine *Grammatik von Transformationsregeln*, nach welcher externe Bedingungen oder Vor-Selektionen in die intern determinierten Operationszyklen des zu steuernden Teilsystems eingeschleust werden können.

Natürlich setzen die über Transformationsregeln kontrollierten Interventionen und die dazu erforderlichen »transferential operations«[159] voraus, daß sich die beiden Akteure oder Systeme einer Steuerungsbeziehung nicht nur und nicht dauernd als »black boxes« gegenüberstehen. Dann wären Interaktionen und der Ausgang von Interventionen rein zufällig. Erst wenn das steuernde System (in unserem Falle also das Recht) als Beobachter eine Fremdbeschreibung des zu steuernden Systems (etwa der Ökonomie des Erziehungssystems) anfertigt und aufgrund dieser Fremdbeschreibung – man könnte auch sagen: aufgrund eines inneren Modells eines Systems der Außenwelt – mit dem zu steuernden System interagiert, dann wird ein Prozeß der allmählichen Aufhellung der beiden »black boxes« in Gang gesetzt.[160] Denn nun kann in der Interaktion die Validität der Beobachtungs- oder Modellannahmen laufend geprüft und graduell eine »zutreffendere« Beschreibung angefertigt werden. Zutreffend heißt natürlich nicht objektiv richtig, sondern es heißt: daß sich wechselseitig das erwartete Verhalten einstellt.

In diesem Sinne gibt es durchaus zwischen selbstreferentiellen Systemen, die füreinander zunächst »black boxes« darstellen, eine »instruktive Interaktion«. Denn die interagierenden Systeme instruieren sich zwar nicht über ihr Wesen, aber über ihr Verhalten, nicht über ihre Ontologie, aber über

159 Dazu Braten 1984
160 Glanville 1982, 4

ihre Ko-Ontogenese. Steuerung als eine Form der *gerichteten Interaktion,* in welcher kontrollierte Strukturänderungen beabsichtigt sind, bedeutet dann, daß in der Interaktion zweier Systeme wechselseitig relevante Differenzen eingespielt werden, welche als Informationen mit nicht-zufälliger Wirkung verarbeitet werden.

Aus dem Gesagten folgt im Hinblick auf das Recht zumindest dreierlei:

1. In komplexen Kontexten ist Steuerung nicht als Fremdsteuerung möglich, sondern nur als *Konditionierung der Selbststeuerung* eines Systems.
2. Steuerung setzt instruktive Interaktion voraus und ist deshalb zwingend ein *relationaler Prozeß.* Die »Richtung« der Kontrolle im Prozeß der Steuerung hängt vom Beobachterstandpunkt ab; sie ist keine eindeutig oder objektiv vorgegebene Qualität. So verändert sich z. B. das Recht in der Absicht der Steuerung komplexer Wirtschaftsprozesse zu einem Wirtschaftsverwaltungsrecht mit offenen Kompetenznormen[161]; und es ist in diesem Prozeß der Steuerung sehr die Frage, was sich mehr verändert hat: das Recht oder die Ökonomie.
3. Steuerungsprozesse beruhen auf *Fremdbeschreibungen* (inneren Modellen der Außenweltsysteme), die aus einer Geschichte von Interaktionsbeziehungen gewachsene heuristische Annahmen darstellen. Um die Validität der Modellannahmen zu erhöhen, ist ein kontinuierliches Prüfen und Testen dieser Annahmen erforderlich. Selbst wenn die heuristischen Annahmen eine Zeitlang funktioniert haben, ist mit Überraschungen zu rechnen; denn sie beziehen sich auf die Charakteristika des Verhaltens komplexer dynamischer Systeme und nicht auf das gesetzmäßige Funktionieren trivialer Maschinen. Wenn das Recht – z. B. mit Rücksicht auf seine personale und natürliche Umwelt – daran gehindert ist, seine Modellannahmen in der gesellschaftlichen Realität zu prüfen und zu testen, dann wären rechnerische/symbolische Simulationen von Interventionen als Prüfverfahren sinnvoll und hilfreich, um die möglichen Wirkungen beabsichtigter

161 Vgl. dazu Ott 1962

Interventionen durchzuspielen.[162] So könnte das Zusammenpassen von beabsichtigten Interventionen und den leitenden Annahmen über die Verhaltenscharakteristika des gesteuerten Systems überprüft werden, ohne daß durch die Prüfung selbst sich die Verhaltenscharakteristika schon wieder verändern.

Man muß klar sehen, daß die traditionelle Vorstellung der Wirkungsweise des Rechts für viele – und gerade für die für die Entwicklungschancen von Gesellschaft wichtigsten – Bereiche obsolet geworden ist. Nach dieser Vorstellung wird mit den Mitteln des Rechts ein politischer Wille, ein politisches Ziel, eine politische Vorstellung oder Konzeption in einem bestimmten gesellschaftlichen Teilbereich oder Problemfeld »durchgesetzt«: etwa in der Jugendhilfe, Sozialpolitik, Forschungsförderung, im Umweltschutz, in der Energieversorgung, der Verbrechensbekämpfung, der Technologiefolgenabschätzung und in vielen anderen Bereichen. Inzwischen sehen auch Juristen, daß hier von einer »Durchsetzung« rechtsförmig formulierter Vorstellungen nicht die Rede sein kann.[163] Der allmähliche, inzwischen aber wohl irreversible Umbau der Gesellschaftsstruktur von hierarchischen zu retikularen Konfigurationen bedeutet, daß unter Bedingungen hoher Differenzierung, Komplexität, Autonomie und operativer Geschlossenheit der gesellschaftlichen Teilsysteme hierarchisch-direkte Abhängigkeits- und Steuerungsbeziehungen weder realistisch noch realisierbar erscheinen.

Die zugrundeliegende Morphogenese moderner Gesellschaften zu einem Netzwerk operativ autonomer, d.h. zugleich eigenständiger und interdependenter Teilsysteme erfordert eine entsprechende Veränderung der Kommunikationsstrukturen zwischen Staat und Gesellschaft, genauer: zwischen staatlich organisierter Politik und den anderen gesellschaftlichen Bereichen. Gefragt sind nicht mehr Befehls-

162 Zu dem hier wichtigen Gesichtspunkt der engen Grenzen des menschlichen Verstehens vgl. Waller 1983

163 Vgl. für den besonders wichtigen Fall der Wirtschaftssteuerung Ott 1962 und Teubner 1990a; für Verhandlungsformen der Verwaltung Ritter 1987; zum Kooperationsprinzip grundsätzlich Müggenborg 1990

strukturen, sondern Einrichtungen des sozietalen Diskurses. Der erreichten Stufe gesellschaftlicher Entwicklung angemessen ist nicht der autoritative Primat der Politik (im Sinne eines ins Gesellschaftliche gedachten »Hausvaters«), sondern der Primat wechselseitiger Abstimmung autonomer Akteure durch rationalen Diskurs.

Diese grundlegend veränderte Ausgangsposition für die Rolle von Staat und Politik in der Gesellschaft hat wichtige Konsequenzen für ein brauchbares Modell der Intervention und Steuerung durch Recht. Besonders bedeutsam scheint eine Folge für die *Voraussetzungen* erfolgreicher Intervention zu sein: *Veränderung muß in erster Linie das gesteuerte System wollen.* Das gesteuerte System muß einen Problemdruck perzipieren, der so groß ist, daß es selbst darauf mit einer Veränderung der Bedingungen und Formen seiner Selbststeuerung reagieren will. Und erst bei der Frage nach dem Wie einer solchen Veränderung kann das Recht eine Hilfestellung leisten. Das Recht übernimmt dann die Rolle eines »invited intruder«, welcher als eine Art Katalysator der Selbständerung dient.

In diesem Moment der Verlagerung des Interventionsinteresses und des Steuerungsbedarfes vom steuernden System auf das gesteuerte System scheinen Ähnlichkeiten so unterschiedlicher Bereiche wie Gesellschaftssteuerung, Organisationsberatung und systemisch orientierte Therapie auf, welche – bei aller Vorsicht der Übertragung – außerordentlich lehrreich sind. So betonen moderne Therapieformen zu Recht, daß eine Therapie nur aussichtsreich ist, wenn der Klient (ein Individuum, eine Familie, eine Institution) einen so hohen Leidensdruck spürt, daß er selbst Therapie wünscht. Die Leistung des Therapeuten besteht dann darin, aufgrund eigener Erfahrung (Wissen über sich selbst) die Signale des Klienten zu verstehen, adäquate Prozesse der Selbständerung (des Klienten) zu induzieren sowie Formen und Methoden der Selbständerung verfügbar zu machen.

Ganz analog dazu versteht sich moderne Unternehmensberatung nicht als gehobene Form der »Besserwisserei«, sondern als wechselseitiger, gerichteter Lernprozeß. Einerseits weiß das Management eines Unternehmens über die eigene Operationsweise sicherlich besser Bescheid als jeder Berater; andererseits ist ein guter Berater Experte für Problemerkenntnis und spezifische Problemlösungsmöglichkeiten. Ebenso wie in der Therapie stellt sich in der Unternehmensberatung häufig heraus, daß der Klient zwar einen massiven Problemdruck spürt, sein Problem aber nicht genau lokalisieren kann. Adäquate Steuerung setzt dann z. B. voraus, daß der Berater nicht unbedingt die Informationen beschafft, die der Klient wünscht – und mit der er aber häufig gar nichts anfangen kann –, sondern diejenige Information, welche nötig ist, um das Systemproblem erkennen und lösen zu können.[164]

Auch das Recht ist für andere gesellschaftliche Subsysteme nicht mehr als ein »eingeladener Eindringling«. Seine Steuerungsfunktion ist die eines zielgerichtet eingesetzten Katalysators für systemeigene Veränderungsprozesse. In nichthierarchisch und retikular strukturierten Gesellschaften steuern Politik und Recht nicht mehr in der Weise, daß sie in anderen Teilsystemen etwas vorweg Entschiedenes durchsetzen oder erzwingen. Vielmehr läßt sich der Steuerungsprozeß so beschreiben, daß das Recht Veränderungsabsichten kanalisiert, die diese Teilsysteme *von sich aus* haben. Das Recht kann dazu beitragen, solche aufgrund eines mehr oder weniger diffusen Problemdrucks sich artikulierenden Veränderungsabsichten in Verfahren und Formen kontrollierter Strukturänderungen zu bringen. Es kann eine adäquate Problemerkenntnis unterstützen, indem es die Aufmerksamkeit des Systems auf diejenigen Informationen lenkt, die die Intersystembeziehungen des betreffenden Systems charakterisieren und die häufig den blinden Fleck des Systems

164 Turner 1983; in klassischer Weise haben Dickson und Roethlisberger (1966, 273) diese Anforderungen an den Berater formuliert: »Listen – don't talk; don't argue; don't give advice; listen to what he wants to say, what he does not want to say, and what he cannot say without help ... and above all try to understand him from his and not from your own point of view ... and finally help him to make his own personal decision – do not make them for him ... Don't listen passively: listen proactively: listen for the implied as well as for the expressed feelings. Develop your third ear.« Zutreffender könnte es in einem Handbuch für Therapeuten kaum stehen!

markieren: die Schnittstelle von Selbstbeschreibung und Außenwirkung, von Selbstbeobachtung und Beobachtung der Wirkungen des eigenen Handelns auf andere Systeme, kurz: von Selbstreferenz und Fremdreferenz.

Für die Strukturierung der Interaktionsszenarios gesellschaftlicher Teilsysteme könnte die Rolle des Rechts nun genau darin bestehen, die Bildung angemessener Fremdbeschreibung zu fördern. Das hat nichts mit Harmonisierung zu tun, sondern mit der Klärung von Widersprüchen. Gesellschaftliche Widersprüche sind festzumachen und für jedes einzelne System greifbar an der Differenz von Selbstreferenz und Fremdreferenz jedes Systems. Recht könnte als das Medium verstanden werden, welches die Widersprüche zwischen differenzierten Teilsystemen in einer bestimmten Weise strukturiert, nämlich auf Differenzbegriffe bringt, die im Hinblick auf die Einheit der Differenz, das heißt: Gesellschaft, produktive Intersystembeziehungen fördern.

Die Steuerungsfunktion des Rechts wäre dann ausgerichtet auf die Differenz zwischen der Einheit von Gesellschaft und der Verschiedenheit ihrer Teile. Die aus dieser Differenz aufsteigenden Widersprüche hätte das Recht zu kanalisieren, indem es die destabilisierende Wirkung inkongruenter Erwartungen auf ein stabiles Raster ihrer fallweisen Abarbeitung (Kompatibilisierung) bezieht. Intersystembeziehungen sind dadurch charakterisiert, daß unterschiedliche Systeme auf unterschiedliche Leitdifferenzen ansprechen. Jede Instanz, die vermitteln oder gar steuern will, muß deshalb fähig sein, *Interdifferenzen* (Interferenzen und Transferenzen) zu formulieren, d.h. Informationen zu geben, welche in kontrollierbarer Weise für unterschiedliche Systeme bedeutsam sind.

Daß Recht im Hinblick auf mögliche Konflikte formuliert wird, heißt dann, daß das gesellschaftliche Prozessieren von Widersprüchen[165] nicht unterbunden, sondern möglichst gewaltfrei strukturiert werden soll. Sieht man genauer hin, so erweist sich dieses Prozessieren von Widersprüchen als die Aufgabe, unter der Bedingung von hoher Komplexität die

165 Im Anschluß an Luhmann 1984, 510ff.

Bedingungen für hohe Komplexität zu erhalten. Dies impliziert Leistungen auf unterschiedlichen Ebenen, etwa auf der Ebene der Interaktion von Personen, der Interaktion von Personen und Systemen oder der Interaktion von sozialen Systemen. Auf der hier allein interessierenden Ebene der Beziehungen zwischen sozialen Systemen hat Recht als Struktur der Konfliktbearbeitung die Funktion, die Veränderung der Teile auf das Niveau der Veränderung des Ganzen zu verpflichten – wobei beide Aspekte der Veränderung in ihren Bedingungen und Folgen voneinander abhängen. Recht wird dann zu einem Steuerungsmedium, wenn es die laufenden Veränderungen in eine bestimmte Richtung bringt, insbesondere also dann, wenn es eine bestimmte (nämlich: in Abstimmungsprozessen definierte) Systemrationalität zum Maßstab für präferierte Veränderungen macht.

Die Formel vom Recht als Form des Prozessierens gesellschaftlicher Widersprüche macht deutlich, daß hier die *prozedurale Qualität des Rechts* im Vordergrund steht. Das überrascht um so weniger, je mehr die Folgen der operativen Geschlossenheit gesellschaftlicher Teilsysteme für die Gesellschaft insgesamt wichtig werden. Gesellschaften können die Eigendynamik ihrer Teile nur aushalten, wenn diese Subsysteme in verläßlicher Weise zwischen Selbstreferenz und Fremdreferenz wechseln können und wechseln, um die Minimalbedingungen gesellschaftlicher Integration einzuhalten. Anstelle inhaltlicher, materieller Vorgaben übernimmt das Recht in dieser Rolle Aufgaben der prozeduralen Sicherung bestimmter Muster der Konflikterhaltung[166] und Konfliktbehandlung. Insgesamt kann es gesehen werden als Garant für bestimmte Spielregeln, die das strategische Spiel der gesellschaftlichen Subsysteme auf die Reflexion der gesellschaftlichen Bedingungen ihrer Möglichkeit zurückbinden. Im einzelnen beinhaltet dies die formalen Funktionen, die Recht als »reflexives Recht«[167] ausweisen, das heißt zu einem Medium der reflexiven Abstimmung widersprüchlicher Teilsystemrationalitäten machen.

Legt man diese generelle Beschreibung der Funktion des

166 Ausführlicher dazu Teubner/Willke 1982

167 Teubner 1982; 1989, 81ff.

Rechts zugrunde, dann läßt sich die Möglichkeit einer sozietalen Steuerung durch Recht zunächst durch zwei Abgrenzungen konkretisieren:

1. Im Gegensatz zu Luhmann[168] läßt sich nach unseren Ausführungen das Recht nicht als Immunsystem der Gesellschaft begreifen. Denn das Recht als gesellschaftliches Funktionsssystem kann gerade nicht ohne Kognition operieren, »ohne Umweltkenntnis, ohne Analyse der Störfaktoren auf Grund einer bloßen Diskrimination als nicht dazugehörig«. Im Gegenteil: Zur Erfüllung seiner gesellschaftlichen Funktion der Prozeduralisierung (Bahnung, Erleichterung, Förderung, verfahrensmäßigen Fixierung) der reflexiven Abstimmung widersprüchlicher Teilsysteme benötigt das Recht hochentwickelte kognitive Fähigkeiten, um gesellschaftliche Ereignisse auf rechtlich relevante Informationen hin abzusuchen. Da Konflikte der Stoff sind, der und den das Recht formt, gilt der Bedarf an Kognition insbesondere für die Erkenntnis der Art und Qualität gesellschaftlicher Konfliktlinien. Richtig an Luhmanns Vorstellung ist, daß das Recht ohne Kognition der Details des Innenbetriebs gesellschaftlicher Teilsysteme auskommt. Dort scheinen die subsystemspezifischen Regelsysteme für die erforderlichen Immunreaktionen zu sorgen. Die Bedeutung des Rechts liegt in der Strukturierung der Intersystembeziehungen: und hinsichtlich dieser Relationen muß es kognitiv äußerst sensibel und responsiv auf Veränderungen reagieren. Es muß dies noch mehr, wenn die Strukturierung nicht naturwüchsig, sondern kontrolliert erfolgen soll, also sich zu Formen der Gesellschaftssteuerung entwickelt, und es mithin tatsächlich »*im Vorgriff auf mögliche Konflikte* gebildet wird«[169]. Um das zu erkennen, was als Konflikt in einer gegebenen Lage und Bewegungsrichtung von Gesellschaft möglich ist, muß Recht geradezu an der Spitze des Erkenntnisfortschritts marschieren, muß es materiale Gesellschaftstheorie werden.

2. Im Gegensatz zu Habermas[170] läßt sich nach unserer

168 Luhmann 1984, 504ff.
169 Luhmann 1984, 510
170 Habermas 1976, 260ff.

Argumentation Recht auch nicht als institutionelle Verkörperung postkonventioneller Rationalitätsstrukturen hinreichend charakterisieren. Denn die Orientierung des Rechts auf universal-ethische Prinzipien der Konventionalität, des Legalismus und der Universalität kennzeichnet vielleicht den frühen Verfassungsstaat und die klassische bürgerliche Rechtsordnung der gleichen und freien Teilnahme am Markt. Aber das gegenwärtige Recht hat sich von universalistischen Prinzipien zum einen in seiner materialen Rationalität weit entfernt, indem es in wohlfahrtsstaatlicher Verästelung Gleichheit durch Ungleichbehandlung fördert und Sicherheit im Detail zu garantieren sucht auf Kosten von Freiheit und von Freiräumen in der Lebenswelt. Damit spannt das Recht ein Netz physischer, psychosozialer und emanzipativer Hilfen, die in der Tat Funktionsmodi, Rationalitätskriterien und Organisationsformen erforderten, welche sowohl dem herkömmlichen Recht wie auch der bürokratisch strukturierten Verwaltung fremd sind. Zum anderen hat sich das gegenwärtige Recht auch in seiner Systemrationalität von universalistischen Prinzipien entfernt, indem es versuchen muß, dem Organisationsprinzip einer Gesellschaftsformation gerecht zu werden, die durch nicht-hierarchische, retikulare Beziehungen ihrer Teile geprägt ist. Da viele dieser Teile, wie insbesondere Ökonomie, Wissenschaft, Technologie, Gesundheitssystem, Kunst, Erziehung etc., nicht nur ausgeprägte eigenständige Systemrationalitäten realisieren, sondern auch ihre Funktionsweise zu operativer Geschlossenheit verdichtet haben, kann auch das Recht eine universalistische Systemrationalität nicht mehr etablieren – weder die einer entwickelten Marktgesellschaft noch die einer Gesellschaft unter dem Primat der Politik.

Was Recht als Steuerungsstruktur moderner Gesellschaften leisten muß, läßt sich aus dieser doppelten Abgrenzung heraus so spezifizieren: es zielt auf die Gestaltung der Intersystembeziehungen autonomer, handlungsfähiger, interdependenter Teilsysteme, die sich nicht mehr dem Primat eines Teils fügen und die deshalb Gesamtsystemrationalität nicht aus der Geltung des Universalen herleiten, sondern aus der reflexiven Abstimmung des Partikularen. Das Problem dieser Abstimmung ist weniger die Abwehr von Störungen (Immunreaktion) als die Institutionalisierung von Bedingungen für die Möglichkeit *kollektiver Kommunikation* in einer hochgradig funktional differenzierten Gesellschaft.

Mehrfach habe ich schon betont, daß die entscheidende Bedingung der Möglichkeit reflexiver Abstimmung zwischen autonomen und operativ geschlossenen Sozialsystemen (Analoges gilt dann auch für autopoietische biologische und psychische Systeme) die Fähigkeit ist, zwischen Selbstreferenz und Fremdreferenz zu unterscheiden und zwischen beiden Perspektiven hin- und herzuwechseln (dies wird durch Bratens Begriff der »transferentiellen Operation«[171] gut bezeichnet), also Fremdreferenz als selbstreferentielle Operation zu realisieren. Diese scheinbar paradoxe Fähigkeit wird verständlicher, wenn man sich vor Augen hält, daß bereits einfache reflexive Mechanismen[172] der Kommunikation genau dies verwirklichen: beim Kommunizieren über Kommunikation, beim Lernen des Lernens, beim Spielen des Spielens oder, schwieriger schon, beim Lieben des Liebens ist das kommunizierende System auf Beobachtungen zweiter Ordnung angewiesen, muß also unterscheiden zwischen der Grundoperation des Kommunizierens, Lernens, Spielens oder Liebens selbst und einer verfremdenden externen Beobachtung der Grundoperation, die es erst erlaubt zu »verstehen«, welche Art von Operation sich da abspielt. Über Beobachtungen zweiter Ordnung sind Reflexivität und Reflexion[173] strukturell gekoppelt. Auch hier zeigt sich die elementare Bedeutung des Beobachtens für die Operationsweise komplexer selbstreferentieller Systeme. Die Beobach-

171 Braten 1984
172 Dazu Luhmann 1970, 92ff.; 1984, 610ff.
173 Ausführlicher zum Konzept der Reflexion Willke 1987b, 264ff.; 1989, 120ff.; in einer treffenden Beobachtung stellt Coleman (1990, 385) eine Verbindung zwischen Reflexion und Rawls »veil of ignorance« (dazu oben Kap. 1. 2) her: »Rawl's ›veil of ignorance‹ makes it unnecessary to put oneself in another's place. Because of the veil of ignorance, putting oneself in the range of places one might occupy in the future is approximately equivalent to imagining oneself in positions occupied by others.«

tung von Beobachtungen ist zunächst ein reflexiver Prozeß wie jeder andere auch; er ist zugleich mehr und anderes, weil nur und ausschließlich die Beobachtung zweiter Ordnung das Problem der (notwendigen) blinden Flecken jeder Beobachtung zu prozessieren erlaubt. Nur über diese Prozedur kann ein System sehen, was es selbst oder ein anderes System nicht sieht; und dies ist der Ausgangspunkt jeder Form von Reflexion oder, alteuropäisch gesprochen, von Aufklärung.

Die Form der Aufklärung allerdings verändert sich grundlegend im Kontext einer in autonome Teilsysteme differenzierten Gesellschaft. Weder die Philosophen noch das Proletariat, weder die Politik noch die Wissenschaft haben einen privilegierten Standort der Gesellschaftsbeobachtung, der ihnen erlauben würde, die Gesellschaft über sich selbst aufzuklären. Da, wie gesagt, jede Fremdreferenz als selbstreferentielle Operation realisiert werden muß, gibt es nur partiale und systemrelative Beobachtungen, allerdings auch jeweils systemrelative Beobachtungen des Gesamtsystems. Daraus folgen »Gesellschaftsbilder« oder Gesellschaftsbeschreibungen des Rechts, der Politik, der Ökonomie, des Sports, der Familie, des Erziehungssystems, des Gesundheitssystems, der Religion etc., und niemand wird erwarten, daß diese zusammenpassen. Im Gegenteil: In diesen diversen und diversifizierten Gesellschaftsbeschreibungen wiederholt sich das Drama der Dialektik von Exklusion und Inklusion insofern, als zunächst jedes System seine Sicht und seine Perspektive für das Ganze nimmt und die Gesellschaft insgesamt auf seine exklusive Leitdifferenz hin interpretiert. Immerhin ermöglichen Reflexionsschleifen und schließlich Reflexionstheorien in den Funktionssystemen die Einsicht, daß diese je inkludierenden Gesellschaftsbeschreibungen prinzipiell kontingent sind und mithin auch anders ausfallen könnten. Damit kann jedes autonome System für sich selbst zu der Schlußfolgerung kommen, daß seine Sichtweise auf seiner spezifischen Blindheit aufruht, daß also eine andere Realität zum Vorschein käme, wenn sich der Fokus und mithin die idiosynkratische Blindheit des Systems verschöbe. Es ist dann für die Steigerung der Reflektiertheit der Beobachtung ein kleiner, für das Problem der Aufklärung aber ein gewaltiger Schritt, wenn es zur Einrichtung von Instanzen kommt, welche Beobachtungen zweiter Ordnung unter der Prämisse systematisieren und professionalisieren, daß es sinnvoll sei, die Reflexionskapazität der unterschiedlichen Teilsysteme für eine Steigerung der Systemrationalität[174] des Gesamtsystems zu nutzen.

Ich werde auf dieses Thema unter dem Stichwort des Supervisionsstaates in Kap. 4 zurückkommen. Zuvor soll jedoch im folgenden 3. Kapitel die hier beschriebene Veränderung der Formen des Staates und des Rechts am Prüfstein der Staatsaufgaben konkretisiert werden. Die Frage ist, in welchen soziologisch beobachtbaren Hinsichten die Morphogenese des gegenwärtigen Staates mit gesellschaftsgeschichtlich bedingten Veränderungen der Aufgaben des Staates korreliert – und umgekehrt.

174 Wobei aus der Sicht der Politik diese Systemrationalität gefaßt werden kann als »Gemeinwohlprinzip (als Limitierung der Souveränität) des politischen Systems« (Luhmann 1990, 397), und man dann nach Folgerungen für die Aufgabenstellung von Staat und Recht fragt.

3 Staatsaufgaben

Gegenüber einer massiven kontinentaleuropäischen Tradition der Trennung von Staat und Gesellschaft beginnt systemtheoretisches Nachdenken über den Staat mit dem Problem der Einheit einer differenzierten Gesellschaft. Differenziert sind moderne, demokratische Industriegesellschaften primär in Funktionsbereiche wie z.B. Politik, Wirtschaft, Wissenschaft, Erziehung, Familie, Kunst, Religion, Sportsystem, Gesundheitssystem etc. Im Zuge der Gesellschaftsgeschichte der Moderne haben sich diese gesellschaftlichen Subsysteme abgesondert und spezialisiert und mit der Ausbildung spezifischer Organisationen, professioneller Rollen, divergierender Teilrationalitäten und exklusiver »Zuständigkeiten« einen hohen Grad an – auch verfassungsrechtlich abgesicherter – Autonomie erreicht. Es sind die Freiheitsgrade dieser Autonomie, die den gesellschaftlichen Funktionssystemen eine beispiellose Eigendynamik und Innovationsfähigkeit gebracht haben.
Die Kehrseite dieses evolutionären Erfolges ist, daß die Einheit dieser Gesellschaften zum Problem wird: Zum einen, weil die zentrifugale Dynamik funktionaler Differenzierung zu einem dezentrierten System ohne hierarchische Spitze führt; zum anderen, weil die traditionelle Formel für die Einheit von Gesellschaft – der Staat – in radikaler Weise in Frage gestellt wird: Selbst wenn der Staat seine Identität in profanisierter Form als gesellschaftliches Funktionssystem retten könnte, bliebe er nach der Logik funktionaler Differenzierung und Interdependenz nichts anderes als Spezialist unter Spezialisten, Gleicher unter Gleichen.
Diese Linien systemtheoretischer Argumentation habe ich in den ersten beiden Kapiteln in vielen Facetten nachgezeichnet. Im folgenden geht es darum, die spezifischen Aufgaben des gegenwärtigen Staates hochentwickelter Gesellschaften zu beleuchten. Organisierendes Prinzip der Überlegungen ist eine systemtheoretische Reformulierung der Grundfrage soziologischer Analyse: Wie ist gesellschaftliche Ordnung möglich? In den zurückliegenden Kapiteln habe ich diese

Frage einerseits in den gesellschaftsgeschichtlich wichtigen Kontexten von Säkularisierung, Kontingenzsteigerung und Zivilisierung behandelt, zum anderen in der Auseinandersetzung mit zentralen gegenwärtigen Entwürfen einer Staatstheorie reflektiert. Mit Blick auf die Aufgaben des Staates im Ausgang dieses Jahrhunderts soll resümierend zunächst noch einmal die Frage gestellt werden: Wozu brauchen Gesellschaften einen Staat?

Im nächsten Argumentationsschritt führt diese Frage dann zu einer Beschreibung der im Laufe der Gesellschaftsgeschichte variierenden Hauptprobleme gesellschaftlicher Ordnungsbildung. Diesen Ordnungsproblemen entsprechen drei Hauptfunktionen des Staates, die als Repression, Restitution und Supervision näher erläutert werden. Als wesentlichen Aspekt einer supervidierenden Steuerungsfunktion des Staates in modernen Gesellschaften führt Kap. 3.3 die Idee einer wissensbasierten Infrastruktur aus, bevor abschließend in Kap. 3.4 die Frage der Möglichkeit staatlicher Steuerung wieder ins Grundsätzlichere gewendet wird.

Wozu brauchen Gesellschaften einen Staat? Systemtheoretisches Denken begreift, wie wir gesehen haben, Gesellschaft als Kommunikationssystem und ausdifferenzierte Funktionssysteme von Gesellschaft, wie etwa die Politik, ihrerseits als Systeme spezialisierter Kommunikation. Das politische Teilsystem einer Gesellschaft läßt sich bezeichnen als der auf politische Kommunikationen spezialisierte Bereich mit der Funktion, die für eine bestimmte Gesellschaft erforderlichen verbindlichen Entscheidungen zu produzieren – z. B. Entscheidungen darüber, wer in einer Gesellschaft unter welchen Bedingungen physische Gewalt ausüben darf und wer unter welchen Bedingungen staatliche Gewalt für seine privaten Zwecke einsetzen darf. Sobald in einem gesonderten kommunikativen Prozeß, wie immer als solcher organisiert, aber eben abgesondert[1] von Fragen etwa der Moral, der Religion oder der Wahrheit, derartige Fragen aufgeworfen und entschieden werden, läßt sich von Politik

1 Allerdings: Abgesondert heißt nicht unverbunden. Die Rückverbindung ist als aufwendige Form der »strukturellen Kopplung« zu denken und zu realisieren.

als gesellschaftlichem Funktionssystem sprechen. Ein Staat ist dafür nicht erforderlich. Er tritt, auch historisch später, erst als eine mögliche Lösung bestimmter Folgeprobleme politischer Kommunikationssysteme auf den Plan gesellschaftlicher Realität: des internen Problems der *Selbstbeschreibung* der Politik und des externen Problems der *Zurechnung* politischer Entscheidungen auf handelnde Akteure.
Im Zuge gesellschaftlicher Evolution macht das politische System sich von traditionalen, religiösen oder naturrechtlichen Begründungen unabhängig und wird darauf angewiesen, seine Ordnung auf sich selbst zu gründen (s. Kap. 1.1). Es bedarf dann, wie jedes nicht-triviale System, einer Selbstbeschreibung, um seine spezifische Identität gegenüber anderen kontingenten Identitäten durchhalten und die Unzahl der dazu erforderlichen Operationen organisieren zu können. Einfach gesprochen geht es darum, wie das System sich selbst sieht und versteht. Sobald unterschiedliche Identitäten des politischen Systems möglich sind, z.B. als Monarchie, Aristokratie oder Demokratie, muß die Politik ein Modell ihrer selbst entwickeln, das der Kontingenz ihrer Operationen Halt gibt. Dieses interne Modell des Systems im System ist Voraussetzung und Folge der Selbstreferentialität komplexer Sozialsysteme. Es ermöglicht dem System, gegenüber der einseitigen Betonung der Umwelt-Abhängigkeit seine interne Strukturdeterminiertheit primär zu setzen. Damit kommt ins Blickfeld, daß Systeme zunächst und vor allem ihre eigene Kontinuierung organisieren müssen, um als Systeme in Beziehungen zu ihrer Umwelt treten zu können. Und es wird deutlich, daß selbst noch die Art möglicher Umweltbeziehungen abhängt von der »innengeleiteten« Operationsweise des selbstreferentiellen Systems. Die Idee der Selbstreferentialität komplexer Systeme lenkt die Aufmerksamkeit des Beobachters primär auf den Innenraum und den Innenhorizont eines Systems. Damit geht die Haupteinsicht des System-Umwelt-Paradigmas der Systemtheorie – die Annahme einer konstitutiv-selektiven Beziehung zwischen System und Umwelt – zwar nicht verloren; doch wird sehr viel problematischer, worin genau diese Be-

ziehung bestehen könnte. Im Vordergrund steht zunächst eine genauere Analyse der intrikaten Voraussetzungen der kontinuierlichen Selbstreproduktion eines ausdifferenzierten gesellschaftlichen Kommunikationssystems. Erst danach läßt sich die Frage der Umweltbeziehung als Problem struktureller Kopplung sinnvoll stellen. In Kontinentaleuropa hat sich das interne Modell der Politik am Begriff des Staates auskristallisiert – aber dies war nur eine von mehreren historisch kontingenten Möglichkeiten. In England, als »the stateless society par excellence«[2], stand und steht dafür »die Krone«, in den USA die Verfassung und die sie tragende Tradition der Gründerväter.[3]

Zum einen, so läßt sich nun festhalten, definieren Staatsformen wie absolutistischer Staat, liberalistischer (»Nachtwächter«-) Staat, Verfassungsstaat, Interventionsstaat oder Wohlfahrtsstaat *Modelle der Politik*, geben mithin die Organisationsformen des politischen Prozesses vor. Zum anderen aber sind mit dieser politik-internen Bedeutung von Staatsformen auch gesellschaftliche Weichenstellungen verbunden, welche als *Modelle der Selbstlegitimation von Politik* Bedeutung haben für die Frage der Möglichkeit der Begründung einer säkularen Ordnung von Gesellschaft insgesamt. Mit der Etablierung eines politischen Systems innerhalb einer Gesellschaft auf der Grundlage eines Herrschaftsvertrages ist zwar grundsätzlich die Möglichkeit einer säkularen Begründung gesellschaftlicher Ordnung gegeben. Faktisch ist das Problem der Legitimität aber zunächst nur verschoben auf das Problem der Legitimität politischer Herrschaft oder genauer: auf das Problem der Legitimität der Regeln, nach denen die Politik ihre Funktion der Produktion verbindlicher Entscheidungen organisiert. An dieser Funktionsstelle ist nahezu alles denkbar: vom absoluten Monarchen bis zum allgemeinsten Prinzip der Fairneß. Besonders wichtig und erfolgreich war allerdings ein Vorschlag, der die Logik der funktionalen Ausdifferenzierung von Politik für die Politik selbst weitertrieb zur Idee der Gewaltenteilung,

2 Nettl 1968, 562

3 Eine Tradition, die nicht nur als »civil society«, sondern auch als »civil religion« zur Geltung kommt. Dazu Dubiel 1990.

also die Formel Montesquieus für die Binnendifferenzierung der Politik.
Aus heutiger Sicht lassen sich die drei Gewalten bezeichnen als Politik (im engeren Sinne, d.h. als System, das verbindliche Entscheidungen produziert), als öffentliche Verwaltung oder hoheitliche Administration (d.h. als System für die Implementation politischer Entscheidungen), und als Rechtssystem (d.h. als System der Regulierung von Konflikten, welche aus diesen Entscheidungen resultieren). Für unseren Zusammenhang ist wichtig, daß diese Binnendifferenzierung der Politik als Herrschaftssystem die Frage der Selbstlegitimation von Politik einen erheblichen Schritt weiter bringt. Denn nun läßt sich auf einen doppelten, gegenläufigen Machtkreislauf verweisen[4], in welchem die Paradoxie der Selbstlegitimierung in eine immer weiter laufende, rekursive Ebenendifferenz umgebogen werden kann: die Politik legitimiert das Recht, das Recht legitimiert das Handeln der Verwaltung und der Bürger, die Bürger legitimieren die Politik etc.
Speziell im Verhältnis zwischen Bürger und öffentlicher Verwaltung definiert die Staatsform zugleich *Modelle der Zurechnung* politischer Kommunikationen. Dieser Gedanke gründet auf der systemtheoretisch elaborierten Unterscheidung zwischen Kommunikation und Handlung[5]: Sie meint im Kern eine Dekomposition und Reduktion kommunikativer Komplexität zu dem Zweck, vereinfachte Schemata der (sozial konstruierten, also künstlichen) Bestimmbarkeit von Akteuren, Zielen, Absichten, Folgen etc. zu schaffen. So nimmt die Tätigkeit der Verwaltung die Regelform des »Verwaltungsaktes« an, welcher als einzelne, zurechenbare Handlung gut beobachtbar und entsprechend klar in justitiellen Verfahren kontrollierbar ist.
Um die Notwendigkeit dieser Komplizierung zu verstehen, braucht man sich nur vor Augen zu halten, daß es natürlich nicht »der Staat« ist, auf den eine Gefängnisstrafe, ein Einberufungsbefehl, ein Steuerbescheid zurückgeht. Alle »staatliche Tätigkeit« beruht auf *politischen* Entscheidungen – die

4 S. Luhmann 1981, 45ff. und oben Kap. 1.1
5 Luhmann 1984, Kap. 4

politische Mehrheit ist der Souverän. Erforderlich ist der Staat – oder ein funktionales Äquivalent – nur deshalb, weil die aus politischen Kommunikationen resultierenden Entscheidungen durch konkrete, zurechenbare, verantwortliche, ansprechbare, haftende etc. Akteure umgesetzt werden müssen. Und offensichtlich erfolgt diese Umsetzung im absolutistischen Staat anders als im demokratischen Wohlfahrtsstaat. Und so gibt es z. B. ein (in der BRD elaboriertes) Staatshaftungsrecht, nicht aber ein Politik-Haftungsrecht. Daß dieses Auseinanderziehen von Kommunikation und Handlung gerade im Bereich der Politik wichtig ist, zeigen auch Einrichtungen wie die Immunität der Abgeordneten einerseits, die Ministerverantwortlichkeit andererseits. Ebenso klar ist, daß der Staat selbst nicht mit dem Regierungs- oder Staats»apparat« gleichgesetzt werden kann; dies war bereits der Kern der Debatte zwischen Poulantzas und Miliband.[6]

Wie bisher muß deshalb auch im weiteren das implizierte Verhältnis zwischen Politik und Staat mitgedacht werden, wenn von »Staat« die Rede ist. Der Staat ist eine Hilfskonstruktion der Politik, wenngleich eine folgenreiche. Funktionen des Staates verweisen auf primäre Funktionen der Politik in einer Gesellschaft; und es kann kaum einen Zweifel darüber geben, daß die kontinentaleuropäische und insbesondere deutsche Staatstheorie diese ihre Abhängigkeit von der Theorie des politischen Systems einer Gesellschaft immer noch kaum ahnt.

3.1 Das Problem der Gewalt

Daß der Staat Schutz vor Gewalt durch die Monopolisierung von Gewalt leiste, ist – wir wir in Kap. 1 und 2 gesehen haben – die nach wie vor grundlegende der paradoxen Begründungen des Staates. Von Hobbes bis Weber, von Elias bis Nozick zieht diese wundersame Wandlung eines privaten Lasters zu einer öffentlichen Tugend seine theoretischen Kreise. Will

6 Poulantzas 1969; Miliband 1969

man aus diesem notwendigerweise entweder tautologischen oder fiktiven Begründungskreis ausbrechen, dann scheint dies eine Revision der Fragestellung vorauszusetzen: Nicht mehr die Frage, wie soziale Ordnung *entstanden* und zu erklären sei, steht im Zentrum – denn sie kann nur spekulativ oder fiktiv beantwortet werden; sondern erst die Frage, wie bei jeweils gegebenen Bedingungen soziale Ordnung *möglich* sei, zwingt zu der entscheidenden Relationierung von Kontingenzen und Restriktionen, von Möglichkeiten und Beschränkungen, die es erlaubt, idealtypische Rekonstruktionen an die beobachtbare Operationsweise sozialer Ordnung zu binden.

Die wichtigste systemtheoretische Präzisierung der Frage nach der Möglichkeit gesellschaftlicher Ordnung liegt darin, sozietale Ordnung als Problem der reflexiven Organisation zu verstehen: als Problem der Organisation bereits vorgängig organisierter Sozialsysteme. Dies ist eine kaum zu überschätzende theorie-architektonische Weichenstellung. Zum einen wird damit die Frage des Verhältnisses von Individuum und Gesellschaft – immerhin die Kernfrage der bisherigen Theorietradition in Staatsphilosophie und Soziologie – als Spezialfrage des Verhältnisses zweier irreduzibler Systemtypen abgetrennt (wohlgemerkt: nicht für unwichtig erklärt, sondern mit einer eigenständigen Bedeutung versehen). Zum anderen verweist die Idee reflexiver sozialer Ordnung auf die konstituierende Bedeutung der Operationsregeln *sozialer* Systeme für den Aufbau *sozialer* Systeme.

In der neueren staatstheoretischen Diskussion findet sich – wie in Kap. 2.1 ausführlicher dargestellt – eine verwandte Argumentationsfigur bei Robert Nozick[7], der – in Abgrenzung von Rawls – zwei Ebenen der Herausbildung des Staates unterscheidet: Auf einer ersten Stufe bilden Individuen eine Schutzgemeinschaft (»protective association«) zum wechselseitigen Schutz und zur Regelung von Konflikten und Rechtsverletzungen zwischen ihren eigenen Mitgliedern. Der Schutz erstreckt sich sowohl auf äußere wie innere Gewalt; allerdings kann die Differenz von innen und außen

7 Nozick 1974, 12ff. u. 88ff.

für die Mittel des Schutzes, wie auch etwa für die Behandlung der Verletzer einen erheblichen Unterschied ausmachen. Diese privaten Schutzgemeinschaften sind kein Staat, weil sie keine Monopolstellung der Gewaltausübung haben. Es existieren deshalb mehrere oder viele solcher Schutzgemeinschaften. Auf einer zweiten Stufe, derjenigen eines *Marktes von Schutzgemeinschaften*, die aufgrund »besserer« Leistungen um Mitglieder konkurrieren, bildet sich eine dominierende Schutzgemeinschaft (»dominant protective agency«) aus.

Bereits hier ändern sich die wirksamen Gesetzmäßigkeiten oder Spielregeln, weil nur eine, nicht aber mehrere dominierende Schutzgemeinschaften ko-existieren können. Der Übergang zum (minimalen) Staat, zur »dominant protective agency«, findet nach Nozick seine Begründung darin, daß im Rahmen eines Prinzips der »Fairneß« die dominante Schutzagentur die Kontrolle der Verfahren zur Ausübung der Rechtsdurchsetzung ausübt: »The dominant protective association may reserve for itself the right to judge any procedure of justice to be applied to its clients.«[8]

Der für unseren Argumentationszusammenhang wesentliche Punkt ist, daß damit der minimale Staat auch nach den extrem restriktiven Kriterien von Nozick eine Qualität, ein Recht in Anspruch nimmt und nehmen kann, welches *Individuen* nicht zusteht. Nozick entdeckt hier eine emergente Eigenschaft eines neu konstituierten sozialen Systems. Mit Adam Smith nennt er diese für einen Nicht-Systemtheoretiker überraschende Erkenntnis eine »invisible-hand explanation« und formuliert:

> »There is a certain lovely quality to explanations of this sort. They show how some overall pattern or design, which one would have thought had to be produced by an individual's or group's successful attempt to realize the pattern, instead was produced and maintained by a process that in no way had the overall pattern or design ›in mind‹.«[9]

Man kann wissen, daß nach Smith und vor Nozick inbesondere Ökonomen wie Marx oder v. Hayek ähnliche Beobach-

8 Nozick 1974, 101
9 Nozick 1974, 18

tungen gemacht haben (»... results of human intention, but not of human design«). Aus systemtheoretischer Sicht setzt eine Erklärung emergenter Eigenschaften allerdings sehr viel mehr voraus als den Verweis auf eine wissenschaftlich ziemlich unsichtbare »unsichtbare Hand«.

Der entscheidende Ansatzpunkt, um der Wirkungsweise dieser »unsichtbaren Hand« auf die Spur zu kommen, liegt darin, die zu konkrete Ebene physischer Gewaltausübung (und für den ökonomischen Kontext: physischer Bedürfnisbefriedigung) mit Blick auf symbolische Generalisierungen der individuellen Handlungsparamenter zu überschreiten. Mit der Organisierung, Institutionalisierung und Monopolisierung »öffentlicher« physischer Gewaltausübung und schließlich mit ihrer Unterwerfung unter Regeln der Legitimität ändert sich das Phänomen selbst, um das es geht: als Basismechanismus bleibt Gewalt natürlich und einfach Gewalt, doch verändert sie ihre soziale Realität durch einen elaborierten Überbau der symbolischen Generalisierung zu Macht und Herrschaft:

> »Das ermöglicht es, physische Gewalt durch Entscheidungen zu dirigieren, die ihrerseits organisatorisch und/oder rechtlich konditioniert werden können. Und daraus ergibt sich eine völlig veränderte Konstellation in der Frage des Zugangs zur Gewalt.«[10]

Eine veränderte Konstellation ergibt sich allerdings nicht nur in der Frage des Zugangs, sondern insbesondere auch in der Frage der Bedeutung von Gewalt. In ihrer generalisierten Form als politische Macht wird Gewalt zu einer symbolischen Realität, einem spezialisierten Medium der Kommunikation, welches eigenen Regeln und Gesetzmäßigkeiten unterworfen ist – denen eines *kommunikativ konstituierten symbolischen Systems*.

Von den vielfältigen Konsequenzen, die hieraus zu ziehen sind, steht im Hinblick auf die Begründung der Funktion des Staates eine im Vordergrund: In seiner berühmten Definition bezeichnet Max Weber[11] den Staat als »diejenige menschliche Gemeinschaft, welche innerhalb eines bestimmten Gebietes

10 Luhmann 1981, 157
11 Weber 1972, 822

– dies: das ›Gebiet‹, gehört zum Merkmal – das Monopol legitimer physischer Gewaltsamkeit für sich (mit Erfolg) beansprucht.« Mit der Aufgabe einer Kasernierung oder Monopolisierung physischer Gewalt ist die Funktion des Staates aber gänzlich unzulänglich beschrieben. Denn dies beschränkt den Staat auf eine regulative Rolle im Verhältnis von Individuum und Gesellschaft. Diese Beschreibung vernachlässigt die zumindest ebenso bedeutsame Rolle des Staates als Strukturelement einer *gesellschaftlichen Ordnung*, welche sich als System symbolisierter und institutionalisierter Bedeutungen gegenüber der Ebene der Individuen autonom gesetzt hat. In traditioneller Begrifflichkeit hat Weber[12] dies durchaus gesehen, wenn er in Abgrenzung von ›Staat‹ definiert: » ›Politik‹ würde für uns also heißen: Streben nach Machtanteil oder nach Beeinflussung der Machtverteilung, sei es zwischen Staaten, sei es innerhalb eines Staates zwischen den Menschengruppen, die er umschließt.«
Tatsächlich kann *Macht* verstanden werden als eine Erstcodierung physischer Gewalt am Maßstab sozialer Akzeptanz/Nicht-Akzeptanz, wobei dieser Maßstab sich bezieht auf das Problem der Durchsetzbarkeit kollektiv verbindlicher Entscheidungen. Diese Codierung transformiert die an einzelne Personen gebundene physische Gewalt in soziale Herrschaftsbeziehungen, die dann von bestimmten Personen gelöst und in symbolischen Strukturen (wie z. B. Regeln, Konventionen und Normen) organisiert, tradiert und auf Dauer gestellt werden kann. Das *Recht* leistet eine Zweit-Codierung von Gewalt, wenn die Formen der Ausübung von Macht noch ihrerseits nach dem Kriterium von rechtmäßig/nicht-rechtmäßig geregelt werden. *Politik* schließlich kann als Dritt-Codierung von Gewalt aufgefaßt werden, solange man ihr die Aufgabe zuschreibt, die Legitimität gesellschaftlicher Ordnung zu garantieren, indem sie entscheidet über die Kriterien der Gerechtigkeit von Gesetzgebung und über konstitutionelle Arrangements für den Ausgleich widersprüchlicher Auffassungen von Gerechtigkeit. (Diese beiden Aufgaben entsprechen genau den Stufen 1 und 2 des

12 Weber 1972, 822

Verfahrens der Schaffung von Regelsystemen in Sinne Rawls'[13].)
Diese allgemeine Charakterisierung von Macht, Recht und Politik muß spezifiziert werden, sobald Politik (auf dem historischen Hintergrund des Investiturstreits und der Religionskriege) sich zu einem funktional ausdifferenzierten Teilsystem von Gesellschaft entwickelt. Denn nun wird die durchaus alte »Zuständigkeit« der Politik unter anderem auch für die Herstellung kollektiv verbindlicher Entscheidungen zu einer exklusiven »Funktion« (dies habe ich in Kap. 1 ausführlich behandelt). Und damit ändert sich Grundlegendes: Vor allem impliziert die Monopolisierung legitimer öffentlicher Macht im politischen System, daß diese Macht nicht nur zur Abwehr illegitimer Gewalt »von Staats wegen« im Sinn von »oben nach unten« eingesetzt wird, sondern auch zur positiven Durchsetzung privater Rechte von Bürgern, die auf eigene Durchsetzungsrechte verzichtet haben im Vertrauen darauf, daß z.B. die Einhaltung (legaler) privater Verträge öffentlich abgesichert ist.[14]
Schon diese hier nur skizzierte Argumentation zeigt, daß die in der Staatstheorie das Feld beherrschende Begründung des Staates als Monopol legitimer physischer Gewaltausübung nicht nur defizitär, sondern auch irreführend ist. Die Beschreibung trifft zwar gewissermaßen den Ausgangspunkt des Staates, aber gerade nicht mehr die Realität einer Gesellschaft, welche mit der Ausdifferenzierung eines politischen Systems das Problem der Gewalt in politischen Verfahren der Machtkontrolle aufhebt. Der Ausgangspunkt – die Kontrolle illegitimer Gewaltausübung – wird überlagert von den *Folgeproblemen* dieser Kontrolle. Folgeprobleme ergeben sich aus der Frage, welchen Bedarf an kollektiv-verbindlichen Entscheidungen die Gesellschaft insgesamt und die anderen ausdifferenzierten Subsysteme haben und wie die Durchsetzung dieser Entscheidungen glaubhaft gemacht werden kann. Man kann sich nur darüber wundern, daß Nozick[15] sich darüber wundert, daß die entwickelten mo-

13 Rawls 1971, 195f.
14 Luhmann 1981, 158 u. 167ff.
15 Nozick 1974, 276 mit Verweis auf O. v. Gierke

dernen Staaten ausnahmslos seiner Definition des allein legitimen, minimalen Staates nicht gehorchen. Wie Rawls auch, geht er von einer Art Originalzustand (»original position«, »state of nature«) aus; und er kann seine Argumentation von dieser philosophisch attraktiven, soziologisch aber fatalen Anbindung nicht mehr befreien.[16]

Systemtheoretisches Denken verweist darauf, daß komplexe Gesellschaftssysteme auf sich selbst reagieren, also z. B. eine Gesellschaft nach den ersten Schritten und Erfolgen einer Monopolisierung der Gewaltausübung nicht mehr die ursprüngliche ist.[17] Eine von vielen Folgen dieses Monopolisierungsprozesses ist der allmähliche Aufbau einer über politische Entscheidungen konstituierten *machtbasierten Infrastruktur* der Gesellschaft. Sie dient dazu, die Durchsetzung kollektiv-verbindlicher Entscheidungen zu ermöglichen und glaubhaft zu machen. Sie umfaßt vor allem Polizei, Militär, Gerichte, Finanzämter, Gefängnisse, Ministerial- und Verwaltungsbürokratien, aber auch Aspekte von Schulen, Kammern, Anstalten und Körperschaften des öffentlichen Rechts. An der Tatsache, daß auch relativ »staatslose« Gesellschaften wie die USA oder Großbritannien eine solche machtbasierte Infrastruktur aufweisen, zeigt sich noch einmal deutlich, daß der Staat mit dieser Infrastruktur nicht gleichgesetzt werden darf. Vielmehr muß man schließen, daß eine primäre Funktion der Politik – die Stabilisierung von Ordnung und Frieden durch die Fähigkeit, kollektiv-verbindliche Entscheidungen zu treffen und durchzusetzen, notfalls mit Gewalt – zum Aufbau einer machtbasierten Infrastruktur führt.

Die Idee der machtbasierten Infrastruktur läßt sich allerdings nur produktiv verwenden, wenn sie aus der allgemeinen Konfusion um den Machtbegriff herausgehalten wird – wenn also sowohl der Machtbegriff wie auch das Konzept der Infrastruktur systemtheoretisch präzisiert werden können. Sobald und soweit sich in modernen Gesellschaften der Primat funktionaler Differenzierung durchsetzt, zwingt die Exklusivität der Zuständigkeiten einzelner gesellschaftlicher

16 Rawls 1981, 17ff. u. 136ff.; Nozick 1974, 7ff.
17 Grundlegend Luhmann 1984, 599ff.

Funktionssysteme zu einer Trennung zwischen funktionsspezifisch spezialisierten und lebensweltlich diffusen Kommunikationsformen. So trennen sich wissenschaftliches Wissen und Alltagwissen, pädagogische Erziehung und familiale Sozialisation, geldbasierte Zahlungen von Hauswirtschaft, klinische Krankheitsbehandlung und die Verwendung von Hausmitteln etc. und insbesondere auch politische, d.h. legitime öffentliche Macht und andere Formen diffuser sozialer Macht.

Daraus folgt für Macht zumindest zweierlei: Zum einen beansprucht zwar politische Macht in den sich konsolidierenden, national organisierten Gesellschaften eine kategorische Exklusivität der Zuständigkeit für die Funktion der Generierung und Durchsetzung kollektiv verbindlicher Entscheidungen, aber dies schließt weder theoretisch noch praktisch andere Formen der »Macht« in diesen Gesellschaften aus. *Politische* Macht ist streng gebunden an die gesellschaftliche Funktion der Produktion kollektiv verbindlicher Entscheidungen. Dies läßt Raum für »Macht« in Familien, Organisationen bis hin zu nicht-politischer Macht in internationalen Beziehungen. Es braucht also gar nicht bestritten werden, daß in Familien oder Schulen oder Unternehmen oder Universitäten ›irgendwie‹ auch »Macht« eine Rolle spielt. Wichtig ist nur zu sehen, daß all dies, wenn man es schon weiterhin Macht nennen möchte, eben keine *politische* Macht – die gekennzeichnet ist durch die strikte Exklusivität der Leitdifferenz Regierung/Opposition und die Codierung der politischen Kommunikation im Rahmen dieser Leitdifferenz –, sondern konsequenterweise diffuse soziale »Macht« ist, die sich aus den unterschiedlichsten Ressourcen (»assets«) speisen kann. Diese erste begriffliche Klärung löst das Problem, daß die extrem einflußreiche Webersche Definition, wonach Macht jede Chance bedeute, »innerhalb einer sozialen Beziehung den eigenen Willen auch gegen Widerstreben durchzusetzen«, eben nicht differenziert zwischen politischer Macht und diffuser sozialer Macht.[18] Ist der Rah-

18 Was Max Weber selbst sehr genau gesehen hat und deshalb hinzufügt: »gleichviel worauf diese Chance beruht« und dann ausdrücklich sagt: »Der Begriff ›Macht‹ ist soziologisch amorph« (alle Zitate:

men so abgesteckt, dann macht es durchaus Sinn, alle nur denkbaren Formen der Erzeugung von Folgebereitschaft – von verwandtschaftlichen Bindungen über utilitaristische Kalküle bis zu überlegenem Wissen – als »Macht« zu behandeln. Damit gerät allerdings die Besonderheit politischer Macht, und insbesondere politischer Macht in modernen differenzierten Gesellschaften, aus dem Blick. Diese Besonderheit läßt sich erst verstehen, wenn man die Folgen berücksichtigt, welche sich aus der revolutionären Realität einer säkularen, kontingenten Ordnung neuzeitlicher Gesellschaften für die Möglichkeiten der Begründung dieser Ordnung ergeben. Denn dann genügen weder verwandtschaftliche Bindungen noch utilitaristische Nutzenkalküle noch überlegenes Wissen, weder Tradition noch Charisma, weder technischer Sachzwang noch anarchische Selbstverwirklichung von Individuen oder Gruppen zur Absicherung einer dauerhaften gesellschaftlichen Ordnung. Die gesellschaftsgeschichtlich-evolutionäre Lösung, die sich in der Moderne durchgesetzt hat, liegt vielmehr in der höchst unwahrscheinlichen und paradoxen Konstruktion, gesellschaftlich amorphe Macht zu kollektiv verbindlicher Entscheidungsfähigkeit zu steigern und diese politische Macht zugleich an die rationale und formale Zustimmung der Macht-Betroffenen zurückzubinden. In dieser Sicht überrascht es dann schon viel weniger, daß das zentrale Instrument zur Auflösung der Paradoxie einer sich selbst bindenden politischen Macht das Institut des *Vertrages* ist, der als Gesellschafts- und Herrschaftsvertrag Autonomie und Selbstbindung der Vertragsschließenden verknüpft.

Zum anderen folgt aus der Trennung von politischer Macht und amorpher sozialer »Macht« die Möglichkeit, politische Macht spezifisch politischen Formen der Kontrolle und Legitimierung zu unterwerfen. Kollektiv verbindliche Entscheidungen sind nur dort erforderlich und legitimierbar, wo es um *kollektive Güter* geht. Im Begriff des »Kollektivgutes« vermengt sich in bezeichnender Weise das ökonomische Mo-

Weber 1972, 28). Zu viele Kommentatoren haben übersehen, daß sich auf dieser Grundlage die Spezifität politischer Macht nur auf dem Rückweg über Herrschaft rekonstruieren läßt.

ment des »Produktes« und das politische Moment kollektiver Verantwortlichkeit und kollektiven Schutzes – und mithin spezifischer Legitimationsbedürftigkeit. Anders formuliert: Der Begriff bezeichnet eine ökonomisch gefärbte Beobachtung eines Gegenstandes politischer Entscheidung.[19] Politische Macht bezieht sich also auf die Produktion, Sicherung und Dislozierung von Kollektivgütern, während für private Güter diese Funktion in modernen Gesellschaften von einer geldgesteuerten Ökonomie übernommen wird. So wie die Operationslogik einer Markt-Ökonomie von den Besonderheiten privater Güter geprägt ist, so ist die Operationslogik politischer Macht auf das Problem der Organisation kollektiver Güter zugeschnitten. Diese fundamentale Differenz begrenzt alle Analogien zwischen dem ökonomischen und dem politischen Markt, zwischen privaten und politischen Unternehmern, zwischen ökonomischem und politischem Kapital aufs engste.

Kollkektivgüter lassen sich definieren als Güter, deren Konsum 1. nicht teilbar ist, deren Nutzung also zwischen Individuen nicht konkurriert oder rivalisiert und 2. deren Nutzung nicht auf einzelne begrenzt ist, sondern allen Personen einer Kollektivität zugute kommt.[20] Schematisiert ergibt diese doppelte Unterscheidung vier Felder mit unterschiedlichen Typen von Gütern:

KONSUM	AUSSCHLUSS	
	möglich	nicht möglich
konkurrierend	1 *Privatgut*	2 *Mischgut*
nicht-konkurrierend	3 *Kollektivgut*	4 *Kollektivgut*

Musgrave u.a. bezeichnen Fall 1 als »eindeutigen Fall eines privaten Gutes«, die Fälle 3 und 4 als diejenigen, die üblicherweise als »öffentliches Gut« bezeichnet werden, und Fall 2 als eine Art des Marktversagens, die öffentliche Bereitstellung des Gutes erfordert, »bis Techniken entwickelt

19 Ich verdanke den Hinweis auf die »ökonomische Färbung« Dirk Baecker.

20 Musgrave u.a. 1978 (1973), 54ff.; dort S. 57 auch die Grundzüge der folgenden Tabelle

worden sind, die einen Ausschluß ermöglichen.«[21] Offensichtlich fügt sich die soziale Realität nicht bruchlos dieser Schematisierung. Während Mischformen und querstehende Kategorien wie meritorische Güter oder Club-Güter angemessenere Differenzierungen erlauben[22], soll hier die Frage im Vordergrund stehen, warum die Existenz und Verfügbarkeit unbezweifelbarer Kollektivgüter – wie etwa innerer und äußerer Friede, Rechtssicherheit, Umweltschutz, ein Kfz-Haftpflicht-Versicherungssystem, Patentschutz, Steueraufkommen, Grundlagenforschung oder ein allgemeines Schulsystem – nicht durch die private Koordination interessierter Individuen zu sichern ist, sondern die Ausübung politischer Macht erfordert.

Die entscheidende Idee zur Aufklärung dieser Frage stammt von Mancur Olson, der in seiner »Logik des kollektiven Handelns« die Kollektivgutproblematik mit der Frage des rationalen, nutzenorientierten Entscheidens von Mitgliedern einer Gemeinschaft verknüpft hat. Er stellt den theoretisch konsistent hergeleiteten Satz auf, daß rationales Kollektivhandeln gerade dann *unmöglich* sei, wenn die Beteiligten individuell rational i. S. v. nutzenmaximierend entscheiden: ist über die Herstellung, Sicherung und Verwendung eines kollektiven Gutes zu entscheiden und kann vom Genuß des Kollektivgutes kein Mitglied des (hinreichend großen) Kollektivs ausgeschlossen werden, dann ist es die individuell rationalste Entscheidungsalternative, *nicht* zu kooperieren, also selbst die Kosten der Kooperation zu sparen und darauf zu warten, daß die anderen das Kollektivgut produzieren. Die Herstellung eines Kollektivgutes kommt demnach nur zustande, wenn es Motive oder Interessen der einzelnen gibt, die dem rationalen Motiv, sich als »free rider« zu verhalten, stark genug entgegenwirken.[23]

21 Musgrave u.a. 1978, 57f.

22 Zu meritorischen Gütern Musgrave u.a. 1978, 76ff. und Stiglitz 1989, 48; zu Club-Gütern Cornes/Sandler 1986

23 Grundlegend Olson 1965; aus der weiterführenden Literatur s. Buchanan 1975, 35ff.; speziell mit Blick auf demokratische Entscheidungsverfahren hatte Kenneth Arrow schon 1951 argumentiert, daß bei kollektiven Entscheidungen die individuellen Präferenzstrukturen sich nicht umstandslos in entsprechende kollektive Präferenzen

Vermutungen darüber, was solche non-egoistischen Motive sein könnten, haben politische Philosophie, Staatstheorie und Gesellschaftstheorie seit ihren Anfängen beschäftigt. Zunächst kamen extern verankerte Motive für »altruistisches« Handeln in Frage, vor allem religiöse, familiäre und traditionale Bindungen, die den einzelnen in einen übergreifenden sozialen Zusammenhang stellten, so daß es auf seine individuelle und insofern egoistische Motivlage gar nicht ankam. Mit der gesellschaftsgeschichtlichen Erosion dieser traditionalen Formen der Stiftung von sozialer Bindung und der damit verknüpften »Erfindung« des souveränen Individuums stellte sich das Problem der Bändigung und Sublimierung des Egoismus auf eine neue Weise. Machiavellis Lösung war der rationale Wille zur Macht des Einen und die Unterwerfung der Anderen; Hobbes' Idee war die Nutzung der wechselseitigen *gegenwärtigen* Angst der Menschen voreinander für die Unterwerfung aller unter die allgemeine Herrschaft des Souveräns. Rousseaus Vision war die Einsicht aller Bürger in die Notwendigkeit einer überindividuellen »volonté générale«, über die sich alle gemeinsam zur Freiheit zwangen.[24]

Rückblickend kann man sagen, daß diese und viele andere heroischen Versuche gescheitert sind, die unerbittlichen Kosten des mit der Renaissance denkbaren und mit der protestantischen Ethik sich durchsetzenden Triumphs der Individualisierung zu ignorieren. Die Kosten ergaben sich aus der Unmöglichkeit, dem souveränen Individuum altruistische Motive zu unterstellen, ohne genau damit den Kern der Individualität zu negieren. Ein Individuum ist nicht nur zwingend egoistisch, sondern – weit folgenreicher – dieser Egoismus muß zugunsten der Individualisierung ganz den Ruch des Unmoralischen verlieren und zur eigentlichen Ra-

transformieren, weil wahrscheinlicher ist, daß sie sich zu intransitiven und Mehrheitsverhältnisse verfälschenden Gesamtpräferenzen aggregieren (dazu Buchanan 1975, 144).

24 »Wer dem Gemeinwillen (volonté générale) den Gehorsam verweigert, muß durch den ganzen Körper dazu gezwungen werden. Das heißt nichts anderes, als daß man ihn dazu zwingt, frei zu sein.« (Rousseau 1977, 77)

tionalität sich läutern.[25] Mit Mandeville und Adam Smith setzt dieses Umdenken in Moralphilosophie und Gesellschaftstheorie ein, gerät aber sogleich auf ein gänzlich irreführendes Gleis und ist vermutlich eben deshalb so erfolgreich, weil sowohl das Problem wie auch die Lösung des Problems eines nicht korrigierbaren Egoismus aus dem Bereich des Politischen herausverlagert wird in eine Ökonomie, die gerade begonnen hat, ihre eigene Operationslogik in einem geldgesteuerten Markt zu finden.

Die Faszination einer Operationslogik, welche die Frivolität rational-egoistischer Individuen nicht nur zuließ, sondern für ihren Systemerfolg sogar voraussetzte, muß ungeheuer gewesen sein – und sie ist es wohl heute noch. Mit der Entdeckung der »unsichtbaren Hand« hatte Adam Smith das ebenso geheimnisvolle wie plausible Prinzip benannt, über das sich eine *zwanglose* Verknüpfung zwischen individuellem Egoismus und kollektiver Wohlfahrt herstellen ließ. Um so schwieriger war es in der Folge, diese umstandslose Verquickung von individueller Rationalität und Gemeinwohl als einen auf die Marktökonomie beschränkten, engen Spezialfall zu begreifen, der zum einen von vielfältigen institutionellen Voraussetzungen politischer, rechtlicher und organisatorischer Art – dem Ensemble nicht-marktförmiger

25 Dieser Konsequenz versuchen Moralphilosophen auch heute noch zu entgehen. Beispielhaft Karl-Otto Apel (1990, 128), der einerseits der gesamten utilitaristischen Tradition vorwirft, der Illusion zu erliegen, sie könne eine Sozialethik »allein auf das wohlverstandene Selbstinteresse der Individuen... gründen«; andererseits schlägt er in der Tradition von Kant und Rawls mit einer universalen (zweistufigen) Diskursethik ein »deontisches Universalisierungsprinzip« vor, dessen Möglichkeit eine individuelle »Einsicht« voraussetzt, die nirgends begründet ist. Eine systemtheoretische Reformulierung zielt, wie im folgenden gezeigt wird, direkt und bewußt auf eine *selbstreferentielle* Begründung eines mit dem Individualinteresse kompatiblen Kollektivinteresses oder Gemeinwohls. Die entscheidende Weichenstellung liegt in der Einbeziehung der Zeitdimension, in der die Produktion von Kollektivgütern auch individuell rational sein kann. Selbstrefentialität kommt ins Spiel, weil in der Perspektive der Kollektivgutproblematik deutlich wird, daß die Fähigkeit zur kollektiven Vertragsschließung selbst ein kollektives Gut ist.

Bedingungen des Marktes – abhing; der zum anderen als Kern seiner Operationslogik eine generalisierte Möglichkeit der Beobachtung zweiter Ordnung voraussetzt – also die auf den Märkten nahezu in Echtzeit beobachtbare Bildung von Preisen unter Konkurrenzdruck und die in den Preisen beobachtbare Beobachtung von Zahlungen.[26]

Sind aber diese zentralen Voraussetzungen – Preisbildung und auf reflexiver Beobachtung beruhende Zahlungen – nicht gegeben, dann versagt der geniale Automatismus der »unsichtbaren Hand« und das hartnäckige Problem der Unvereinbarkeit von individueller Rationalität und den Bedingungen der Produktion kollektiver Güter bricht erneut auf. Diese Erfahrungen haben organisierte Ökonomien sozialistischer Prägung mit allen bitteren Konsequenzen machen müssen, und auch Gesellschaften mit einer kapitalistischen Ökonomie müssen mit einer elaborierten Kartellgesetzgebung und dem Verbot von (nicht-staatlichen) Monopolen die in der Ökonomie selbst angelegte Zerstörung der Wirkungsbedingungen der »unsichtbaren Hand« unterbinden. Nun ist auch leicht zu sehen, warum für Kollektivgüter die »unsichtbare Hand« erst gar nicht wirksam werden kann: Definitionsgemäß kann es für diese Art Güter keine marktförmige Preisbildung und mithin auch keine auf reflexiver Beobachtung gründende Zahlungen geben. Da die Nutzung kollektiver Güter jedenfalls nicht konkurriert und häufig auch ein Ausschluß nicht-berechtigter bzw. nicht-zahlender Personen nicht möglich ist, macht eine freie Preisbildung keinen Sinn – im Gegenteil, jeder erkennbare Preis müßte die Option der Nicht-Kooperation und des Trittbrettfahrens noch attraktiver machen.

In aller Deutlichkeit ist damit gezeigt, daß für den gesamten Bereich der Produktion, Sicherung und Dislozierung von Kollektivgütern – also für den Bereich der Politik – keine Hoffnung auf die Wirkung des Automatismus der »unsichtbaren Hand« besteht[27]; daß aber ein funktionales Äquivalent

26 Ausführlich hierzu Baecker 1988, bes. 96ff. u. 198ff. und Luhmann 1988, bes. 91ff.

27 Dies impliziert auch, daß das oben angeführte Argument von Nozick zur Begründung seiner »invisible-hand explanation« der Emergenz

dafür im Bereich der Politik notwendig ist und geschaffen werden muß, um den Hiatus zwischen individueller Rationalität und kollektiver Wohlfahrt zu überbrücken. Die Suche nach einem solchen funktionalen Äquivalent ist in den Gerechtigkeitstheorien der politischen Philosophie und den Konstitutionstheorien der politischen Wissenschaft zweifelsohne große Schritte vorangekommen. Aber sie ist ebenso zweifelsohne auf eine neue, weniger spekulative Grundlage gestellt worden durch die Olsonsche Formulierung der Kollektivgutproblematik. So ist aufschlußreich, daß etwa Rawls' Gerechtigkeitstheorie, obwohl sechs Jahre nach Olsons »Logik des kollektiven Handelns« erschienen, zwar auf wenigen Seiten die Bedeutung kollektiver oder »öffentlicher Güter« anerkennt und ausdrücklich folgert, daß in diesen Fällen »voluntary agreements cannot be expected to develop. It follows that arranging for and financing public goods must be taken over by the state and some binding rule requiring payment must be enforced«[28]; aber der Schwerpunkt seiner Argumentation kreist um die diffuse Kategorie der »social goods« (»rights and liberties, opportunities and powers, income and wealth«[29]), welche die grundlegende Unterscheidung zwischen privaten und öffentlichen Gütern, zwischen individueller Rationalität und kollektiver Wohlfahrt gerade wieder verwischt.[30]

des minimalen Staates nicht trägt. Denn die Kontrolle über das Verfahren zur Ausübung der Rechtsdurchsetzung reicht keineswegs aus, die Schwierigkeiten der Produktion kollektiver Güter zu überwinden.

28 Rawls 1971, 267

29 Rawls 1971, 92

30 Natürlich sieht Rawls das Problem. Es scheint aber, als finde er seine Lösung in einer Definition individueller Rationalität – »The main idea is that a person's good is determined by what is for him the most rational *long term* plan of life given reasonably favorable circumstances.« (1971, 92f.; Hervorhebung von mir, H.W.) – die mit der Unterstellung von Langfristigkeit der Perspektive genau das als problemlos gegeben annimmt, was sich mit nutzenorientierter individueller Rationalität nicht verträgt. Die lokalen bis hin zu globalen Risiken der Umweltverschmutzung, einschließlich der Risiken für künftige Generationen, sind der wohl massivste Beleg für ein Scheitern der Rationalität im Rawlsschen Sinne.

Nimmt man an dieser Stelle den oben in Kap. 2.2 ausgeführten Gedanken hinzu, daß kollektive Güter nicht ein für allemal gegeben sind, sondern in unterschiedlichen Dimensionen neu entstehen können, weil in dynamischen Gesellschaften neue kollektive Risiken und Opportunitäten sich entwickeln, dann läßt sich nun genauer fassen, in welche Richtungen der Einsatz von politischer Macht gelenkt werden muß, damit die Produktion der erforderlichen Kollektivgüter gewährleistet werden kann. Was ist im Bereich der Politik, so lautet nach wie vor die Frage, ein funktionales Äquivalent zum Invisible-Hand-Mechanismus der Marktökonomie? Dieser wendet die rationale Konkurrenz der Individuen um den rivalisierenden Konsum privater Güter in eine hinter dem Rücken der Akteure sich vollziehende latente Kooperation um das gemeinsame Gut eines funktionierenden Marktes. Für die Politik geht es darum, eine manifeste Kooperation zwischen Akteuren zu bewerkstelligen, deren Rationalität als gesellschaftlich freigesetzte Individuen in der Konkurrenz um komparative Nutzenvorteile liegt. Kooperation läßt sich deshalb nur erwarten, wenn die erwarteten Vorteile der Kooperation die Kosten des Verzichts auf Konkurrenz überwiegen.

Nicht zufällig führt diese Formulierung in die Nähe des »prisoner's dilemma«. Ohne auf Details und Limitationen dieses Analyseinstruments einzugehen, möchte ich die für unseren Zusammenhang wichtigen Schlußfolgerungen verwenden, die insbesondere Axelrod und Keohane für die Bedingungen der Möglichkeit von Kooperation im politischen Bereich gezogen haben. Sie postulieren als zentrale Momente der Ermöglichung von Kooperation drei Bedingungen:

1. Gegenüber kurzfristigen, gegenwärtigen Nutzenkalkülen muß die Relevanz der Zukunft erhöht werden.[31]
2. Die Nutzenkalkulation selbst muß durch die Sicherung zukünftiger Nutzen der Kooperation verändert werden. Wechselseitige Interessen und Interdependenzen in der Er-

31 »This is because the players can each use an implicit threat of retaliation against the other's defection – if the interaction will last long enough to make the threat effective.« (Axelrod 1984, 126)

zeugung kollektiver Güter sind die Grundlage für diese Möglichkeit der Veränderung der »payoffs«.[32]

3. Mechanismen zur Stabilisierung von Erwartungen stützen die Möglichkeit, im Geflecht konfliktorischer und komplementärer Interessen Korridore rationaler (i.S.v. für alle Beteiligten nützlicher) Kooperation zu entdecken.[33]

Ausgangspunkt des Arguments war, daß in Gesellschaften mit ausdifferenzierten ökonomischen und politischen Funktionssystemen die Marktökonomie dort, wo sie funktioniert, eine zwanglose und selbstverstärkende Verknüpfung individueller Rationalität und öffentlicher Wohlfahrt ermöglicht, daß genau dies aber für den Bereich kollektiver Güter nicht gelingt. Über Kollektivgüter muß kollektiv verbindlich entschieden werden, und diese Entscheidungen müssen aufgrund einer generalisierten Zwangsbefugnis durchgesetzt werden, weil nur eine generelle Sicherung gegen Trittbrettfahrer garantiert, daß im Prinzip alle Bürger sich an den Kosten der Herstellung von Kollektivgütern beteiligen – und sie dies tun, weil sie wissen, daß im Prinzip sich alle beteiligen. Daraus folgt kohärent die Bestimmung der gesellschaftlichen Funktion der Politik als die Generierung und Durchsetzung kollektiv verbindlicher Entscheidungen. Unterschiede in der Reichweite und im Modell von Politik ergeben sich aus unterschiedlichen Antworten auf die Frage, welche Kollektivgüter geschaffen werden sollen. Die Produktion von Kollektivgütern setzt die Kompetenz-Kompetenz über den Einsatz physischer Gewalt und Steuerhoheit voraus, weil jedes Kollektivgut auch Geld kostet und weil nur über die glaubhafte Androhung von Zwang gegen Trittbrettfahrer garantiert werden kann, daß alle Bürger sich an

32 Axelrod/Keohane 1985, 229: »The payoff structure that determines mutuality of interests is not based simply upon objective factors, but is grounded upon the actor's perceptions of their own interests. Perceptions define interests. Therefore... we must understand the process by which interests are perceived and preferences determined.« Diese Präzisierung wird später für die Beschreibung der Rolle von Infrastruktur wichtig werden.

33 »Cooperation can only take place in situations that contain a mixture of conflicting and complementary interests.« (Axelrod/Keohane 1985, 226)

den Kosten der Produktion beteiligen und mithin durch Ausschluß der Free-rider-Option die Beteiligung an den Kosten des Kollektivgutes zu einer *auch individuell rationalen* Handlungsstrategie wird. Die Notwendigkeit von Politik in modernen säkularen Gesellschaften folgt demnach aus dem Bedürfnis nach kollektiven Gütern, über die kollektiv verbindlich entschieden werden muß. Aber dies ist nur eine Begründung für die Eigenständigkeit von Politik und ihre Nicht-Ersetzbarkeit etwa durch Ökonomie oder durch Erziehung oder durch Moral; das Argument gibt indessen noch zu wenig Anhaltspunkte für die Form der Politik und ihre Legitimität.
Denn grundsätzlich wäre auch Machiavellis oder Hobbes' Lösung des Problems der Politik möglich, sobald der Souverän kollektiv verbindliche Entscheidungen fällt und garantieren kann, daß Trittbrettfahrer ausgeschlossen sind. Dieses Argument verkennt allerdings, daß kollektiv verbindliche Entscheidungsfähigkeit selbst ein Kollektivgut ist und mithin den Restriktionen des Auseinanderklaffens von individueller und kollektiver Rationalität unterliegt. Gehorsam gegenüber politischer Macht macht nur dann einen individuell rationalen Sinn, wenn auch alle anderen sich den verbindlichen Entscheidungen unterwerfen. Diese reflexive Schleife reduziert die Möglichkeiten legitimer Herrschaft dramatisch; genaugenommen bleibt als legitime Herrschaft dann nur Demokratie und die Herrschaft des allgemeinen Gesetzes (als Ausdruck kollektiv verbindlicher Entscheidung) übrig. Denn niemand wird vernünftigerweise der Produktion des Kollektivgutes ›kollektiv verbindliche Entscheidungsfähigkeit‹ zustimmen ohne die größtmögliche Absicherung gegen eine despotische Degenerierung dieser Entscheidungsmacht.
In der Perspektive der Kollektivgutproblematik kann das politische Teilsystem moderner Gesellschaften als ein spezialisiertes Funktionssystem seine Aufgabe nur erfüllen, wenn es Prozesse und Strukturen ausbildet, die jenes funktionale Äquivalent zum »Invisible-hand-Mechanismus« ausmachen, welches Kooperation zu einer rationalen Handlungsoption der Bürger macht. In dieser Perspektive läßt sich dann

auch erkennen, daß moderne demokratische Politiksysteme in einem frappierendem Maße die prozeduralen und institutionellen Strukturen aufweisen, die es ermöglichen, die individuell rationale Konkurrenz der Individuen in eine kollektiv rationale Kooperation der Bürger einmünden zu lassen. Es sind Strukturen, welche die oben im Anschluß an Axelrod und Keohane formulierten Bedingungen der Ermöglichung von Kooperation – Relevanz der Zukunft, Veränderung der »payoffs« und Stabilisierung von Erwartungen – in historisch gewachsenen Formen eingelöst haben. Ich möchte diese traditionellen Formen als *machtbasierte Infrastruktur* bezeichnen, weil sie die klassische Aufgabe haben, das primäre Kollektivgut der Fähigkeit zur Produktion und Durchsetzung kollektiv verbindlicher Entscheidungen abzusichern durch die Kompetenz-Kompetenz über den Einsatz physischer Gewalt und die Erhebung von Steuern.

Von *Infrastruktur* ist hier die Rede, weil etwa das Gewaltmonopol oder die Steuerhoheit in realen Gesellschaften und ihren politischen Systemen nicht nur auf einen zentralen Punkt höchster und alleiniger Entscheidungsgewalt gebündelt sind, sondern sich in ein mehr oder weniger feingliedriges Netz prozeduraler, organisatorischer und institutioneller Vorkehrungen verzweigen, welches die Gesellschaft überzieht und der *dezentralen Generierung und Implementation* kollektiv verbindlicher Entscheidungen dient. Zwar ist für extreme Ausnahmefälle, wie etwa eine schweizerische Landgemeinde, noch denkbar, daß eine allgemeine Bürgerversammlung zentral und gebündelt über den Einsatz von Gewalt oder die Erhebung von Steuern entscheidet. Aber das Beispiel macht zugleich deutlich, daß im Normalfall von Massendemokratien zwischen die Entscheidungen des Parlaments als repräsentativem Souverän und der faktischen Implementierung dieser Entscheidungen ein dichtes Netz machtbasierter Infrastruktur geschaltet ist, welches dem politischen System faktisch erst die Durchdringung und Inklusion einer sozial verdichteten und komplexen Gesellschaft ermöglicht. Es gibt in den Staats- und Wirtschaftswissenschaften keinen allgemein akzeptierten Begriff der Infrastruktur, nachdem dieser Begriff in den 60er Jahren vor allem im Bereich der Raum- und Regionalplanung und der Wirtschaftsförderung eingeführt wurde. Frey stellt lapidar fest: »Unter Infrastruktur versteht man in erster Linie öffentliches Kapital und unter ›Infrastrukturinvestitionen‹ öffentliche Investitionen.«[34] Dennoch reicht diese Begriffsfassung aus, wenn man zugrunde legt, daß es in der Tat um öffentliche Investitionen in die Produktionsbedingungen von kollektiven Gütern geht. Das dafür erforderliche »Kapital« ist für die Politik primär Macht, dann fiskalische Ressourcen und schließlich für den Aufbau einer wissensbasierten Infrastruktur Expertise.

Dieser Gedanke hat Edward Lehman im Anschluß an die historischen Studien von Michael Mann dazu geführt, politische Macht als einen mehrdimensionalen Rahmen zu verstehen, in dem despotische und infrastrukturelle Aspekte sich gegenüberstehen. Der despotische Aspekt wird durch den Grad bezeichnet »to which one actor (individual or collective) is empowered with ultimate responsibility *without the need for extensive institutionalized negotiations.«* Der infrastrukturelle Aspekt dagegen »refers to political authorities' ability to penetrate civil society.«[35] Während autoritäre Regimes den infrastrukturellen Aspekt vernachlässigen, greifen demokratische Regimes auf infrastrukturelle Strategien der Intervention in Gesellschaft zurück.[36] Machtbasierte Infrastruktur dient in dieser Sicht einerseits der

34 Frey 1978, 200. Etwas differenzierter formuliert Simonis 1977, 89: »Die begriffliche Abgrenzung zwischen Infrastruktur und öffentlichen Gütern ist unscharf; nicht alle öffentlichen Güter haben Infrastrukturcharakter und nicht alle Bestandteile der Infrastruktur sind zugleich öffentliche Güter... Infrastrukturinvestitionen sind Investitionen, die Charakteristika der öffentlichen Güter aufweisen oder aus anderen Gründen einen öffentlichen Eingriff oder öffentliche Kontrolle erforderlich machen.«

35 Beide Zitate bei Lehman 1988, 813 (Hervorhebung von mir, H.W.)

36 »Democratic regimes have relied on infrastructural strategies in lieu of despotic control.« (Lehman 1988, 813). Der Aufbau neuer Formen der Infrastruktur, wie er in Kap. 3.3 am Fall der »wissensbasierten Infrastruktur« vorgeschlagen wird, ist deshalb insgesamt zu verstehen als Ausweitung des Überschneidungsbereichs von »despotischen« und »infrastrukturellen« Momenten der Politik.

Institutionalisierung von Verhandlungen und Abstimmungen zwischen den Teilen eines nicht-zentralisierten komplexen Zusammenhanges von Akteuren und Interessen; zum anderen dient sie der Aufhebung der Dialektik von Exklusion und Inklusion politischer Kommunikationen in funktional differenzierten Gesellschaften. Dies läßt sich an einer verzweigten Verwaltungsstruktur – von Bundesministerien bis zu den Abteilungen einer Gemeindeverwaltung – ebenso beobachten wie etwa am Gerichtssystem oder an der Organisation der Finanzverwaltung. Die Auflösung einer einheitlichen, zentralen und insofern »despotischen« kollektiv verbindlichen Entscheidungsinstanz in eine mehrschichtige, föderative und dezentralisierte Infrastruktur verschiebt die Antinomie von verbindlicher Entscheidung und Machtunterworfenheit in die rekursive Struktur eines Machtkreislaufes, in dem die Festlegung einer dezentralen und diskursiven Infrastruktur von Verhandlungs- und Abstimmungsprozeduren den Sinn hat, die Verfestigung von Machtstrukturen zu verhindern. Diese grundlegenden Mechanismen einer demokratischen politischen Ordnung werden breit diskutiert und sollen hier nicht vertieft werden.

Ein weiterer Aspekt der Bedeutung einer machtbasierten Infrastruktur scheint mir allerdings stark vernachlässigt zu werden. Es sind diejenigen Momente von Infrastruktur, welche die Produktion kollektiver Güter dadurch erst ermöglichen, daß sie »unwahrscheinliche« Erwartungen stabilisieren und »unwahrscheinliche« Formen der Kooperation auch individuell rational begründbar machen. Ich gehe zunächst mit Luhmann von der allgemeinen Annahme aus, »daß Macht eine Chance ist, die Wahrscheinlichkeit des Zustandekommens unwahrscheinlicher Selektionszusammenhänge zu steigern.«[37] Zwar ist die Erleichterung unwahrscheinlicher Selektionen eine Besonderheit aller verdichteten Kommunikationszusammenhänge, weil in ihnen Erwartungen stabilisiert werden können, die in der Alltagskommunikation keine Chance hätten: so beruht wissenschaftliche Kom-

37 Luhmann 1975, 12

munikation auf der höchst unwahrscheinlichen Annahme, daß ich einer wissenschaftlich reputierlichen Quelle auch ohne eigenen Augenschein und ohne eigene Beobachtung vertraue und so auf einem Berg ungeprüfter Annahmen aufbauen kann, um darauf ein weiteres Hügelchen aufzuschütten; und so beruhen ökonomische Transaktionen über weite Strecken und lange Handlungsketten darauf, daß ich die höchst unwahrscheinliche Annahme mache, meine Geschäftspartner seien nicht auf Betrug, sondern – bei allen implizierten Risiken – auf Reziprozität aus, obwohl ich keine freundschaftlichen oder verwandtschaftlichen Beziehungen zu ihnen habe.
Aber gegenüber diesen Fällen weist Macht eine weitere Besonderheit auf. Sie ermöglicht die Stabilisierung unwahrscheinlicher Erwartungen und damit die Etablierung von Selektions- und Entscheidungszusammenhängen auch gegen die *gegenwärtig* rational erscheinenden Interessen der Bürger. Macht erlaubt, wenn sie in eine prozedurale und institutionelle Infrastruktur gefaßt ist, die (für die individuelle Rationalität) gefahrlose Einbeziehung zukünftiger Interessen und payoffs, indem sie in einer paradoxen Konstruktion Verstetigung und Revidierbarkeit aufeinander gründet und das elaborierte Instrumentarium des Rechts dazu nutzt, Erwartungen zu sichern, die sich auf zukünftige Ereignisse, Kosten und Nutzen beziehen. Zugleich verfügt politische Macht mit dem Recht über ein beliebig verzweigbares Instrumentarium für den Ausschluß von Trittbrettfahrer-Verhalten, so daß das entscheidende Hindernis für die Rationalität kollektiver Kooperation fällt. Und schließlich kann es unter Bedingungen demokratischer Verfahren gelingen, auch politische Macht zu einem Nicht-Nullsummen-Spiel zu steigern, so daß Selbstverstärkungsprozesse die individuelle Rationalität der Produktion kollektiver Güter stärken. Erst diese Selbstverstärkung kann ein genuines (säkulares) individuelles Interesse an Kooperation zur Produktion kollektiver Güter begründen.[38]

38 Allerdings beschwört diese Selbstverstärkung auch die komplementäre Gefahr einer Übersteigerung der Produktion kollektiver Güter etwa in der Form einer Überrüstung und x-fachen »overkill-Kapa-

Gegenüber dem herkömmlichen Verständnis von Politik als dem Ort der »Monopolisierung« und »Kasernierung« legitimer physischer Gewaltsamkeit verweist die Idee machtbasierter Infrastruktur auf die Gleichzeitigkeit einer hochgetriebenen Exklusivität der Zuständigkeit von Politik für kollektiv verbindliche Entscheidungen und einer die gesamte Gesellschaft durchdringenden Inklusion macht-spezifischer Kommunikationen in die Generierung und Implementation dieser Entscheidungen. Erst diese Dialektik von Exklusion und Inklusion macht begreiflich, daß Monopolisierung der Zwangsgewalt und politische Demokratie vereinbar sein könnten. Die »Despotie« kollektiv verbindlicher Entscheidungen wird austariert durch eine verzweigte Infrastruktur von Beteiligungs-, Einfluß- und Kontrollmöglichkeiten der Machtunterworfenen. Und umgekehrt ist diese Infrastruktur eine zunehmend unverzichtbare Voraussetzung für die Implementation, Durchsetzung und Akzeptanz »abstrakter« verbindlicher Entscheidungen, indem sie eine organisierte dezentrale Einbindung der Entscheidungsbetroffenen erlaubt. Diesen Aspekt hat die Diskussion um die Bedeutung neo-korporatistischer Arrangements in modernen Demokratien auch empirisch überzeugend herausgearbeitet.[39]
Der Aufbau einer machtbasierten Infrastruktur ist politiktheoretisch und demokratietheoretisch zentral, weil politische Demokratie die paradoxe Anforderung stellt, einerseits aus Gründen der Kollektivgutproblematik eine kollektiv verbindliche Entscheidungsgewalt und insofern in der Tat eine Monopolisierung der Kontrolle legitimer physischer Gewaltsamkeit einzurichten, andererseits diese Gewalt an die Zustimmung und Kooperation der Bürger zu knüpfen. Dies ist bekanntes Terrain und für die Politik moderner Gesellschaften nicht mehr grundsätzlich problematisch. Für die Staatstheorie ist damit aber nur ein Anfang gesetzt. Der Staat (oder ein funktionales Äquivalent dafür) ist Ausdruck der *Idee* einer bestimmten Ordnung der Macht und mithin der

zität« oder eines auf »Prestigeprojekte« gerichteten neo-merkantilistischen technologischen Wettkampfes zwischen Gesellschaften herauf.

39 Vgl. Schmitter 1983

Idee einer bestimmten Selbstorganisation der Politik. Und in diese Idee können im Laufe der Gesellschaftsgeschichte noch ganz andere Bestimmungsgründe einfließen als nur das Problem personenbezogener physischer Gewalt. Zu erwarten ist dies insbesondere dann, wenn in einer weiteren Stufe der Zivilisierung die Vorstellung sich durchsetzt, daß es neben personaler physischer Gewalt noch andere, nicht weniger folgenreiche Formen der Gewalt gibt.

3.2 Das Problem der Armut

Daß Armut in der »ausgebildeten bürgerlichen Gesellschaft« nicht nur ein ökonomisches und mithin privates Problem ist, sondern auf den Kern des persönlichen und öffentlichen Status eines Individuums ausstrahlt, dies hat Hegel in einer Deutlichkeit gesehen, die vielen gegenwärtigen Philosophen und Theoretikern des Staates abgeht. Hegel nennt die »moralische Degradation«, welche Arme trifft, die daran gehindert sind, die Kirchen zu besuchen, »weil es ihnen an Kleidern fehlt oder weil sie auch an dem Sonntage arbeiten müssen.« Und er nennt die Benachteiligungen, die daraus erwachsen, daß der Arme weder die Rechtspflege noch die Gesundheitspflege noch die »Hervorbringungen der Kunst« ausreichend nutzen kann: »Der Arme fühlt sich von allem ausgeschlossen und verhöhnt, und es entsteht notwendig eine innere Empörung.«[40]

Diese Empörung, von der Marx später sagt, daß sie nicht ausreiche[41], wird in der Gerechtigkeitstheorie von Rawls und der Staatstheorie von Nozick zur Kategorie des Neides verharmlost.[42] Das nimmt sich um so seltsamer aus, als beide Autoren die politische Qualität tragender Institutionen der Ökonomie – Eigentum, Marktstrukturen, Vertragsgarantie, Patentschutz, Steuersystem etc. – durchaus sehen und eine bestimmte redistributive Funktion des Staates anerkennen. Als unanständig scheint beiden aber die Frage nach der tat-

40 Hegel 1983, 194f.
41 Avineri 1976, 304, Fn. 44
42 Rawls 1981, 531ff.; Nozick 1974, 239ff.

sächlichen Durchsetzbarkeit abstrakter Möglichkeiten und Rechtspositionen zu gelten. Rawls greift gar auf W. v. Humboldt zurück, um die Idylle einer gerechten »social union« zu beschreiben: »We are led to the notion of the community of humankind the members of which enjoy one another's excellences and individuality elicited by free institutions, and they recognize the good of each as an element in the complete activity the whole scheme of which is consented to and gives pleasure to all.«[43] Hegel dagegen hatte lapidar festgestellt: »Die Entstehung der Armut ist überhaupt eine Folge der bürgerlichen Gesellschaft, und sie ergibt sich im ganzen notwendig aus derselben.«[44]

Innerhalb eines halben Jahrhunderts mußten die damals entwickelten Industriegesellschaften, vor allem England, das Deutsche Reich und Frankreich auf die politischen Folgen der von der bürgerlichen Gesellschaft produzierten Armut reagieren. In den 60er Jahren des 19. Jahrhunderts entstanden in Deutschland Arbeiterparteien und Gewerkschaften, und für das politische System stellte sich die »soziale Frage«. Ab 1883 wurden unter Bismarck die ersten Sozialgesetze, das Krankenversicherungsgesetz, das Unfallversicherungsgesetz und das Invalidenversicherungsgesetz verabschiedet, nicht ohne deutliche politische Auseinandersetzungen und Kompromisse.[45] Die relevanten Akteure des politischen Systems sahen es (ob aus Angst oder aus Einsicht) als notwendig an, einige der massivsten Folgen der gesellschafts-systemisch produzierten Armut durch politische Entscheidungen abzumildern. Sie veränderten *damit* die herrschende Staatsidee vom eher liberalistischen laisser-faire-Staat zum eher paternalistischen Sozialstaat.

43 Rawls 1981, 523f.

44 Hegel 1983, 193; weshalb für Hegel auch gilt: keine Steigerung des Reichtums ohne Steigerung der Armut.

45 Alber 1989, 45f.; als sozialstrukturelle Innovation ist bemerkenswert, daß über das Versicherungsprinzip Leistungen als personen*un*abhängig und von individueller Schuld entkoppelt konstruiert wurden. Damit war anerkannt, daß in komplexen und unübersichtlichen sozialen (vor allem: ökonomischen, beruflichen, technologischen) Verhältnissen Personen auch ohne individuelle Zurechenbarkeit in existentielle Not geraten könnten.

Und genau damit überschritten sie, so behauptet Rawls' Gerechtigkeitstheorie ebenso wie Nozicks Staatstheorie, die Grenzen der legitimen Aufgaben des Staates. Nun kann man, um die Verwegenheit dieser theoretischen Behauptung zu belegen, auf die sozio-ökonomischen Lebensbedingungen für die Masse der Bürger im Frühkapitalismus bis in die zweite Hälfte des 19. Jahrhunderts verweisen. Das wird manche beeindrucken, manche nicht. Deshalb soll hier ein theoretisches Argument gegen die genannte Behauptung geprüft werden: Sieht man zunächst einmal von jeder Bezugnahme auf den Staat ab und fragt, nach welchen Kriterien (hier im Falle der Einführung von Sozialversicherungsgesetzen) eine bestimmte Aufgabe zu einer *gesellschaftlichen* erklärt wurde, dann lautet die Antwort: nach den Kriterien einer politisch definierten Differenz zwischen privat und öffentlich und dem daraus folgenden Entscheidungsbedarf für die Festlegung öffentlich verbindlicher Regeln.

Eine der wichtigeren Legitimierungsformeln für Entscheidungen nach dieser Leitdifferenz ist das *Subsidiaritätsprinzip*. Danach kann eine Aufgabe zur öffentlichen werden, wenn sie privat, d.h. individuell oder im Verwandtschaftsverband, nicht hinreichend gelöst werden kann.[46] Schon das Subsidiaritätsprinzip verweist darauf, daß bei der Frage der

46 Dies ist in der Bundesrepublik etwa für die staatliche Forschungsförderung privater Betriebe anerkannt. So heiß es im Bundesforschungsbericht 1988, 43: »Staatliche Förderung von Forschung und Entwicklung orientiert sich folglich am Grundsatz der Subsidiarität... Hinweise darauf, wann subsidiäre Hilfe sinnvoll sein kann, geben die Wirtschaftswissenschaften. Bestehen z.B. externe Effekte, d.h. nehmen Dritte Forschungsergebnisse in Anspruch und erlangen daraus wirtschaftliche Vorteile, ohne dafür ein Entgelt zu entrichten, so fehlen Anreize oder sie sind zu schwach, auf diesen Gebieten in ausreichendem Umfang private Forschungs- und Entwicklungstätigkeit zu entwickeln. Hieraus rechtfertigt sich z.B. die staatliche Förderung der Grundlagenforschung in der Wirtschaft. Ein anderes Beispiel sind öffentliche Güter (z.B. Qualität des Wassers, der Luft, der Umwelt etc.) bei denen ›Märkte‹ im üblichen Sinne nicht existieren... Langer Zeithorizont, hohes wirtschaftliches Risiko und umfangreicher Finanzbedarf von Forschungs- und Entwicklungsvorhaben können weitere Gründe für staatliches Handeln sein...«

»Lösbarkeit« einer Aufgabe – z. B. der Krankenpflege – nicht nur individuelle Momente eine Rolle spielen, sondern Faktoren wie Professionalisierung (der Pflegeberufe), Verwissenschaftlichung (der Medizin), Technologisierung (mit der Folge der Ausbreitung bestimmter Berufskrankheiten und Umweltschädigungen) und hoch aggregierte Effekte eines veränderten Lebensstandards (mit der Folge epidemischer Zivilisationskrankheiten oder etwa den Folgen eines massenhaften Autoverkehrs): insgesamt also Faktoren, die mit Struktur- und Operationsmerkmalen entwickelter Gesellschaften zusammenhängen und nur nachrangig oder gar nicht mit individuellen Fähigkeiten, Präferenzen oder Möglichkeiten.

Dennoch könnte man mit Nozick[47] behaupten, daß all dies den Staat nicht legitimiere, etwa Versicherungssysteme für Krankheit oder Haftpflicht den Bürgern *aufzuzwingen,* weil hier nicht der Schutz vor Gewalt in Frage stünde. Ich denke, daß dieses Argument auf einer archaischen Definition von Gewalt gründet. Es bricht zusammen, sobald man deutlich machen kann, daß Gewalt im Sinne einer Beeinträchtigung von Leib und Leben nicht abstrakt und absolut definiert werden kann. Der Begriff der Gewalt muß im Hinblick auf die spezifischen Lebensbedingungen einer konkreten Gesellschaft gefaßt werden. Wenn z. B. Krankheiten als Strafe der Götter oder als unabänderliche Naturereignisse verstanden werden, dann hat sie der Betroffene machtlos zu erdulden. Wird Krankheit aber als rational erklärbar verstanden und gibt es zugängliche Möglichkeiten der Heilung, dann ist eine Verhinderung der Heilung Gewalt gegen die kranke Person: sie wird unmittelbar an Leib oder Leben geschädigt.

Allerdings muß dieser Gedanke zwanzig Jahre nach Galtungs Idee der »strukturellen Gewalt« präzisiert werden. Denn offensichtlich reicht nicht jedes, insbesondere nicht ein anonymes *Unterlassen* aus, um im Falle des Eintritts negativer Folgen von Gewalt zu sprechen.[48] Im Hinblick auf staatlich zu kontrollierende Gewalt (die über die Ausdiffe-

47 Nozick 1974, IX u. 78ff.

48 Die Anregung zur Präzisierung dieses Gedankens verdanke ich Claus Offe.

renzierung der Justiz auch die Kontrolle der Gewaltausübung *durch* den Staat einschließt) kann Unterlassen dem Handeln dann gleichgesetzt werden, wenn ein bestimmter Zustand – z. B. Krankheit, Invalidität oder Arbeitslosigkeit – eine öffentliche Handlungspflicht erzeugt. Die Verletzung dieser Pflicht durch Unterlassen ist dann dem Handeln gleichzusetzen. Damit bleibt die Frage, wann eine solche Handlungspflicht anzunehmen und zu begründen ist. Ausgangspunkt könnte die Kantsche Argumentationsfigur sein, wonach Rechtszwang nötig ist, wenn sie der Verhinderung eines Hindernisses der Freiheit dient.[49] Demnach läßt sich eine öffentliche Handlungspflicht dort begründen, wo über politisch zurechenbare Systementscheidungen – etwa industriepolitischer, finanzpolitischer oder technologie-politischer Art – individuell nicht zu verantwortende »Hindernisse der Freiheit« bzw. Beeinträchtigungen individueller Rechtspositionen eingetreten sind.

Unstrittig ist es eine legitime Aufgabe des Staates, die Ausübung von Gewalt zu kontrollieren. Gemeint ist damit traditionellerweise die Gewalt von Personen gegen Personen. Jedenfalls im Kontext entwickelter Gesellschaften ist diese Einschränkung auf Personen als Verursacher von Gewalt nicht mehr haltbar. Denn warum sollte eine Körperverletzung durch einen Schlag anders zu werten sein, als eine solche durch Krankheit, Untererernährung, Obdachlosigkeit, Arbeitsunfälle oder verschmutzte Umwelt? Natürlich sind Grenzen und Stoppregeln erforderlich. Bei physischer Gewalt ist dies die Grenze der notwendigen Selbsthilfe (Notwehr). Bei Gewalt durch Folgen der Armut ist dies die Grenze der zumutbaren Selbsthilfe, also präzise die durch das Subsidiaritätsprinzip bezeichnete Eigenverantwortlichkeit. In dem Maße also, in dem Personen für ihre Armut nicht selbst verantwortlich sind, sondern die Armut aus bestimmten Momenten der Gesellschaftsentwicklung resultiert, erwächst dieser Gesellschaft – wie bereits Hegel eingestehen mußte – eine genuin eigene Verantwortung für die Kontrolle auch dieser Form der Gewalt.

49 Luhmann 1981b, 160 mit Verweis auf Kant, Metaphysik der Sitten, Einleitung in die Rechtslehre §D

Ein guter Prüfstein für diese Argumentation ist neben Krankheit oder Invalidität auch Arbeitslosigkeit. Natürlich kann sie auch von einer Person als Einzelfall selbst verschuldet sein. Aber heute ist für alle entwickelten – um von den unterentwickelten gar nicht zu reden – Gesellschaften klar, daß Arbeitslosigkeit massive Gründe zumindest auch in Konjunktur- und Innovationszyklen, Verschiebungen in der internationalen Arbeitsteilung, Branchen- und Standortkrisen, internationaler Wettbewerbsfähigkeit etc. hat. In dem Maße wie Arbeitslosigkeit nicht individuell zurechenbar ist, muß eine Gesellschaft (und d.h. konkret: der für sie handelnde Staat) die gewalttätigen Folgen individueller Arbeitslosigkeit zu kontrollieren versuchen *als handelte es sich um physische Gewalt.*

Auch im Hinblick auf durch Armut verursachte Gewalt ist der Staat Strukturelement einer gesellschaftlichen Ordnung, welche sich als System ökonomischer Beziehungen, Operationsregeln und Interdependenzen gegenüber der Ebene der Individuen autonom gesetzt hat. Nach der Industrialisierung und der sie begleitenden Landflucht, Verstädterung, Auflösung der bäuerlichen Großfamilie, dem Pauperismus und der Proletarisierung[50] gibt es keinen Naturzustand mehr, auch nicht was das Räsonnement über die Funktionen des Staates betrifft. Die betroffenen Gesellschaften müssen auf ihre eigenen Veränderungen reagieren und verändern sich dadurch weiter. Der Staat als internes Modell oder Selbstbeschreibung des politischen Systems einer Gesellschaft ist von den veränderten Bedingungen in seinem Kern betroffen, weil die veränderten ökonomischen Strukturen nicht nur neue Gewaltverhältnisse schaffen, sondern auch das Problem der Macht ökonomisch unterfüttern. Macht und Herrschaft als Ausdruck der politischen Konditionierung von Entscheidungen über die Ausübung physischer Gewalt (s. o.) lassen sich nun ihrerseits ökonomisch konditionieren: vom Steuersystem, Klassenwahlrecht oder Kautionsregeln bis zu Entscheidungen über Tempolimits mit den daraus resultierenden Unfall- und Umweltrisiken.

50 Dazu Polanyi 1978, bes. 113ff.

Wichtig ist hier allerdings die Präzisierung, daß es keineswegs um eine platte ökonomische Abhängigkeit der Politik geht. In hochdifferenzierten westlichen Gesellschaften sind Politik und Ökonomie ebenso wie andere Teilsysteme in ihrer spezifischen Operationsweise autonom und operativ geschlossen. Sie reagieren nur auf ihre eigenen Leitdifferenzen und müssen die für sie relevanten Informationen intern erzeugen. Dennoch, und auf der Basis dieser Autonomie, gibt es wechselseitige Abhängigkeiten dadurch, daß die gesellschaftlichen Teilsysteme je füreinander Umwelt sind und mithin Ereignisse produzieren, die für andere Systeme relevant sein können. Das bedeutet z. B., daß Folgen der ökonomischen Operationsweise Störfaktoren für die Politik darstellen können, aus denen politische Kommunikationen und politisches Handeln resultieren. Umgekehrt hat politisches Handeln, etwa im Umweltschutz oder in der Sozialpolitik, häufig Implikationen für ökonomische Kalküle, ohne ökonomisches Handeln direkt bestimmen zu können.

In einer funktional hochdifferenzierten Gesellschaft stehen nun die Bürger nicht mehr nur einer kompakten sozialen Einheit, eben der politischen Herrschaft oder »dem Staat« gegenüber, sondern einer Mehrzahl hochspezialisierter Funktionsbereiche. Zwar ist nach wie vor nur das politische System mit der Kontrolle der Ausübung von Macht und Herrschaft befaßt, aber es ist keineswegs mehr klar, daß Gefährdungen für Leib und Leben der Bürger nur daraus resultieren, daß andere Personen physische Gewalt anwenden. Eine angemessene Theorie des Staates muß berücksichtigen, daß in hochdifferenzierten Gesellschaften eine *Disjunktion von personaler Gefährdung und physischer Gewalt* eingetreten ist. Dies verändert in entscheidender Weise den Kontext für mögliche Begründungen der Funktionen des Staates.

Die Grundannahme der Staatstheorien von Hobbes bis Nozick, daß es der Mensch sei, der anderen Menschen Gewalt antue, und daß es die zentrale Aufgabe des Staates sei, diesen Typus von Gewaltausübung zu kontrollieren, muß revidiert werden. Denn es sind inzwischen Risiken der konkreten Beeinträchtigung von Leib und Leben hinzugekommen, die sich nicht auf das individuell verantwortete Handeln von

Personen reduzieren lassen.[51] Daraus folgt, daß die primäre Aufgabe der Politik selbst – die Stabilisierung von Ordnung und Frieden durch die Repression illegitimer Gewalt – jedenfalls heute nicht allein durch eine machtbasierte staatliche Infrastruktur erfüllt werden kann. In gleicher Weise erforderlich ist eine *geldbasierte staatliche Infrastruktur*. Sie dient in den Handlungsformen des Sozial- und Wohlfahrtsstaates dazu, die aus dem Problem der Armut folgenden, individuell nicht zurechenbaren Risiken für Leib und Leben zu kontrollieren. In dem Fall und in dem Maße, in dem Armut – etwa als Folge individuell nicht zurechenbarer Krankheit, Invalidität, Dequalifizierung, Arbeitslosigkeit etc. – konkrete Risiken für Leib und Leben birgt, ist der Staat *legitimiert und verpflichtet*, diese Form der Gewalt zu kontrollieren.
Zusätzlich zur klassischen Funktion der Repression personaler physischer Gewalt geht es hier um die Funktion der *Restitution* in Sinne einer Wiedereinsetzung in den minimalen Stand persönlicher Bedürfnisbefriedigung. Die staatliche Funktion der Restitution ist genau dort legitim, wo sie durch Armut verursachten Schaden für Leib und Leben einer Person verhindern soll, wenn und soweit diese Armut nicht individuell zurechenbar ist. Inzwischen bedarf es keiner größeren Begründung mehr, daß die Funktion der Repression physischer Gewalt eine elaborierte machtbasierte staatliche Infrastruktur erfordert. Denn die Prüfung der Frage, ob eine illegitime Gewaltausübung vorliegt, involviert z.B. mit Polizei, Staatsanwaltschaft, Gerichten und Gutachtern routinemäßig einen immensen Apparat, wenn sie nicht einfach autoritär entschieden werden soll. Dann sollte es weniger überraschen, daß auch die Prüfung der Frage der Bedürftigkeit und der Zurechenbarkeit bei Armut einen vergleichbaren Aufwand erfordert. Die der Kontrolle nachgelagerte, der Abhilfe dienende geldbasierte staatliche Infrastruktur umfaßt etwa Versorgungs-, Sozial- und Arbeitsämter und Pflichtversicherungen; Gesundheitsämter, Sozialstationen etc. soweit sie Beratungen, Gutachten und kostenlose minimale Gesundheitssicherung leisten; unter Umständen Woh-

51 Aufschlußreich hierzu Beck 1988, 96ff.

nungsämter und Sozialwohnungen bis hin zu »food stamps« oder öffentlich subventionierten Kantinen.
Eine besondere Bedeutung haben inzwischen diejenigen Teile der Infrastruktur, die zugleich auf Macht und Geld basieren, bei denen die *Qualität* des produzierten Kollektivgutes aber vornehmlich vom Niveau der aufgewendeten finanziellen Ressourcen abhängt. Dies gilt am augenscheinlichsten für Bereiche wie innere Sicherheit und öffentliches Schul- und Hochschulwesen. So ist etwa die Polizei das klassische Beispiel für machtbasierte gesellschaftliche Infrastruktur; aber die Qualität des von ihr produzierten Kollektivgutes hängt ganz wesentlich von finanziell determinierten Faktoren wie Personalbestand, Ausbildungsniveau, Präventivmaßnahmen, Resozialisierungsmaßnahmen, Ausrüstung, Arbeitszufriedenheit etc. ab. Analoges gilt für das Gerichts- und Gefängnissystem. Noch deutlicher ist dieser Zusammenhang für das Schul- und Hochschulsystem einer Gesellschaft, das zugleich Grundlage der (im nächsten Abschnitt zu behandelnden) wissensbasierten Infrastruktur einer Gesellschaft ist. Das Schulsystem ist insofern machtbasiert, als es eine allgemeine Schulpflicht gibt; und schon bei dieser »Pflicht« spielen Schutz- und Fürsorgemomente aufs engste zusammen. Das Schulsystem ist weiterhin geldbasiert, indem die Qualität des erzeugten Kollektivgutes »Bildungsstand der Bevölkerung« direkt von der finanziellen Ausstattung des Schulsystems abhängt.[52] Das wäre vielleicht nicht weiter bemerkenswert, determinierten nicht das Bildungs- und Ausbildungsniveau in massiver Weise

52 Reich (1991, 275) schildert ausführlich den frappierenden Fall dreier Gemeinden innerhalb der Region Boston, also innerhalb desselben Staates der USA. Er zeigt, wie direkt Aufwendungen für das Schulsystem (gemessen am – in den USA variablen – Einkommen der Lehrer), Abschlußquote und College-Besuch zusammenhängen:

Ort	*Jahresgehalt*	*drop-out-Quote*	*College-Quote*
Belmont	$ 36.100	4 %	mehr als 80 %
Somerville	$ 29.400	33 %	weniger als 33 %
Chelsea	$ 26.200	50 %	10 %

die Lebenschancen der betroffenen Person. Da materiell beeinflußte Lebenschancen noch heute so elementare Güter wie Gesundheitszustand, Berufschancen oder Lebenserwartung einschließen, entscheiden Merkmale und Qualitätsniveaus von Infrastrukturleistungen über dieselbe Art von Fragen, auf welche die klassische machtbasierte Infrastruktur lange Zeit als ausreichende Antwort galt: Wie ist es um die Unverletzlichkeit von Leib und Leben bestellt?

Klar ist, daß ein wichtiger Unterschied zwischen machtbasierter und geldbasierter Infrastruktur bleibt: Das politische System und sein Staat können ein *Monopol* der Kontrolle physischer Gewaltausübung beanspruchen, im Sinne einer Kompetenz-Kompetenz für diese Kontrolle, weil nur so die Funktion der Politik – die Durchsetzung kollektiv-verbindlicher Entscheidungen – erreichbar ist. Von einem Monopol des Einsatzes von Geld (und, wie in Kap. 3.3 argumentiert wird: von Wissen) kann keine Rede sein. Allerdings ist für die Fälle Geld und Wissen ein Monopol weder erforderlich noch sinnvoll. Es ist nicht sinnvoll, weil dies die Autonomie von Ökonomie und Wissenschaft zerstören würde; und es ist nicht erforderlich, weil im Gegensatz zur Staatsaufgabe der Repression die Aufgaben der Redistribution und der Supervision keinen ausschließlichen, umfassenden Zugriff auf die entsprechenden Ressourcen (Geld und Wissen) voraussetzen – es genügt ein selektiver, abgeleiteter Zugriff zu dem Zweck, bei Erhaltung der Autonomie der Teilsysteme (Ökonomie und Wissenschaft) eine kontrollierende kontextuelle Steuerung zu ermöglichen. Selbst noch der Anspruch an Kontrolle ist reduziert: zum einen durch die Subsidiaritätsregel, zum anderen durch das Prinzip funktionaler Differenzierung und dem daraus folgenden Primat dezentraler Autonomie. Dies klingt komplizierter als es ist. Denn im Hinblick auf das Problem der Armut und auf den Aufbau einer geldbasierten Infrastruktur gibt es spätestens seit der Etablierung des Sozialstaats-Modells in der Politik und des Modells der »sozialen Marktwirtschaft« in der Ökonomie ein elaboriertes Modell für eine (teilweise weitgehende) kontextuelle Steuerung der Ökonomie, ohne daß die spezifische,

autonome Operationsweise der Ökonomie dadurch untergraben wäre.
In klarem Gegensatz zu Theorien des minimalen Staates ist deshalb hier festzuhalten, daß Aufgaben des Sozial- und Wohlfahrtsstaates, die den Test der Subsidiaritätsregel bestanden haben, als *genuine und legitime Staatsfunktionen* betrachtet werden müssen, die nicht erst einer neuen, sondern der ursprünglichen Definition des Staates entsprechen: der Repression illegitimer Gewalt. Der neue Aspekt ist lediglich der, daß es nicht mehr nur um Gewalt durch Personen geht, sondern auch um die Kontrolle von Formen struktureller, in die »normale« Operationsweise hochspezialisierter Funktionssysteme moderner Gesellschaften eingebauter Gewalt.
Sicherlich gilt auch für diesen Typus von Staatsfunktion, daß zur Erfüllung der beschriebenen gesellschaftlichen Aufgabe nicht unbedingt ein »Staat« erforderlich ist. Funktionale Äquivalente sind denkbar, etwa in der Form einer gesellschaftsweit durchorganisierten Wohltätigkeit. Praktisch allerdings ist eher die Ausbildung eines intermediären Sektors der organisierten Selbsthilfe, der Hilfe in Solidargemeinschaften und der organisierten privaten Wohltätigkeit durch Stiftungen, Schenkungen etc. zu beobachten. Aber selbst in den USA, wo diese Tradition besonders ausgeprägt ist, übernimmt inzwischen der Staat den Part des »last resort«. Denn auch dort gilt: »There is nothing like a little economic insecurity to make citizens appreciate the fundamental security the welfare state provides.«[53]
Daß diese Form der Gewalt in modernen Gesellschaften bedeutsam und bedrohlich geworden ist und nicht auf die Wirkungen von Gewaltanwendungen durch Personen reduziert werden kann, liegt in erster Linie an der inzwischen überragenden Bedeutung von *Organisationen* und organisierten Sozialsystemen für entwickelte Gesellschaften und ihre Bürger. Mit kollektiver Handlungsfähigkeit und extensiver Steuerungskapazität haben Organisationen der unterschiedlichsten Art – Unternehmen, Parteien, Schulen, Uni-

53 Logue 1979, 87

versitäten, Krankenhäuser, Verbände, Pressekonzerne und Fernsehanstalten, Banken, Kirchen etc. – eine »organizational revolution«[54] geschaffen, deren zentrale staatstheoretische Konsequenz, nämlich ihre Relevanz für die Ausübung und Kontrolle von Gewalt und mithin sowohl für das Gewaltmonopol wie für die Schutzfunktion des Staates merkwürdig abgedunkelt geblieben ist. Dafür gibt es viele Gründe, etwa das ziemlich radikale Versagen der Handlungs- und Interaktionstheorie vor den Herausforderungen organisierten und kollektiven Handelns[55] oder das extrem einseitige Interesse der Organisationstheorie für die benevolenten Seiten der Organisation; aber dazu gehören auch die massiven Schwierigkeiten der Jurisprudenz, einschließlich der Staatslehre, die eigenständige Bedeutung organisierter Sozialsysteme für die Generierung und Durchsetzung, für die Möglichkeiten der Verletzung und der Restitution von Rechten zur Kenntnis zu nehmen und von der individualistischen Reduktion des Rechts abzurücken.[56]

Für die meisten Menschen ist unerschütterlich klar, daß nur Menschen handeln können. Danach ist Schluß. Zwar spricht man wie selbstverständlich davon, daß der Staat etwas getan, die Regierung gehandelt, das Weiße Haus oder der Kreml etwas verlautbart, das Unternehmen X eine Strategie realisiert, der Verband Y eine Position bekräftigt und eine Lobby Z die Regierung kritisiert habe etc.; doch auf die Frage, wer genau denn da gehandelt oder kommuniziert habe, bekommt man in der Regel die Antwort, »letztlich« sei dies eine Person gewesen. Die Antwort ist aufschlußreicher Unfug. Sie ist Unfug insofern, als die Rede in den oben genannten Beispielen eben nicht war von dem Kanzler A,

54 So schon sehr früh die Beobachtung von Boulding (1953).

55 Vgl. dazu Mayntz 1987, die aus handlungstheoretischer Perspektive die Steuerungsdebatte aufgreift; Schimank 1988 mit dem Versuch einer Verbindung von systemtheoretischer und akteurstheoretischer Sicht; Geser 1990 mit einem kraftvollen Plädoyer für eine Umorientierung der Handlungstheorie und Willke 1991, Kap. 5.2 mit einer Diskussion des Systems als Akteur.

56 Anders für das Wirtschaftsrecht Ott 1972 und mit Blick auf moderne Franchising-Systeme Teubner 1990; für die Grundrechtstheorie Luhmann 1965 und Willke 1975.

dem Präsidenten B, dem Unternehmer C, dem Vorsitzenden D oder dem Interessenvertreter E, sondern von anderen ›Einheiten‹. Sie ist aufschlußreich insofern, als es offensichtlich schwer fällt, anderen ›Einheiten‹ als Personen die Qualität der Handlungsfähigkeit zuzugestehen.

Eine erste Bresche in den Schutzwall der vermeintlich einzigartigen Handlungsfähigkeit von Personen wurde mit der Idee des *kollektiven Handelns* geschlagen.[57] Kollektives Handeln erfordert, daß das betroffene soziale System bestimmte Voraussetzungen erfüllt, die sich daran ablesen lassen, daß zwar jedes soziale System aus Handlungen besteht, nicht aber jedes soziale System kollektiv handlungsfähig ist. Parsons hatte für kollektive Handlungsfähigkeit im Sinne von »collectivity« Organisation und eine besondere Werteordnung gefordert; Coleman zusätzlich bestimmte Machtstrukturen und Entscheidungsmöglichkeiten etwa in der Form von Hierarchisierung. Luhmann sieht dagegen die Funktion der Kollektivierung des Handelns in einer Verbesserung des Umweltverhältnisses eines Systems: »Es sind danach nicht Koordinationserfordernisse (wie eine politisch-gesellschaftliche Tradition gemeint hatte), sondern Positionsgewinne in Umweltbeziehungen, die zur Ausbildung von Einrichtungen kollektiven Handelns führen.«[58] Im Anschluß daran möchte ich kollektives Handeln definieren *als systemisch koordiniertes Handeln mit dem Ziel, das System insgesamt gegenüber seiner Umwelt in einer zurechenbaren Weise zur Geltung zu bringen*, wobei die relevante Umwelt im wesentlichen aus anderen psychischen und sozialen Systemen besteht.

Damit ist aber nur ein erster Schritt zur Erklärung der Möglichkeit systemischen Handelns gemacht. Kollektives Handeln ist zwar nach wie vor »Einzelhandeln« in dem Sinne, daß es sich auch bei kollektivem Handeln um einzelne Elementarereignisse im System handelt, aber es ist keineswegs das Handeln von einzelnen, sondern systemisch koordiniertes und sowohl intern wie extern systemisch zugerechnetes Handeln. Als solches gewinnt es eine spezifische *Unabhän-*

57 Knapp zum geschichtlichen Hintergrund Luhmann 1984, 272ff.
58 Luhmann 1984, 271

gigkeit von individuellem Handeln und individuellen Handlungspräferenzen. Denn es läßt sich nicht mehr auf eine bloße Aggregation individuellen Handelns zurückführen und, was schon erstaunlicher ist, auch nicht auf einfache Kombinationen individuellen Handelns nach bewährten Schemata wie Mehrheit/Minderheit, Durchschnittswerte, Hierarchie oder Konsens.[59] Der wesentliche Grund dafür ist darin zu sehen, daß sich in kollektivem Handeln individuelle Kosten und Nutzen einerseits und kollektive Kosten und Nutzen andererseits schnell in schwer durchschaubarer und kontra-intuitiver Weise mischen; und daß die Verteilung von Kosten und Nutzen in grundlegender Weise von den institutionalisierten *Entscheidungsregeln* abhängt, anhand derer kollektive Entscheidungen getroffen werden.

Damit sind wir bei einem zweiten Schritt der Beschreibung systemischen Handelns angelangt. Nach Parsons hat Amitai Etzioni den Begriff der »collectivity« näher präzisiert als »a macroscopic unit that has a potential capacity to act by drawing on a set of macroscopic normative bonds which tie members of a stratification category.«[60] Die Fähigkeit organisierter Systeme zu kollektivem Handeln, und zwar nicht im diffusen Sinne eines Massenphänomens, sondern im Sinne gerichteter strategischer Kommunikation auf der Basis der Verfügung über eigene Ressourcen, entfernt sich mit dieser Begriffsfassung noch weiter von der Form individuellen Handelns. Denn nun kommt in den Blick, daß es normative Bindungen und die Existenz über-individueller, abstrakter normativer Symbole sind, welche die Besonderheiten des Handelns von Kollektiven oder – wie ich hier statt Kollektiven sagen werde – von korporativen Systemen ausmachen. Weil solche kollektiven normativen Bindungen und Symbole existieren, gibt es eine vom individuellen Handeln zu unterscheidende, eigenständige Ebene des kollektiven Handelns. Es bezieht sich nicht auf Individuen, sondern auf korporative Systeme (und kann natürlich dennoch individuelle Auswirkungen haben); und es wird nicht Individuen, sondern dem handelnden System insgesamt zugerechnet. Das klingt

59 Grundlegend dazu Buchanan/Tullock 1987, bes. 201 ff.
60 Etzioni 1971, 98

schwieriger als es ist. Ein Grundmodell für einen korporativen Akteur finden wir in der Form des Vereins des Bürgerlichen Gesetzbuches (§§20ff. des BGB). Dort entsteht durch Eintragung des Vereins in das Vereinsregister eine »juristische Person« mit eigener Rechtsfähigkeit – und all das, was für die Existenz eines korporativen Systems und für kollektive Handlungsfähigkeit vorausgesetzt werden muß, ist damit gegeben: eine von den individuellen Akteuren abgehobene und von deren je aktuellem Willen unabhängige, von den Entscheidungsregeln (der »Verfassung« des Vereins) konstituierte korporative Einheit, die über ihre Vertreter oder Repräsentanten kollektiv handeln kann, und deren Handeln dem Verein als eigenständigem System, nicht aber den Mitgliedern als (natürlichen) Personen zugerechnet wird.

Es berührt schon seltsam, daß Sozialwissenschaftler nahezu ohne Ausnahme die größten Schwierigkeiten haben, die Brisanz und zugleich die Simplizität der in diesem Modell verwirklichten Konstituierung eines systemischen Akteurs zu erkennen. Sicherlich können sie sich auf Max Webers Verdikt berufen, nach dem Handeln »stets nur als Verhalten von einer oder mehreren einzelnen Personen« verstehbar sei[61] – aber hier irrte Max Weber, wie in einigen anderen Dingen auch. Oder sie können sich auf die juristische Diskussion um die »Fiktionalität« der juristischen Person oder der »Verbandspersönlichkeit« berufen, in der versucht wird, den Konsequenzen der normativ-symbolischen Konstituierung einer über-individuellen kollektiven Einheit für das traditionelle Bild der singulären Identität natürlicher Personen auszuweichen. Aber die sehr massive Realität der unterschiedlichsten Formen *korporativer Identität* schert sich darum nicht. Es ist an der Zeit, sich dieser Realität nicht mit alteuropäischen Bedenken zu entziehen, sondern ihr mit angemessenen konzeptuellen und theoretischen Mitteln zu begegnen.[62]

61 Weber 1972, 6

62 Aufschlußreich hier Flam 1990, die besonders die Fähigkeit korporativer Akteure zur Etablierung und Transformation von »rule systems« und »rule regimes« betont.

Immerhin läßt sich feststellen, daß mit der Akzeptanz der Möglichkeit kollektiven Handelns – jedenfalls in klar geschnitten Fällen wie Gruppen, sozialen Bewegungen, Organisationen und Interorganisationsnetzwerken – die Hemmschwelle für die Denkmöglichkeit, daß auch soziale Systeme als Systeme handeln können, deutlich gesunken ist. Bedenken gegen die Vorstellung eines systemischen Akteurs konzentrieren sich gegenwärtig auf zwei Aspekte, die sich mit den Stichworten »Akteurbezug« und »Steuerung« bezeichnen lassen. Einige reflektierte und ernst zu nehmende Autoren haben den »mangelnden Akteursbezug« systemtheoretischen Denkens kritisiert.[63] Damit ist gemeint, daß Personen als Akteure mit ihren eigenen Präferenzen, Strategien und Absichten nicht ausreichend Beachtung fänden gegenüber der anonymen Dynamik des Systems und der Logik seiner Operationsweise. Richtig an diesem Argument ist, daß systemtheoretisches Denken sehr schnell dazu verleitet, den Schwerpunkt einseitig auf die Probleme der internen Operationsweise eines Systems zu legen und Personen, da sie zur Umwelt des Systems gehören, zu vernachlässigen. Allerdings läßt sich der Kritik durch zwei Klarstellungen leicht entgegenkommen.

Zum einen haben systemtheoretische Analysen immer wieder betont, daß die theorie-architektonische Entscheidung, nach welcher soziale Systeme aus Kommunikationen bestehen und Menschen zur Umwelt gehören – und als Innenwelt besondere Bedeutung haben – den Stellenwert von Menschen gerade nicht verringert, sondern unterstreicht. Menschen sind von Sozialsystemen eben nicht »mit Haut und Haaren« vereinnahmt wie im Falle »totaler Institutionen«; sondern sie erfreuen sich gegenüber allen nicht-totalen und nicht-totalitären Systemen einer spezifischen Autonomie, die auf der eigenständigen operativen Geschlossenheit psychischer Systeme beruht und ihnen Handlungsspielraum und operative Freiheitsgrade ermöglicht. Zum anderen lassen sich Eigendynamik und operative Logik sozialer Systeme in ihren Besonderheiten erst erfassen, wenn dieser

63 Schimank 1985; 1988; Mayntz 1987; Scharpf 1989

entscheidende Schritt gemacht worden ist: wenn soziale Systeme vorbehaltlos als systemisch konstituierte soziale Tatsachen analysiert und begriffen werden, die zwar nach wie vor mit Menschen etwas zu tun haben, aber mit homologisierenden Denkmustern nicht adäquat verstanden werden können. Dies ist nicht gerade ein neuer Gedanke, aber er macht immer noch Schwierigkeiten. So hat etwa Adam Smith die Gesetzmäßigkeiten des Funktionierens des Marktes in damals revolutionärer und heute im Prinzip noch gültiger Weise beschreiben können, weil er sie nicht auf das Handeln von Personen reduzierte, sondern im Gegenteil die Kühnheit besaß, das über-persönliche, ›anonyme‹ Wirken einer eigenständigen operativen Logik des Marktes, das Wirken der »unsichtbaren Hand« herauszuarbeiten. Und so hat Karl Marx die spezifische Wirkungsweise einer kapitalbasierten Ökonomie von der bis dahin vorherrschenden Perspektive personalen Reichtums und personaler Armut gelöst und die unerhörte intellektuelle Leistung vollbracht, eine völlig neue Sprache der Analyse spezifisch ökonomischer Prozesse zu schaffen. Konsequenterweise heißt sein Hauptwerk, das muß man heute ausdrücklich sagen, nicht »Die Kapitalisten«, sondern »Das Kapital«; denn es geht ihm nicht um die Aktionen von Personen, sondern um die Operationsweise eines sich (zu seiner Zeit) dramatisch zu operativer Autonomie entwickelnden gesellschaftlichen Teilsystems. Ähnliches ließe sich z. B. über Max Webers Analyse der Operationsweise bürokratischer Verwaltungssysteme sagen, die Gültigkeit bis heute genau darin hat, daß sie sich nicht auf das Handeln von Personen beschränkt, sondern die innere Dynamik eines funktional spezialisierten und ausdifferenzierten Sozialsystems offenlegt und insofern Webers eigenen apodiktischen Aussagen in den oben zitierten »Grundbegriffen« widerspricht.[64]

Für die Staatstheorie bleibt in dieser Hinsicht das meiste noch zu leisten. Trotz der offensichtlichen Relevanz von Organsationen, Parteien oder Verbänden für Gesellschaft und Politik ist deren *eigenständige*, von den individuellen Präfe-

64 Siehe dazu Luhmann 1971, 90ff., bes. 104ff.

renzen und Interessen der handelnden Personen unabhängige systemische Bedeutung für den politischen Prozeß und die Aufgaben des Staates kaum registriert worden.[65] Zwar gibt es in den Fragen der Haftungsregeln, der Risikozurechnung, der internen Verfassung und der Offenlegungspflichten Bewegung[66], doch die individualistische Verengung der gängigen Gerechtigkeits- und Staatstheorien, einschließlich etwa der Sozialphilosophie von Habermas, die sich immer antiquierter ausnimmt, verhindert ein adäquates Verständnis der Möglichkeiten und der Restriktionen politischer Strategien der Intervention in gesellschaftliche Prozesse. Heute läßt sich dieser Mangel nicht mehr als blinder Fleck abtun; vielmehr verkennt eine nur individualistisch orientierte Staatstheorie ganz grundsätzlich die Veränderungen, die mit der Dominanz großer Organisationen und verzweigter Netzwerke kollektiver Akteure, mit der (Neo-)Korporatisierung des Sozialstaates und der Ausbildung einer eigenständigen operativen Logik korporierter Systeme in einer vom Funktionieren der Korporationen abhängigen Wohlfahrtsgesellschaft zwingend einhergehen.

65 Trotz der frühen, allerdings nicht ausgearbeiteten Anregungen etwa von Durkheim im Vorwort zur zweiten Auflage der »Arbeitsteilung«: »Eine Nation kann sich nur dann erhalten, wenn sich zwischen dem Staat und den Bürgern eine ganze Reihe von sekundären Gruppen schiebt, die den Individuen nahe genug sind, um sie in ihren Wirkungsradius einzufangen und damit im allgemeinen Strom des sozialen Lebens mitzureißen.« (1988, 71). Erst die intensive Diskussion um »Neo-Korporatismus« hat die zentrale Rolle von Organisationen und Verbänden für den politischen Prozeß moderner Gesellschaften gebührend herausgearbeitet, allerdings ohne daß die Staatstheorie ihrerseits darauf hinreichend reagiert hätte.

66 Einen Überblick bietet Teubner 1990. Geser (1990, 405) nimmt zu Recht an, daß im Gegensatz zum Emanzipationsprozeß des Individuums der »neuere, viel weniger beachtete Emanzipationsprozeß korporativer Akteure wohl längerfristig eine tiefgreifendere, risikoreichere gesellschaftliche Entwicklung dar(stellt), weil autonome Organisationen in viel fundamentalerer Weise auf die makropolitischen und makroökonomischen Verhältnisse bestimmenden Einfluß nehmen.« Für eine der Gegenwart angemessene Staatstheorie käme es darauf an, diesen »bestimmenden Einfluß« in seinen Ursachen deutlich zu machen und in seinen Folgen für die Aufgaben der Politik und ihres Staates zu reflektieren.

Mit Blick auf die Autorität des Staates formuliert Geser: »Je mehr ein moderner Staat seine Herrschaft auf Organisationen sowie mittels Organisationen ausübt, desto antiquierter wird die Vorstellung, daß sich die Staatsautorität primär auf die Monopolisierung physischer Gewaltmittel gründe. Vielmehr hängt die Dominanzstellung des Staates nun von seiner sehr viel voraussetzungsreicheren Fähigkeit ab, die spezifischen Verwundbarkeiten verschiedener Organisationen als Ansatzpunkte für je spezifische Sanktionsstrategien zu benutzen.«[67] Er belegt damit treffend aus organisationssoziologischer Sicht die Bedeutung von Organisationen und korporativen Systemen für eine Veränderung der Machtmittel und der Aufgaben des Staates. Aus staatstheoretischer Sicht ist allerdings zum einen gerade die Idee einer »Dominanzstellung« des Staates problematisch; zum anderen geht es nicht in erster Linie um die »Verwundbarkeiten« von Organisationen, sondern um ihre spezifische Risikoproduktion und die durch sie verursachten Gefährdungen und Beeinträchtigungen individueller Rechtsgüter. Denn es sind diese Gefährdungen und Beeinträchtigungen individueller Rechtsgüter durch korporative Systeme, die den Staat in seiner originären Funktion der Repression illegitimer Gewalt in einer neuen Weise ins Spiel bringen.
Indem das politische Funktionssystem moderner Gesellschaften eine inzwischen massive geldbasierte Infrastruktur ausbildete, hat es seine Ressourcen-Basis für die Erfüllung der Aufgaben der Politik, d.h. für die Produktion der für eine bestimmte Gesellschaftsordnung erforderlichen Kollektivgüter neu definiert. Man kann dieser Entwicklung insofern eine gewisse Logik nicht absprechen, als ein enger Zusammenhang besteht zwischen den durch die »Organisationsgesellschaft« geschaffenen Gefährdungslagen für individuelle und kollektive Rechtsgüter einerseits und den Möglichkeiten andererseits, diese Gefährdungen mit dem Medium Geld retrospektiv durch Restitution sowie prospektiv durch fiskalische Anreize zu kontrollieren. Mit dem durchdringenden Einfluß von Organisationen und korpora-

67 Geser 1990, 412

tiven Systemen in allen gesellschaftlichen Bereichen würde die politische Kontrolle der Ausübung physischer Gewalt durch das staatliche Gewaltmonopol allein nicht nur schnell überfordert, sondern – was wichtiger erscheint – sie würde kontraproduktiv; denn eine hochorganisierte Gesellschaft läßt sich nicht mehr, wie nun auch alle entwickelten sozialistischen Gesellschaften zur Genüge gezeigt haben, über den repressiven Einsatz physischer Gewalt allein steuern. Erforderlich sind zusätzlich Möglichkeiten der Restitution von Schäden (bzw. des finanziellen Anreizes zur *internen* Verhinderung von Schäden), die zwar, wenn sie eintreten, illegitim und deshalb zu kompensieren sind, deren Eintreten aber mit der »normalen«[68] Operationsweise komplexer, technisierter Großorganisationen mit bestimmten Wahrscheinlichkeiten unvermeidlich verbunden sind.
Allerdings sind es nicht nur die technologischen Risiken, die im Kontext von Großorganisationen einen neuen Bedarf für politische Entscheidungen schaffen. Die Gefährdungen individueller Rechtsgüter durch die *sozialen* Risiken komplexer und unübersichtlicher Großorganisationen werden gegenüber den auffälligeren technologischen Risiken häufig unterschätzt. Aber es ist die durchgehende und vielfältige Einbindung jedes Individuums in das »eherne Gehäuse« formaler Organisationen, welche die Disjunktion von personaler Gefährdung und physischer Gewalt in einem neuen Maßstab zur Realität werden läßt. Formale Organisationen, verzweigte Bürokratien und lose gekoppelte Netzwerke kollektiver Akteure sind geprägt von einer Parzellierung der Zuständigkeiten und Kompetenzen, einer horizontalen und vertikalen Differenzierung der Bestandteile korporativer Entscheidungen, einer Intransparenz von Verantwortlichkeiten und einer Undurchschaubarkeit der Informations-

68 Dazu Perrow 1988, aus dessen Argument zu schließen ist, daß bestimmte Risiken gerade aus Gründen des Gesamtwohls auch ganz, d.h. im Ernstfall durch machtgestütztes Verbot, vermieden werden müssen. Aber – dies ist für unser Argument wichtig – man darf bei ›normalisierten‹ Risiken nicht nur an Atommeiler und Gentechnologie denken. Die praktisch ins Gewicht fallenden täglichen Risiken fallen an ganz normalen Arbeitsplätzen einschließlich des Autos an.

und Kommunikationsströme, denen Personen als Individuen wie als Bürger ziemlich ohnmächtig gegenüberstehen. Was die Kontrolle manifester physischer Gewalt angeht, etwa in Schulen, Gefängnissen, Militäreinheiten, Fabriken oder Krankenhäusern, so ist durch die rechtliche Revision »besonderer Gewaltverhältnisse«, durch (deutsche) Verwaltungsgerichtsbarkeit, ein ausgebautes Staatshaftungsrecht oder durch die (amerikanische) Verbandsklage (»class action«) immerhin ein deutlicher Grad von Zivilität erreicht worden. Aber die Beeinträchtigung individueller Rechtspositionen durch feinere Mittel der organisationalen Diskriminierung, Nicht-Beförderung, Behinderung, Drohung, wirtschaftlichen oder sozialen Ruinierung etc. sind sehr viel schwerer zu kontrollieren. Hier entfaltet der Aufbau einer politischen geldbasierten Infrastruktur – neben den ›normalen‹ Aufgaben der Finanzierung kollektiver Güter und der Restitution individuell nicht zurechenbarer ökonomischer Notlagen – seine kontrollierende Wirkung vor allem dadurch, daß die Politik nun selbst *alternative Modelle* der Einkommenssicherung, der Beschäftigung, der Rechtsstellung anbieten kann. Beispiele hierfür sind die Quotenregelungen für Schwarze und für Frauen in den USA, die zuerst im öffentlichen Bereich durchgeführt und dann durch wirtschaftlichen Druck auf alle Unternehmen und Organisationen ausgedehnt werden konnten, die von Aufträgen der öffentlichen Hand abhängen.

An diesem Beispiel läßt sich eine viel allgemeinere Wirkung der Existenz einer geldbasierten Infrastruktur des politischen Systems festmachen. Wenn heute in modernen demokratischen Industriegesellschaften zwischen 35 % (Japan) und 65 % (Schweden) des Bruttosozialprodukts von den öffentlichen Händen eingenommen und ausgegeben werden[69], wenn andererseits große Konzerne, private Verbände oder Interessenorganisationen verzweigte Bürokratien zur Abarbeitung ihrer internen Transaktions-Komplexität ausbilden, dann kann von einer klar geschnittenen Dualität von Markt und Organisation, von »markets and hierarchies«[70] nicht die

69 Die Zahlen beziehen sich auf 1982; vgl. Stiglitz 1989, 17

70 So der einflußreiche Titel von Williamson 1975

Rede sein. Neben vielem anderen folgt daraus, daß die zentrale Aufgabe des politischen Funktionssystem, für die Gesellschaft kollektiv verbindliche Entscheidungen zu finden und durchzusetzen, sich auf Mittel der Organisation *und* des Marktes stützen kann und dadurch Handlungsspielräume, Freiheitsgrade und Gestaltungsmöglichkeiten gewinnt. So kann (kann!) die Politik in öffentlichen Unternehmen Verfahrensgrundsätze, Regeln, interne Strukturen, Beteiligungsrechte, Schutzmaßnahmen etc. verwirklichen, die als Modelle und konkurrierende Angebote subtile Steuerungswirkungen entfalten können. Daß dies nicht nur Theorie ist, zeigen Überlegungen zur rechtlichen (also: öffentlichen) Kontrolle interner Verbandsstrukturen analog zu derjenigen politischer Parteien, die Diskussion um die Verallgemeinerung der qualifizierten Mitbestimmung in großen Betrieben und Organisationen, die Einrichtung von Frauenbeauftragten, Beauftragten für den Umweltschutz, die Frage der sozialen Verantwortlichkeit von Organisationen etc. – alles Punkte, die ohne eine kombinatorische Verschränkung der Elemente einer machtbasierten und einer geldbasierten Infrastruktur als Ressourcenpotential der Politik kaum Realisierungschancen hätten, weil zur Erreichung dieser kollektiven Zwecksetzungen Macht alleine nicht ausreicht.
In diesem Sinne bezeichnet der Wohlfahrtsstaat einen Stand der Entwicklung des politischen Funktionssystems, der aus einer ungeheuren Steigerung des Organisationsgrades aller Bereiche von Gesellschaft, von der Ökonomie und der Wissenschaft über Erziehung und Gesundheitssystem bis zum politischen System selbst Konsequenzen zieht für die Möglichkeiten des Schutzes der zentralen Rechtsgüter der Bürger. Gewalt wird im Rahmen solchermaßen hochorganisierter Gesellschaftsstrukturen nicht nur, und vermutlich nicht einmal in erster Linie, von Personen ausgeübt, sondern von der anonymen Operationsweise überindividueller korporativer Systeme. Soll die Politik als Träger des Gewaltmonopols im Sinne einer Kompetenz-Kompetenz in der Lage sein, Schutz vor diesen neuartigen Bedrohungen zu geben, und so im klassischen Sinne inneren Frieden und Schutz elementarer personaler Rechtsgüter zu gewährleisten, dann liegt auf

der Hand, daß entsprechend der Veränderung der Bedrohungslage zunächst die Kriterien kollektiver Verantwortlichkeit und dann auch die Ressourcen und Strategien des kollektiven Schutzes verändert werden müssen.
Gegenüber dem – zweifelsohne nach wie vor unabdingbaren – groben Keil machtbasierter Infrastruktur gewinnt die Politik mit der geldbasierten Infrastruktur ein indirekteres und weniger hierarchisches Instrumentarium der Intervention und Steuerung. Dies muß auch als eine Reaktion auf die Schwierigkeit verstanden werden, mit den Mitteln der Macht in große, spezialisierte und professionelle Organisationen einzugreifen. Ohne adäquatere Mittel der Kontrolle und Beeinflussung sähe sich das politische System im Verhältnis zu korporativen Systemen tagtäglich zu Machtproben gezwungen, die schnell kostspielig und kontraproduktiv werden könnten. Die Parallele zu der insbesondere von Durkheim treffend beschriebenen Bedeutung der Transition von einer primär sich auf das Strafrecht stützenden repressiven Kontrolle zu einer primär sich auf das Zivilrecht stützenden restitutiven Steuerung drängt sich auf. Tatsächlich erlaubt es der Aufbau einer geldbasierten Infrastuktur dem modernen politischen System, der inneren Autonomie, Eigendynamik und Innovationskraft korporativer Systeme weitgehende Entfaltungsfreiheit zu lassen, sie aber durch Kontextvorgaben für Kosten und Nutzen bestimmter Strategien auf einen kollektiv verbindlichen Rahmen zu verpflichten, der insbesondere die Externalitäten der Operationsweise dieser organisierten Systeme betrifft. Auf diese steuerungstheoretischen Implikationen werde ich im Schlußkapitel zurückkommen.
Die hier skizzierte Legitimierung des Sozial- und Wohlfahrtsstaates und die darin implizierte restitutive Funktion des modernen Staates beruht allerdings nicht nur auf einer – aus systemtheoretischer Sicht naheliegenden – Kritik der individualistisch verengten Gerechtigkeitstheorien und Staatstheorien. Eine praktisch bedeutsamere Rolle spielt die Absicht, eine Argumentationsfigur zu entwickeln, welche die *gegenwärtig* sich ausbildende Funktion des Staates zu beschreiben und verstehen hilft, nachdem sich der Sozial- und

Wohlfahrtsstaat in der Ersten Welt ausnahmslos durchgesetzt hat. Denn dort bleibt die Entwicklung nicht stehen. Mögen sich Staatsphilosophen noch um die Legitimität des Wohlfahrtsstaates streiten, so stehen hochindustrialisierte demokratische Gesellschaften inzwischen doch vor einer neuen Problematik. Sie läßt sich einerseits mit den offiziellen Stichworten Informationsgesellschaft, Verwissenschaftlichung, Computerisierung, informationelle Vernetzung, neue Kommunikationstechnologien, Digitalisierung, Expertensysteme und Wissensrepräsentation bezeichnen. Andererseits gehören hierzu auch die komplementären Stichworte Informationsverschmutzung, Analphabetisierung, informationelle Isolierung, Kommunikationskontrolle, Finalisierung der Wissensproduktion, Verwissenschaftlichung der Repression und Technologisierung der Gewalt. Beide Seiten der Medaille ergeben erst zusammen ein brauchbares Bild von der neuen Bedeutung einer alten Ressource: der gesellschaftlichen Bedeutung von Wissen.

3.3 Das Problem der Ignoranz

Daß Ignoranz (»dumm« hier und im folgenden im strikt vorwurfsfreien Sinne von »uninformiert«) weh tun kann, hat einen neuen Sinn bekommen, seit uninformierte Bürger nach Tschernobyl verstrahlte Milch tranken und ihre Kinder in verstrahlten Sandkästen spielen ließen. Aber auch wer sein Haus auf einer ehemaligen Mülldeponie baut, seinen computerisierten Abgabenbescheid nicht versteht, nur noch kommerzialisierte Fernsehprogramme empfangen kann, bei einer Operation mit unwissentlich aids-infiziertem Blut behandelt wird oder mit dem Flugzeug abstürzt, weil das Software-Programm des Autopiloten fehlerhaft war, setzt sich aufgrund seiner Unwissenheit erheblichen Risiken aus. Zwar war Ignoranz vermutlich immer schon ein Risiko, aber ganz ähnlich wie beim Problem der Armut (s. o. 3.2) ist heute die Frage unabweisbar, welche Ausprägungen von Ignoranz individuell zurechenbar sind und welche Ausdruck einer gesellschaftlich »institutionalisierte(n) Lernunfähigkeit«[71] sind. So mag es individuell zurechenbar sein, wenn jemand die Risiken des Rauchens ignoriert. Aber gilt das auch für verseuchtes Wasser? Für strahlende Computer-Monitore? Für ein nationales nukleares Verteidigungssystem im Weltraum, das von einer nicht kontrollierbaren Software abhängt?[72]

Durchaus nicht im Naturzustand oder in einer originalen Position sind die Bürger hochentwickelter Gesellschaften in der täglichen Praxis von einem *wall of ignorance* umgeben, welcher Rawls' »veil of ignorance« eher niedlich erscheinen läßt. Ganz analog zur Armut in industrialisierten Gesellschaften ist diese Ignoranz in technologisierten Gesellschaften systemisch produziert; und zwar in dem Maße, wie wissensbasierte Technologien die Operationsweise von Organisationen und differenzierten Teilsystemen prägen. Mit dem Grad der Intelligenz von Systemen wächst zwingend auch der Grad möglicher Ignoranz.[73] Genau hieraus folgt die Annahme, daß auch der Grad individuell nicht zurechenbarer Ignoranz zunimmt. Bliebe dies eine quantitative Steigerung, könnte man vielleicht zur Tagesordnung übergehen.

Eine neue Qualität kommt aber ins Spiel, wenn auch die Risiken zunehmen, die aus einem Überschreiten der Fehler- oder Ignoranz-Toleranz von Systemen resultieren. Dies ist unbestrittenermaßen der Fall. Allerdings sollte deutlich sein, daß nicht nur atomare, biologische und chemische Großtechnologien und die mit ihnen operierenden Sozialsysteme solche Risiken produzieren.[74] Auch Sozialsysteme, die wissensbasierte Technologien der Naturkontrolle oder des »people-processing« verwenden, schaffen tagtäglich konkrete Gefahren für Leib und Leben von Bürgern, paradoxerweise auch und gerade dann, wenn sie – wie Intensivstationen, Transportsysteme, Rohstoff-Abbau-Verfahren oder psychiatrische Anstalten – ursprünglich für das Gegenteil

71 Beck 1988, 174
72 Parnas 1986; Boffey 1988, Kap. 10
73 Klassische Fallstudien bei Wohlstetter 1966; Wilensky 1967; Allison 1971
74 Dazu eindringlich Beck 1988

gedacht waren. Hier macht sich bemerkbar, daß Wissen eine heikle Ressource ist. Es erlaubt z.B. einerseits effiziente Technologien des Abbaus, Transportes und der Verarbeitung tropischer Hölzer. Andererseits erzeugt diese Effizienz sekundär ein globales Treibhausklima und noch unabschätzbare Folgeprobleme. Es erlaubt die elaboriertesten Produktionssysteme etwa für Lebensmittel, Arzneien, Waffen oder Elektronik, deren Nebenkosten, negativen Externalitäten und Folgen niemand mehr überschaut.

Was hat der Staat damit zu tun? Um diese Frage beantworten zu können, muß man zunächst sehen, daß dem politischen System moderner Gesellschaften mit der *legitimen* Funktion, die *erforderlichen* gesamtgesellschaftlich verbindlichen Entscheidungen zu treffen, als einziger Instanz die Definitionsgewalt für das öffentliche Interesse zukommt. Mit Nozick[75] kann man auch sagen, daß die Politik als (im Machtbereich) dominante Agentur die Aufgabe hat, die Kontrolle der Verfahren zur Ausübung der Rechtsdurchsetzung auszuüben. Bezüglich physischer Gewalt heißt dies z.B., daß die Politik definiert, welche Art der Gewaltausübung in der Familie oder in der Schule zulässig und welche im öffentlichen Interesse kontrolliert werden soll. Daran erweist sich zugleich sehr deutlich, daß die Rede vom Gewaltmonopol des Staates irreführend ist, denn es geht um eine *Kontrolle* der Ausübung von Macht, um eine Definition der Grenzen der Macht.

Ganz analog definiert die Politik die Grenzen der Durchsetzung privater Eigentumsrechte zugunsten einer Rechtsdurchsetzung der Allgemeinheit, wenn »im öffentlichen Interesse« Eigentum enteignet wird. Auch hier geht es um die Kontrolle der Ausübung von rechtlich definierten Verfügungspositionen (»property rights«), um die Definition der Grenzen des Eigentums. In beiden Fällen repräsentiert der Staat der Politik das öffentliche Interesse, welches sich im Konfliktfall gegenüber den Interessen von Privaten und Organisationen durchsetzen können muß, soll der Staat als Staat gelten. Entscheidend ist nun, daß diese Bestimmung

75 Nozick 1974, 101

des Staates, so traditionell sie klingt, gegenüber der klassischen Definition eines notwendigen *Monopols* von Gewalt und Definitionsmacht eine eher *dezentrale Funktion des Staates* zuläßt: Um die primäre Funktion der Sicherung von Ordnung und Frieden in einer Gesellschaft zu erfüllen, benötigt die Politik kein faktisches Monopol, wohl aber die Kompetenz-Kompetenz. Es genügt im Kontext dieser Kompetenz-Kompetenz ein bestimmtes, relatives Maß an *Gegen-Gewalt* und *Gegen-Reichtum*, welches ihm ermöglicht, die für Leib und Leben der Bürger bedrohlichen Folgen illegitimer Macht und nicht zurechenbarer Armut zu kontrollieren. Dies läßt Raum für dezentral verteilte gesellschaftliche Macht und gesellschaftlichen Reichtum, solange die von der Politik definierten Grenzen nicht überschritten sind.

Zwei Beispiele sollen den Kern des Gedankens verdeutlichen. Mit der Einführung der Schulpflicht hat (aufgrund politischer Entscheidung) die Politik die Erziehungs»gewalt« zwischen Familie und öffentlichem Bereich aufgeteilt und hinsichtlich der Schulerziehung der Politik überwiesen. Dennoch ist kein Monopol der Schulerziehungsgewalt für die Politik und ihren Staat erforderlich – und mithin z. B. Raum für Privatschulen –, solange die Politik die Kontextbedingungen schulischer Erziehung definiert. Ebenso ist Raum für private und organisierte Wohltätigkeit oder Sozialleistungen von Unternehmen im Rahmen des Sozial- und Wohlfahrtsstaates, solange dieser Minimalstandards und Rahmenbedingungen festlegt und im Ernstfall einspringt.

Rückt man die Idee der Gegen-Macht und des Gegen-Reichtums ins Zentrum der Begründung des Staates, so wird einerseits deutlich, daß die Politik durchaus dezentrale gesellschaftliche Macht zulassen kann, also das Machtpotential einer Gesellschaft insgesamt gesteigert werden kann, und daß ebenso dezentraler gesellschaftlicher Reichtum (oder: Eigentum) sinnvoll ist, um den gesellschaftlichen Reichtum insgesamt zu steigern. Die Idee des legitimen Staates setzt weder ein Monopol der Macht noch ein solches des Reichtums (oder des Eigentums oder der Produktionsmittel) voraus. In dieser Hinsicht setzt eine systemtheoretische Rekonstruktion des modernen Staates sogar weniger Verfügungsgewalt der Politik und Übertragung von Rechten von Individuen auf den Staat des politischen Systems voraus als der minimale Staat von Nozick.

Andererseits wird deutlich, daß die Hauptfunktion der modernen Politik *nicht* auf die Kontrolle personaler physischer Gewalt beschränkt werden kann, da mit funktionaler Differenzierung und Modernisierung konkrete Gefahren für Leib und Leben der Bürger nicht mehr nur von anderen Personen drohen, sondern auch von den »normalen« Operationsbedingungen und Externalitäten der spezialisierten Funktionssysteme. Dies gehört zur Funktionsweise differenzierter Gesellschaften und deshalb kann die Politik nicht einfach Macht und Geld in Eigenregie monopolisieren, um die Probleme von Gewalt und Armut zu lösen. Das Prinzip der Gerechtigkeit (sensu Rawls) erlaubt und das Prinzip der Subsidiarität erzwingt aber als legitime Funktion der Politik eine kontextuelle Kontrolle[76] von Macht und Geld im Sinne eines Potentials von Gegen-Macht und Gegen-Ressourcen, welches im Ernstfall *jede illegitime Form gesellschaftlicher Gewalt* durch Ohnmacht/Macht oder Armut/Reichtum zu kontrollieren fähig ist. Immer dann, wenn eine konkrete Gefahr für Leib und Leben der Bürger droht, muß die Politik das Potential haben, um kontrollierend eingreifen zu können. Zwar nur dann, aber eben auch immer dann, wenn dies der Fall ist. Entscheidend ist, um dies zu wiederholen, daß es auf die Ursache dieser Gewalt nicht ankommen kann. Und in dieser Hinsicht werden hier die Grenzen (und Pflichten) des legitimen Staates weiter gezogen als diejenigen des minimalen Staates.

Selbst wenn man die klassische Funktionsbeschreibung des Staates (als Selbstbeschreibung der Politik) beibehält, nämlich Schutz der Bürger vor illegitimer Gewalt zur Sicherung von Ordnung und Frieden in einer Gesellschaft, dann muß für den modernen Staat die Bestimmung seiner Aufgaben anders ausfallen, weil illegitime Gewalt in funktional differenzierten Gesellschaften aus sehr unterschiedlichen Quellen gespeist sein kann. In der Zeit des Auseinandertretens

76 Ausführlich dazu Willke 1989, 127ff. und unten Kap. 4.1.2

von Kirche und Politik während der Religionskriege stand das Problem unkontrollierter, persönlicher physischer Gewalt im Vordergrund. Später, mit der Vollendung der Differenzierung von Familie und Ökonomie zu Zeiten Hegels und Marx', wurde das Problem der Armut und der aus der Operationsweise der Ökonomie resultierenden Gewalt für die Frage der Sicherung gesellschaftlicher Ordnung zumindest ebenso bedeutsam. Leitender Gedanke des hier vorgetragenen Argumentes ist, daß mit der gegenwärtigen Ausbildung der Informationsgesellschaft das Problem von Ignoranz/Wissen ein Gewicht bekommt wie zuvor die Probleme von Armut und Gewalt. Dies führt zu einer neuen Staatsaufgabe (bzw. jetzt genauer: zu einer neuen Aufgabe der Politik): der Schaffung einer *wissensbasierten Infrastruktur.*

Wiederum geht es nicht darum, daß die Politik Wissen, Wissensproduktion oder Wissensverwendung monopolisiert. Aber er kann angesichts der sich dramatisierenden Wissensabhängigkeit moderner Gesellschaften dies auch nicht gänzlich dem Wissenschaftssystem, wissensproduzierenden Organisationen oder Individuen überlassen. Nach einem umgekehrten »need-to-know«-Prinzip müssen umfassendere Institutionen oder Sozialsysteme und schließlich in letzter Instanz die Politik und ihr Staat alles das Wissen durch Gegen-Wissen kontrollieren können, was konkrete Gefahren für Leib und Leben der Bürger impliziert. Da derartige konkrete Gefährdungen von Bürgern heute nicht mehr zu bestreiten sind, obliegt es der Politik, und zwar ganz im Rahmen der klassischen Definition staatlicher Aufgaben, eine wissensbasierte Infrastruktur aufzubauen, die den Einsatz des erforderlichen Gegen-Wissens leistet und kontrolliert.

Beispiele hierfür lassen sich in allen Bereichen finden, in denen wissensbasierte Technologien heute den Stand der Entwicklung markieren. Besonders gravierend ist der Fall der Nutzung der Atomenergie. Hier stand der Politik das notwendige Gegen-Wissen weder zur Verfügung, noch waren Verfahren vorgesehen, anderweitig vorhandenes zu nutzen, um das in interessierten Organisationen und Funktionssystemen entwickelte Wissen kontrollieren zu können. Vergleichbares gilt für Kommunikationstechnologien,

Raumfahrt, neue Transportsysteme wie Hochgeschwindigkeitszüge oder Magnetbahnen, neue Arzneimittel, umweltgefährdende Produktionstechnologien, neue Waffentechnologien und -systeme, einschneidende Veränderungen der Nahrungsmittelproduktion etc.[77] Je mehr in allen diesen Bereichen Wissen zur Operationsbasis wird, desto gravierender wirkt sich der entsprechende Mangel an Wissen (Gegen-Wissen, Kontroll-Wissen, Steuerungs-Wissen) aus.

Der Rechtsstaat wurde hervorgetrieben durch einen *Mangel an Macht*, welche der Anwendung illegitimer Gewalt Einhalt hätte gebieten können. Der Sozial- und Wohlfahrtsstaat wurde erzwungen durch einen *Mangel an Geld*, welches die gewalttätigen Folgen der Armut hätte erträglich machen können. Ganz analog muß man heute feststellen, daß ein *Mangel an Wissen* eine neue Staatsfunktion fordert, einen supervidierenden Staat, weil mit der Ausbreitung wissensbasierter Technologien das individuelle und kollektive Risiko eines unkontrollierten Wissens selbst-destruktiv wird.[78] Allerdings ist diese Bindung der Staatsfunktionen an Mangelerscheinungen nicht zu trennen von der ubiquitären Gefahr einer Inflationierung der jeweiligen Steuerungsmedien, so daß der Politik zugleich mit der Verantwortung für die Behebung des Mangels auch diejenige für die Kontrolle des Überschusses zuwächst.

Daß mit der modernen Bedeutung der Ressource Wissen eine neue Qualität gesellschaftlicher Problemlagen und staatlicher Aufgaben ins Spiel kommt, haben Beobachter von

77 Studien zur Atomenergie bei Kitschelt 1983 und 1988; zu Kommunikationstechnologien bei Kubicek/Mettler-Meibom 1988; zur Raumfahrt bei Weyer 1988

78 Bezeichnenderweise im Zusammenhang mit der Frage des »Fortschritts« schreibt Robert Spaemann (1983, 147f.): »Wenn das bisherige exponentielle Wachstum des wissenschaftlichen Wissens nicht aus materiellen Gründen gestoppt wird, dann wird dieses Wachstum bald Ausmaße erreichen, bei denen es niemandem mehr möglich ist, auf irgendeinem Wissenschaftsgebiet irgend so etwas wie ›einen Stand der Wissenschaft‹ festzustellen und sich anzueignen.« Um so wichtiger wird ein Kontroll-Wissen der Politik, die für die Generierung kollektiv verbindlicher Entscheidungen gezwungen ist, den Stand der Technik und der Wissenschaft als normative Generalklauseln zu verwenden.

ganz unterschiedlichen Fluchtpunkten aus gesehen. Wie bereits oben erwähnt, unterscheidet Daniel Bell[79] unterschiedliche Formen von Infrastruktur nach dem »Gut«, das diese Infrastrukturen prozessieren. Schematisch zusammengefaßt, ergibt sich folgendes Bild:

Form der Infrastruktur	*prozessiertes Gut*	*Träger (Beispiele)*
Transportnetz	Bewegung von Personen und Gütern	Straßen, Kanäle, Schienen, Flughäfen
Energienetz	Übertragung von Energie	Elektrizitäts-, Gas-, Ölleitungen
Telekommunikationsnetz	Informationen	Telefon, Radio, TV
Datennetz	Dateien	Datenaustauschnetze wie z.B. LANs, WANs, E-mail, ISDN-Netze

In erster Linie unter dem Aspekt der vorrangig verwendeten Medien kommt Freiburghaus[80] zu vier unterschiedlichen Phasen der Entwicklung der ›Mittel‹ staatlichen Handelns, die gut mit den hier zugrunde gelegten drei Formen von Infrastruktur zusammenpassen. Wiederum schematisch komprimiert, läßt sich dieser Vorschlag in folgender Weise darstellen:

Jahrhundert	*Medium*	*Machtbasis*	*Leitwissenschaft*
15. bis 17.	Gewalt	Armee, Polizei	Militärwissenschaften
18. bis 19.	Recht	Sanktionssysteme	Rechtswissenschaft
19. bis 20.	Geld	Fiskalische Disponibilität	Politische Ökonomie
20. bis 21.	Information	Zentralität der Position in den Kommunikationsnetzen	Informatik, Kybernetik

79 Vgl. Bell 1976, XV 80 Freiburghaus 1991, 63

Zum Vergleich sollen im folgenden Schema einige Aspekte der hier unterschiedenen Formen von staatlicher Infrastruktur zusammengefaßt werden:

Problem	*Knappheit*	*Infrastruktur*	*Träger (Beispiele)*
Gewalt	Macht	machtbasiert	Polizei, Militär, Gerichte
Armut	Geld	geldbasiert	Finanzämter, Sozialämter, Sozialwohnungen
Ignoranz	Wissen	wissensbasiert	Forschungsinstitute, Expertensysteme, Beratungsinstitutionen

Ein Modell für Organisation und Operationsweise einer wissensbasierten Infrastruktur der Politik könnte die Fraunhofer-Gesellschaft (FhG) sein. Während die Deutsche Forschungsgemeinschaft eine selbstverwaltete Einrichtung zur Förderung der Forschung an den Hochschulen ist, und die Max-Planck-Gesellschaft diese Aufgabe für die außeruniversitäre Grundlagenforschung wahrnimmt, ist die FhG ein privatrechtlicher (gemeinnütziger, eingetragener) Verein »zur Förderung der angewandten Forschung«, welcher – und darauf kommt es in unserem Zusammenhang besonders an – hauptsächlich Auftrags- und Vertragsforschung für staatliche Stellen durchführt. Dies schließt Aufträge des Bundesministeriums für Verteidigung ein. Von den gegenwärtig 37 Instituten oder Forschungsgruppen der FhG arbeiten 6 hauptsächlich für das BMVg und zwei Institute sind Dienstleistungseinrichtungen (Patentstelle für die Deutsche Forschung; Informationszentrum Raum und Bau: Datenbanken für Raumordnung und Bau). Aber die Mehrzahl der Institute beschäftigt sich mit Problemen, die ein hohes öffentliches Interesse beanspruchen, weil hier ein Defizit an erforderlichem Wissen, insbesondere Kontroll- und Steuerungswissen besteht. Dies gilt z.B für die Institute für Lasertechnik, Integrierte Schaltungen, Umweltchemie und Ökotoxikologie, Technologie-Entwicklung, Solare Energiesysteme, Informations- und Datenverarbeitung, Toxikologie und Aerosolforschung, Naturwissenschaftlich-Technische Trendanalyse, Systemtechnik und Innovationsforschung, die Dokumentationszentrale Wasser, und viele andere.[81]

Zwar sollte man sich nicht darüber täuschen, daß das Interesse des Bundesministeriums für Bildung und Wissenschaft bei der Entscheidung über den Ausbau der FhG 1971 hauptsächlich darin bestand, die technologische Entwicklung in der BRD »zu gewährleisten«[82]. Aber es gibt inzwischen Gründe genug dafür, daß das staatliche Interesse heute stärker auf eine Kontrolle, Steuerung und Supervision der »technologischen Entwicklung« gerichtet sein müßte. Nur 20 Jahre später ist offensichtlich, daß die kollektive Ignoranz gegenüber den mit der »technologischen Entwicklung« einhergehenden Risiken hochgradig selbst-destruktiv sein kann. In einigen Fällen wie der nuklearen Gefährdung durch Waffen oder Atomenergie, dem Ozonloch, dem Treibhauseffekt und möglicherweise der Verschmutzung des Wassers ist nicht einmal klar, ob und wie es möglich ist, die Risiken substantiell zu reduzieren.

Worauf es bei der Organisation einer wissensbasierten Infrastruktur ankommt, hat der Schweizer Wissenschaftsrat treffend formuliert:

> Je nach Aufgabenbereich und Phase der Staatstätigkeit... hat die Verwaltung einen Bedarf nach sehr verschiedenartigen Informationen und Erkenntnissen. Dabei verfügen Interessengruppen oft über einen großen Sachverstand auf ihrem Gebiet, auf den ebenfalls der Staat zurückgreifen kann. Die zunehmende Komplexität und Vernetzung der zu lösenden Probleme überfordert jedoch entsprechende Informationsquellen, da weder rein quantitative (z. B. Statistiken), noch zwar qualitative, aber oft widersprüchliche und interessengeleitete externe Informationen ausreichen. *Der Staat muß somit eine neue, seinen sich*

81 Hohn 1989, 9ff.; inzwischen hat die Fraunhofer-Gesellschaft beschlossen, 19 Forschungseinrichtungen der neuen Bundesländer zu übernehmen, die vorläufig in neun eigenständige Institute und zehn Außenstellen gegliedert sind. Die Einrichtungen sind auf die Städte Rostock, Berlin, Potsdam, Teltow, Magdeburg, Halle, Jena, Chemnitz und Dresden verteilt (FAZ Nr. 100 v. 30. 4. 1991, S. 12).

82 Hohn 1989, 94

ausdehnenden und neuartigen Aufgabenbereichen angepaßte Wissensbasis finden, die über die traditionell-bürokratischen Lösungsmuster hinausgeht.»[83]

Ebenso wie die Emergenz der «Organisationsgesellschaft» das politische Funktionssystem zu der Einsicht zwingt, daß die Existenz großer Organisationen eine neue Kategorie möglicher Bedrohung elementarer Rechtsgüter der Bürger mit sich bringt, so zwingt die Ausbildung der «Wissenschaftsgesellschaft» zu der Einsicht in eine neue Rolle der Politik in der Prävention von individuell nicht zurechenbaren fatalen Irrtümern und der Supervision individuell nicht zurechenbarer Risiken. Aber auch hier wäre es unverantwortlich, das Kind mit dem Bade auszuschütten. Die kontextuelle Kontrolle verzweigter Konzerne und korporativer Akteure durch politische Gegenmacht und fiskalische Ressourcen muß die Autonomie der internen Operationsweise dieser Systeme respektieren und auf direkte Interventionen zugunsten einer Anleitung zur Selbstkorrektur verzichten, will sie nicht die evolutionären Vorteile und zivilisatorischen Errungenschaften hoher Organisiertheit und operativer Autonomie verspielen. Der Preis für die Respektierung dieser internen Autonomie ist die politische Kompetenz für die Kontrolle von «public bads», also von negativen Externalitäten der Operationsweise von Organisationen, wenn diese öffentliche Güter beeinträchtigen.

Für die Ressource Wissen und das Risiko von Ignoranz trifft dieses Argument in analoger Weise zu. Auch hier ist die neuartige Bedrohung insbesondere durch wissensbasierte Technologien, auch biologischer, chemischer, atomarer und informationeller Art offensichtlich genug. Aber die Autonomie der Wissenschaft ist ein kostbares Gut und wesentlicher Bestandteil der Modernität hochentwickelter Gesellschaften. Niemand, der darum weiß, wird sie leichtfertig aufs Spiel setzen. Dennoch resultieren auch aus der Operationsweise von Wissenschaft negative externe Effekte, insbesondere in Form schwer kalkulierbarer technologischer Risiken, die um so deutlicher hervortreten, je weiter eine wissen-

83 Schweizer Wissenschaftsrat 1985, 93f. (Hervorhebung von mir, H.W.)

schaftliche Erkenntnis auf den Weg einer anwendungsorientierten Umsetzung gebracht ist. Es ist nun genau eine solche prozessuale Betrachtung der Wirkung von Wissen und der Produktion von negativen Externalitäten, die es erlaubt, die einschnürende Dichotomie von Autonomie versus Kontrolle aufzuheben.

Es lassen sich dann variable Verteilungen und Mischverhältnisse von Autonomie und Kontrolle denken, je nachdem, wie weit entfernt wissenschaftliche Operationen von einem sozial relevanten Anwendungsbezug entfernt sind. Systemtheoretisch läßt sich diese Dimension auch als Differenz von Beobachtung und Operation, von Erleben und Handeln formulieren: mit zunehmendem *Handlungsbezug* steigt die Wahrscheinlichkeit der in einer wissenschaftlich/technischen Innovation involvierten Riskanz; mit zunehmendem Handlungsbezug muß deshalb mit sozial relevanten negativen Externalitäten gerechnet werden; mit zunehmendem Handlungsbezug ist deshalb eine politische Kontrolle wissensbasierter Technologien eine dringlichere Option.

Schematisch läßt sich dieser Zusammenhang verdeutlichen, indem verschiedene Arten wissenschaftlicher Operationen in einem Koordinatenkreuz mit den Dimensionen Autonomie (Komponente des Beobachtens oder Erlebens und deshalb der Handlungsentlastung) und Kontrolle (Komponente der Operation oder des Handlungsbezuges) eingeordnet werden.

Dabei reicht das Spektrum von nahezu gänzlich unkontrollierten und weitestgehend autonomen Formen wie Fundamentalkritik, Theorieentwicklung und Grundlagenforschung über Mittellagen etwa bei anwendungsorientierter Industrieforschung bis zum umgekehrten Mischungsverhältnis bei der Erprobung von Risikotechnologien. Diese unterschiedlichen Formen oder Ausprägungen wissenschaftlicher Tätigkeit spiegeln wider, daß es in modernen Gesellschaften zwar mit dem Wissenschaftssystem ein ausdifferenziertes und operativ spezialisiertes Funktionssystem für wissenschaftliche Kommunikationen gibt; doch gibt es gleichzeitig vielfältige »centers of expertise«[84], die operatives

84 Jasanoff 1990, 76

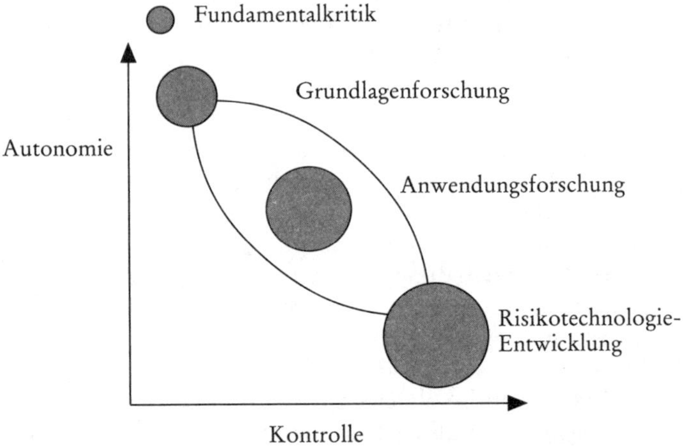

Wissen produzieren und verwalten, und die somit in den gesellschaftlich umfassenden Prozeß der Allokation und Dislozierung von Wissen eingreifen.
In einer anderen Schematisierung unterscheidet die OECD im »Frascati-Handbuch«[85] reine Grundlagenforschung von zweckorientierter Grundlagenforschung, angewandter Forschung und experimenteller Entwicklung. In der reinen Grundlagenforschung bestimmt das wissenschaftliche Interesse des Forschers allein den Untersuchungsgegenstand, während in der anwendungsorientierten Grundlagenforschung der Forscher i.d.R. in einer Forschungseinrichtung arbeitet, deren Ziele wissenschaftliche, ökonomische und soziale, einschließlich gesellschaftspolitischer Interessen umfassen können. Es liegt auf der Hand, daß damit unterschiedliche Möglichkeiten und auch Zwänge der Kontrolle wissenschaftlicher Operationen gegeben sind. Ein universitäres Forschungsinstitut für Alt-Ägyptologie läßt sich wissenschaftspolitisch nicht mit der Kernforschungsanlage Karlsruhe oder Jülich vergleichen, auch wenn alle drei Einrichtungen zum Wissenschaftssystem gehören.

85 Landesforschungsbericht Baden-Württemberg 1987, 17ff.

Was die Orientierung und Leistungen der wissensproduzierenden Organisationen angeht, so hat längst eine Diversifizierung in beide Richtungen eingesetzt: die traditionellen Kernbereiche wissenschaftlicher Autonomie, vor allem Universitäten und Einrichtungen der Grundlagenforschung, bemühen sich um anwendungsorientierte Institute und Praxiskontakt, während die traditionell anwendungsorientierte Unternehmensforschung Beispiele von Spitzeninstituten der Grundlagenforschung aufweisen kann, die inzwischen auch nobelpreiswürdig sind. Dazwischen gibt es ein ganzes Spektrum anwendungs- und beratungsorientierter Forschungseinrichtungen wie etwa in den USA die NASA, das Lawrence Livermore National Laboratory in Berkeley, das Stanford Research Institute (SRI), die Brookings-Institution, und viele andere mehr. In Deutschland gibt es ein dichtes Netz staatlich finanzierter oder mit-finanzierter internationaler, nationaler und regionaler Forschungseinrichtungen bzw. staatlicher Beteiligungen an Forschungseinrichtungen, die im Zusammenhang erst deutlich machen, wie dicht bereits das Netz einer wissensbasierten staatlichen Infrastruktur geknüpft ist. Dazu gehören neben den Fraunhofer-Instituten, den Max-Planck-Instituten, einer Reihe nationaler Forschungsinstitute und Akademien, den Forschungsinstituten der Rundfunkanstalten vor allem die von Bund und Ländern (im Verhältnis 90:10) geförderten Großforschungseinrichtungen, die sowohl Grundlagenforschung wie anwendungsorientierte Forschung in großem Stile betreiben, die von mehreren Trägern (i. d. R. von Bund und Ländern im Verhältnis 50:50) gemeinsam geförderten Forschungseinrichtungen der »Blauen Liste«, die organisatorisch eigenständigen Bundesanstalten und schließlich unterschiedliche Projektträger außerhalb der Hochschulen. Im einzelnen gibt es staatliche Trägerschaften oder Beteiligungen in folgenden Bereichen:

1. *Internationale Organisationen:* EG (Euratom, vier Anstalten der Gemeinsamen Forschungsstelle); Europäische Weltraumorganisation (ESA); Internationale Atomenergie-Kommission; NATO (Wissenschaftsausschuß für nicht-militärische (!) wissenschaftliche Programme, Umweltausschuß

und Verteidigungsforschung); OECD; UNESCO; Europäische Organisation für Kernforschung (CERN); Europäische Organisation für Astronomische Forschung in der Südlichen Hemisphäre (ESO); Europäisches Laboratorium für Molekularbiologie, Institut Max von Laue – Paul Langevin (Höchstflußreaktor); Europäische Synchrotronstrahlungsanlage (ESRF); Europäisches Hochschulinstitut (EHI, Florenz); Europäisches Zentrum für mittelfristige Wettervorhersage; Stiftung Deutsch-Niederländischer Windkanal; Europäischer Transschall-Windkanal; Institut der UN für Ausbildung und Forschung; Internationales Institut für angewandte Systemanalyse (IIASA, Laxenburg); Deutsch-Französisches Forschungsinstitut Saint-Louis; EUREKA; COST; und weitere europäische Sonderprogramme.

2. *Großforschungseinrichtungen:* Alfred-Wegener-Institut für Polar- und Meeresforschung; Stiftung Deutsches Elektronen-Synchrotron (DESY); Deutsche Forschungs- und Versuchsanstalt für Luft- und Raumfahrt (DFVLR); Deutsches Krebsforschungszentrum; Gesellschaft für Biotechnologische Forschung; GKSS-Forschungszentrum Geesthacht (Unterwassertechnik, Umweltforschung, Klimaforschung, Materialforschung); Gesellschaft für Mathematik und Datenverarbeitung; Gesellschaft für Strahlen- und Umweltforschung; Gesellschaft für Schwerionenforschung (Kernphysik, Kernchemie, Atomphysik, Festkörperforschung, Biologie); Hahn-Meitner-Institut (Festkörperphysik, Strahlen- und Fotochemie, Datenverarbeitung und Elektronik, Schwerionenphysik); Kernforschungsanlage Jülich; Kernforschungszentrum Karlsruhe (Kerntechnik, neue Materialien, Umwelt, Fusionstechnologie).

3. *Einrichtungen der »Blauen Liste«* (Beispiele): Kiepenheuer-Institut für Sonnenphysik; Gesellschaft Sozialwissenschaftlicher Infrastruktureinrichtungen; Deutsche Forschungsanstalt für Lebensmittelchemie; Fachinformationszentrum Chemie; Institut für Meeresforschung Bremerhaven; Ifo-Institut für Wirtschaftsforschung München; HWWA – Institut für Wirtschaftsforschung Hamburg; Rheinisch-Westfälisches Institut für Wirtschaftsforschung Essen; Institut für Weltwirtschaft Kiel; Heinrich-Pette-Institut für

Experimentelle Virologie und Immunbiologie; Gesellschaft für Information und Dokumentation Frankfurt (GID); Deutsches Primatenzentrum Göttingen; Institut für Erdölforschung; Technische Informationsbibliothek Hannover; Forschungsinstitut für Kinderernährung Dortmund; Zentralstelle für Psychologische Information und Dokumentation Trier; Zentralbibliothek der Wirtschaftswissenschaften.[86]

Man kann die existierende wissensbasierte Infrastruktur sich auch geographisch-konkret als Netzwerk von Forschungseinrichtungen und Organisationen der Forschungssteuerung vorstellen. Die folgenden Darstellungen (Schaubilder 1 bis 4) zeigen die räumliche Verteilung der wichtigsten Forschungseinrichtungen, begrenzt auf die alten Länder der BRD. Denkt man sich die Einzelbilder ineinander geblendet und nimmt man die weiteren Einrichtungen der Länder hinzu, so entsteht bereits ein plastischer Eindruck der Dichte der wissensbasierten Infrastruktur.

Nimmt man die aus dem Boden sprießenden Forschungseinrichtungen der Interessenverbände, Parteien, Gewerkschaften, sozialen Bewegungen, Kirchen, Stiftungen etc. hinzu, so wird deutlich, daß moderne Gesellschaften mit einem dichten Netz von wissenproduzierenden Organisationen der unterschiedlichsten Art überzogen sind. In den USA, die auch in dieser Hinsicht die Zukunft schon vorweggenommen haben, gehören hierzu auch Konsumenten- und Konsumenteninteressengruppen wie etwa das Natural Resources Defense Council (NRDC), Ralph Naders »Public Citizen« oder »Common Cause«, die sich als alternative Quellen für Expertise und Risikoeinschätzung etabliert haben. Ergänzt werden sie in vieler Hinsicht durch sogenannte »public interest scientists«, also Wissenschaftler und Wissenschaftlerinnen, die über eine Kooperation zwischen den wissenschaftlichen und technologischen Professionellen und »public interest groups«, die Beteiligung an öffentlichen Technologieentscheidungen suchen.[87]

Auch für das Wissenschaftssystem sind diese Organisatio-

86 Bundesforschungsbericht 1988, 233ff. u. 293ff.
87 S. Jasanoff 1990, 67f.

Standorte der Max-Planck-Institute

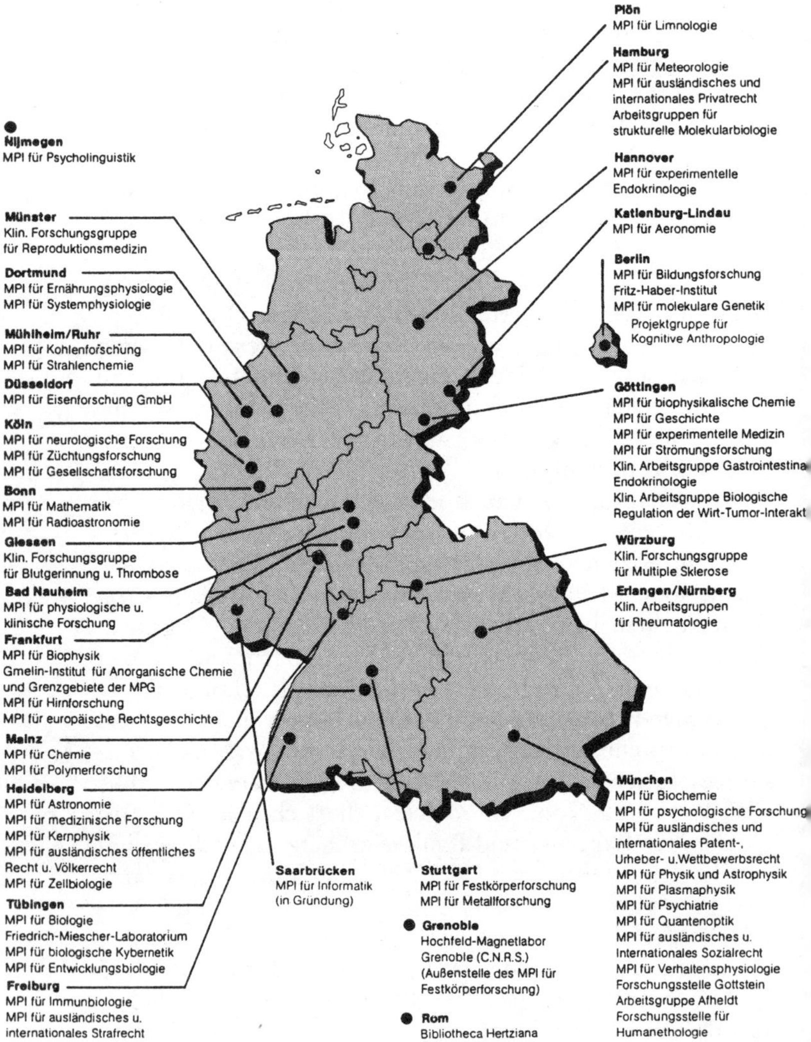

Quelle: MPG; Faktenbericht 1990 des BMFT, Schaubild V/1

Standorte der Fraunhofer-Gesellschaft

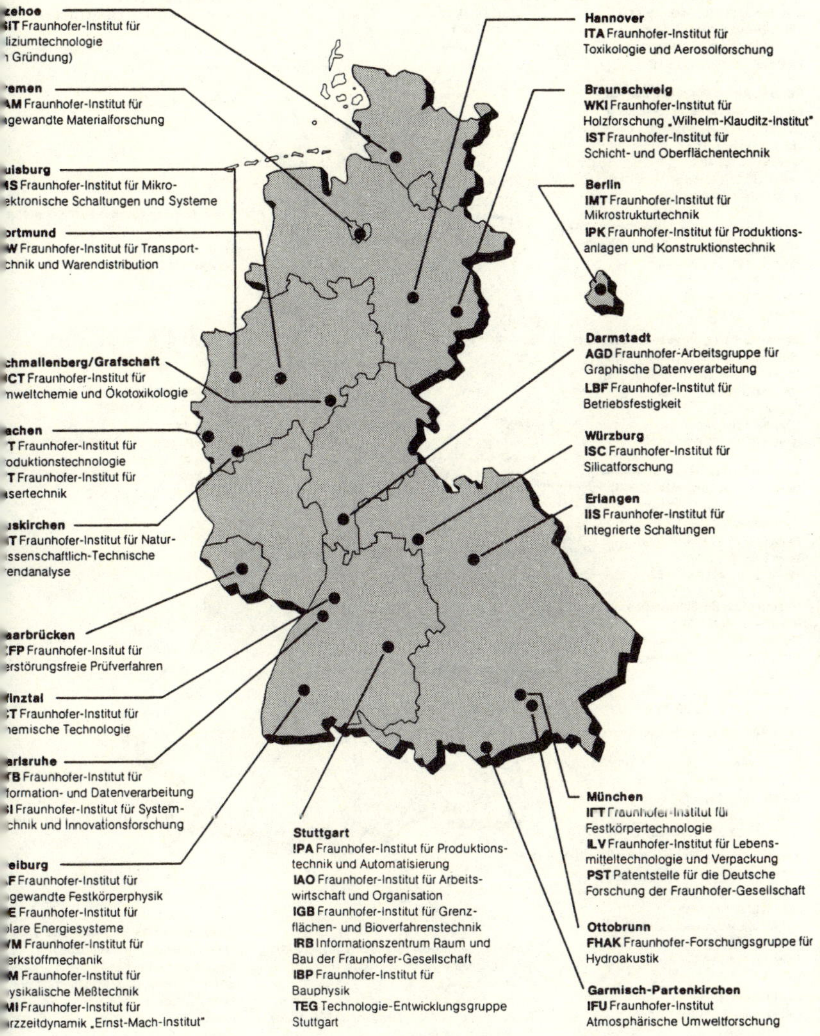

Quelle: FhG; Faktenbericht 1990 des BMFT, Schaubild V/2

Großforschungseinrichtungen in der Bundesrepublik Deutschland

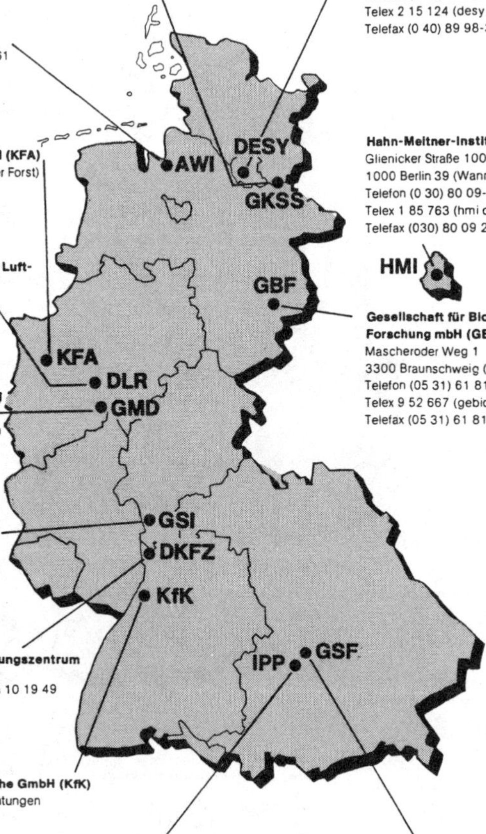

GKSS-Forschungszentrum Geesthacht GmbH (GKSS)
Max Planck-Straße, Postfach 11 60
2054 Geesthacht-Tesperhude
Telefon (0 41 52) 87-0; Telex 2 18 712 (gkss d)
Telefax (0 41 52) 87-16 18

Stiftung Alfred Wegener-Institut für Polar- und Meeresforschung
Columbus-Straße, Postfach 12 01 61
2850 Bremerhaven
Telefon (04 71) 48 31-0
Telex 2 38 659 (polar d)
Telefax (04 71) 48 31-1 49

Forschungszentrum Jülich GmbH (KFA)
Wilhelm Johnen-Straße (Stetternicher Forst)
Postfach 1913, 5170 Jülich 1
Telefon (0 24 61) 61-0
Telex 8 33 556-70 (kfa d)
Telefax (0 24 61) 61-53 27

Deutsche Forschungsanstalt für Luft- und Raumfahrt e.V. (DLR)
Linder Höhe, Postfach 90 60 58
5000 Köln 90 (Köln-Porz)
Telefon (0 22 03) 6 01-1
Telex 88 100 (dvd)
Telefax (0 22 03) 6 73 10

Gesellschaft für Mathematik und Datenverarbeitung mbH (GMD)
Schloß Birlinghoven, Postfach 12 40
5205 Sankt Augustin 1 bei Bonn
Telefon (0 22 41) 14-0
Telex 8 89 469 (gmd d)
Telefax (0 22 41) 14 28 89

Gesellschaft für Schwerionenforschung mbH (GSI)
Planck-Straße 1, Postfach 11 05 52
6100 Darmstadt 11 (Wixhausen)
Telefon (0 61 51) 3 59-1
Telex 4 19 593 (gsi d)
Telefax (0 61 51) 3 59-7 85

Stiftung Deutsches Krebsforschungszentrum (DKFZ)
Im Neuenheimer Feld 280, Postfach 10 19 49
6900 Heidelberg 1
Telefon (0 62 21) 4 84-1
Telex 4 61 562 (dkfz d)
Telefax (0 62 21) 48 47 65

Kernforschungszentrum Karlsruhe GmbH (KfK)
Wissenschaftlich-technische Einrichtungen und Verwaltung:
Leopoldshafener Allee
7514 Eggenstein-Leopoldshafen 2
Telefon (0 72 47) 82-0
Telex 17 724 716 (kfk d)
Telefax (0 72 47) 82 50 70
Stadtbüro Karlsruhe:
Weberstraße 5, Postfach 3640
7500 Karlsruhe 1

Stiftung Deutsches Elektronen-Synchrotron (DESY)
Notke-Straße 85
2000 Hamburg 52 (Bahrenfeld)
Telefon (0 40) 89 98-0
Telex 2 15 124 (desy d)
Telefax (0 40) 89 98-32 82

Hahn-Meitner-Institut Berlin GmbH (H
Glienicker Straße 100, Postfach 39 01 28
1000 Berlin 39 (Wannsee)
Telefon (0 30) 80 09-1
Telex 1 85 763 (hmi d)
Telefax (030) 80 09 21 81

Gesellschaft für Biotechnologische Forschung mbH (GBF)
Mascheroder Weg 1
3300 Braunschweig (Stöckheim)
Telefon (05 31) 61 81-0
Telex 9 52 667 (gebio d)
Telefax (05 31) 61 81-515

Max Planck-Institut für Plasmaphysik (IPP)
Forschungsgelände
Boltzmann-Straße
8046 Garching bei München
Telefon (089) 32 99-1; Telex 5 215 808 (ipp d)
Telefax (089) 32 99-92 00

Gesellschaft für Strahlen- und Umweltforschung mbH (GSF)
Ingolstädter Landstraße 1
8042 Neuherberg bei München
Telefon (0 89) 31 87-0
Telex 5 23 125 (strahl d)
Telefax (0 89)31 87-33 22

Quelle: AGF; Faktenbericht 1990 des BMFT, Schaubild V/3

Einrichtungen der „Blauen Liste“

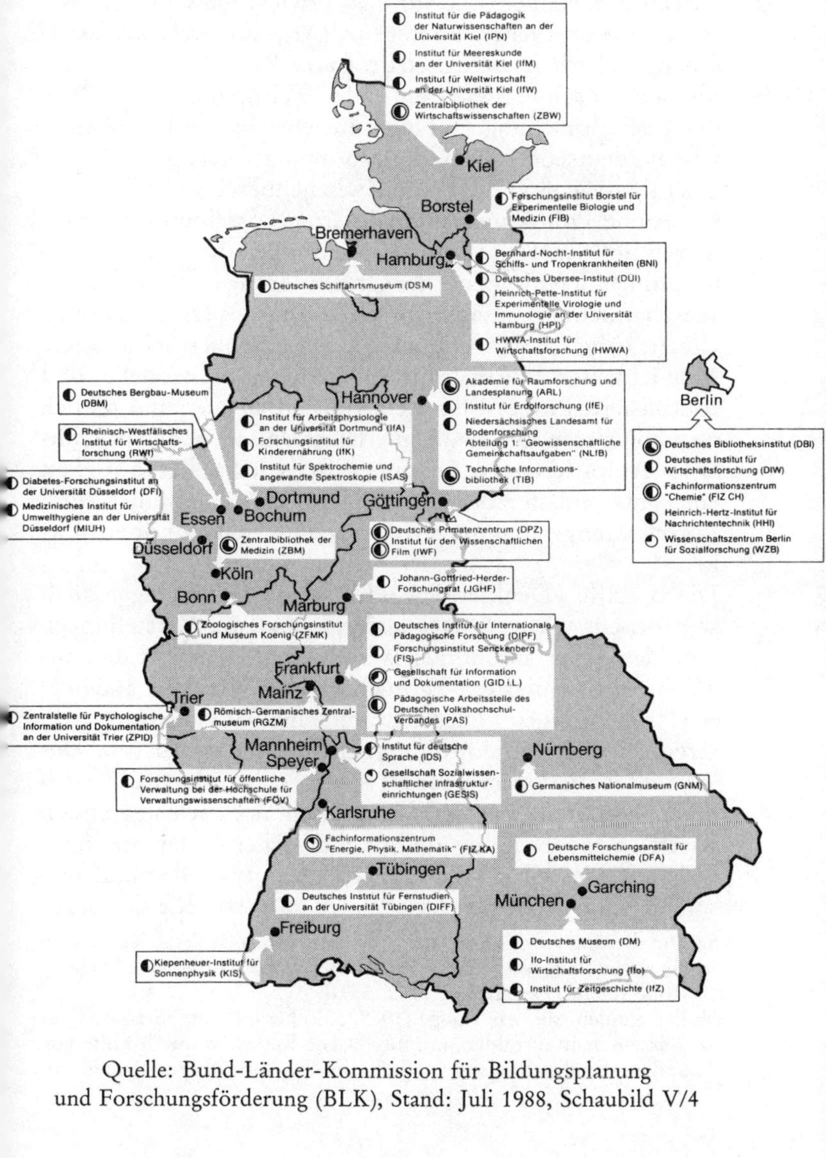

Quelle: Bund-Länder-Kommission für Bildungsplanung und Forschungsförderung (BLK), Stand: Juli 1988, Schaubild V/4

nen und Einrichtungen keineswegs trivial. In ihnen sind ganze Disziplinen und Wissenschaftszweige entstanden oder werden bis heute exklusiv dort gepflegt. Das gilt für ganze Zweige der Mathematik, für die Entwicklung von Informatik und Künstlicher Intelligenz (AI), für Arbeitswissenschaft, Sicherheitswissenschaft, ganze Bereiche der medizinischen Forschung wie Flug- oder Weltraummedizin, Teile der Risikoforschung und auch für eher lokale Eigenheiten wie die deutsche »Ausbildungsordnungsforschung«.[88]
Wichtig ist, daß in diesen im Zwischenbereich von Wissenschaft und Politik institutionalisierten Forschungsorganisationen und Großforschungseinrichtungen die gesellschaftsbestimmenden Momente der Organisierung und der Verwissenschaftlichung zusammentreffen. Im Gegensatz zu Individuen haben sie als Organisationen erheblich wirksamere Möglichkeiten, formal disziplinierte, professionelle und routinisierte Prozesse der Reflexion aufzubauen und zeitlich zu stabilisieren, die es ihnen erleichtern, die widersprüchlichen Anforderungen genuin wissenschaftlicher Tätigkeit einerseits und der Berücksichtigung von Handlungs- und Entscheidungszusammenhängen andererseits zu überbrücken.[89]
Die Begriffe »Denkfabrik« oder »think tank« zeigen auch semantisch, wie eng aneinandergerückt die Vorstellungen von klassischer autonomer Wissenschaft einerseits und anwendungsorientierter »Fabrikation des Wissens« andererseits sein können. Dies hat mit einer Verwischung von Grenzen oder mit Entdifferenzierung nichts zu tun. Das Wissenschaftssystem operiert streng selbstreferentiell nach der Leitdifferenz von wahr und falsch, nach selbstgesetzten Kriterien theoretischer und methodischer Kohärenz, über welche die jeweilige »scientific community« selbst und ausschließlich entscheidet. Es kommen aber, so ließe sich argu-

88 Die allerdings im Kontext der – im internationalen Vergleich vielfach als vorbildlich erachteten – dualen Berufsausbildung eine wichtige Rolle spielt. Dazu Ronge 1989, 339ff.

89 Etwa indem sie, wie Ronge (1989, 335) hervorhebt, »Sensoren zur Wissenschaft ausbilden, um ihre eigene Reflexion durch Hilfe von außen, also durch an anderer Stelle der Gesellschaft spezialisiert produziertes ›Know-how‹, zu verstärken.«

mentieren, allein schon dadurch Unschärfen ins Spiel, daß die Abgrenzung der für eine spezifische »scientific community« relevanten Mitglieder unübersichtlich werden kann. Damit könnten die unterschiedlichsten Interessen in die Produktion von Wissen einfließen, und von einer autonomen Wissenschaft könnte dann insgesamt nicht mehr die Rede sein. Dieses Argument verkennt den Kern der Autonomie des Wissenschaftssystems. Er liegt in der prinzipiell universellen Anerkenntnis eines einzigen legitimen Kriteriums für die Unterscheidung von wahr und falsch: intersubjektiv geteilte Überzeugungen einer beobachtungsbasierten theoretischen und methodischen Kohärenz von Aussagen. Alle anderen denkbaren Kriterien wie etwa gut/schlecht, legal/illegal, heilig/teuflisch, gesund/krank, teuer/billig und insbesondere auch nützlich/nutzlos[90] gelten als irrelevant. Also auch dann, wenn Chemiker im Labor sich wie richtige Menschen benehmen und Zufälle, Idiosynkrasien und Opportunismen ihr Handeln mitbestimmen, sie nicht nur über chemische Verbindungen, sondern auch über ihre Familien und ihre Freizeit reden, können sie doch sehr wohl unterscheiden zwischen wissenschaftlich bestimmtem und anderem Handeln. Auch die von Karin Knorr-Cetina beobachteten Naturwissenschaftler[91] kämen nicht auf die Idee, wissenschaftliche Wahrheit an ästhetischen, religiösen, ökonomischen oder politischen Kriterien zu messen.

Auf eine ziemlich paradoxe Weise wird die Kontroverse zwischen autonomer und abhängiger, freier und finalisierter, selbstreferentieller und fremdbestimmter Wissenschaft

90 Nichts dekouvriert den Ansatz der »Wissenschaftsgesellschaft« von Kreibich deutlicher als der schlicht alberne Satz: »Nicht Erkenntnis allein ist der Sinn moderner Wissenschaft, sondern die Einheit von Wahrheit und Nützlichkeit« (Kreibich 1986, 135). Warum dann nicht, so fragt man sich, die Einheit von Wahrheit und Heiligkeit, Wahrheit und Schönheit, Wahrheit und Macht? Zehn Jahre davor hatte Daniel Bell (1976, IX) festgestellt: »I rejected the temptation to label these emergent features as... the ›information society‹ or the ›knowledge society‹, even though all these elements are present, since such terms are only partial, or they seek to catch a fashionable wind and twist it for modish purposes.«

91 Vgl. Knorr-Cetina 1984 als beispielhafte Laborstudie; zur Kritik Luhmann 1990, 220ff. und passim

durch eine alle Lager übergreifende Bewegung auf die Spitze getrieben und zugleich in ihren Kernpunkten entschärft: durch die Anerkennung eines prinzipiellen *Konstruktivismus* wissenschaftlicher Operationen in dem Sinne, daß auch Wissenschaft eine idiosynkratische Welt rekonstruiert, nicht aber eine wirklich wirkliche Wahrheit aufdeckt, die unabhängig von den Beobachtungsinstrumenten bestünde. Jede transzendental sich gebärdende Theorie, die eine selbstreferentielle Reflexion und Kritik ihrer Erkenntnisgrundlagen ausschließen möchte, desavouiert sich heute als wissenschaftliche Theorie. Weit darüber hinausgehend aber geraten insbesondere mit der modernen Entwicklung der Naturwissenschaften alle Vorstellungen von »Wahrheit« in eine Krise, die Wahrheit als eine Annäherung oder Repräsentation oder zu vervollkommnende Abbildung einer letzten wirklichen Wahrheit begreifen.[92] Denn es gilt nun als plausibel, daß es eine solche ›objektive‹, Beobachter-unabhängige Wahrheit nicht gibt, daß mithin Theorien nichts anderes sind als Interpretationen der Welt auf der Grundlage spezifischer Verfahren und Instrumente der Beobachtung. Durchaus ernstgemeint läßt sich dann die Suche nach ›starken‹ Theorien durch die Behauptung charakterisieren, »Wahrheit sei der Schnittpunkt unabhängiger Lügen«.[93]

Eine Folge dieser veränderten Ausgangslage ist die Notwen-

92 Grundlegend dazu Luhmann 1990. »Mit dem Begriff der Repräsentation fällt die Vorstellung, daß das System Merkmale seiner Umwelt copiert. Auch von Simulation wird man nicht sinnvoll sprechen können, denn auch das setzt eine Analogie voraus. An die Stelle solcher Erkenntnisbegriffe muß die Vorstellung treten, daß das System eigensinnig Komplexität aufbaut und dadurch in immer stärkerem Maße unwahrscheinlich, irritierbar, störbar, enttäuschbar wird.« (317) Die Brisanz dieser Aussage ist darin zu sehen, daß sie für jedes erkennende System gilt, und daß jeder Annäherungstheorie diametral entgegengesetzt jede Wahrheitsproduktion die *Unwahrscheinlichkeit* der als wahr geltenden Konstruktionen erhöht.

93 Global 2000, 1369. Im Anschluß an die Linguistik Saussures, die von der Willkürlichkeit der Zeichen ausgeht und damit eine objektive Sprache ebenso ausschließt wie objektives Wissen, formuliert Glanville (1988, 192): »Wir leben in einer Welt der Interaktion, in der wir distinguierte und exakte Lügen erzählen und nichts anderes erzählen können.«

digkeit einer Revision der Problematik der wissenschaftlichen Politikberatung. Einerseits zeigt die Ubiquität wissenschaftlicher Politikberatung in entwickelten Gesellschaften klar den Bedarf an einer adäquaten Wissensbasis der Politik. Andererseits reißen die Klagen darüber nicht ab, daß die Praxis der Beratung eher eine Farce sei, weil die Politik das angebotene Wissen zu ihren eigenen Zwecken verwende.[94] Gegenüber diesem Verständnis von wissenschaftlicher Politikberatung könnte die Idee einer wissensbasierten Infrastruktur der Politik einige Klärungen bringen. Aus dem Postulat funktionaler Differenzierung folgt zunächst, daß auch die von einer wissensbasierten Infrastruktur ›erleuchtete‹ Politik nach wie vor Politik ist und nicht Wissenschaft. Also wird sie weiterhin nach ihrer spezifischen Teilsystem-Rationalität operieren und ihre gesellschaftliche Berechtigung nach wie vor nur darin finden, daß sie kollektiv verbindliche Entscheidungen trifft und durchsetzt.[95] Die Qualität dieser Entscheidungen kann allerdings sehr unterschiedlich sein. Sobald der Bedarf, die Gefährdung und die Bedingungen der Möglichkeit der Sicherung kollektiver Güter in einer Gesellschaft durch den Grad der Verwissenschaftlichung dieser Gesellschaft stärker bestimmt wird als etwa durch Naturereignisse oder die Anwendung physischer Gewalt durch Personen, wird eine eigenständige Wissensba-

94 Repräsentativ der Überblick bei Beck/Bonß 1989, die als Regel Nummer eins postulieren: »Die Verwendung der Ergebnisse hat nichts mit den Ergebnissen zu tun, die verwendet werden« (24) – als wäre gerade dies nicht selbstverständlich unter Bedingungen funktionaler Differenzierung der Gesellschaft. Lapidar formuliert denn auch Ronge (1989, 332): »Daß die Ergebnisse der sozialwissenschaftlichen Arbeit nicht als solche, unverandert ›praktisch‹ werden – das ist inzwischen unter ›Verwendungsforschern‹ Allgemeingut.«

95 So postuliert etwa der Bundesforschungsbericht 1984 klar, daß Ressortforschung *wissenschaftliche Grundlagen* für politische und administrative Aufgaben zu erarbeiten habe und präzisiert zugleich: »Die Ergebnisse dienen der politischen Entscheidungsfindung.« Die Funktion der Politik bleibt diejenige der Findung und Durchsetzung kollektiv verbindlicher Entscheidungen. Die Entscheidungsfindung geschieht aber auf einer spezialisierten Wissensbasis dort, wo spezielles Wissen für eine brauchbare Entscheidung notwendig erscheint.

sis der Politik, die dem Ausmaß der Verwissenschaftlichung der Gesellschaft angemessen ist, unabdingbar; unabdingbar wird sie gerade für solche Kollektivgüter (wie insbesondere Umweltschutz, Schutz vor nicht überschaubaren Laborexperimenten, Schutz vor nicht kontrollierbaren Kriegs- oder Verteidigungsszenarios, Schutz vor letalen Veränderungen des Erbgutes, Schutz vor nicht offengelegten klinischen Versuchen, Schutz der internationalen Wettbewerbsfähigkeit einer nationalen Ökonomie), welche überhaupt erst als Folgeprobleme einer massiven Verwissenschaftlichung bestimmter gesellschaftlicher Teilbereiche entstanden sind.

Ein eindrückliches Beispiel für die Differenzierung und Spezialisierung des Wissens gibt Daniel Bell: Die erste Auflage der Encyclopaedia Britannica 1745 wurde von einem einzelnen Herausgeber besorgt, der noch in der Lage war, die Gesamtheit des relevanten Wissens zu überblicken. Die dritte Auflage im Jahre 1788 markiert den Anfang der Spezialisierung, denn nun wurde eine kleine Zahl von Spezialisten hinzugezogen. Für die elfte Auflage 1967 waren schon 10.000 »recognized experts« erforderlich.[96] Das Beispiel ließe sich für alle Bereiche der Wissensproduktion fortsetzen.

Wenn es aber die originäre Aufgabe der Politik ist, die Bürger vor Gefährdungen von Leib und Leben zu schützen, die aus illegitimer Gewalt folgen, und wenn hier die Illegitimität aus systemisch produzierter, aber *nicht zwangsläufiger* Ignoranz folgt, dann muß man innerhalb der klassischen Definition des Staates eine neue Staatsaufgabe anerkennen: die Schaffung einer Infrastruktur für die Erzeugung eines spezifischen Wissens, welches der Kontrolle der spezifischen Gefährdungen der Bürger durch wissensbasierte Technologien dient. Immerhin bemerkt sogar der Bundesforschungsbericht:

> »Das Auftreten technischer Großunfälle(n) wie in Bhopal, Tschernobyl und Basel oder Beinahe-Unfälle wie in Three-Mile-Island haben die Tatsache einer *weltweiten Gefahrengemeinschaft* bewußt gemacht... Für die Bundesregierung gilt das Subsidiaritätsprinzip; sie hält sich daher gegenüber Forschung

96 Bell 1976, 174

und Entwicklung in der Wirtschaft zurück ... Sie sieht andererseits eine zunehmend wichtiger werdende *staatliche* Aufgabe darin, zur *Minimierung* der dem technischen Fortschritt innewohnenden *Risiken* beizutragen.« (Alle Hervorhebungen im Original).[97]

Bemerkenswert und konsequent ist es, daß hier ausdrücklich von einer *staatlichen* Aufgabe der Minimierung technologischer Risiken gesprochen wird. Denn auf der Tagesordnung hochentwickelter Gesellschaften steht heute die Aufgabe, die Folgen der zivilisatorischen Überwindung naturwüchsiger Evolution unter Kontrolle zu bringen durch eine *Zivilisierung der technologischen Entwicklung*. So wie der Rechtsstaat die Zivilisierung einer wildwüchsigen und letztlich nach dem Recht des Stärkeren geordneten Gesellschaft zum Ziele hatte und in einigen Gesellschaften auch durchsetzte; und so wie der Sozialstaat die Zivilisierung einer anarchischen kapitalistischen Produktionsweise nach der Leitidee eines minimalen abgesicherten Lebensstandards zum Programm erhob, so zielt der supervidierende Staat mit dem Instrumentarium einer wissensbasierten Infrastruktur auf die Zivilisierung eines wildwüchsigen und inzwischen gesellschaftsbedrohenden technologischen Fortschritts.

Insofern muß man hinsichtlich der Aufgaben der Politik und ihres Staates tatsächlich von einer historischen Zäsur in der Entwicklung moderner Gesellschaften sprechen. So wie in der ersten Hälfte des 19. Jahrhunderts mit der einsetzenden Industrialisierung, mit Landflucht, Arbeitslosigkeit, personaler Entfremdung und sozialer Entwurzelung, Pauperisierung und Proletarisierung schließlich ein unabweisbarer Zwang zum (allmählichen) Aufbau des Sozial- und Wohlfahrtsstaates auf das politische Funktionssystem zukam, so läßt sich in der zweiten Hälfte des 20. Jahrhunderts mit der ungebremsten Verbreitung von wissensbasierten Risiko-Technologien ein analoger Zwang zur (allmählichen) Errichtung des supervisorischen Staates feststellen. Nimmt man die im ersten Kapitel beschriebene, schon im 16. und 17. Jahrhundert sehr deutliche Zäsur der Bildung des säkularen

97 Bundesforschungsbericht 1988, 15f.

Nationalstaates hinzu, so läßt sich – in schematischer Vereinfachung – folgende historische Stufung der Aufgaben der Politik und der staatlichen Tätigkeiten unterscheiden:

Historische Zäsur	*Problem*	*gesellschaftliche Debatte*	*Morphogenese des Staates*
machtbasierte Säkularisierung	Gewalt	Machtfrage	Absoluter Staat Interventionsstaat
geldbasierte Industrialisierung	Armut	Armutsfrage	Sozialstaat Wohlfahrtsstaat
wissensbasierte Technologisierung	Ignoranz	Risikofrage	Supervisionsstaat

Für die historischen Phasen 2 und 3 (Industrialisierung und Technologisierung) haben Evers/Nowotny als gemeinsamen Hintergrund des jeweiligen gesellschaftlichen Umbruches das Problem eines »gesellschaftlichen Lernprozess(es) im Umgang mit Unsicherheit« herausgearbeitet.[98] Es liegt auf der Hand, daß dieser Gedanke umstandslos auch auf die erste Phase der Monopolisierung legitimer physischer Gewaltsamkeit ausgedehnt werden kann, da sie zu verstehen ist als ein gesellschaftlicher Lernprozeß im Umgang mit der massiven Unsicherheit einer allgegenwärtigen unkontrollierbaren und zerstörerischen physischen Gewaltsamkeit des jeweils Stärkeren.

Interessanterweise, auch darauf weisen Evers/Nowotny hin[99], spielten in der »Armutsdebatte« schon sehr früh und besonders in England wissenschaftliche Einrichtungen, z.B. die privaten lokalen »statistical societies«, die 1857 gegründete »National Association for the Promotion of Social

98 Evers/Nowotny 1989, 356 und 358: »Waren es im 19. Jahrhundert die in der Armutsdebatte sichtbar gewordenen Strategien und Lernprozesse in der Bewältigung der Folgewirkungen einer sich verselbständigenden Marktgesetzlichkeit und der Industrialisierung, die im Aufbau der Systeme der sozialen Sicherheit und schließlich im System der Wohlfahrtsstaaten mündeten, so stehen wir heute vor einer anderen großen Verunsicherung: den Gefährdungen und Risiken, die mit der technisch-wissenschaftlichen Entwicklung selbst zusammenhängen...« Ausführlich dieselben 1987, bes. 88ff.

99 Evers/Nowotny 1989, 368

Science« und auch die politikberatenden »Kommissionen« eine wichtige Rolle sowohl in der sozialen Konstruktion des Problems wie auch bei den Vorschlägen zu seiner Behebung. Was den Risiko-Diskurs und die Frage der Beeinträchtigung kollektiver Güter durch eine wissensbasierte Technologisierung betrifft, stehen wir wohl erst am Anfang der Institutionalisierung einer entsprechenden wissensbasierten Infrastruktur. Auch hier geht es zwar um die Einrichtung hybrider Organisationen der Wissensproduktion und -auswertung im Zwischenbereich von Wissenschaft und Politik, aber die Formen der Vermittlung von Wissen und Macht werden sehr viel komplexer und aufwendiger gebaut sein müssen, weil das politische Funktionssystem inzwischen seine gesellschaftliche Sonderrolle eingebüßt hat und auf den komplizierten Weg *wechselseitiger* Aufklärung, Beratung, Verhandlung und Respektierung operativer Autonomie verwiesen ist.[100]

Wie moderne Zauberlehrlinge haben entwickelte Gesellschaften die Machbarkeit der Welt entdeckt, ohne wissen zu können, was sie sich damit eingebrockt haben. Nun stehen Folgenkontrolle, Aufräumarbeiten und das Abtragen von Altlasten an. Sicherlich nicht irgendwie. Genauso wenig wie ein Zurück zu bloßer Evolution, d.h. zu bloß marktförmi-

100 Diesen Aspekt betont auch Freeman 1989, 143: »Finally, it is clear that the new technologies (biotechnology, computer networks, data banks, cheap universal international telecommunications, space technology) have already brought with them new requirements for regulation and deregulation.... If we add to this the long-term global environmental hazards posed by nuclear power, acid rain, heavy metals, the green-house effect, etc., then it is a fairly safe bet that the regulatory and coordinating role of the State and of the international community is unlikely to diminish significantly. But the nature and forms of such involvement are sure to go on changing.« Einen wichtigen Grund für diese Veränderung sieht Wolfgang van den Daele (1989, 214) darin, daß »der Handlungsspielraum für die politische Kontrolle technischer Dynamik zu einer Frage der Definition und Wahrnehmung von Gefahren (wird)«. Evers/Nowotny 1987, 263 sehen in vergleichender Perspektive wohl richtig das allgemeine Dilemma eines time-lag zwischen der Politisierung von Zukunftsentscheidungen, die die Emergenz neuer kollektiver Güter betreffen, und der demokratischen Grundlage und Form dieser Entscheidungen.

gen, inkrementalistischen oder spontanen Ordnungsformen möglich erscheint, wäre auch eine alleinige, hierarchisch-autoritative Zuständigkeit des Staates nur eine Wiederholung alter Fehler. Wie das oben genannte Modell der FhG als Organisationsform einer staatlichen wissensbasierten Infrastruktur nahelegt, geht es definitiv nicht um eine generelle Vereinnahmung der Wissensproduktion durch den Staat. Dies widerspräche der funktionalen Ausdifferenzierung eines Wissenschaftssystems und dessen verfassungsrechtlich abgesicherter Autonomie. Die Aufgabe der Politik ist eine bloß subsidiäre und supervisorische: der Aufbau eines Potentials für die Produktion des für die Kontrolle wissensbasierter Technologien *notwendigen* Alternativ- oder Gegenwissens. Ausdrücklich und dezidiert geht es mithin nicht um staatliche Wissenschaft, sondern darum, die infrastrukturellen Voraussetzungen für die zivilisierte, d.h.: das öffentliche Wohl einbeziehende, Kontrolle wissensbasierter Technologien zu schaffen.

Damit schließt die Idee der Staatsaufgabe einer wissensbasierten Infrastruktur an die Debatte um Technologiefolgen-Abschätzung[101] an, allerdings ohne sich darauf zu beschränken. Ohne eine wissensbasierte Infrastruktur von Instituten, Forschungsgruppen, Expertensystemen, Enquete-Kommissionen, task-forces, Meßstationen, »Congressional research services«, Bundesforschungsanstalten und den darauf bezogenen politischen Vermittlungsinstanzen bleibt Technikfolgen-Abschätzung impotente Symbolik. Sie wäre vergleichbar dem Widersinn einer Armutsfolgen-Abschätzung ohne die Infrastruktur des Sozialstaates oder einer Gewaltfolgen-Abschätzung ohne machtbasierte Infrastruktur der Politik.

Daß gegen Ende dieses Jahrhunderts auch für die Staatstheo-

101 Dazu informativ Evers/Nowotny 1987, 255ff., die hier die wichtige Unterscheidung von Akzeptanz und Akzeptabilität einer (Risiko-) Technologie einführen. Während in den USA seit 20 Jahren ein Office for Technology Assessment (heute mit über 900 Mitarbeitern) arbeitet, brauchte der Bundestag nach ersten Plänen 1974 noch 17 Jahre, um 1991 das »Technikfolgenabschätzungs-Büro Deutscher Bundestag« als Versuchsprojekt zu errichten. Der vorgesehene Etat reicht immerhin für sechs bis sieben Mitarbeiter.

rie sich die Beobachtung eines grundlegend neuen Bedarfs an »Sicherheit« aufdrängt, läßt sich an der auffälligen Dominanz der Risikofrage in der gesellschaftlichen Debatte der letzten Jahre verdeutlichen. In einer aufschlußreichen Wendung hat Niklas Luhmann die historische Abfolge von Machtfrage, Armutsfrage und Risikofrage als Fokus der gesellschaftlichen Debatte in einen Zusammenhang mit der Form[102] historischer Protestbewegungen gebracht. Die Machtfrage wurde in klassischer Weise von den Protest- oder Widerstandsbewegungen des 16. und 17. Jahrhunderts gestellt, als mit dem Zusammenbruch übergreifender religiöser Deutungs- und Legitimationssysteme die Geltung und Reichweite normativer Bindungen strittig wurden. Gegen ungerechte Herrschaft wurde ein Widerstandsrecht postuliert, welches das geltende Recht außer Kraft setzte und eine seitdem nicht lösbare Paradoxie der Legitimität von Legalität entfaltete. Der Brennpunkt des Protestes war die Geltung bestimmter Normen, nicht aber – was aus heutiger Sicht keineswegs selbstverständlich ist – eine prinzipielle Infragestellung der Standesunterschiede und der mit ihnen verknüpften ökonomischen Ungleichverteilungen.

Diese Frage gelangte als Armutsfrage erst im 19. Jahrhundert mit der Protestbewegung des Sozialismus in den Vordergrund der gesellschaftlichen Debatte. Tatsächlich wurde dabei die Machtfrage explizit abgedrängt bzw. als erledigt betrachtet: »Absterben des Staates« und »Diktatur des Proletariats«. Primär ging es um die Aufhebung der Armut und die Revision der Verteilung knapper Güter, insbesondere um die Verteilung des Zugriffs auf Produktionsmittel.[103] So gestellt, lief die Armutsfrage zwangsläufig auf Revolution

102 Eine »Form«, die insofern paradox ist, als sie ihr Gegenüber in der Gesellschaft hat und doch als Bewegung in der Gesellschaft stattfindet. Vgl. zum Folgenden Luhmann 1991, 140ff.

103 »Wenn es um Knappheit geht, kann der Protest nicht mehr gut als Kampf um Recht stilisiert werden, denn die Verteilung erfolgt nicht durch wilden Zugriff, sondern über Eigentum und Vertrag, also im Einklang mit dem Recht.... Im Zusammenhang mit dieser Umdirigierung der Anlässe für Proteste von normativen Projektionen auf Knappheitsfragen ändert sich im Übergang vom 18. zum 19. Jahrhundert auch der Begriff der Gesellschaft. Die Gesellschaft ist jetzt

hinaus; denn die in die Doktrin eingebaute Negierung der Politik zugunsten einer durchgehenden Präponderanz der Ökonomie ließ die Tatsache außer acht, daß in allen relevanten Gesellschaften politische Systeme, einschließlich ausgebauter Rechtssysteme und leitender Vorstellungen vom Staat, existierten – und die meisten mit beträchtlichem Beharrungsvermögen. Es waren die Reformsozialisten und schließlich die Sozialdemokratie, die sich mit der Existenz der Politik arrangierten und mit der Verknüpfung von Machtfrage und Armutsfrage die entscheidende Weichenstellung in Richtung Sozialstaat und Wohlfahrtsstaat vollzogen. Die Genialität dieser Verknüpfung war es, welche die kapitalistischen Gesellschaften des 19. Jahrhunderts schrittweise in die Wohlfahrtsgesellschaften (ausschließlich der Ersten Welt!) der Gegenwart transformierten und zugleich, wie wir heute wissen, die Gegenseite darstellten, an der Idee und Praxis der »revolutionären« sozialistischen Gesellschaften zerbrochen sind.
Heute haben wir es wieder mit einer gänzlich neuen Art von Protestbewegung zu tun: mit Bewegungen, die weder primär gegen bestimmte Machtverteilungen noch gegen gegebene Ressourcenverteilungen protestieren, sondern die sich primär gegen bestimmte Verteilungen von *Gefahren und Risiken* wenden. In Luhmanns Worten: »Das eigentlich Neue der Protestbewegungen unserer Tage liegt jedoch nicht in... zersplitterten Resten einer einst mächtigen Anmahnung von Rechtlichkeit und ökonomischer Solidarität, sondern es liegt in einem neuen Typ von Protest: in der Ablehnung von Situationen, in denen man das Opfer des riskanten Verhaltens anderer werden könnte.«[104] Vorrangig geht es deshalb bei dieser Form des Protestes nicht um Macht und ebensowenig um Geld. Im Zentrum des Widerspruchs stehen die Knapp-

nicht mehr die Zivilgesellschaft als Rechtsinstitut der als Bürger an ihr Beteiligten und schon gar nicht ein Vertrag. Sie ist vielmehr eine Wirtschaftsordnung, die den Bevorzugungen und Benachteiligungen in der Befriedigung von Bedürfnissen einen Sinn gibt, und zwar den Sinn maximaler wirtschaftlicher Wohlfahrt.« (Luhmann 1991, 144f.)

104 Luhmann 1991, 146

heit von Wissen und die Kosten von Ignoranz. Anders aber als bei früheren Formen von Protest läßt sich das Problem nicht durch »mehr von demselben«, also durch mehr Macht oder mehr Geld, lösen. Denn mehr Wissen erzeugt unabdingbar auch mehr Nicht-Wissen und mehr Risiken bei Entscheidungen, die das neue Wissen zugrunde legen.

Die Risiko-Produktion einer Gesellschaft, eines Unternehmens oder eines anderen sozialen Systems nimmt mit zwei Faktoren zu: mit der Komplexität (Anzahl, Vernetzung, Folgelastigkeit) der zu treffenden Entscheidungen und mit dem Grad an Unsicherheit oder Nicht-Wissen über die Folgen der Entscheidung. In geradezu gnadenloser Weise sind moderne Gesellschaften dem Wachstum dieser beiden Faktoren ausgesetzt. Da sie nicht mehr auf traditionale Formen festgelegt sind, nicht mehr aus der Vergangenheit ihre Legitimität ziehen, sondern aus der Gestaltung der Zukunft; da sie insgesamt und in jedem ihrer Funktionssysteme Optionenreichtum als Freiheit interpretieren und die Veränderung des Bestehenden als Daueraufgabe begreifen, ist die Ubiquität von Entscheidungen, Entscheidungsbedarf und Entscheidungslast geradezu das Kennzeichen von Modernität. Allein die Tatsache, daß so verzweifelte Auswege wie etwa die »Nulloption« ernsthaft diskutiert werden[105], zeigt, daß die Kontrolle von Kontingenz zu einem Hauptproblem moderner Gesellschaften geworden ist. Verschärft wird das Problem durch den zweiten Faktor, die unaufhebbare Unsicherheit, die mit zukunftsorientierten Entscheidungen verknüpft ist. Solange für die Beurteilung der Folgen von Entscheidungen hinlänglich erprobte Technologien, seien es soziale, seien es sozio-technische, zur Verfügung standen, ließ sich das Risiko von Entscheidungen abschätzen und klein halten.

105 Offe 1986 und dazu Willke 1989, 32ff. Bei Offe (103) allerdings auch das hier ebenfalls vertretene Argument, daß Modernität nicht allein in der Steigerung von Optionen besteht, »sondern ebenso und gegenläufig dazu im Vorhandensein regulativer Mechanismen, welche die tatsächlich stattfindende Auswahl von Optionen so steuert, daß diese Optionen zueinander in ein Verhältnis des Einklanges und der Verträglichkeit gebracht werden und sich jedenfalls nicht wechselseitig chaotisieren und sich mithin als Optionen selbst vernichten.«

Trotz einer immensen Steigerung und Verfeinerung solcher erprobter Technologien[106] müssen heute immer mehr Fragen mit immer weniger problemspezifischem Wissen dennoch entschieden werden. Das gilt für Entscheidungen in Ehescheidungsverfahren oder Strafsachen ebenso wie für Entscheidungen in der Forschungspolitik oder der Sozialversicherung. Es gilt trotz der jährlichen Verleihung von Nobelpreisen für Wirtschaftswissenschaften noch für alle geld-, finanz- und fiskalpolitischen Grundentscheidungen und es gilt mit besonderer Schärfe für energie- und militärpolitische Entscheidungen.

Die gesteigerte Riskanz von Entscheidungen gilt offensichtlich nicht nur für die Politik, sondern für alle Sozialsysteme, die mit höherer interner Komplexität, Zukunftsorientierung, Optionenvielfalt und Vernetzung mit anderen Systemen nicht mehr hinreichend wissen können, was sie mit ihren Entscheidungen anrichten. All dies verläuft solange in »normalen« Bahnen, wie ein System für die Riskanz seiner Entscheidungen selbst einstehen muß und einstehen kann: etwa ein Unternehmen, das die Fehlkalkulation der Absatzchancen eines neuen Produktes mit Verlusten oder gar mit Konkurs bezahlen muß. Was aber, wenn die Konsequenzen riskanter Entscheidungen nicht beim entscheidenden System, sondern bei anderen Personen oder Systemen eintreten?[107] Was, wenn die Riskiertheit von Entscheidungen gar nicht klar ist, weil schon das elementare Wissen über Konsequenzen fehlt? Und was, wenn riskante Entscheidungen möglicherweise sich auf Kollektivgüter auswirken, deren Schutz unzweifelhaft die Aufgabe des politischen Funktionssystems einer Gesellschaft ist? Die Risikofrage bringt eine neue Qualität ins Spiel, weil, wie oben schon bemerkt, sich der entscheidende Mangel – der Mangel an Wissen[108] –

106 Technologie verstanden als ein durch trial-und-error-Verfahren erprobtes und hinreichend funktionierendes Arrangement, welches die Vielzahl möglicher Kausalfaktoren auf ein überschaubares Maß relevanter Kausalität reduziert. Vgl. auch zu einem entsprechenden Technik-Begriff Luhmann 1991, 97.

107 Auf diese Differenz hebt Luhmann (1991, 111ff.) ab.

108 »... daß man nicht genug weiß, ist ja gerade das Typische an Risikolagen.« (Luhmann 1991, 166)

nicht einfach durch die Produktion von mehr Wissen beheben läßt. Dennoch gibt es Möglichkeiten, Risikomanagement in einer Weise zu betreiben, die Risiken lokalisiert, minimiert und zurechenbar macht. Unterschiedliche Risikobereiche werden hier unterschiedliche Vorkehrungen verlangen: die Kontrolle oder Verminderung des Risikos von atomgetriebenen Untersee-Booten wird andere Arrangements erfordern als die Kontrolle von Chemo-Therapien gegen Krebs; die Regulierung des Risikos der Aussetzung von genetisch manipulierten Pflanzen andere Schutzmaßnahmen als die Lokalisierung des Risikos von Rezessionen oder Epidemien. Entscheidend für den hier verfolgten Gedankengang ist, daß die Politik in das Risikomanagement eingeschaltet sein muß, sobald gesellschaftlich erzeugte Risiken schutzpflichtige Kollektivgüter zu beeinträchtigen drohen. Da es im Begriff des Risikos liegt, daß man im vorhinein nicht wissen kann, ob eine solche Beeinträchtigung geschehen wird oder nicht, ja nicht einmal wissen kann, ob die Risiken der Entscheidung oder der Nicht-Entscheidung größer sein werden[109], muß die Politik die grundsätzliche Unvermeidbarkeit von Risiken anerkennen. Politisches Risikomanagement ist darauf angewiesen, zumindest das erforderliche *Kontroll-Wissen* verfügbar zu haben, um die Risiko-Kalkulationen privater Risiko-Produzenten überprüfen zu können. Noch einmal: das heißt nicht, daß die Politik Risiken insgesamt verhindern könnte; die Produktion von Risiken ist eine unvermeidliche Begleiterscheinung zukunftsorientierter Entscheidungen unter Unsicherheit. Aber es bleibt eine zentrale Aufgabe der Politik, die Beeinträchtigung von Kollektivgütern, vorrangig die Verletzung von Leib und Leben, durch schlecht kalkulierte Risiken zu verhindern. Ob ein Risiko schlecht kalkuliert ist, läßt sich erst

109 Der gegenwärtig brisanteste Fall ist die Frage der Entscheidung für oder gegen den Bau von Kernkraftwerken, etwa des Typs »Schneller Brüter«. Eine Entscheidung dafür birgt die bekannten, prinzipiell unabsehbaren Risiken. Eine Entscheidung dagegen birgt die bekannten, prinzipiell unabsehbaren Risiken des Verbrennens der fossilen Energiereserven der Erde, der Erderwärmung, der Klimaveränderung etc.

im Vergleich mit Möglichkeiten der Lokalisierung, Minimierung, Absicherung und Zurechnung feststellen. *Aber eine solche kontrollierende Feststellung ist unumgänglich,* sobald die einzugehenden Risiken Kollektivgüter bedrohen. Dann ist die Funktion der Politik tangiert. Und um ihre Funktion in dieser neuen Form erfüllen zu können, muß die Politik nach einer machtbasierten und einer geldbasierten Infrastruktur sich selbst eine wissensbasierte Infrastruktur schaffen. Tatsächlich ist die Hauptaufgabe einer wissensbasierten Infrastruktur die Kontrolle und das Management bestimmter Risiken durch Vergleich, das Aufzeigen von Alternativen, Optionenpolitik, Anregungen für die Veränderung von Haftungs- und Entschädigungsregeln, die Präzisierung des Kreises von Betroffenen, die Entwicklung von Sicherheitsstandards etc., insgesamt also die Engführung von Wissen auf Entscheidungsfähigkeit unter der Bedingung, daß Wissen im Prinzip im Überfluß vorhanden ist und gleichzeitig in entscheidenden und entscheidungsrelevanten Hinsichten mangelhaft ist.

Das bislang ausgeführte Argument für eine staatlich konstituierte wissensbasierte Infrastruktur legt ein fundamentales Mißverständnis nahe: Daß das Argument darauf zielte, für eine neue Staatsaufgabe innerhalb der alten Formen zu plädieren. Ganz im Gegenteil ist der Kern des Argumentes, daß diese neue Aufgabe den Staat zugleich zu einer neuen *Form* der Aufgabenbewältigung zwingt. Weder das »laissez-faire« eines Nachtwächter-Staates noch die autoritative Gesamtplanung eines Interventions-Staates sind den Operationsbedingungen einer hochdifferenzierten modernen Gesellschaft angemessen.

Um die Tragweite des Problems zu erkennen, ist es erforderlich, von der naheliegenden und gewissermaßen natürlichen Lösung Abschied zu nehmen: daß es die Politik sei, die in einer Aggregation und Vermittlung der divergierenden gesellschaftlichen Interessen und Rationalitäten allein und autoritativ über das bonum commune entscheide, und daß abweichende oder widerstrebende Meinungen letzten Endes mit den Zwangsmitteln politischer Macht zur Raison gebracht werden könnten. Wohlgemerkt: diese Problemlösung ist nicht grundsätzlich abwegig. Sie hat ein demokratisch legitimiertes und rechtsstaatlich kontrolliertes Verfahren der Konfliktbearbeitung hervorgebracht, welches *hinsichtlich der klassischen Staatsaufgaben* der »guten Polizey« besser funktioniert als jedes andere System: also vor allem hinsichtlich der Durchsetzung der Rechtsordnung, der Kontrolle physischer Gewalt, der Steuerhoheit und der elementaren Aufgaben der Daseinssicherung. Geändert haben sich weder diese Aufgaben noch die Brauchbarkeit des politischen Prozesses für ihre Bearbeitung. Was sich aber in diesem Jahrhundert und vor allem nach dem Zweiten Weltkrieg grundsätzlich geändert hat, ist Grad und Qualität gesellschaftlicher Komplexität und Riskiertheit aufgrund wissensbasierter Technologien in allen Bereichen von Gesellschaft – und mithin die Anforderungen an Steuerungsleistungen, insbesondere auch solcher, die *spezifisches Steuerungswissen* erfordern.[110]

Es erscheint daher verlockend und angemessen, jedenfalls hinsichtlich dieser neuen Anforderungen an die Politik und ihren Staat die Idee des präzeptoralen Staates zu aktivieren, wie sie oben in Kap. 2.3 ausgeführt wurde. Denn wäre die Politik in der Rolle des benevolenten Lehrers nicht optimal geeignet, die Generierung von Wissen dort zu fördern, wo Ignoranz kollektive Güter gefährdete; und die Verteilung von Wissen dorthin zu steuern, wo ignorante Verhaltensweisen von Personen und sozialen Systemen selbstschädigend wären? Der Bedarf dafür ist mehr als deutlich: Es gibt in den entwickelten Demokratien bereits ein umfassendes Netz der *Beratung* in allen besonderen Lebenslagen und den Versuch der Überredung und Belehrung zu einer angemessenen Lebensführung in nahezu allen Phasen des Lebens:

110 Dies konstatieren ausdrücklich auch Evans/Rueschemeyer/Skocpol 1985, bes. 359f.: »A full understanding of state capacities for socioeconomic interventions requires a better understanding of the historically evolved interrelations between states and ›knowledge-bearing occupations‹, particularly the modern social science professions.« Aber sie lassen es bei dieser allgemeinen Formel bewenden und machen keinerlei Vorschläge zur Verbesserung des Verhältnisses zwischen »social knowledge and state interventions«.

Schwangerenberatung, Gesundheitsberatung, Familienberatung, schulpsychologische Beratung, Berufsberatung, spezielle Beratungs- und Hilfeeinrichtungen für Frauen, Alte, Ausländer, Arbeitslose, Drogenabhängige etc.[111]

Keineswegs ist dies von der öffentlichen Hand gepflegte präzeptorale Netzwerk auf Personen beschränkt. Entgegen dem ersten Anschein dürfte das Beratungsangebot etwa für Unternehmen noch umfassender sein. Beratungsprogramme für Ansiedlung, Investitionshilfeprogramme, Umschulung, Arbeitskräfte-Einsatz, Forschungsförderung, technologische Innovation, Exportförderung, ökologische Umorientierung, Internationalisierung etc. kommen aus allen einschlägigen Ministerien von Bund und Ländern, von europäischen Institutionen und schließlich auch noch von regionalen und kommunalen Trägern.

Sowohl bei Personen wie bei Organisationen ist es leicht, ein öffentliches Interesse an diesen kostspieligen Programmen der Belehrung zu begründen: Es liegt in der Vermeidung der schon *mittelfristig* höheren Kosten von Ignoranz. Die Argumentationsfigur zur Begründung einer allgemeinen Schulpflicht als kollektives Gut und mithin als öffentliche Aufgabe kann ohne Abstriche auf die neuen Felder und Formen präzeptoraler Strategien übertragen werden. Ohne allgemeinbildende Schulen wäre eine moderne Gesellschaft nicht denkbar; die Bürger wären auf die Anforderungen der Modernität nicht vorbereitet und eine Gesellschaft ohne allgemeinbildende Schulen könnte dem Wettbewerbsdruck entwickelterer Gesellschaften nicht standhalten. Dies gilt inzwischen für sehr viel weitergehende präzeptorale Strategien genauso. Eine funktionierende Gesundheitsberatung, eine wirksame Berufs- und Studienberatung, eine greifende politische Beratungsstrategie der Technologieförderung setzen an kritischen Variablen der Qualitätssicherung zentraler kollektiver Güter einer modernen Gesellschaft an. Sie können in ihren Wirkungen (einschließlich verpaßter Wirkun-

111 Vielfältig hat dies schon Eingang in die Gesetzgebung gefunden: So schreibt § 20 des Sozialgesetzbuches V den Krankenkassen *präventive* Maßnahmen der Gesundheitsvorsorge etwa gegen Berufskrankheiten vor.

gen) für die »Wohlfahrt« einer Gesellschaft weitaus massiver und flächendeckender sein als Maßnahmen der klassischen Staatsaufgaben. Wenn Hunderttausende von Menschen jährlich an »Zivilisationskrankheiten« sterben, dann macht eine vorhandene oder nicht vorhandene, wirksame oder nicht wirksame Gesundheitserziehung einen großen Unterschied.

Dennoch sind die Möglichkeiten staatlicher präzeptoraler Strategien eng begrenzt, weil Belehrung, Überredung oder Überzeugung nur die Bedingungen der Selbständerung autonomer Systeme nachhaltig beeinflussen können. Der präzeptorale Staat ist in der Funktion des Lehrers darauf beschränkt, die Ausbildung oder Perfektionierung einer in der Operationsweise des betreffenden Systems angelegten Identität zu fördern. Dagegen hat Erziehung gerade nicht das Ziel, diese Identität in Frage zu stellen: »Der Schüler ist und bleibt identisch mit sich selbst; das ist er immer schon, sonst könnte man ihn nicht behandeln, das soll er sein, das soll er werden.«[112] Diese auf Selbstreferenz beruhende Identität personaler wie sozialer Systeme läßt sich durch einen externen Akteur – wie z. B. einen Lehrer oder Berater – nur dann nicht-zufällig beeinflussen, wenn dieser als Beobachter des Systems in eine direkte Beziehung zum System tritt. Der Vorteil der Einbeziehung hat Kosten, die als spezifische Blindheiten anfallen. In dem durch Erziehung entstehenden Erziehungssystem kann der Präzeptor nicht mehr sehen, was er nicht sieht. Präzeptorale Strategien laufen auf die Aporie einer notwendigen Verstrickung in wechselseitige Blindheiten auf, und dies mit Notwendigkeit.

Das kann man am Lehrer-Schüler-Verhältnis konkret beobachten, aber auch an etablierten Formen des präzeptoralen Staates. So führt ernstgenommene staatliche Berufsberatung, Familienberatung, Arbeitslosenberatung, gar Gesundheitsberatung in unlösbare Verstrickungen für beide Seiten; und bei einer ernstgenommenen schulpsychologischen Beratung müßte die Beraterin vor jedem Schulbesuch warnen, die zu beratende Person aber sich selbst zum zwanglosen Schulbe-

112 Luhmann/Schorr 1982, 227

such zwingen. Der Grundkonflikt jeder Form des präzeptoralen Staates bleibt die Differenz zwischen der mit der präzeptoralen Strategie verfolgten kollektiven Rationalität, etwa Volksgesundheit oder Volks-Schulbildung oder internationaler Wettbewerbsfähigkeit der nationalen Ökonomie, und der individuellen Rationalität einer Durchsetzung kurzfristiger und lokaler Interessen. Solange die Beobachtung auf diesen Konflikt fixiert bleibt – beispielhaft etwa im traditionellen[113] Rational-Choice-Ansatz – gibt es nur Gewinner und Verlierer, und in der Regel gewinnt die Politik. Auch deshalb ist der präzeptorale Staat möglicherweise ein benevolenter Despot, definitiv aber ein hohes Risiko für seine Bürger. Der präzeptorale Staat ist keine Lösung des Problems notwendiger politischer Intervention in die Gesellschaft.

Bei der Suche nach einem Ausweg aus dem Dilemma stößt man schnell auf analoge Problemstellungen und Überlegungen professioneller »Korrigierer«: etwa Therapeuten, Organisationsberater und Gerichte als beispielhafte Einrichtungen für die externe Korrektur interner Fehlsteuerungen in autonomen Systemen. Was diese Einrichtungen gegenüber dem präzeptoralen Staat ebenso auszeichnet wie, eher erstaunlich, gegenüber Erziehern in der Schule, ist die Etablierung von Verfahren und *Instanzen der Supervision* oder Revision, welche präzise dazu dienen, das unvermeidliche Paradox jeglicher präzeptoraler Strategie aufzuarbeiten und darin zu entschärfen. Dies ist für eine Staatstheorie ein ungewohnter Gedanke. Er wird einsichtiger, wenn man auf eine etwas versteckte Vorarbeit von Luhmann zurückgreift, die in der Generalisierung des Therapiebegriffs liegt.[114]

Gerade für das Verhältnis zwischen Wissenschaft und Gesellschaft fordert Luhmann als »therapeutisches« Modell eine Aufhebung der Asymmetrie struktureller Beschränkungen, die in der klassischen Therapie in die Beziehung zwischen dem zu therapierenden System und dem therapieren-

113 Inzwischen gibt es Fortentwicklungen, die diesen Ansatz auch für sozialwissenschaftliche Fragestellungen interessant machen. Vgl. den Überblick und die Diskussion bei Wiesenthal 1987

114 S. hierzu und zum Folgenden Luhmann 1990, 650ff.

den System einseitig zu Lasten des ersteren eingebaut war. Fällt diese Asymmetrie, dann definieren beide Teile eines ›Korrektursystems‹ die wechselseitigen Beschränkungen, unter denen Autonomie und fremdinduzierte, aber selbstimplementierte Korrektur vereinbar erscheinen.[115] Für den Fall der gesellschaftlichen Risiken von Wissenschaft und deren politischer Bearbeitung als Probleme kollektiven Entscheidens impliziert dies »eine Beschränkung der gesellschaftlich ermöglichten Kommunikation über Wissen, und zwar eine Beschränkung, die ihrerseits in Entscheidungen reflektiert wird.«[116] Die Frage ist, welchen Staat dieses Modell von Politik voraussetzt. Und die Antwort ist: den Supervisionsstaat.[117]

Der Schritt vom präzeptoralen Staat zum Supervisionsstaat ist die Konsequenz aus zwei neueren Entwicklungen, die nun zusammentreffen und zu einer Weichenstellung führen. Einerseits die Entwicklung einer Ausdehnung präzeptoraler Funktionen der Politik bei der Realisierung des Wohlfahrtsstaates unter Bedingungen, welche die Wohlfahrt der Gesellschaft an extensive Maßnahmen des »people processing« knüpfen, weil Einsicht, Motivation und autonome Mitarbeit der Bürger für die Erreichung kollektiver Ziele (beispielhaft: Volksgesundheit, Umweltschutz, Ausbildung) unabdingbar geworden sind. Zum anderen die damit zusammenhängende Entwicklung einer eigenartigen Machtlosigkeit der Politik gerade hinsichtlich dieser Aufgaben. Sie folgt daraus, daß Zwang nicht nur unwirksam, sondern kontraproduktiv ist, wenn es um gesunde Ernährung, sorgsamen Umgang mit endlichen Ressourcen, zukunftsorientierte Investitionen, berufliche Weiterbildung, Vermeidung von Aids, adäquate Erziehung der Kinder etc. als auch kollektive Güter geht. Zudem verliert die Politik in allen diesen Formen präzepto-

115 Luhmann (1990, 651) folgert: »Die vielleicht wichtigste Konsequenz dieser Generalisierung des Therapiebegriffs dürfte sein, daß er von jedem spezifischen Unterscheidungsgebrauch abstrahiert und statt dessen die Generalthese betont, daß jede Beobachtung, Beschreibung, Intervention usw. sich auf eine beobachterabhängige Realität bezieht.«

116 Luhmann 1990, 651

117 Ausführlicher dazu unten Kap. 4.1.2

raler Tätigkeit ihres Staates die Übersicht über alternative Interventionsstrategien, weil sie unmittelbar Beteiligte ist und ihre eigenen Blindheiten nicht mehr erkennen kann.
Dadurch droht eine doppelte Überlastung des politischen Funktionssystems durch Aufgaben, für die es über keine spezifischen Machtmittel und keine hinreichenden Interventionsstrategien verfügt, sowie durch eine Art der Verstrikkung in Probleme des »people processing«, welche gerade die Lösung gestellter Aufgaben verhindert. Eine Alternative hierzu liegt im Rückzug der Politik auf die Rolle des Supervisors und die Funktion der Supervision. Wer im Zusammenhang der Produktion wissensbasierter kollektiver Güter diese Weichenstellung für die zukünftige Rolle der Politik wählt, muß realisieren, daß die in der Ausbildung des Wohlfahrtsstaates schon deutlich einsetzende Verdrängung des politischen Funktionssystems von der Position der Spitze der gesellschaftlichen Hierarchie nun endgültig wird und in einer neuen, *heterarchischen Struktur der Gesellschaft insgesamt* sich ausdrückt. Mit der grundlegenderen Rolle der Wissenschaft, mit wissensbasierter Infrastruktur und mit der Staatsaufgabe der Supervision verändert sich das Gefüge, die Ordnungsform einer Gesellschaft, der das Ministerium für richtiges Entscheiden abhanden gekommen ist.
Es empfiehlt sich gerade für präzeptorale Strategien der Politik dringend, nicht vorschnell von zielgerichtetem Verhalten, von gezielter Veränderung, Anpassung, Informationsübertragung in Input-output-Kategorien, Verstehen, Einsicht oder ähnlichem zu reden. Denn alles was machbar ist, ist sehr viel umständlicher und indirekter. In einem sehr grundsätzlichen Sinne geht es um den Aufbau von *Äquivalenzstrukturen*[118] zur Überbrückung von operativer Geschlossenheit und basaler Zirkularität der gesellschaftlichen Funktionssysteme, hier vor allem der Wissenschaft; um die Regulierung von zufälliger Variation im Sinne einer Konstituierung von »order from noise« (v. Foerster), um eine Art »Dauertherapie im Prozeß der Ausbreitung wissenschaftlichen Wissens in außerwissenschaftliche Kontexte«.[119] Das

118 Im Sinne der Organisationssoziologie von Weick 1985, 130f.
119 Luhmann 1990, 653

Ziel ist die Konstruktion von Wirklichkeiten, in denen die Konstruktionen von Wirklichkeiten anderer Systeme einen Spielraum haben. Angesichts intern nicht mehr kontrollierbarer Externalitäten geht es um Selbstbeschränkungen der ausdifferenzierten Funktionssysteme durch einen Prozeß der Supervision, in welchem die Perspektive wechselseitiger Intervention – etwa der Politik in die Wissenschaft, der Wissenschaft in die Politik – ergänzt wird durch die Perspektive der Erfindung wechselseitig kompatibler Identitäten.
Individuen und erst recht soziale Systeme sind nicht-triviale Systeme zumindest in dem Sinne, daß sie in komplexer und perplexer Weise auf externe Stimuli reagieren – und zudem selbst festlegen, was sie als Stimuli überhaupt zu akzeptieren bereit sind. Zwar geistern immer noch die Pawlowschen Hunde und die Skinnerschen Tauben durch unsere Vorstellungen; doch man kann inzwischen wissen, daß menschliches Denken und Fühlen und soziale Kommunikation sich diesen Trivialisierungen nicht problemlos fügen. Es sind insbesondere die Komplikationen des Beobachtens, die deutlich machen, in welch hohem Maße das, was wir zu sehen vorgeben, von dem abhängt, was wir dem Sehen vorgeben. Dies gilt verstärkt im Verhältnis zweier Funktionssysteme, etwa Politik und Wissenschaft, die füreinander Irritationen erzeugen und nun im Interesse der Erhaltung von Autonomie und operativer Selbstreferenz der Versuchung wechselseitiger Kontrolle widerstehen müssen. Beide können sich weder auf Außendarstellungen verlassen, denn diese sind gerade blind für die jeweiligen negativen Externalitäten; noch können sie einfach »den Blick ins Innere der Werkstatt freigeben«[120], denn dies verwirrt nur durch nicht abarbeitbare Komplexität.
Die Ausgangslage für Interventionen in komplexe, selbstreferentielle Systeme ist – analog zum Problem der Beobachtung – dadurch gekennzeichnet, daß sich zwei verschiedene, nicht-triviale, selbst-referentielle Systeme gegenüberstehen. Ganz im Gegensatz zu herkömmlichen Vorstellungen von Intervention bedeutet dies, daß jede nicht-zerstörerische ex-

120 Luhmann 1990, 650

terne Intervention darauf angewiesen ist, sich als Ereignis im Bereich der möglichen Perzeptionen des intervenierten Systems darzustellen und als Information in die operativen Kreisläufe dieses Systems eingeschleust zu werden. Wie diese Informationen sich auswirken, hängt demnach in erster Linie nicht von den Absichten der Intervention, sondern von der Operationsweise und den Regeln der Selbststeuerung des Systems ab, in das interveniert werden soll. Damit ist jede direkte Verhaltenslenkung nach dem Muster der Lenkung trivialer Maschinen ausgeschlossen.[121] Jede Beeinflussung eines psychischen oder sozialen Systems setzt deshalb voraus, daß Umweltereignisse als perzipierte Differenzen auf den Bahnen des Regelwerks der Selbststeuerung dieses Systems prozessiert werden. Um bleibende Veränderungen zu bewirken, müssen die aus den Differenzen intern gewonnenen Informationen Veränderungen des Regelwerkes induzieren, ohne dabei den Zusammenhang des Regelwerkes als Netzwerk der Selbststeuerung des Systems zu zerstören. Deshalb sind politische Interventionen – ebenso wie ökonomische, religiöse, oder andere – in Wissenschaft und Forschung heikel und schwierig zugleich. Selbst wenn sie zum Schutz übergeordneter kollektiver Güter unabdingbar sein sollten, sind zum einen ihre Wirkungschancen ungewiß, und zum anderen implizieren sie immer das Risiko einer Zerstörung operativer Strukturen des Wissenschaftssystems – selbst wenn dies gar nicht beabsichtigt war.

Beispielhaft zeigen sich die genannten Schwierigkeiten an den Auseinandersetzungen um zwei grundlegende Versuche in der Bundesrepublik, riskante Forschung politisch zu steuern: das Gentechnikgesetz vom 1.7.1990 und das Embryonenschutzgesetz vom 1.1.1991. Beide Gesetzgebungsverfahren nutzten die bescheidenen, dennoch nicht irrelevanten Möglichkeiten einer eigenen politischen Wissensbasis in der Form von Enquete-Kommissionen (»Chancen und Risiken der Gentechnologie« und »Benda-Kommission«). Beide Gesetze schaffen und stützen sich auf spezifische Einrichtungen der Beschaffung und Bewertung einschlägigen Wissens. Sie

121 Vgl. v. Foerster 1984, 9ff.

bilden mit Regeln, Verfahren und Kommissionen Vermittlungsstrukturen zwischen Wissenschaft und Politik, die in Form von Sicherheitsstandards, Offenlegungen, Anhörungen, Aufzeichnungspflichten und ähnlichem einen vielschichtigen, zugleich informierenden wie steuernden Diskurs zwischen Wissenschaft und Politik institutionalisieren. Beim Gentechnologiegesetz sind dies die in den Ausführungsverordnungen geschaffenen Regeln über Sicherheitsstufen und Sicherheitsmaßnahmen, über Genehmigungs- und Anmeldeverfahren, über Anhörungsverfahren und über die Zentrale Kommission für die Biologische Sicherheit beim Bundesgesundheitsamt.[122]

Zweifelsohne ist hier erst der Anfang des Aufbaus einer wissensbasierten Infrastruktur gemacht. Aber schon dieser Anfang zeigt die wesentlichen Punkte: In genuinen Bereichen von Forschung und Technologie ist aus der Sicht der Politik (als verantwortlichem Funktionssystem für kollektive Güter) weder Laisser-faire akzeptabel noch autoritative Kontrolle durchführbar. Erforderlich sind für beide Seiten sehr viel aufwendigere Verfahren und Einrichtungen wechselseitiger Belehrung mit dem Ziel, die operative Autonomie der Wissenschaft zu wahren und dennoch eine kontextuelle politische Steuerung der Risiken zu erreichen. In einem ganz strengen Sinne bleibt es unmöglich, intentional in ein operativ geschlossenes System einzugreifen. Der Begriff der präzeptoralen Intervention beschreibt deshalb die Paradoxie einer nicht intendierbaren Intention. Denn das zu verändernde System spielt nur seine eigene Melodie und kann nur seine eigene Musik hören. Ähnlich wie für Entwicklungspolitik, Seelsorge, Organisationsberatung, Therapie oder Erziehung stellt sich für Gesellschaftssteuerung das Problem, wie die paradoxe Anforderung einer Hilfe zur Selbsthilfe oder Bestimmung zur Selbstbestimmung oder Anleitung zur Selbständerung so gelöst werden kann, daß nicht bereits die Absicht der Therapie deren Möglichkeit und Erfolg desavouiert.

Legt man die Theorie selbstreferentieller Systeme zugrunde,

122 Ausführlich dazu Wurzel/Merz 1991 und zur ethischen Dimension Reiter 1991

dann ist Veränderung nur als Eigenleistung des intervenierten Systems möglich. Sie ist andererseits ohne äußeren Anstoß, ohne eine Sichtbarmachung der vom System produzierten negativen Externalitäten auf den internen Bildschirmen des Systems i.d.R. unmöglich, jedenfalls sehr schwierig. Der Anstoß zu einer Reflexion der systemischen Identität im Hinblick auf höhere Kompatibilität mit seiner gesellschaftlichen Umwelt muß deshalb gesucht werden in der Erfahrung von Differenzen und differierenden Optionen der Selbstbeschreibung, die sich aus einem Prozeß politischer Supervision ergeben könnten. Dies läßt sich so vorstellen, daß ein supervidierender Diskurs im Kontext präzeptoraler (oder: therapeutischer) Kommunikation zwischen Funktionssystemen diejenigen Irritationen erzeugt, die jedes beteiligte System in Distanz zu seiner eigenen Selbstbeschreibung zwingt. Diese Distanz ist Grundlage für die Denkmöglichkeit von alternativen Optionen, und mithin für Veränderung.
Politische Supervision des Verhältnisses von Wissenschaft und Gesellschaft hätte demnach die Aufgabe, die Grenzen wissenschaftlicher Kommunikationen für die Gesellschaft – etwa in den Bereichen Humangenetik, Verlängerung des Lebens, Atomforschung, Embryonenforschung, Forschungen an Versuchstieren und Versuchsmenschen etc. – zu reflektieren unter der Vorgabe, die Autonomie und Selbstreferentialität des Wissenschaftssystems zu respektieren, ihm aber die Folgen einer intern nicht gebremsten Wissenschaft vor Augen zu führen. Da Supervision kein einseitiger Prozeß ist, schließt sie die laufende Reflexion der Aufgaben der Politik ein, hier also eine Bestimmung der Art und der Qualität der öffentlichen Güter, um die es geht, und die möglicherweise durch negative Externalitäten der Operationsweise des Wissenschaftssystems gefährdet sind.
Natürlich setzt dies voraus, daß Systeme Freiheitsgrade und mithin einen Spielraum der Ausprägung ihrer Identität haben, konkret also: Spielraum für eigene Entscheidungen, Verantwortung und Risiko. Für Menschen als (sehr komplexe psychische) Systeme scheint uns diese Voraussetzung gegeben zu sein, so sehr, daß wir uns nicht scheuen, ihr mit

Erziehung, Persönlichkeitsbildung, Psychotherapie oder Gerichtsurteilen Ausdruck zu verleihen. Aber kann man soziale Systeme erziehen? Man muß! Für Unternehmen tun dies Unternehmensberater, für Parteien, Gewerkschaften und andere Organisationen wie Schulen oder Verwaltungen Berater, »Reformer« und »Erneuerer«. Für ganze Gesellschaften erleben wir diese Möglichkeit in dramatischer Weise gegenwärtig in Mittel- und Osteuropa, und dort haben wir auch keine Schwierigkeiten, von der Notwendigkeit einer Selbsttransformation zu sprechen. Nur was die je eigene Gesellschaft betrifft, scheint diese Einsicht schwierig zu sein. Aber ebenso, wie entwickelte Demokratien seit längerem einer ungebremsten Dynamik der Operationsweise ihrer Ökonomien Zügel angelegt haben in unterschiedlichen Formen des Sozial- und Wohlfahrtsstaates, und zwar ohne die Autonomie und Eigendynamik der Ökonomie zu zerstören, so steht die Politik nun vor der Aufgabe, die ungebremste Dynamik wissenschaftlicher Innovation und daraus resultierender technologischer Risiken einer Supervision zu unterwerfen. Supervision, das ist wesentlich, zielt nicht auf Kontrolle, sondern auf Selbstkontrolle; sie ist insofern eine Steigerung präzeptoraler Strategien als sie die Frage einschließt, was der Lehrer lernen muß, um sehen zu können, wie er lehrt. Daher ist zu erwarten, daß politische Supervision der Wissenschaft nicht nur das Wissenschaftssystem verändert, sondern auch die Politik.

Die Folgen der naturwüchsigen Borniertheit und Eigendynamik von Teilen einer Organisation, einer Familie oder einer Institution, können diese Systeme insgesamt sehr schnell vor erhebliche Probleme stellen. Eine Steigerung der Reflexionsfähigkeit sozialer Systeme erscheint deshalb besonders dringlich. Reflexion ist höchst voraussetzungsvoll. Sie verlangt vorausschauende Investitionen in Einrichtungen der Selbst-Aufklärung über systemexterne Wirkungen der Handlungsweise eines Teils. Und sie verlangt Investitionen in einen reflexiven Steuerungsmodus, der es dem System insgesamt ermöglicht, im Hinblick auf eine zukünftige Identität kontrollierte Veränderungen in Gang zu setzen. Sie verlangt die Fähigkeit zur Selbstbeobachtung und Selbstbe-

schreibung und schließlich zum »Verstehen« auch anderer Systeme.
Zum Projekt einer Zivilisierung der Macht gehört es deshalb auch, Einsicht in die Relativität von Macht in entwickelten Gesellschaften zu schaffen. Wenn differenzierte Systeme aus vielen eigensinnigen und eigenständigen Aktivitätszentren zusammengesetzt sind, sie zu »polyzentrischen Gesellschaften«[123] sich entwickeln, dann wird machtgesteuerte Intervention schwieriger und problematischer. Damit ist nicht einer Verharmlosung von Macht das Wort geredet. Aber eine angemessene Kritik der Macht setzt dann – ebenso wie eine Kritik des Geldes oder des Wissens – höchst voraussetzungsvolle Einsichten in das Zusammenspiel von partieller Autonomie und funktionaler Interdependenz dieser unterschiedlichen Steuerungsmedien voraus.
Die genannten Schwierigkeiten zielgerichteter Intervention und die daraufhin empfohlene neue Bescheidenheit der Politik zwingen allerdings nicht zu einem Interventionsverzicht. Möglich sind kontextuelle Interventionen, die in Form einer Optionenpolitik die Kontextbedingungen für ein System oder einen Problembereich verändern und andere Optionen ins Spiel bringen. Ich habe dies in anderen Arbeiten ausführlich als Idee der dezentralen Kontextsteuerung erörtert.[124] Hier kommt es mehr darauf an, den engen Zusammenhang der Bedingungen der Möglichkeit von Reflexion und von kontextueller Intervention zu sehen. Sowohl die Selbstbeschränkung eines intervenierenden Systems – praktisch vor allem der Politik – auf kontextuelle Intervention, wie auch die entsprechende Fähigkeit des intervenierten Systems, auf diese Optionenpolitik adäquat zu reagieren, setzt in den betroffenen Sozialsystemen Reflexion – und das heißt in erster Linie: adäquates Wissen – voraus. Und erst die Fähigkeit zu einem reflexiven Verstehen der Operationslogik anderer Systeme ermöglicht es einem Akteur, Interventionen so anzusetzen, daß damit Änderungsprozesse nicht blockiert, sondern Anreize zur Selbst-Änderung gegeben werden.

123 Polanyi 1951, 180ff.
124 Willke 1984; 1986b; 1987c; 1987e; 1989, Kap. 4

Wenn es möglich war und ist, diese Form der Zivilisierung der Macht zur Intervention in Bereichen wie Erziehung (z. B. Abschaffung der Prügelstrafe), Resozialisierung (z. B. Abschaffung der Folter), Therapie (z. B. Psychiatriereform und Verfahren der humanistischen (!) Psychologie), Arbeitsbeziehungen (z. B. qualifizierte Mitbestimmung) und in anderen Bereichen zu realisieren, warum soll dann eine entsprechende Zivilisierung der Interventionsbeziehungen zwischen gesellschaftlichen Teilsystemen nicht auch möglich sein? Sicherlich haben in den genannten Bereichen erst schwere Störungen, Konflikte und hohe menschliche und soziale Kosten zu den jeweiligen Reformen geführt. Aber reicht der Grad an Pathologie entwickelter Gesellschaften nicht längst aus für ernsthafte Bemühungen um adäquatere Formen der Abstimmung und Re-Integration? Sind nicht gerade die drängendsten und massivsten Probleme entwickelter Gesellschaften (wie Überrüstung und Kriegsgefahr, Umweltzerstörung, Zivilisationskrankheiten, riskante Großtechnologien, strukturelle Arbeitslosigkeit etc.) Beleg genug für die Unfähigkeit des herkömmlichen politischen Prozesses, eine zumindest für die weitere Entwicklungsfähigkeit dieser Gesellschaften hinreichende Steuerungsleistung zu erbringen?

Wenn man in diesem dezentralen, kontextuellen Sinne dem Staat eine Steuerungsfunktion zuerkennt, weil einerseits die Selbst-Gefährdung moderner Gesellschaften Steuerung erfordert, andererseits die Komplexität und Differenziertheit dieser Gesellschaften hierarchische Steuerung verbietet, dann scheint mir der Aufbau einer wissensbasierten Infrastruktur ein wichtiger Schritt zur Implementierung der notwendigen Kapazität zur Kontextsteuerung zu sein.

4 Weder Leviathan noch Präzeptor: Ironie des Staates

Speziell für die deutsche Staatstheorie bedeutet es eine alptraumhafte Hypothek, daß sie weder theoretisch noch praktisch entschieden genug sich zwei der zynischsten Formen des Staates entgegengestemmt hat: Dem SS-Staat und dem Stasi-Staat. Zum SS-Staat haben Eugen Kogon und andere das Erforderliche gesagt[1]; zum Stasi-Staat bleibt dies noch zu tun. Aus gesellschaftstheoretischer Sicht sticht in beiden – durchaus in ihren Begründungen und Folgen sehr unterschiedlichen – Formen des zynischen Staates eine Deformation hervor, die als dreifache Hybris beschrieben werden kann: Hybris der Simplifizierung; Hybris der Organisation; und Hybris der Gewalt.

Die großen Vereinfachungen betrafen nicht nur die Aspekte des Handelns, des Denkens und der Moral, sondern auch den Versuch, die Differenziertheit und Heterogenität einer modernen Gesellschaft auf die einfache Form einer entdifferenzierten einheitlichen Hierarchie zurechtzustutzen. »Führerprinzip« auf der einen, »demokratischer Zentralismus« auf der anderen Seite waren die Formeln für eine geradezu panische Unterdrückung von Vielfalt. Um hier nicht in die Fallen einer Parallelisierung von Unvergleichbarem zu laufen, und auch weil zum SS-Staat ausreichend gute Analysen vorliegen, möchte ich mich im folgenden auf einige Bemerkungen zum Stasi-Staat beschränken.

Schon vor Gorbatschow und vor dem Kollaps des realen Sozialismus hatte Peter Sloterdijk die offizielle Rede vom Sozialismus als »zynische Sprachstörung von epochalen Ausmaßen« gekennzeichnet. Und er fährt fort: »Auch von außen ist offenkundig, daß die Politik der sozialistischen Zentralmächte keinerlei Sozialismushoffnung mehr birgt. Unter marxistisch-leninistischer Terminologie liefert der Osten nackte Hegemonialpolitik.... Das andere ist ja schon

1 Kogon 1989 (1974), bes. 42ff. u. 406ff.; unter dem Aspekt des Zynismus dazu auch Sloterdijk 1983, II, 445-448

längst das gleiche, aber was wird geschehen, wenn es herauskommt? Wozu hat man sich, um die fiktive Andersheit zu schützen, die größte Militärmacht der Welt zugelegt?«[2] Heute wird immer deutlicher, daß diese zynische Verkehrung der Ansprüche des Sozialismus an sich selbst in der gleichen grotesken Weise sich auch nach innen richtete und die führende Gruppe der Staatspartei dazu brachte, einen Bespitzelungs-, Kontroll- und Repressionsapparat – den Stasi – aufzubauen, der nicht nur unvorstellbare personelle, finanzielle und organisatorische Ausmaße hatte, sondern mit Rauschgift- und Waffenhandel, flächendeckender Telefonüberwachung und Zwangsadoption von Kindern mißliebiger Eltern, Terroristenausbildung und Unterstützung terroristischer Mörder, weitverzweigten illegalen Finanztransaktionen und Devisengeschäften jeglicher Vorstellung von Legalität oder gar Legitimität Hohn sprach.
Diese äußere und innere Pervertierung »sozialistischer« Vorstellungen ist nicht ohne Zwangsläufigkeit. Der entscheidende Sündenfall ist die Kombination der theoretischen Naivität einer entdifferenzierten und dadurch befreiten Gesellschaft mit der praktischen Arroganz der Machthaber, diese Vision gegen jede Vernunft und gegen jeden Widerstand durchzusetzen. Die für diese Art von Machtpolitik erforderliche Organisation erschlägt zunehmend alle emanzipatorischen Momente der »sozialistischen« Vision. Die Hybris der Simplifizierung schlägt um in die Hybris der Organisation, die schließlich die Gesellschaft insgesamt zu einem Sozialsystem vom Typus Organisation pervertiert.[3] Zwangsläufig ist dies insofern, als die in jedem Moment der Modernisierung wirksamen Kräfte der Säkularisierung, Kontingenzsteigerung, funktionsspezifischen Eigendynamik und insgesamt mithin der Heterogenisierung von Gesellschaft sich dem Versuch einer politisch gewollten Simplifizierung entgegenstellen und nur durch zunehmende

2 Sloterdijk 1983, II, 452f.
3 Mit hellsichtigen Überlegungen hierzu Pollack 1990. Zum Fall des »staatsdominierten« Gesundheitssystems der DDR und einigen Folgen der von Staats wegen betriebenen »Infantilisierung« s. Düllings 1991.

Radikalisierung der Repression, also durch zunehmende Organisierung des Unterdrückungsapparates in Schach gehalten werden können. Sicherlich war dies auch in der DDR keine unilineare Entwicklung; aber das Scheitern der verschiedenen »Neuen ökonomischen Politiken« belegt im Übermaß die selbstzerstörerische Lernunwilligkeit der SED-Führung.[4]

In der Entwicklung vom »sozialistischen« Staat zum SED-Staat zum Stasi-Staat entfaltet sich – unter modernen Bedingungen – ein Moment des absoluten Staates, der seit Hobbes als »Leviathan« immer auch als Sicherung und Sicherheit gegen Chaos, Anarchie, Differenzierung und Heterogenität verstanden worden ist. Schon Hobbes selbst verteidigte gegen Bischof Bramhall seinen Leviathan mit dem Gegenbild des »Behemoth« als Symbol für Chaos und Anarchie. Im Gegensatz zu den modernen Apologeten des absoluten Staates – in der jüngeren deutschen Staatstheorie von Carl Schmitt bis zu den ›Reisekadern‹ der Akademie für Recht und Staatswissenschaften der DDR – hatte Hobbes aber zumindest die innere Überzeugung (*fides*) einer souveränen Regelung und Kontrolle entzogen, eben weil sie, anders als die *confessio*, nicht von außen erkannt werden könne. Ein politisches System und sein Staat, welche diese innerste Freiheit nicht respektieren, begeben sich auf die abschüssige Bahn einer immer perfekter organisierten Ausspähung und Kontrolle der inneren Überzeugungen der Bürger. Umfassender noch als der SS-Staat hat der Stasi-Staat ein System der Aushorchung, Berichterstattung und Denunziation organisiert in der Absicht einer Kontrolle der inneren Überzeugungen. Wenngleich noch weitgehend unklar erscheint, welche Folgen dieses Überwachungssystem im einzelnen hatte, so scheint gesichert, daß es wesentliche Ursache der »gespaltenen Wirklichkeit« in der DDR war, einer fundamentalen Dissoziation von gezeigter Einstellung und innerer Verwahrung.

In professionalisierten Kontexten etwa kirchlicher, medizi-

4 Vgl. als Fallstudie Willke 1979; dies auch als Beleg gegen das häufige Argument, wissenschaftliche Reflexion habe wieder einmal erst im nachhinein den Prozeß »zwangsläufiger« Pervertierung erkannt.

nischer oder therapeutischer Arbeit ist diese Dissoziation der Nährboden für einen habituellen Zynismus.[5] Im Kontext eines politischen Systems läßt sie sich in ihren Folgen begreifen als eine Komplementarität zwischen der praktizierten, offiziellen Zynik des Staates einerseits und dem damit provozierten zynischen Verhältnis der Bürger zu ihrem Staat andererseits. Diese Mischung von Menschenverachtung des Systems und Systemverachtung der Menschen kann offensichtlich unter bestimmten Bedingungen, vor allem der Bedingung der Durchsetzbarkeit einer Abschließung des Systems, über längere Zeit stabil gehalten werden. Aber genauso offensichtlich bricht es implosionsartig zusammen, wenn diese künstlich geschaffenen Bedingungen wegfallen.[6]

Das gegenwärtig sich hinziehende Absterben des »sozialistischen« Zentral- und Einheitsstaates beweist sicherlich nicht das notwendige Scheitern jeder Form einer sozialistischen Staatsidee. Aber es belegt drastisch das Scheitern einer Staatsform und einer Form der Politik, die auf der Entdifferenzierung moderner Gesellschaften aufbauen. Keine moderne Gesellschaft läßt sich *gegen* die Entfesselung funktionaler Differenzierung, *gegen* die zentrifugale Dynamik eigensinniger Teilsystemrationalitäten, *gegen* die explodierende Innovativität dezentraler Spezialisierung organisieren.[7] Wer sich der gesellschaftsgestaltenden Kraft dieser

5 Vgl. als Beispiel für einschlägige soziologische Studien Goldner u.a. 1977. Dort (548f.) auch die Idee der »structured hypocrisy« als Mechanismus des praktischen Umgangs mit zynischem Wissen. Für die DDR muß man annehmen, daß die Zugänglichkeit westlicher Medien, insbesondere des Westfernsehens, den Bedarf für strukturierte Hypokrisie enorm steigerte.

6 Vgl. zur besonderen Bedeutung der Öffnung der Grenze der DDR zu Ungarn nochmals Pollack 1990.

7 Treffend deshalb Habermas (1985, 84) zur marxistischen Revolutionstheorie: »Wenn aber Emanzipation und Versöhnung nur im Modus der Entdifferenzierung überkomplexer Lebensverhältnisse vorgestellt werden, hat die Systemtheorie leichtes Spiel, um angesichts hartnäkkiger Komplexitäten die vereinigende Macht der Vernunft nun ihrerseits als schiere Illusion abzutun.« Stephen Holmes (1987, 25) faßt dies in die schlagwortartige Formel: »Ohne Differenzierung keine Demokratie.«

evolutionären Herstellung der modernen differenzierten Gesellschaft bloß entgegenstellt, erliegt zunächst der Hybris der Simplifizierung, dann der Hybris der Organisation von Gesellschaft und endet schließlich, wie im Falle des SS-Staates und des Stasi-Staates, bei unverhüllter staatlicher Gewalt als letztem Mittel der Erzwingung einer nicht erzwingbaren Vision.

Allerdings läßt dies nicht den Umkehrschluß zu, daß die umfassende Akzeptierung oder gar Unterstützung der Dynamik funktionaler Differenzierung schon ein valides Modell und eine brauchbare Realität moderner Gesellschaft ergäben. Mit dem Ende des »realen« Staatssozialismus ist zwar die Idee des Leviathan bis in die Fundamente diskreditiert; aber die komplementäre Idee und die komplementäre Gefahr eines in der Form des Präzeptors die Gesellschaft dominierenden Staates ist damit nicht zugleich gebannt. Die westlichen Wohlfahrtsgesellschaften haben zwar gelernt, daß Zwang, selbst legal verordneter Zwang, in vielen Bereichen kein geeignetes Mittel der Problemlösung ist. Dagegen haben sie der Versuchung präzeptoraler politischer Strategien der Problemlösung gerade in den schwierigen Bereichen des »people processing« weit weniger widerstanden. Legt man zugrunde, daß schon gegenwärtig eine Reihe schwerwiegendster gesellschaftlicher Pathologien wie Umweltzerstörung, Drogenkonsum, Produktion gemeingefährlicher Waffensysteme, Zivilisationskrankheiten und großtechnologische Risiken sich praktisch als gänzlich immun gegen herkömmliche politische Steuerung herausgestellt haben[8], und daß diese Pathologien ausnahmslos in absehbarer Zukunft sich verschärfen werden, dann ist die Gefahr einer benevolent gemeinten Erziehungsdiktatur, eines aus Grün-

8 Vgl. die empirischen Belege bei Grafton 1991, der in den Risikobereichen Elektrizität, Autoverkehr, Flugverkehr und Pharmazeutika eine Verbesserung der Sicherheit durch staatliche regulative Politik findet; in den Bereichen Chemie, Atomenergie und Empfängnisverhütung nur »wahrscheinliche« Verbesserungen; im Bereich des Drogenkonsums eine Verschlechterung; und der die brisanteren Bereiche der Umweltzerstörung, der Zivilisationskrankheiten und der Produktion komplexer ABC-Waffensysteme erst gar nicht in die Untersuchung aufnimmt.

den der Belehrung der Bürger die Gesellschaft dominierenden Staates nicht von der Hand zu weisen.
Gegenüber der Möglichkeit und der Gefahr beider Formen einer Deformation der Politik in modernen Gesellschaften gilt es, die aus dem bisherigen Gang der Argumentation gewonnenen Einsichten festzuhalten:
1. Die zentrifugale Dynamik funktionaler Differenzierung wächst aus den gesellschaftsgeschichtlichen Prozessen der Säkularisierung, Kontingenzsteigerung und Zivilisierung, wie sie in Kap. 1 beschrieben wurden. Diese Dynamik kann nur um den Preis der Unterdrückung oder gar Revidierung der zugrundeliegenden Prozesse ausgeschaltet werden. Nicht nur die zynischen Pervertierungen des Staates in Europa belegen diesen Zusammenhang, sondern auch die fundamentalistischen Bewegungen zu neuen Formen theokratischer Herrschaft in einigen islamischen Ländern. Die allen diesen Modellen zugrundeliegende anti-modernistische Hybris der Simplizität zielt auf die radikale Repression säkularer Rationalität, kontingenter Vielfalt und Differenzierung und der zivilisatorischen Errungenschaften der Kontrolle absoluter Macht.
2. Auch für moderne Demokratien bildet die Dynamik funktionaler Differenzierung, Spezialisierung, Leistungs- und Indifferenzsteigerung eine ernste Gefahr, insbesondere im Hinblick auf die Produktion der für die Überlebensfähigkeit des Gesamtsystems unabdingbaren kollektiven Güter. An diesem Problem scheitert die Idee des minimalen Staates, aber auch, wie in Kap. 2 gezeigt, die elaborierteren Modelle des aktiven oder des präzeptoralen Staates – wenngleich diese drei Modelle wichtige Hinweise für ein entwicklungsfähiges Modell der Politik in einer hochdifferenzierten Gesellschaft geben.
3. Erst im historischen Vergleich der dominanten Systemprobleme entwickelter Gesellschaften in den zurückliegenden drei Jahrhunderten erschließt sich die Besonderheit des Problems der Ignoranz, das die gegenwärtigen höchstentwickelten Demokratien kennzeichnet. Schon mit der zunehmenden politischen Bedeutung des Geldes für die Steuerung von Gesellschaften ist – im Zuge der Ausbildung des Wohl-

fahrtsstaates – die Monopolstellung der Politik erodiert. Mit der neuartigen politischen Bedeutung von Wissen für eine hinlängliche Steuerung der Risikogesellschaft ist das gesellschaftliche Strukturprinzip einer Hierarchie von Teilsystemen insgesamt zur Disposition gestellt: Politik und Staat stehen vor der Notwendigkeit, ihre gesellschaftliche Aufgabe und Stellung neu zu definieren.

4. Gegenüber den Zumutungen und Anmaßungen einer umfassenden Steuerungsfunktion der Politik, sei es unter sozialistischen, wohlfahrtsstaatlichen oder präzeptoralen Vorzeichen, kommt es für die Staatstheorie darauf an, die Politik mit einem geeigneten Modell ihrer selbst vor einer Überforderung durch Hyperaktivität und Allzuständigkeit zu schützen. Dies verlangt die thematische Verortung von *Selbstbindung* an Standards der Respektierung der Autonomie gesellschaftlicher Teilsysteme, *Selbstbegrenzung* im Sinne einer Fähigkeit zur Reflexion der Integrationsbedingungen einer komplexen differenzierten Gesellschaft; und es erfordert eine neue *Bescheidenheit* der Politik aus Einsicht in die Notwendigkeit dezentraler Entscheidungsfindung in undurchsichtigen und risikoreichen Problemfeldern. Wie soll dieses Wunschbild von Politik in modernen Demokratien realisierbar sein? Indem die Politik und ihr Staat weder der Tragik einer immer weiteren Verstrickung in die Selbstüberforderung wohlfahrtsstaatlicher Allzuständigkeit aufsitzt noch der Zynik forcierter Simplifizierung nachgibt, sondern sich die Distanziertheit einer ironischen Position zugesteht.

4.1 Die Tugend der Ironie

Wie kann aus dem Geist der Moderne eine innere ideale Gestalt der Politik konstruiert werden, so läßt sich in Abwandlung einer Formulierung von Habermas fragen, welche die vielfältigen historischen Erscheinungsformen der Moderne weder bloß nachahmt, noch von außen an diese bloß herangetragen wird?[9] Ich nehme diese Frage auf als diejenige

9 Habermas 1985, 31

nach einer positiven Vision des modernen Staates, Staat verstanden als Eigenmodell (»innere ideale Gestalt«) der Politik, und Politik verstanden als gesellschaftliches Funktionssystem im Kontext eines Bündels prinzipiell gleichrangiger anderer Funktionssysteme.

Einheit, Differenz, Autonomie und Dezentrierung bilden das magische Viereck einer Grundbegrifflichkeit für das Verstehen der exzentrischen Rolle der Person in der Moderne. Der Dezentrierung des Subjekts läßt sich am besten noch mit Ironie beikommen, so lassen sich ernst zu nehmende Ironiker, von Nietzsche über Kierkegaard bis zu Rorty, vernehmen. Meine Annahme ist nun, daß Analoges für die Gesellschaft der Moderne ebenso gilt und daß das Problem der Einheit moderner Gesellschaften nicht auf Kosten und nicht gegen Differenzierung und Autonomie ihrer Teile zu bewerkstelligen ist, sondern nur auf Kosten eines auf die Politik hin zentrierten Gesellschaftbildes. Ironie kommt ins Spiel zur Abfederung der Schockwellen dieses Strukturumbruches. Aber die Frage ist, wie die als Merkmal von Personen so spielerisch erscheinende Qualität der Ironie begreifbar sein könnte, wenn sie auf der Ebene von Gesellschaft zur zentralen Formel für die Reintegration eines komplexen, hochdifferenzierten Sozialsystems avanciert.

Nachdem Habermas meine frühere Argumentation zur Rolle des Staates in einer sozietalen Steuerungstheorie so gründlich mißverstanden hat[10], erscheint es angebracht, den grundlegenden Unterschied zwischen »intersubjektiver« Verständigung und der Abstimmung sozietaler Teilsysteme zunächst deutlich zu machen, bevor die Qualität von Ironie als sozietalem Merkmal näher beleuchtet wird. Die Transponierung personaler Merkmale oder Eigenschaften auf soziale Systeme provoziert häufig den Trugschluß, die Rede von der Distinktheit der Ebene sozialer Systeme sei nur eine metaphorische, tatsächlich gehe es um aggregierte Qualitäten von Personen oder Subjekten. Selbst wenn man, wie bei Habermas, unterstellen kann, daß die Möglichkeit emergenter Eigenschaften neuer Ebenen der Systembildung anerkannt

10 Natürlich nur als kleine Fußnote zu einem großen Text: Habermas 1985, 422

wird[11], bleibt das Problem einer tragfähigen Begründung für den entscheidenden Schritt: wie diese emergenten Eigenschaften als *systemische* Eigenschaften begriffen werden können und eben nicht als Erweiterungen der Merkmale oder Fähigkeiten von Personen.

Es erscheint mir aussichtslos, in dieser Frage weiterzukommen, solange soziologische Theorie auf der Basis von *Handlungstheorien* betrieben wird. Die Basiseinheit des Handelns wird dann nahezu zwangsläufig auf Personen begrenzt und auch soziales Handeln erscheint dann als bloße Kombinatorik individueller Handlungen. Erst wenn die Eigenständigkeit des Sozialen, und mithin Soziologie, in der Tradition Durkheims strikt auf soziale Tatbestände gegründet wird, wenn als Basiseinheit soziologischer Theorie das minimale *soziale* Ereignis gilt, rückt mit *Kommunikation* eine Alternative ins Blickfeld, welche die genuine Eigenständigkeit sozialer Systeme in den jeweiligen Besonderheiten der Semantik, der Kommunikationsstrukturen und der Kommunikationsregeln eines bestimmten Sozialsystemes sieht. Nachdem Niklas Luhmann die Differenz von handlungstheoretischer und kommunikationstheoretischer Fundierung der Soziologie ausführlich behandelt hat[12], genügt hier als komprimierte Formel der Hinweis, daß der Aufbau von semantischen Strukturen und von Regeln der Kommunikation nicht an personal verstandene Subjekte gebunden ist. Auch Gruppen, Organisationen, kollektive Akteure und, mit besonderer Bedeutung und Konsequenz, auch gesellschaftliche Teilsysteme können Einheiten kommunikativer Selbstreferenz sein. Gerade die gesellschaftsgeschichtliche Ausbildung von Spezialsemantiken der Wirtschaft, der Politik, der Erziehung, der Kunst oder der Wissenschaft belegt

11 »Es gibt keine einheitliche formale Theorie emergenter Eigenschaften. Es steht jedoch fest, daß sich derartige emergente Eigenschaften überall gefunden haben, in Strömungswirbeln und Lasern, in chemischen Oszillationen, in genetischen Netzwerken, in Entwicklungsmustern, in der Populationsgenetik, in Immunsystemen, in der Ökologie und Geophysik... Es scheint in der Tat schwierig zu sein, daß irgendein in sich dicht verknüpftes Aggregat *keine* emergenten Eigenschaften ausbildet.« (Varela 1990, 62 u. 67)

12 Luhmann 1984, Kap. 4, bes. 225ff.

die weitreichende Eigendynamik der Entwicklung kommunikations-konstituierter Sozialsysteme auch unabhängig vom Willen handelnder Akteure – wie schon Adam Smith und Karl Marx deutlich genug gesehen haben.[13]

Für unseren Zusammenhang folgt daraus in erster Linie, daß die historische Bewegung von Gesellschaften zu hochdifferenzierten Systemen gänzlich unabhängig von den in ihnen handelnden Personen eine eigenständige Problematik der Reproduktion ihrer Einheit schafft. Schon auf den ersten Blick ist klar, daß diese Einheit nicht aus dem intentionalen Handeln von Individuen resultiert. Woraus dann? In dem Maße, wie Gesellschaften und ihre funktional spezialisierten Teilsysteme als operativ geschlossene Kommunikationssysteme mit einer eigenen, nicht-abgeleiteten Realität sich konstituieren, resultieren mögliche Probleme der Reproduktion der jeweiligen systemischen Einheit primär aus ihrer spezifischen (kommunikativen) Operationsweise. Jede Form von Systemsteuerung, sei sie intern oder extern, ist deshalb darauf angewiesen, auf die autonome kommunikative Operationsweise zuzugreifen; und die Schwierigkeiten der Steuerung resultieren daraus, daß dies ein Widerspruch in sich selbst ist. Genau darin trifft sich die Schwierigkeit der Steuerung (und wechselseitigen Abstimmung) sozialer Systeme mit der Schwierigkeit der Steuerung (und »intersubjektiven« Verständigung) von Personen, wenn man nur in beiden Fällen die jeweilige Binnenstruktur komplex genug ansetzt, d.h. als selbstreferentiell, operativ geschlossen und intransparent begreift. Das normale Scheitern der Steuerung

13 Dies gilt mit besonderer Prägnanz auch für übergreifende Sinnzusammenhänge, wie Weltbilder und Mythen. Lévi-Strauss verdeutlicht das Gemeinte: »Wir behaupten also nicht, zeigen zu können, wie die Menschen in Mythen denken, sondern wie sich die Mythen in den Menschen ohne deren Wissen denken... daß sich die Mythen in gewisser Weise *untereinander* denken. Denn es geht hier nicht so sehr darum, was in den Mythen ist..., als vielmehr das System der Axiome und Postulate freizulegen, die den bestmöglichen Code definieren, welcher geeignet ist, unbewußten Schöpfungen eine gemeinsame Bedeutung zu geben.« (Zit. bei Castoriadis 1990, 234, Fn. 38) In der gleichen Linie sagt H.-G. Gadamer (1986, 465): »Es ist tatsächlich korrekter zu sagen, daß Sprache uns spricht, als daß wir sie sprechen.«

komplexer Systeme erweist sich als dysfunktional äquivalent zum normalen Scheitern des »people processing« in Erziehung, Seelsorge, Therapie und Resozialisation. Daraus den Schluß zu ziehen, wie Habermas es tut, die wechselseitige Beeinflussung selbstreferentieller Systeme könne nach dem Muster intersubjektiver Verständigung begriffen werden, mutet schon abenteuerlich an. Ins Auge sticht doch am täglichen Betrieb moderner Gesellschaften, daß weder intersubjektive Verständigung noch die Steuerung komplexer Sozialsysteme auch nur annähernd funktionieren und daß diese »Logik des Mißlingens«[14] aus einer Trivialisierung nicht-trivialer psychischer wie sozialer Systeme resultiert.

Gegenüber der nach wie vor unbegründeten Leichtfertigkeit, mit der Habermas von der Möglichkeit interpersonaler Verständigung ausgeht[15], nimmt sich die skeptische Ironie von Richard Rorty nüchterner aus. Rorty zeigt (im Anschluß an Davidson), daß wir auch in der »lebensweltlichen« Alltagssprache mit weitgehend idiosynkratischen Vokabularien hantieren, denen Kontingenz und ständige Revisibilität

14 Dörner 1989; s. auch Dörner u. a. 1983; Perrow 1988; Beck 1988 und grundlegend Forrester 1971. Auch hinsichtlich dieses systematischen Mißlingens hat Habermas (1985, 403) nur das traditionelle Ressentiment gegen »instrumentelle« Rationalität anzubieten: »Zu Gestalten fügen sich die pathologischen Züge moderner Gesellschaften nur noch insofern zusammen, als sich ein Übergewicht der ökonomischen und bürokratischen, überhaupt der kognitiv-instrumentellen Formen der Rationalität bemerkbar macht.« Damit gerät ganz aus dem Blick, daß das Problem moderner Gesellschaften nicht die ökonomische oder die bürokratische Rationalität ist, sondern der umfassende Prozeß der Aufsplitterung funktional differenzierter Teilsystem-Rationalitäten, die sich wechselseitig indifferent und verständnislos gegenüberstehen.

15 Allerdings schätzt er inzwischen die Bedeutung von Dissens realistischer ein: »In dem Maße, wie sich eine Lebenswelt rationalisiert, wächst der Verständigungsaufwand, der den kommunikativ Handelnden selbst aufgebürdet wird. Damit wächst zugleich das Dissensrisiko einer Kommunikation, die Bindungseffekte nur über die doppelte Negation von Geltungsansprüchen erzeugt.« (1985, 405) Die Verlängerung des differenzierungstheoretischen Ansatzes in eine differenz-theoretische Analyse der »Lebenswelt« würde rasch die praktische Dominanz von Dissens erweisen. Ausführlich dazu Willke 1989, Kap. 3.

eingebaut sind. Nimmt man Gregory Batesons Einsicht hinzu, daß ›bemerkenswerte‹ Informationen nur aus Differenzen herausgelesen werden können, dann läßt sich Kommunikation als das Prozessieren von Differenzen verstehen und die Evolution von Semantiken als die Transformation von Differenz-Mustern, etwa in der Form der Substitution leitender Antonyme.[16]

Die Frage ist also, wie Verständigung, Abstimmung, Koordination oder gar Steuerung zwischen komplexen, selbstreferentiellen Systemen möglich sein soll, wenn deren Identität gerade auf der *Differenz* zueinander, auf unterschiedlichen Semantiken, Rationalitäten, Operationsregeln, Kontingenzräumen, Entwicklungsdynamiken etc. beruht und wenn diese Differenziertheit nicht bloßes Ärgernis ist, sondern die konstituierende Eigenart hochkomplexer, nicht-trivialer Systeme. Und die Antwort läßt sich auf der Spur eines Satzes von Schumpeter suchen, den Rorty zitiert[17]: »Die Einsicht, daß die Geltung der eigenen Überzeugungen nur relativ ist, und dennoch unerschrocken für sie einzustehen, unterscheidet den zivilisierten Menschen vom Barbaren.« Für die Gegenwart müßte dieser Satz lauten: Die Einsicht, daß die selbst-referentiellen Semantiken komplexer Systeme nicht vereinbar sind, und dennoch unerschrocken für wechselseitige Abstimmung einzustehen, unterscheidet den ironischen vom tragischen Beobachter. Für den Tragiker verfangen sich die Systeme in ihren selbst gestellten Fallen, und jeder Versuch rettender Rationalität bestärkt nur diesen unabänderlichen Entwicklungspfad. Für den Ironiker dagegen eröffnet die unabänderliche Distanz zwischen den Systemen den Spielraum für die Möglichkeit einer Akkordierung von Kontingenzen, wenn erst einmal klar ist, daß dies nicht aus der Position einer höheren oder überlegenen Rationalität (wel-

16 Mit vielen Beispielen hierzu Holmes 1987, 25ff.

17 Rorty 1989, 87 und der dann diesen Satz so für sich übersetzt: »Die liberalen Gesellschaften unseres Jahrhunderts haben zunehmend mehr Menschen hervorgebracht, die die Kontingenz des Vokabulars erkennen können, in dem sie ihre höchsten Hoffnungen zum Ausdruck bringen – also die Kontingenz ihres Gewissens –, und dennoch auf dieses Gewissen weiter vertrauen.«

chen Beobachters oder Akteurs auch immer) bewirkt werden kann, sondern allein aus der Spiegelung (Spekulation, Reflexion) der äußeren Distanz in einer *inneren Distanz der Systeme zu sich selbst,* die ihnen die eigene ironische Position eines Spielens mit ihren Kontingenzen erlaubt.
Bevor diese Tugend der Ironie expliziert werden kann, muß allerdings erst die Hürde überwunden werden, die Rortys individualistische Verengung von Ironie aufgeworfen hat. Schon zu Beginn des zweiten Kapitels habe ich gesagt, daß Rortys »klare Unterscheidung zwischen dem Privaten und dem Öffentlichen« unhaltbar ist. Desungeachtet könnte es eine interessante Perspektive sein, entgegen den bisherigen Denk- und Sprachgewohnheiten die klassische ›öffentliche‹ Disziplin, die Philosophie, als privates Unternehmen der Vermittlung einer privaten ironischen Position zu sehen, dafür umgekehrt der Kunst die Aufgabe der öffentlichen Erziehung zu liberaler Solidarität zuzuweisen.[18] Gegen die Fruchtbarkeit dieser Perspektive sprechen zwei Argumente: ein historisches und ein systematisches. Historisch spricht dagegen, daß Rortys Programm für die Kunst als öffentliche Lehrerin und als tiefste Kraft der Versöhnung gesellschaftlicher Differenzen zum einen von Schiller in den Briefen über die ästhetische Erziehung, zum anderen von Hölderlin, Schelling und Hegel im »Systemprogramm« von 1796/97 formuliert worden ist – und das Programm gründlich gescheitert ist.[19] Der Kern des Scheiterns ist allerdings – dies ist das systematische Argument – nicht eine mythische oder mythologisierende Überschätzung der Kunst, sondern die mythologisierende Annahme eines einzelnen dominanten oder präzeptoralen Teiles für das Ganze der Gesellschaft. Ob die Rolle dieses Teils von der Philosophie, der Kunst, später der Ökonomie, der Wissenschaft oder dann wieder der Politik zugewiesen wird, ist nachrangig. Vorrangig für das Scheitern ist die trivialisierende Mythologie einer großen einheitlichen Rationalität, die der sich sträubenden Gesellschaft von ihrem vornehmsten Funktionsbereich aufgeprägt werden könne. Insofern ist der Vorschlag von Rorty ebenso

18 Rorty 1989, 161
19 Ausführlich dazu Habermas 1985, 44ff. und 110ff.

Mythologie wie der von Schelling oder Schiller. Während diesem Aspekt des Vorschlags eine gewisse, wenn auch naive Hochherzigkeit in seiner Aussichtslosigkeit nicht abzusprechen ist, so birgt die ihm zugrunde liegende kühne Verknüpfung von Kontingenz und Ironie doch schon den Kern des Arguments für eine auch öffentliche Tugend der Ironie. Denn wenn sich herausstellen sollte, daß Kontingenz und Kontingenzsteigerung nicht nur ein Merkmal individueller Kommunikationsformen von Bürgern moderner liberaler Demokratien ist, sondern auch Merkmal der Operationsweisen der sozialen Systeme innerhalb dieser Gesellschaften, dann wäre nichts dringender als eine Form der *Kontrolle der systemischen Kontingenzen,* die präzise jene Qualität von Gesellschaft bewahrt, die Rorty zum Maßstab individuellen Handelns macht: Liberalität. Hier könnte stören, daß Rorty dem Begriff ›liberal‹ eine höchst exzentrische Fassung gibt: liberal ist ein Mensch, »für den ›Grausamkeit das Schlimmste ist, was wir tun‹«[20]. Aber diese Definition ist brauchbarer als sie auf den ersten Blick erscheint, weil unter Bedingungen von Kontingenz, also von überschüssigen Handlungsmöglichkeiten, Grausamkeit und Demütigung aus genau jener Aktualisierung von Kontingenz folgen, welche die Autonomie, Subjekthaftigkeit, Identität und operative Geschlossenheit anderer Systeme nicht respektiert, die vom kontingenten Handeln eines Akteurs betroffen sind. Insofern hat Liberalität es genau mit einer bestimmten Qualität der Kontrolle systemischer Kontingenzen zu tun: einer Rationalität der wechselseitigen Akkordierung von Kontingenzen, die dem Ziel folgt, die Autonomie und prinzipielle Kontingenz der Akteure zu erhalten und zugleich in die Aktualisierung der Kontingenzen das gemeinsame Kriterium der *Schadensminimierung* einzubauen. Vor der Aktualisierung kontingenter Handlungsstrategien kommt im wechselseitigen, also auch im eigenen Interesse eine Umweltverträglichkeitsprüfung zum Zuge, welche versucht, die Folgen einer bestimmten Optionenwahl, vor allem deren nicht-intendierte Folgen, auf die Systeme in der Umwelt des handelnden Systems zu re-

20 Rorty 1989, 146

flektieren. So ließe sich eine liberale Gesellschaft in der Tat definieren als eine »Arbeitsgemeinschaft von Exzentrikern zum wechselseitigen Schutz« gegen Dritte *und* zum wechselseitigen Schutz gegen die normalen Katastrophen des eigenen, nicht-reflektierten Handelns. Der letztere Aspekt wird um so wichtiger, je stärker Umwelteinwirkungen, nicht-intendierte Folgen oder nicht beherrschbare Dynamiken nicht von außen auf eine Gesellschaft einwirken, sondern aus der Eigenkomplexität und Kontingenz ihrer Subsysteme resultieren. Konkret: wenn eine Gesellschaft nicht von den Atombomben einer fremden Macht, sondern von ihren eigenen Kernkraftwerken bedroht ist; nicht von den biologischen Waffen des »Gegners«, sondern von gentechnischen Experimenten ihres Wissenschaftssystems; nicht von Kugeln fremder Soldaten, sondern von den Waffen ihrer eigenen organisierten Kriminalität und den Nadeln ihrer Drogenabhängigen; nicht von Hunger und Tod durch Krieg, sondern von Invalidität und Tod durch Zivilisationskrankheiten und Autoverkehr. In diesem Sinne hat Rortys ungewöhnlicher Begriff von Liberalität durchaus seinen Sinn und vermag auf die Normalität von Grausamkeit hinzuweisen, die einer liberalen Gesellschaft Hohn spricht.

Offen bleibt, wie diese Idee der liberalen Kontrolle personaler Kontingenz, die im Zusammenspiel mit einer ironischen Grunddisposition durchaus geeignet erscheint, Autonomie und Schadensminimierung zu verbürgen, auf die Ebene einer Gesellschaft transponiert werden kann, welche als »Organisationsgesellschaft« und »Risikogesellschaft« die Fehler ihrer Bürger leicht, die Fehler ihrer Organisationen und Funktionssysteme aber nur um den Preis des Risikos ihrer Selbstauflösung tolerieren kann. Die eigentliche Schwachstelle von Rortys Argument liegt in der entsetzlichen Leichtigkeit, mit der er von liberalen Personen auf die Möglichkeit einer liberalen Gesellschaft schließt: »wichtig ist die Überzeugung, daß Wahrheit und das Gute für sich selbst Sorge tragen werden, wenn wir nur für politische Freiheit sorgen«, die »unverzerrte« Kommunikation erlaube; und wenn unverzerrte Kommunikation als das verstanden werde, »was dabei herauskommt, wenn man demokratische politische Institutionen hat und die Bedingungen für das Funktionieren dieser Institutionen gesichert sind.«[21] Dieses Argument ist auch insofern unbefriedigend, als niemand weiß, was denn die Bedingungen für das Funktionieren der demokratischen Institutionen sind. Jedenfalls sind es nicht rational entscheidende Wähler. Die Ergebnisse ihrer grundlegenden Wahlstudie kommentieren die Autoren Berelson, Lazarsfeld und McPhee so: »Wenn das demokratische System lediglich von den Qualifikationen des einzelnen Wählers abhinge, dann wäre es bemerkenswert, daß Demokratien Jahrhunderte überdauert haben. Nachdem wir die einzelnen Daten daraufhin untersucht haben, auf welche Weise Individuen die politische Realität mißverstehen oder irrelevanten sozialen Einflüssen erliegen, fragt man sich, wie eine Demokratie jemals ihre politischen Probleme lösen kann. Aber wenn man die Daten in einem größeren Zusammenhang sieht, wie sich große Teile der Gesellschaft politischen Bedingungen, die sie betreffen, anpassen oder wie sich das politische System über längere Zeitperioden hinweg veränderten Bedingungen anpaßt, kann man von dem Ergebnis nur beeindruckt sein. Wo der vernünftig(e) entscheidende Bürger offenbar abdankt, scheinen Engel an seine Stelle zu treten.«[22] Die Empirie hat gesprochen, alle Fragen bleiben offen. Wenn man es sich versagt, an Engel zu glauben, dann bleibt als Erklärung, daß sich, wiederum »hinter dem Rücken der Akteure«, die Rationalität i. S. der autonomen Operationsweise demokratisch-politischer Organisationen und ihrer Verfahren durchsetzt, im Zweifel auch gegen die beschränkten Kalküle und Absichten personaler Kommunikation.

Dennoch: Richtig an Rortys Argument ist zweifellos, daß die »Intelligenz von Demokratie« sich gegenüber allen anderen realisierten Formen der Ordnung von Gesellschaften als überlegen in der Problemlösungskapazität und als humaner in den Kosten der Problemlösung erwiesen hat. Indem sie das Mißtrauen gegenüber »höheren« Einsichten, einsamen Entschlüssen oder einseitig definiertem Gemeinwohl institutionalisiert, bildet politische Demokratie die entschei-

21 Rorty 1989, 144f.

22 Zit. in Macpherson 1983, 98

dende Barriere gegenüber der Hybris künstlicher Vereinfachung und der gewaltsamen Durchsetzung einer »Erziehung« von oben. Dennoch bleibt Demokratie, wie Evolution und Inkrementalismus, ein Prinzip der *lokalen Optimierung* von Optionen – vor allem, weil ihr Zeithorizont kurzfristig und ihr Belohnungssystem tribal-klientelär organisiert ist.[23] Das macht sie für komplexe, intransparente, vernetzte Problemlagen erstaunlich erfolgreich, aber eben nur, solange die erfolgreiche Bearbeitung dieser Problemlagen nicht eine mittel- oder gar längerfristigen Zeithorizont und einen mittel- oder gar längerfristigen »gratification deference« verlangen. Entgegen dem verbreiteten Krisengetöse ist weiterhin festzuhalten, daß es nur eine sehr begrenzte Zahl solcher außergewöhnlicher und qualitativ neuartiger Problemlagen gibt, die vermutlich nicht inkremental gelöst und im nachhinein korrigiert werden können, und die deshalb der spezifischen Intelligenz von demokratischen Verfahren sich entziehen. *Aber es gibt sie*; und ihr zerstörerisches Potential, ihre globale Dimension, ihre Sensitivität in der Zeitdimension und ihre Unbegreiflichkeit für die sensorische Ausstattung des Menschen machen sie zu denkbar ungeeigneten Kandidaten für demokratisch/inkrementalistische Strategien der Problemlösung: wenn die Ozonschutzschicht innerhalb weniger Jahre einmal zerstört ist oder der Treibhauseffekt das globale Klima verändert hat, ist der Schaden global und irreversibel.

Dennoch gibt es einen weiteren Grund, die Stärken von Demokratie nicht gering zu schätzen, der inzwischen klarer zu sehen ist. Die bisherigen Alternativen zu demokratischen Institutionen und Verfahren, nämlich hierarchische Planung einerseits, zentralistischer Sozialismus andererseits, haben zusätzlich zur Beeinträchtigung demokratischer Grundfreiheiten sich auch deshalb diskreditiert, weil sie bei der Lösung komplexer, vernetzter gesellschaftlicher Problemlagen versagt haben. Diese häufig zu bequemen Fluchtwege aus der

23 In erstaunlicher Klarheit drückt dies der Bericht des Club of Rome (King/Schneider 1991, 69) aus: »Die Demokratie ist kein Patentrezept. Sie bekommt nicht alles in den Griff, und sie kennt ihre eigenen Grenzen nicht.«

aufreibenden Langsamkeit und Fehlerfreundlichkeit demokratischer Prozesse sind bis auf weiteres geschlossen. So ist nun Demokratie als Ordnungsform komplexer politischer Systeme auf sich selbst verwiesen, und es bleibt die Alternative, entweder mit der gegebenen politischen Liberalität zufrieden zu sein und im übrigen auf unverzerrte Kommunikation und private Vervollkommnung zu hoffen; oder aber politische Demokratie als entwicklungsfähig zu betrachten, mithin als Fix- und Ausgangspunkt bei der Suche nach Formen der Gesellschaftssteuerung, die mit demokratischen Institutionen vor allem die etablierten Autonomieräume gesellschaftlicher Subsysteme bewahren; die in der Frage der Re-Integration des differenzierten Gesamtsystems, vor allem in der Frage der Kontrolle systemischer Kontingenzen und der Kontrolle selbst-zerstörerischer negativer Externalitäten der autonomen Operationsweise gesellschaftlicher Teilsysteme aber neue Wege beschreiten.

4.1.1 Selbstbindung sozialer Systeme: die Gitterstäbe des ironic cage

Das »stählerne Gehäuse« bürokratisch verwalteter gewerblicher Arbeit in Fabriken und der rationalen Beamten-Verwaltung in staatlichen Bürokratien gilt Max Weber[24] als die Schreckensvision einer Entwicklung zweckrationaler Systeme, die er als unentrinnbar bezeichnet, solange diese ihrer bloßen Eigendynamik folgen. Wie lassen sich dann, so fragt er, erstens »irgendwelche Reste einer in irgendeinem Sinn ›individualistischen‹ Bewegungsfreiheit« noch retten; wie läßt sich zweitens die ungeheure Übermacht des »Beamtentums« in Schranken halten und kontrollieren; und schließlich: wie läßt sich drittens ein »leitender Geist« denken, der das leistet, was die Bürokratie als solche nicht leistet, nämlich ihre »festen inneren Grenzen« zu überwinden.
Max Weber gibt auf diese Fragen keine Antworten, und die Andeutungen, die er macht, laufen auf Personen hinaus

24 Weber 1972, 835f.

(»Unternehmer«, »Politiker«). Personen aber, so kann man heute wissen, genügen nicht für die gestellte Aufgabe der Zivilität, Kontrolle und Verantwortlichkeit hochkomplexer, spezialisierter Sozialsysteme, weil diese Systeme, wie Weber klar gesehen hat, sich ihre Mitglieder zu weitgehend nach ihrem eigenen Bilde, nach ihren spezifischen Operationsnotwendigkeiten formen. Gute Absichten verkehren sich dann in ihr Gegenteil und haben schlechte Folgen; Tugenden werden zu Lastern; Recht verwandelt sich zu Unrecht; eine Binnenmoral produziert eine verkehrte Außenmoral; lokale Altruismen aggregieren sich zu globalen Egoismen; kurz: die gewöhnlichen Paradoxien, Dissonanzen und Aporien organisierter Komplexität fordern ihren Tribut.[25] Erforderlich sind deshalb, über Personen hinaus, in den Organisationen und Funktionssystemen auch institutionalisierte systemische Mechanismen der Selbstbindung, welche die innere Maßlosigkeit selbstreferentiell geschlossener Operationsweisen zügeln.

Bereits oben, gegen Ende des Kap. 2.2 habe ich Selbstbindung als die Sicherstellung der Möglichkeit einer internen Optionenpolitik beschrieben, die einem Sozialsystem erlaubt, sich vor den selbstschädigenden Folgen des eigenen kurzfristigen Handelns zu schützen. In Anlehnung an Schelling und Jon Elster wurden sowohl individuelle Eigenschaften (Fähigkeit zu »global maximierenden Strategien«) als Voraussetzungen der Selbstbindung wie auch institutionelle Absicherungen (z. B. Zentralbanken, Rundfunk) einer – sehr teilweisen – Selbstentmachtung der Politik genannt. Nun scheint mir die Grundlage geschaffen, die Idee der Selbstbindung zu generalisieren und sie auf die Leitvorstellung einer ironischen Relation zwischen hochentwickelten Systemen zu beziehen.

Norbert Elias' schon wiederholt bemühter Nachweis, daß der Prozeß der Zivilisation ganz wesentlich darauf beruht, daß die psychischen und sozialen Bedingungen geschaffen werden, die es zulassen, »Fremdzwang« durch »Selbstzwang« zu ersetzen, kann auch hier als Kern der Idee der

25 Erhellend hierzu Kray/Pfeiffer 1991, bes. 24

Selbstbindung gesehen werden: die externen Zwänge des »iron cage« müssen, soll die Zivilität einer hochkomplexen Gesellschaft gesichert werden, in die internen Zwänge eines »ironic cage« transformiert werden. Fremdzwang ist für die Relationen zwischen differenzierten komplexen Systemen nicht nur kontra-produktiv, weil er Vielfalt vernichtet und Optionenreichtum trivialisiert; er wird auch ineffektiv, weil komplexe Systeme von außen nicht adäquat gesteuert werden können, es sei denn um den Preis ihrer forcierten Simplifizierung. Ein bloßes Scheitern des Fremdzwanges, sei es an den Folgekosten des Zwanges (wie in den staatssozialistischen Gesellschaften), sei es an Intransparenz (wie in den westlichen Gesellschaften durch Stichworte wie Unregierbarkeit, Vollzugsdefizit, neue Unübersichtlichkeit, Staatsversagen etc., belegt), überläßt die spezialisierten Funktionssysteme ihrer ungemilderten Eigendynamik und schafft das Problem einer ungesteuerten und beziehungslosen Konkurrenz subsystemspezifischer Maximalstrategien.
›Selbstzwang‹ erweist sich als rationale Strategie der Interaktion komplexer Sozialsysteme, sobald an den Folgekosten einer ungesteuerten Eigendynamik der »exzentrischen« Funktionssysteme ablesbar ist, daß alles möglich ist und nichts mehr geht. Der Optionenreichtum der Teilsysteme blockiert sich wechselseitig, weil die Inkompatibilitäten zunehmen und die Produktion negativer Externalitäten die Teilrationalität der Funktionssysteme ebenso steigert wie die Irrationalität des Ganzen. Selbstzwang im Sinne von Optionenpolitik nutzt die brisante Ressource ›Optionenvielfalt‹, über die komplexe Systeme verfügen, im Sinne einer Transformation ›privater‹ Laster in ›öffentliche‹ Tugenden: das Risiko der Wahl inkompatibler und kostspieliger Optionen etwa der Ökonomie gegenüber der Politik oder des Erziehungssystems gegenüber dem Wissenschaftssystem wird durch eine auf Selbstbeschränkung gründende Optionenpolitik reduziert, indem aus der Vielfalt von Möglichkeiten diejenigen gewählt werden, die eine Umweltverträglichkeitsprüfung, besser: einen Kosten-Nutzen-Vergleich zwischen Maximal- und Optimal-Strategien bestehen.
In der Praxis der Interaktion hochspezialisierter Funktions-

systeme moderner Gesellschaften ist diese Form der Selbstbindung in einigen Bereichen längst Normalität. Besonders lehrreich ist der Fall der *»judicial restraint«* im Common Law, insbesondere im amerikanischen Rechtsverständnis.[26] Nach der von den Gerichten, vor allem vom Supreme Court selbst aufgestellten »political-question«-Doktrin legt sich das Gericht bei der Entscheidungsfindung selbst Zurückhaltung auf, um etwa bei einem der Rechtsfrage zugrundeliegenden Wertkonflikt nicht in den Bereich des Politischen überzugreifen. Der langfristige Sinn dieser Selbstbeschränkung ist evident: sie stabilisiert die funktionale Differenzierung von politischem und rechtlichem Funktionssystem und löst das Dilemma der Vereinbarkeit von Autonomie und Interdependenz dadurch, daß an die Stelle einer weder operationalisierbaren noch tolerierbaren externen Grenzsetzung im jeweiligen Einzelfall das Prinzip interner Selbstbindung an eine selbst definierte Zurückhaltung bei politischen Fragen Beachtung findet.

Eine deutlich kompliziertere Form der Austarierung von Autonomie und Interdependenz haben die Gerichte für die Beziehung zwischen Rechtssystem und Wissenschaftssystem entwickelt. Hier wird, nach Entscheidung der Gerichte, gutachterlicher Sachverstand herangezogen, um die Voraussetzungen für die Anwendung von Rechtsnormen, etwa »Stand der Wissenschaft«, »Stand der Technik« oder »Wohl des Kindes«, zu prüfen. Trotz des eindeutig bei den Experten liegenden Sachverstandes entscheiden aber nicht diese, sondern die Richter bzw. Gerichte selbst, so daß – jedenfalls formal – ihre Autonomie nicht angetastet ist. Sicherlich bringt dies für ganze Rechtsgebiete (wie etwa Straftaten durch pathologische Täter, streitige Entscheidungen über die Erziehungsberechtigung von Kindern geschiedener El-

26 Vgl. etwa MacCormick 1978, 114ff.; und zwar schon seit 1803, der Supreme-Court-Entscheidung im Fall Marbury vs. Madison. Zum engen Zusammenhang von »judicial restraint« und »judicial review« vgl. Clinton 1989, der auch die Inanspruchnahme von »judicial review« in dieser Entscheidung nicht als juridischen Aktivismus interpretiert, sondern als Plädoyer für eine insgesamt selbst-bescheidende Rolle des Supreme Court.

tern oder Genehmigung risiko-technologischer Anlagen) eine starke Abhängigkeit der Gerichte von den Experten. Da aber auch hier letztlich die Gerichte entscheiden, zwingt die kontinuierlich prekäre Balance von Einflußmöglichkeiten beide Seiten zu professioneller Selbst-Distanz und kollegialer Empathie – denn jedes einseitige »powern« würde das Arbeitsverhältnis für den nächsten Fall ruinieren.[27]

Das Modell des »judicial restraint« betrachte ich als geeignetes Grundmodell für die Relationierung spezialisierter Funktionssysteme im Kontext komplexer Gesellschaften. Es realisiert Selbstbindung anstelle von Fremdzwang und institutionalisiert Langfristigkeit in den Interaktionsbeziehungen zugleich autonomer und interdependenter Sozialsysteme. Es erscheint für eine gesellschaftsweite Generalisierung hin zu »political restraint«, »scientific restraint«, »educational restraint« etc. besonders geeignet, weil es auf der intern reflektieren Wahl selbst-gesetzter Beschränkungen (i.S.v. »constraints«) beruht, also Differenzierung und Kontingenz nicht vernichtet, sondern sie einer Kontrolle durch die rationale Wahl kompatibler Optionen unterwirft – wobei Kompatibilität an der Sicherung einer langfristigen produktiven Interaktion zwischen spezialisierten, aber interdependenten ›Exzentrikern‹ zu messen ist. Es ist präzise der ungeheuerliche Optionenreichtum, der einerseits Folge hoher Binnenkomplexität, interner Differenzierung und systemischer Spezialisierung und mithin Zeichen entfalteter organisierter Komplexität ist und der andererseits Intransparenz und Unvorhersehbarkeit der Systemdynamik und mithin Risiken und negative Externalitäten für die jeweiligen

27 Die Stichhaltigkeit dieses Kalküls erwies sich auch in Fallstudien zur Kooperation bzw. Entscheidungsfindung in gemischten Kommissionen: gegenüber der »Vorgesetztenlösung«, die den jeweiligen Vorgesetzten schnell überlastet (in unserem Beispiel wären tatsächlich die Gerichte durch die eigene Erarbeitung wissenschaftlicher Expertisen überlastet) und gegenüber dem »Vorgehen nach Zuständigkeit«, das eine bloße Aggregation von Teilaspekten erbringt, scheint das »Integrative Vorgehen«, welches auf integrierenden Diskurs und wechselseitige Abstimmung setzt, geeigneter zu sein, ressortübergreifende Lösungen zu produzieren. Vgl. Boos/Scharpf 1990, bes. 236ff.

Umwelten erzeugt. Es ist deshalb genau dieser Optionenreichtum, der in der Form der Kontingenzkontrolle und der Optionenpolitik Ansatzpunkt von Strategien der Kompatibilisierung differenzierter Funktionssysteme sein muß. Die Politik des Möglichen muß danach der Möglichkeit der Politik weichen – und dies gilt entsprechend für alle gesellschaftlichen Funktionssysteme. In der Logik operativer Autonomie macht es bedeutend mehr Sinn, wenn ein System sich selbst innerhalb seines Operationsmodus die »constraints« vorgibt, die es nach seiner Umweltperzeption zu anderen Systemen in dieser Umwelt für kompatibel hält, als sich von anderen Systemen Begrenzungen vorgeben zu lassen, deren Sprache und Rationalität es nicht ermessen kann.

Für die Politik bedeutet dies die Zumutung, in die herkömmlichen, insbesondere die wohlfahrtsstaatlichen Strategien der Intervention in komplexe gesellschaftliche Problemfelder die Absicherung einer politischen Selbstbeschränkung (»political restraint«) einzubauen, um im eigenen Interesse an tragfähigen Transaktionsbeziehungen mit den anderen Funktionssystemen sich zu einer Kontrolle der eigenen Kontingenzen zu zwingen. Fraglos könnte das politische System einer modernen Demokratie auch noch die letzten unregulierten Winkel der Familie, des Erziehungssystems, des Kulturbetriebes, der Steuerung der Universitäten etc., mit einem Netz von kollektiv verbindlichen Entscheidungen überziehen. Es läge in der unrestringierten Logik der Operationsweise der Politik. Aber müßte dies nicht geradezu konterkarierende, subversive Reaktionen provozieren? Müßte die Politik bei einer Detailregulierung nicht zwingend den Überblick und die Weitsicht verlieren? Würden nicht die Folgen der Implementationsdefizite, der fehlenden Akzeptanz, der kontra-produktiven Ergebnisse, insgesamt: des programmierten Mißlingens[28] notwendig auf die Politik selbst zurückschlagen? Liegt es nicht im reflektierten Interesse der Politik, der eigenen Überlastung infolge einer angenommenen Allzuständigkeit selbst zuvorzukommen?

Bei genauerem Hinsehen erweist sich, daß die Politik sich

28 Siehe dazu noch einmal die Beispiele bei Erler 1985 und Dörner 1989

eine ganze Fülle von »künstlichen« Restriktionen gesetzt hat, um die Wahrscheinlichkeit zu erhöhen, zu einem späteren Zeitpunkt unter Problemdruck nicht – gemessen an den eigenen langfristigen Operationsbedingungen – irrational zu handeln[29]: funktionale Gewaltenteilung; föderale Aufgaben- und Kompetenzendifferenzierung; die Anerkennung des Subsidiaritätsprinzips; oder die Einrichtung von »Pufferzonen« zu anderen Funktionssystemen, wie z.B. die Zentralbanken zur Sicherung der Autonomie der Ökonomie, der selbstverwalteten Forschungsförderungseinrichtungen als Schutz vor einer politischen Steuerung der Wissenschaft, das verfassungsrechtlich garantierte Institut der Unabhängigkeit der Richter als Grundlage einer nicht-politisierten Rechtsprechung im Rechtssystem oder die Respektierung politisch unabhängiger Verbände als intermediäre Instanzen etwa im Gesundheits- und Erziehungssystem. Die Beispiele zeigen zugleich, daß diese Formen der Selbstbindung dem politischen System in politischen Kämpfen abgerungen werden mußten und die Politik von außen auf den Tugendpfad der Einrichtung von Sicherungen gegen die eigene Irrationalität gezwungen worden ist. Solange der Kampf um die Einschränkung der *Macht* der Politik ging, um die Abwehr des in die Operationsweise von Politik eingebauten Absolutheitsanspruches in Machtfragen, konnte die Politik zu ihren Gunsten mit dem befreienden Widerstand und der subversiven Aufklärung der betroffenen gesellschaftlichen Gruppen, Organisationen und Funktionssysteme rechnen. Insofern war eine korrigierende negative Rückkopplungsschleife in die gesellschaftliche Ausdifferenzierung der Politik eingelassen. Genau diese Voraussetzung ist nicht mehr gegeben, sondern in eine positive Rückkopplungsschleife verkehrt, seit die Politik auch mit einer geldbasierten Infrastruktur arbeitet, also (fiskalisch getöntes) *Geld* zu einem wesentlichen Faktor der politischen Machtausübung gewor-

29 Sie erfüllt damit die Definition von Selbstbindung, die Jon Elster (1987, 71) bestimmt hat als »die Ausführung der Entscheidung für eine bestimmte Handlung zu einem Zeitpunkt t_1, um die Wahrscheinlichkeit zu erhöhen, daß man eine andere Entscheidung zu einem Zeitpunkt t_2 ausführen wird.«

den ist. Denn nun entspricht es nicht mehr der Rationalität gesellschaftlicher Akteure, sich gegen den Machtanspruch der Politik zur Wehr zu setzen und die Politik (von außen) zu begrenzen; vielmehr suchen sie aktiv eine Förderung und Ausweitung wohlfahrtsstaatlicher Politik bis hin zu dem Punkt, daß sich immer mehr gesellschaftliche Gruppen zu dem Hauptzweck organisieren, ihren Anspruch auf politische Maximierung ihrer Gruppeninteresssen besser durchsetzen zu können. Von einer auf Autonomie setzenden Begrenzung der Politik kommt es mit der Veränderung der Politik in der Wohlfahrtsgesellschaft zur Ausweitung und Entgrenzung der Politik im Kontext einer »rent-seeking society«.

Meine Vermutung ist, daß dies die Politik in entwickelten Wohlfahrtsgesellschaften heute zu einer aktiven Selbstbegrenzung zwingt. Sie kann sich nicht mehr auf gute Feinde verlassen, sondern muß sich vor falschen Freunden schützen. Die Sirenenklänge der Interessengruppen zwingen die Politik zur Selbstbindung, weil sonst ihre Systemrationalität (der Sicherung der Bedingungen für die Produktion von Kollektivgütern) zwischen der Scylla sich selbst verstärkender partikularer Ansprüche und der Charybdis autoritärer Interventionen in gesellschaftliche Problembereiche zu zerschellen droht. Aktive Selbstbegrenzung meint, daß politische Akteure in einer kontra-intuitiv erscheinenden Wendung auf die Suche nach verlorenen Handlungsoptionen und gewonnenen Systemoptionen gehen; und daß auf der Ebene systemischer Operationen, also im Prozeß politischer Kommunikationen und in den Strukturen ihrer Regulierung, die Bedingungen für systemische Reflexion verankert werden, welche die politischen Akteure erst in die Lage versetzen, die Grenzen einer entgrenzten Politik zu sehen.[30]

30 Ein plastisches Beispiel bietet derzeit der deutsche Wirtschaftsminister, der sein politisches Schicksal mit der Erwartung verbunden hat, daß ihm eine Reduktion von Subventionen in Höhe von 10 Milliarden DM pro Jahr für drei Jahre, einschließlich gewisser Flexibilitäten der Berechnung, gelingt. Dies ist eine klassische Selbstbindung, die zudem direkt auf die Kontrolle der Begehrlichkeit bestimmter gesellschaftlicher Interessengruppen zielt.

4.1.2 Distanziertes Engagement: Schritte zum Supervisionsstaat

Die Idee des Supervisionsstaates zielt darauf, das politische Subsystem einer Gesellschaft zur Instanz der Supervision oder Re-Vision grundlegender Entscheidungen anderer gesellschaftlicher Teilsysteme zu machen. Der Grund, warum bei prinzipieller Gleichrangigkeit aller Funktionssysteme einer funktional differenzierten modernen Demokratie es just die Politik sein soll, welche die Rolle der Supervisionsinstanz einnimmt, ist nicht in einer noch so residualen Art von Vorrangigkeit der Politik zu suchen, sondern in der spezifischen Funktion der Politik selbst: in ihrer Verantwortlichkeit für die Produktion und Sicherung der für die Gesellschaft unabdingbaren kollektiven Güter. Diese funktionale Begründung impliziert zwei elementare Prinzipien politischer Supervision: Zum einen unterfallen nur solche Entscheidungen politischer Supervision, welche die Produktion und Sicherung von Kollektivgütern in ihrem »Wesensgehalt«[31] berühren. Zum anderen ersetzt politische Supervision getroffene Entscheidungen nicht durch eigene – was auf eine Verletzung der Autonomie der Funktionssysteme hinausliefe –, vielmehr beschränkt sich Supervision im Fall diskursiv erwiesener Unzulänglichkeit der fraglichen Entscheidung auf »Zurückverweisung«, d.h. darauf, das Funktionssystem auf eine Revision seiner Optionen, auf eine Überprüfung seiner Optionenpolitik zu verweisen.

Mit dieser Bezeichnung der Grenzen der Supervision ist auch gesagt, daß es notwendig erscheint, Supervision strikt zu trennen von einer bloßen Korrektur oder Belehrung oder Kontrolle des Grundprozesses. Supervision ist also nicht zu verstehen als reflexiver Mechanismus im Sinne eines Diagnostizierens von Diagnosen, eines Lehrens des Lehrens oder einer Kosten-Nutzen-Kalkulation von Kosten-Nutzen-Kalkülen etc.; denn dies würde heißen, daß die Politik eine in einem Funktionssystem getroffenen Entscheidung heraus-

31 Der Anklang an die (justitiable) »Wesensgehaltsgarantie« der Grundrechte in Art. 19 II GG ist beabsichtigt und verweist auf Möglichkeiten der Operationalisierung.

greift, sie verändert, »verbessert« oder sonstwie in eigene Regie übernimmt. Vielmehr soll Supervision wirken als ein Reflexionsprozeß, in welchem die unvermeidlichen blinden Flecken und Kurzsichtigkeiten des Entscheidungsprozesses in irgendeinem Funktionssystem deutlich gemacht und probeweise als kontingent behandelt werden. Voraussetzung für Supervision ist damit die gezielte Verwendung von Beobachtungen zweiter Stufe – also die Arbeit mit der Beobachtung von Beobachtungen. Und die Funktion von Supervision liegt dann darin, das zum Vorschein zu bringen, was die Akteure im Prozeß der ursprünglichen Entscheidung selbst nicht sehen konnten. (Wohlgemerkt: nicht nur was sie nicht sehen, sondern was sie nicht sehen *können*.)

Für die Politik selbst beinhaltet Supervision demnach eine Reflexion politischer Intervention und vor allem präzeptoraler Strategien auf dem Hintergrund der Existenz selbstreferentieller, operativ autonomer Funktionssysteme in einer differenzierten Gesellschaft. Sie führt zu einer Enttrivialisierung interventionistischer Leitvorstellungen. Sie führt darüber hinaus auch zu einer Enttrivialisierung der Leitvorstellungen von Veränderung: Nicht die Politik, die Verwaltung oder das Recht, nicht der Berater, der Beamte oder der politische Reformer verändert das zu korrigierende System, sondern dieses *kann nur sich selbst verändern.* Und es ist dann eine Frage einer ganz anderen Stufe von Komplexität, welche Möglichkeiten der Staat haben könnte, Selbstveränderungen in gesellschaftlichen Problemfeldern adäquat zu induzieren.

Zum anderen aber bedeutet Reflexion zugleich, daß die beteiligten Systeme selbst sich in ihrer Rolle als sozietale Akteure beobachten und sich die Freiheit alternativer Optionen zumuten. Supervision setzt ein, wo diese Zumutung auf externe Unterstützung angewiesen ist. Supervision zielt auf die Reaktivierung latent gebliebener Möglichkeiten. Sie komplementiert eine gesellschaftliche *Praxis,* die als Praxis immer gezwungen ist, in der je gegenwärtigen Gegenwart die Vielfalt der Optionen auf eine einzige zu reduzieren. Eine sich ereignende Praxis läßt sich nicht korrigieren. Sie findet statt, wird Vergangenheit und kann nicht mehr verändert

werden. Aber die andauernden *Folgen* einer bestimmten Praxis verlängern sich in die Zukunft und sind deshalb einer veränderten Praxis zugänglich.
Supervision instruiert Praxis nicht als Korrektur, Ausbildung oder Belehrung, sondern in der »Kunst«-Form[32] eines Spielens mit virtualisierten Möglichkeiten der Intervention. Dieses künstliche oder spielerische Element ist zentral, weil Supervision ihren Sinn nur dann erfüllen kann, wenn sie gerade nicht eine Praxis nur durch eine andere ersetzt, sondern wenn sie die Kontingenz *jeder* Praxis gegenwärtig hält. Sobald Supervision auf bloß *eine* andere Praxis zusammenschnurrt, hat sie sich selbst desavouiert. Denn der entscheidende Punkt ist nicht diese oder jene Praxis, sondern die Möglichkeit des informierten (und möglicherweise auch: interessierten) *Vergleichs* unterschiedlicher Praxisformen. Die Politik weiß nicht besser Bescheid über sinnvolle oder riskante Formen der Forschung als das Wissenschaftssystem. Aber sie kann das Wissenschaftssystem dazu bringen, über Alternativen nachzudenken, wenn dies nicht in der Form der Kontrolle, sondern in der Form einer Erziehung der Entscheider geschieht. Der Vergleich ist es, der Einsichten generiert, welche die notwendigen Blindheiten jeder Belehrungsform und jeder Interventionsform aufhellen können. Und es ist der Vergleich und die vergleichende Bewertung unterschiedlicher möglicher Praxisformen, welche die grundsätzliche Intransparenz jeder externen Intervention schrittweise aufheben können.
Während präzeptorale Strategien im Sinne politischer Beratungs- und Aufklärungskampagnen jeder Art (Analoges gilt für Unternehmensberatung, Entwicklungshilfe, Seelsorge, Erziehung etc.) zugrunde legen müssen, daß in der Belehrung die handlungsleitende Differenz zwischen gesellschaftlicher Pathologie und politischer (korrigierender) Intervention oder zwischen normal und abweichend, sozial und asozial *nicht* in Frage gestellt oder auf sich selbst angewendet werden darf, muß in der Supervision dagegen genau dies geschehen. Dafür wird in der Supervision ein anderer, ab-

32 Bezüglich der Nähe zur Kunst vgl. Luhmann 1984b, 55 und die Einschätzung von Therapie bei Haley/Hoffmann 1967, 14

strakterer »inviolate level«[33] eingezogen, der nun die Funktionsimperative dieses emergenten Kommunikationssystems abdunkelt. Auch diese Überlegung macht deutlich, daß Supervision eine Veranstaltung bezeichnet, in der es nicht um Kontrolle oder Fehlerkorrektur geht, sondern um das Erproben hypothetischer Realitäten (sie erweist auch hierin wieder ihre Nähe zur Kunst). Allerdings geschieht diese Erprobung nicht im unmarkierten Raum, sondern im Kontext eines Regelnetzwerkes, welches eine spezifische Rationalität des jeweiligen Systems definiert – sei es als politische Intervention, als Erziehung, Beratung oder etwas anderes. Gerade dadurch, daß man sich auf Fehlerkorrektur beruft, wird es dann möglich, in nicht-beliebiger, aufgeklärter Weise Korrekturen zu korrigieren, Interventionsstrategien zu revidieren oder Veränderungspläne auszutauschen.

In dieser Funktion zeigt sich eine frappierende funktionale Äquivalenz zwischen politischer *Supervision* einerseits, und *Revision* im justitiellen Bereich andererseits. Die gerichtliche Revision bietet ein Verfahren, die dem Richter zugemutete Entscheidungslast erträglich zu machen. Dies geschieht dadurch, daß trotz der offensichtlichen Grenzen menschlicher Beobachtungs- und Beurteilungsfähigkeit im Einzelfall ein endgültiges Urteil zu fällen ist und gefällt wird, weil im Prinzip die Möglichkeit der Revision besteht. Auch hier lehrt ein zweiter Blick, daß die Revision nicht für den Angeklagten (im Falle von Strafsachen) da ist, sondern für den Richter. In der Revisionsinstanz werden die Beobachtungen von Richtern von Richtern beobachtet, um am Maßstab der Rationalität des Justizsystems insgesamt – nennen wir diese Rationalität Gerechtigkeit – die handlungsleitende Differenz von legal und illegal problematisieren zu können. Auch hier richtet sich das System raffiniertere Beobachtungsmöglichkeiten ein und kann sich dadurch erlauben, in einer radikalen Regelgebundenheit zu operieren, obwohl nichts regelwidriger ist als die Realität.

Die Notwendigkeit einer diesem Verständnis von Supervision entsprechenden politischen Supervision läßt sich an

33 Hofstadter 1984, 686ff.

Problemen der Arbeitsweise des politischen Systems längst beobachten. Politische Interventionen mit den Mitteln rechtlich codierter Macht etwa in Problembereiche wie politischer Terrorismus, Drogenkriminalität, stationäre psychiatrische Behandlung, strukturelle und sektorale Arbeitslosigkeit, industrielle Überalterung etc. sind seit vielen Jahren nicht gerade erfolgreich. Es geht bei dieser Feststellung nicht darum, dies »der« Politik vorzuwerfen. Im Gegenteil kommt es darauf an zu verstehen, daß traditionelle politische Interventionen der autoritativen, direktiven Art in diesen eigendynamischen und sehr komplizierten Problemfeldern gar nicht erfolgreich sein können. Gefragt ist nicht ›mehr von derselben‹ Politik oder eine andere Politik, sondern eine Revision der Form der Politik von einer präzeptoralen zu einer supervisorischen Perspektive.

Gefragt ist vor allem eine neue Bescheidenheit der Politik, eine Art paradoxer Selbstbescheidung der Politik, nach welcher einerseits zwar neue Staatsaufgaben hinzukommen, weil die Art der Gefährdungen der Bürger sich ändert und neue Risiken entstehen; nach welcher andererseits aber die Art der Aufgabenbewältigung nicht direkt, zentralisiert, hierarchisch und autoritativ ist, sondern kontextuell, heterarchisch und diskursiv. In hochkomplexen Systemen wird der Einsatz von Macht nicht nur paradox, wie oben in den Kap. 3.1 und 3.2 ausgeführt, sondern für die neuen Aufgaben des Staates reicht Macht als Steuerungsressource nicht aus. Sie muß im Wohlfahrtsstaat durch fiskalische Ressourcen komplementiert und in der Risikogesellschaft durch eine wissensbasierte Infrastruktur erweitert werden. Zwar beruhen entwickelte Wohlfahrtsgesellschaften nach wie vor auf dem Erfolg generalisierter politischer Macht, aber sie sind durch Macht nicht mehr zu kontrollieren. Tatsächlich sind diese Gesellschaften in mancher Hinsicht bereits außer Kontrolle geraten, und es scheint an der Zeit zu sein, sich nach angemesseneren Formen der Steuerung hochkomplexer Systeme umzusehen.

Wenn aufgrund der hohen wechselseitigen Abhängigkeiten kein Teilsystem seine Weltsicht für vorbildlich und verbindlich erklären kann, wenn die hohe Eigenkomplexität und

Undurchdringlichkeit aller entwickelten Teilsysteme es keinem einzelnen mehr möglich macht, die Gesamtkomplexität intern abzubilden und alle Teile in ihren Operationen zu »verstehen«, dann sind zentrale Vorgaben notwendigerweise suboptimal. Ebenso suboptimal erscheint aber auf der anderen Seite auch bloßes inkrementalistisches Durchwursteln, weil es keine angemessene Reaktion auf langfristige Risiken und Gefährdungstrends erlaubt. Zumindest hinsichtlich solcher Risiken – verursacht etwa durch unkontrollierte negative Externalitäten, durch unbeabsichtigte Folgen zweckrationalen Handelns oder durch ungeplante positive Rückkopelungsprozesse – ist über bloßes Durchwursteln hinaus eine andere Art der gesellschaftlichen Selbststeuerung erforderlich, und sie ist natürlich absolut unerläßlich, wenn man die gegenwärtig naturwüchsig ablaufenden Dramaturgien von Weltproblemen wie Umweltzerstörung, technologische Gesundheitsrisiken, Ressourcenverschwendung oder Entfremdung und Entmenschlichung durch politisch koordinierte Intervention gegensteuern will.[34]

Allerdings ist festzuhalten, daß der Entwurf einer gewünschten Zukunft für eine Gesellschaft in einem Prozeß zu erarbeiten ist, welcher der organisierten Komplexität dieses Systems, und damit dem schwierigen Verhältnis von Komplexität und Kontrolle angemessen ist. Insbesondere kann der Entwurf einer zukünftigen Realität der Gesellschaft nicht autoritativ von einer zentralen Stelle aus administriert werden. In komplexen, vernetzten Systemen muß auch der Prozeß der Entwicklung alternativer Zukünfte, d.h. konkret: alternativer Identitäten des Systems, von der dezentral dislozierten Intelligenz der Teile und der von den differenzierten Akteuren mit eigenständigem Reflexionspotential

34 Ganz in diesem Sinne definieren Ackoff u.a. (1989, 11) ihre Konzeption der interaktiven Planung als Steuerung der Zukunft: »Die interaktive Planung zielt auf die Steuerung der Zukunft. Sie basiert auf der Annahme, daß die Zukunft einer Organisation ebensosehr davon abhängt, was sie zwischen jetzt und gleich tut, als auch davon, wie andere sich der Organisation gegenüber verhalten. Deshalb besteht dieses Planungsverfahren *im Entwurf einer gewünschten Zukunft* und der Auswahl oder Erfindung von Wegen zu diesen Zukunftszielen.« (Hervorhebung von mir, H.W.)

aufgebauten systemischen Koordination und Integration getragen sein. Die Steuerung eines Sozialsystems in Richtung auf eine gewählte, alternative Zukunft (eine bestimmte zukünftige Identität) setzt eine Steuerungsform voraus, welche der Operationsweise eines komplexen Systems nicht widerspricht, sondern sie im Gegenteil unterstützt. Genau deshalb scheidet zentrale, hierarchische Planung ebenso aus, wie bloße Anpassung an die chaotischen Kräfte der Märkte.

Daraus folgt, daß das politische System moderner Gesellschaften gerade angesichts der Schwierigkeit der Kontrolle[35] hoher Komplexität die Ausbildung alternativer Identitäten im Sinne des Entwurfes einer gewählten Zukunft zum Programm für das System insgesamt erheben muß. *Für politische Supervision – und die darin implizierte Funktion des Staates – folgt daraus die Aufgabe, zum tragenden Bestandteil eines Steuerungsinstrumentariums zu werden, welches das paradoxe Verhältnis von Komplexität und Steuerung in entsprechend elaborierten Formen der Erarbeitung zukünftiger Identitäten der Gesellschaft aufhebt.*

Eine entsprechend elaborierte Form soll im Folgenden zumindest skizziert werden. Es geht um einen dritten Weg zwischen evolutionärer Anpassung und hierarchischer Planung: um Kontextsteuerung als zentrales Merkmal politischer Supervision und als Grundform der Selbststeuerung komplexer Systeme.

Im Kern bedeutet Kontextsteuerung die reflexive dezentrale Steuerung der Kontextbedingungen aller Teilsysteme und autonome Selbststeuerung der internen Prozesse jedes einzelnen Teilsystems. Dezentrale Steuerung der Kontextbedingungen soll heißen (wie bereits oben in Kap. 2.4 gesagt), daß ein Mindestmaß an gemeinsamer Orientierung oder »Weltsicht« zwar unumgänglich ist für die Konstitution einer komplexen differenzierten Organisation; daß aber dieser gemeinsame Kontext nicht mehr von einer zentralen Einheit oder von einer hierarchischen Spitze des Systems erzeugt und vorgegeben werden kann.

35 Treffend dazu Stiglitz 1989, 34: »The control mentality is based on two fallacies: it overestimates the powers of direct control and it underestimates the powers of indirect control.«

Steuerung löst das Dilemma funktionaler Differenzierung – oder in Weberschen Begriffen: die Paradoxie der Rationalisierung – durch ein Auseinanderziehen des Integrationsproblems in eine dezentrale Kontextsteuerung einerseits und eine Selbststeuerung der Teilsysteme andererseits. Als dezentrale Akteure eines komplexen Systems sind die Subsysteme an der Formulierung der Zielmuster der Kontextsteuerung selbst beteiligt, sei dies in Verhandlungssystemen,[36] Kommissionen, Arbeitsgruppen, integrativen Instanzen, gemischten task-forces oder ähnlichen Einrichtungen. Diese Selbstbeteiligung an der Kontextsteuerung schafft die Voraussetzungen dafür, die jeweilige Selbststeuerung auf die Prämissen der Kontextsteuerung auszurichten, also eine Selbstbindung über Partizipation zu erreichen. In der Organisationsform dezentraler Kontextsteuerung wird das Dilemma funktionaler Differenzierung mithin gelöst durch eine Kombination von Partizipation und Selbstverpflichtung: man könnte von einem Prinzip der Systemintegration durch Partizipation und Selbstbindung sprechen.

Diese sehr allgemeine Beschreibung von dezentraler Kontextsteuerung soll im folgenden in einer wichtigen Hinsicht konkretisiert werden: Kontextsteuerung bezieht sich auf organisierte Akteure, die unterschiedlichen Regel-Systemen gehorchen. In der Supervision werden – ähnlich wie in der therapeutischen Supervision und der justitiellen Revision – die Regeln betrachtet, nach denen ein gesellschaftlicher Akteur entschieden hat. Die Absicht dieser Suche ist, diese Regeln mit alternativen Regeln zu konfrontieren, um die Bedeutung der Regeln für die Generierung und Auswahl von Optionen zu erkennen. Supervision verdoppelt die Differenz von Innenperspektive und Außenperspektive, indem sie in der Rolle des Supervisors eine dritte Sichtweise ins Spiel bringt. Die dadurch ermöglichte Kreuzung von Perspektiven der Beobachtung, Informationsgenerierung und Kommunikation reichert den Pool relevanter Kriterien des Entscheidens an und bringt im Idealfalle die betroffenen Ak-

36 Die Scharpf (1991, 624 ff.) zu Recht als notwendige Momente der »Handlungsfähigkeit des Staates« betont.

teure vor die Frage, in welcher Form ihr Handeln ein Kollektivgut gefährdet oder beeinträchtigt.
Die Unterscheidung solcher Regel-Sets und die Analyse ihres Zusammenspiels wird jedenfalls deutlich machen, warum politische Supervision und dezentrale Kontextsteuerung als ihr Kernverfahren eine höchst voraussetzungsvolle Strategie der Selbstorganisation und Selbststeuerung komplexer Systeme ist. Betrachtet man auch nur eine einzige Gesellschaft mit funktional differenzierter Binnenstruktur, so sind bereits mindestens vier verschiedene Beziehungsebenen zu unterscheiden, die nach je unterschiedlichen Regel-Sets geordnet sind:
1. *Innen-Relationen:* Die differenzierten Teile einer Gesellschaft – z. B. Wissenschaft, Politik, Wirtschaft, Kunst, Erziehung, Gesundheitssystem etc. – ordnen ihre internen Operationen und damit ihre Beziehung zu sich selbst nach *Präferenzregeln,* welche ihren spezifischen Aufgaben angepaßt sind. Offensichtlich hat die Wirtschaft ganz andere leitende Gesichtspunkte, Kriterien, Maßstäbe, Kontrollparameter, Standards, normalisierte Prozeduren (standing operating procedures), kurz: Präferenzregeln, als etwa das Rechtssystem, die Politik oder die Kunst. Daran ist wenig Überraschendes. Die soziologische Rollentheorie hat Belege genug erbracht, daß ganz analog sogar innerhalb einer einzelnen Person sich unterschiedliche Präferenzen ausbilden, je nachdem, ob diese Person gerade in ihrer Rolle als Vater, Arbeitnehmer, Konsument, Autofahrer, Wähler, Sportler etc. handelt. Die besondere Schärfe des Problems resultiert für differenzierte Gesellschaften aus einem unvermeidlichen Dilemma: die einzelnen Subsysteme bilden mit wachsender Spezialisierung und Professionalisierung immer schärfer akzentuierte, »exklusivere« und »unwahrscheinlichere« Präferenzregeln aus; und in der Regel ist diese Spezialisierung und Professionalisierung Grundlage des Erfolges und Kriterium des Entwicklungsgrades eines Subsystems. Genau dieser »Erfolg« aber entfernt ein Funktionssystem von allen anderen, die sich zudem in gleicher Weise spezialisieren. Es entsteht zwingend eine zentrifugale Dynamik, gemäß welcher die Teile immer potenter, der Zusammenhang zwischen

ihnen immer prekärer wird. Aber dies ist nicht die einzige Schwierigkeit. Nicht nur die Präferenzregeln für interne Operationen streben auseinander; auch die Relevanzen externer Ereignisse unterscheiden sich aufgrund der unterschiedlichen Funktionen und Operationsweisen.

2. *Außen-Relationen:* Ein scheinbar »klares« oder eindeutiges externes Ereignis, wie z.B. die Entwicklung hoher Arbeitslosigkeit oder die Einführung einer neuen Schulform oder das Erscheinen des Sputniks am Himmel, hat für jedes Subsystem der Gesellschaft eine unterschiedliche Bedeutung. Denn dieses Ereignis wird nicht »objektiv« als solches betrachtet, sondern mit den Augen des Systems, d.h. nach seinen beobachtungsleitenden Kriterien, nach seinen ganz spezifischen Präferenzen. Jeder Akteur leitet aus Umweltereignissen solche Informationen oder Schlußfolgerungen ab, die seiner besonderen Operationsweise entsprechen. Ich möchte die Regeln, nach welchen ein System Umweltereignisse beobachtet, bewertet und daraus system-spezifische Informationen ableitet, *Inferenzregeln* nennen. Die leistungssteigernde Funktion von Inferenzregeln ist darin begründet, daß für ein System nicht mehr alles in seiner Umwelt relevant ist, es mithin von der Variabilität und Komplexität seiner Umwelt nicht überwältigt wird. Statt dessen »organisiert« es sich seine Umwelt nach seinem eigenen Bild, indem es nach eigenen Regeln aus der »Geräuschkulisse« seiner Umwelt relevante Informationen ableitet. Und es beschränkt seine Informationsaufnahme auf solche Ereignisse, deren Relevanz nach den Präferenzregeln des Systems intern festgelegt wurden.[37]

37 Piaget (1971, 349ff. (351)) hat genau an diesem Punkt den Zwang des Überganges von offenen zu geschlossenen Systemen für die Möglichkeit des Erwerbes von Wissen betont: »This extension (hier: des Organismus qua Verhalten in die Umwelt, H.W.) must then be translated into a language which expresses its effective functioning; *it is essentially a search for the means to close the system simply because it is too ›open‹.* From the probabilistic point of view, which is the only valid one in this case, the risk adhering to the open system is the fact that its immediate environment or frontier does not supply the elements necessary for its survival.« (Hervorhebung von mir, H.W.)

Die besondere Bedeutung von Inferenzregeln folgt daraus, daß sie Art und Qualität des »Außenkontaktes« eines Systems definieren; daß sie nicht unabhängig, sondern in engem Bezug zu den Präferenzregeln eines Systems stehen; und daß sie eigensinnige Weltsichten oder Weltbilder eines Systems konstituieren. Alle drei Momente vergrößern die Kluft zwischen autonomen Sozialsystemen als Subsystemen einer Gesellschaft als gänzlich normale und unvermeidliche Folge der Ausdifferenzierung – und steigern den Bedarf an Abstimmung und Koordination zwischen den Teilen.

3. *Inter-Relationen:* Die Inter-Relationen zwischen den differenzierten, autonomen Teilen werden damit zum eigentlich neuralgischen Punkt der Operationsweise eines komplexen Gesellschaftssystems. Auch hier liegt das auslösende Dilemma klar auf der Hand: Läßt die »Performanz« einer Gesellschaft zu wünschen übrig oder steigt ihr Problemdruck über ein bestimmtes Niveau, dann richten sich Interventionen, Änderungen, Reformen, Restrukturierungen etc. in der Regel auf ein bestimmtes Teilsystem, gewissermaßen den designierten Patienten, welches der perzipierten Schwierigkeit kausal am nächsten zu stehen scheint. Selbst in dem nicht ganz selbstverständlichen Fall nun, in dem Interventionen erfolgreich sind und die Funktionsweise dieses Teiles sich verbessert, ist gerade nicht garantiert, daß diese Verbesserung auch zu einer Verbesserung der Performanz des Gesellschaftssystems insgesamt führt.
Der Kern des Problems ist die Unwahrscheinlichkeit gelingender Kommunikation zwischen autonomen, selbstreferentiell operierenden Einheiten. Gelingende Kommunikation setzt voraus, daß die Teile wechselseitig füreinander relevante Informationen so präsentieren, daß sie »gelesen«, d.h. auch im Kontext anderer, fremder Leitkriterien verstanden werden können. Die Herausforderung ist, Kompatibilität zwischen unterschiedlichen Sprachspielen herzustellen, wobei mit der »Sprache« unterschiedliche Realitäten und Welt-Entwürfe verknüpft sind. Auch für komplexe Gesellschaften gilt deshalb, daß die Tiefenstruktur ihrer Ordnung an die Grammatik des Transfers verstehbarer Informationen

gebunden ist.[38] Ich möchte die Regeln, die die Transferenz verstehbarer Informationen zwischen autonomen Systemen organisieren, *Transferenz-Regeln* nennen. Transferenz-Regeln bestimmen Art und Qualität der Inter-Relationen zwischen autonomen Subsystemen. Ähnlich wie »Kollisionsnormen« im Recht regeln sie das Zusammenspiel unterschiedlicher Regeln. Insbesondere definieren sie den Grad der Koppelung und der Öffnung ausdifferenzierter Teile und bestimmen darüber wesentlich die Qualität der Abstimmung und Koordination zwischen den Subsystemen.

Wie Präferenz- und Inferenzregeln sind auch Transferenzregeln solche eines bestimmten einzelnen Teilsystems, etwa der Ökonomie oder des Erziehungssystems. Sie konstituieren aus der Sicht und für die Bedingungen dieses Teilsystems Verfahrensweisen, wie dieses sich anderen Einheiten verständlich machen und wie es die für sich selbst relevanten Informationen aus anderen Teilen aufnehmen und verstehen kann. Damit sind gewissermaßen Minimalbedingungen wechselseitiger Kompatibilität und Verträglichkeit erfüllt. Transferenzregeln sorgen dafür, daß in den Beziehungen zwischen autonomen Teilen die aus Autonomie, operativer Geschlossenheit und Selbstreferenz notwendig folgende Blindheit für die Operationsbedingungen anderer Systeme zumindest punktuell und graduell verringert wird – und das ist nicht wenig. Aber es reicht nicht aus, um über bloße Verträglichkeit hinaus auch eine emergente Qualität des Ganzen zu schaffen. Hier kommt eine neue Art von Regeln ins Spiel. Diese Regeln haben nun zum ersten Mal ihre Verankerung nicht mehr in den Subsystemen, sondern ergeben sich auf der Ebene des Systems aus dem aktiven und absichtsvollen Zusammenspiel der Teile, die sich zu einem emergenten Gesamtsystem verbinden wollen. Dieser Typus von Regeln ist der Stoff, aus dem dezentrale Kontextsteuerung als Verfahren der politischen Supervision sich bilden kann.

38 Ausführlicher hierzu Willke 1989, 29ff.

4. *Kontext-Relationen:* Ohne Zweifel ist es möglich, daß in einfach gelagerten Fällen die Kontext-Vorgaben für den Zusammenhang und die Integration eines Systems von einer hierarchischen Spitze, einem Chef, dem Eigentümer, der zentralen Verwaltung etc. verfügt werden. Diese Fälle interessieren uns hier nicht. Denn ebenso klar ist, daß bereits Unternehmen einer mittleren Größe, überregionale Organisationen, gesellschaftliche Funktionssysteme und insbesondere Gesellschaften insgesamt heute mit solchermaßen turbulenten Umwelten, dynamischen Märkten, beschleunigten technologischen Innovationen, veränderten Ansprüchen etc. konfrontiert sind, daß sie ein Maß an Eigenkomplexität, Veränderungsbereitschaft, Innovationsfähigkeit und aktiver Dynamik aufbringen müssen, welches von einer zentralen Einheit oder einer hierarchischen Spitze weder geleistet noch für das System insgesamt verbindlich gemacht werden kann. Für diese Fälle gelten neue Spielregeln.
Diese Situation zu verstehen ist deshalb so schwierig, weil das »normale« Problemlösungsverhalten das Problem nicht löst, sondern verschlimmert: bei auftretenden Schwierigkeiten wird der Politik von allen Seiten, besonders aber von politischen Akteuren jeder Couleur, empfohlen, »die Zügel anzuziehen«, die Kompetenzen und Eingriffsmöglichkeiten der Spitze zu vergrößern, die Kontrolle duch die Regierung zu verstärken etc. Die Strategie ist: mehr von demselben; und das voraussagbare Ergebnis ist eine Verschlimmerung des Problems.[39] Sehr schnell kann sich ein Teufelskreis von Interventionen ergeben, welcher darauf beruht, daß »normale« Problemlösungsversuche die Dynamik eines komplexen Systems grundlegend verkennen: »Es entwickelt sich eine Spirale nach unten; die ergriffenen Maßnahmen führen nur dazu, die Schwierigkeiten immer weiter zu erhöhen, und geben Anlaß zu noch weiter gehenden Maßnahmen gleicher Art, so daß sich die Situation immer mehr verschlechtert.... diese Art von ›Lösungen‹ gesellschaftlicher und politischer Probleme führt leicht in eine der Fallen, die für komplexe Systeme charakteristisch sind: der Versuch, einen Symptom-

39 Eindringlich hierzu Dörner 1989, 58ff.

komplex zu beheben, kann eine neue Art des Verhaltens des Gesamtsystems hervorrufen, die sehr unerwünschte Konsequenzen hat.«[40]

Um das dynamische, kontraintuitive Verhalten komplexer Systeme in den Griff zu bekommen, sind entsprechend komplex gebaute Steuerungsformen und -instrumentarien ebenso erforderlich wie entsprechend komplex gebaute Steuerungstheorien. Insbesondere aber ist ein Verständnis dafür erforderlich, daß komplexe Systeme in turbulenten oder gar chaotischen Umwelten nicht mehr nach den Regeln zu steuern und zu kontrollieren sind, welche für einfache Systeme angemessen waren.

Der Kernpunkt des erforderlichen Umdenkens ist eine Umkehrung der Perspektive: notwendig ist eine Sichtweise, die von den autonomen, spezialisierten und kompetenten Teilsystemen ausgeht und fragt, wie diese in einen synergetischen, produktiven Zusammenhang gebracht werden können – und zwar ohne daß die Autonomie der Teile dadurch eingeschränkt wird. Die Selbstorganisation komplexer Gesellschaften, auch in der Form des Supervisionsstaates, muß sich vom Leitbild dominanter hierarchischer Interaktionsbeziehungen verabschieden und sich auf die retikulare, vernetzte Kommunikationsstruktur gleichgeordneter Funktionssysteme neu einstellen. In dieser vernetzten Steuerungs- und Kommunikationsstruktur gibt es bereichsspezifische Perspektiven und operative Modi, die füreinander weitgehend unzugänglich bleiben. Die spezifischen Prozeßlogiken der verschiedenen Teilsysteme stimmen nicht mehr überein; und sie werden dies um so weniger tun, je professionalisierter und spezialisierter die jeweiligen Subsysteme sind. Es kommt dann zu Kollisionen unterschiedlicher Kausalitäten und Tiefenstrukturen der Selbststeuerung, deren Folgen bislang in Verlegenheitsformeln wie »konter-intuitives Verhalten« oder »nicht-beabsichtigte Folgen intentionalen Handelns« abgeschoben wurden.

40 Forrester 1972a, 68. Oder aus einer organisationstheoretischen Perspektive: »Was für die Untereinheit optimal ist, ist nicht notwendigerweise auch für die Organisation als Ganzes optimal.« (March 1990, 10).

Die Organisation gleichgeordneter (heterarchischer, vernetzter) Kommunikationen zwischen den Teilen eines komplexen Sozialsystems erfordert nach diesen Überlegungen zumindest drei Vorkehrungen:
1. die wechselseitige Respektierung der operativen Autonomie und mithin des Primats der Selbststeuerung der Teilsysteme;
2. die Berücksichtigung der selbstreferentiellen (und im Extremfall: geschlossenen) Operationsweise der Teilsysteme, die zwar strategische Interventionen, nicht aber flächendeckende und detaillierte Beeinflussungen der internen Kausalrelationen zuläßt; und
3. den dezentralen Aufbau gemeinsamer Kontextbedingungen, die das erforderliche Minimum gemeinsamer Weltsicht und produktiver Verknüpfung der Teile zu einem Ganzen leisten.
Die Regeln, nach denen das entsprechende, auf einen produktiven Zusammenhang autonomer Einheiten gerichtete Zusammenspiel der Teilsysteme geordnet ist, sollen die *Konferenz-Regeln* eines Systems genannt werden. Konferenz-Regeln bestimmen Art und Qualität der Integration eines differenzierten Systems. Sie bestimmen insbesondere auch die Bereiche des Verzichts auf (gemeinsame) Regeln. Sie erzeugen eine emergente Realität des Ganzen aus der wechselseitigen Selbstbindung und Selbstbeschränkung autonomer Teile: als Zusammenhang von Verhandlungssystemen und der minimalen, aber unerläßlichen, diskursiv konstituierten hierarchischen Struktur eines sozietalen Problemlösungsgefüges; als Zusammenhang von positiver und negativer Koordination.[41] Entscheidend ist, um dies zu wiederholen, daß Konferenz-Regeln nicht von einer zentralen Instanz gesetzt werden, sondern aus der reflexiven Koordination gleichgeordneter Teile sich entfalten. Antrieb für die implizierte Selbstbeschränkung ist die Erwartung eines emergenten Nutzens aus dem integrierten Zusammenwirken aller. Im Gegensatz zum Null-Summen-Spiel-Charakter der Ausein-

41 Ein Zusammenhang, welcher nach Scharpf (1991, 627) »einem universellen Muster der horizontalen Selbstkoordination entspricht.«

andersetzung zwischen hierarchisch strukturierten Subsystemen – was der eine gewinnt, verliert der andere – bietet Integration durch reflexive Koordination die Möglichkeit eines Positiv-Summen-Spiels. Denn eine Kombination von Teilbereichsautonomie einerseits und der Steuerungswirkung diskursiv hergestellter Kontextbedingungen andererseits scheint dann möglich zu sein, wenn die Kontrolle der Selbstkontrolle verlagert wird auf die Organisation der Konferenz-Mechanismen eines vernetzten Systems. Über diese Organisation muß in diskursiver wechselseitiger Abstimmung – welche sich auf entsprechende Verfahren der politischen Supervision stützt – entschieden werden. Denn nur so ist gewährleistet, daß die Teile sich im Austausch für die Möglichkeit der Partizipation selbst binden, d. h. ihren Spielraum an Möglichkeiten (und mithin die Richtung ihrer Selbststeuerung) auf die Prämissen der Kontextsteuerung ausrichten.

Die Idee des Supervisionsstaates beinhaltet, daß – bei entsprechenden Problemstellungen – an die Stelle direkter, hierarchischer und autoritativer politischer Intervention ein diskursives Verfahren tritt, in dem nach Konferenz-Regeln die Möglichkeiten der Etablierung gemeinsamer Kontextbedingungen geprüft wird. Politische Supervision erscheint dringlich etwa hinsichtlich der Ökonomie in Fragen der Umweltzerstörung; der Wissenschaft in Fragen der Grenzen der Forschung; des Sportsystems in Fragen der Grenzen des Leistungssports; der Kunst im Hinblick auf den Schutz von Persönlichkeitsrechten, vor allem von Kindern und Jugendlichen; des Erziehungssystems bezüglich der Verteilung von Kinder-, Lehrer- und Elternrechten; des Gesundheitssystems in Fragen von Leben und Tod; des Rechtssystems in Grundfragen der Abgrenzung von Gerechtigkeit, Fairneß und Effizienz der Rechtsdurchsetzung. Für jedes Funktionssystem und für jeden sozietalen oder korporativen Akteur ließen sich Problembereiche aufzählen, in denen die Konsequenzen interner Entscheidungen die Frage der »Systemqualität« einer Gesellschaft im allgemeinen und die Frage der Gefährdung von Kollektivgütern im besonderen aufwerfen.

Ganz ohne Zweifel ist die Problematik selbst nicht eine Besonderheit moderner komplexer Gesellschaften, sondern hat als Frage der internen Koordination und der Abstimmung divergierender Interessen noch jede Gesellschaft bewegt, vom Investiturstreit über verschiedene Formen des Kulturkampfes bis zu den gegenwärtigen Debatten über Abtreibungs- oder Gentechnologiegesetze. Was sich geändert hat, ist die Form, mit der das politische System einer modernen Demokratie hoffen kann, solche Fragen zu lösen. Sowohl die Formen des autoritären – oder gar absolutistischen – Interventionsstaates wie auch die Form des liberalen Laisserfaire-Staates sind der gegenwärtigen Problemlage nicht mehr gewachsen, wie ich mehrfach ausgeführt habe. Eine allgemeinere Begründung dieser Veränderung aus der Analyse der Entwicklung von Moralen als *Regelsystemen* gibt Rawls, der sich dabei stark an die psychologischen und sozialpsychologischen Vorarbeiten von Piaget und Kohlberg anlehnt, ganz ausdrücklich aber die Grundidee der Entwicklung von Moralen auf den Fall national organisierter Gesellschaften ausdehnt. Leitfrage für Rawls ist, wie »Gleichgewicht und Stabilität« als Basis für Gerechtigkeit einer Gesellschaftsordnung erreicht werden können, wenn das, was gleichgewichtig und stabil sein soll, ein Komplex politischer, ökonomischer und sozialer Institutionen ist, die nach sehr unterschiedlichen Kriterien und Regeln operieren.

Rawls unterscheidet drei Stufen der Entwicklung von Regelsystemen. Zunächst eine »Moral der Autorität«, wie sie etwa Eltern gegenüber Kindern zukommt und wie sie sich auch als Regelsystem eines paternalistischen Wohlfahrtsstaates vorstellen ließe. Für moderne Gesellschaften aber ist diese Moral nicht mehr oder nur in besonderen Ausnahmefällen[42] begründbar. Die nächste Stufe bezeichnet er als die »Moral von Assoziationen«, nach welcher die Mitglieder einer Ge-

42 Die Rawls (1981, 467) so begründet: »Thus the morality of authority has but a restricted role in fundamental social arrangements and can be justified only when the unusual demands of the practice in question make it essential to give certain individuals the prerogatives of leadership and command.«

sellschaft »view one another as equals, as friends and associates, joined together in a system of cooperation known to be for the advantage of all and governed by a common conception of justice.«[43] Läßt man sich von der blumigen Sprache nicht stören, dann ist dies die genaue Beschreibung einer individualistisch-liberalen Gesellschaft freier und gleicher Bürger, die kooperieren, weil es ihnen gemeinsame Vorteile bringt. Die Macht des Hobbesschen Argumentes der Natürlichkeit einer besitz-individualistischen Ordnung freier und gleicher Menschen scheint hier deutlich durch. Gesellschaftliche Ordnung (im Sinne von »Gleichgewicht und Stabilität«) in diesem Entwicklungsstadium setzt nicht mehr voraus, als die eigeninteressierte Kooperation von Individuen, die zudem »wissen«, daß die Kooperation Vorteile für alle hat.

Heute kann man wissen, daß sich diese Voraussetzungen in der Organisationsgesellschaft nicht mehr finden, weil mit der Organisiertheit der Gesellschaft sowohl das eigeninteressierte Kalkül wie auch das Wissen über mögliche gemeinsame Vorteile der Kooperation problematischer und schließlich intransparent werden. Die Ordnungsleistung der ›invisible hands‹ marktförmiger Arrangements der Kooperation zerfällt, weil nur noch reine liberale Märkte (in der Ökonomie) und reine unvermittelte Öffentlichkeit (in Politik und Wissenschaft) die ungehinderte Beobachtung von Beobachtungen und darüber die quasi automatisch sich einstellende Äquilibrierung divergierender Interessen zulassen würden. Dagegen stürzen Organisiertheit und Korporierung der Gesellschaft die Moral der Assoziationen in die Paradoxien kollektiver (Ir)Rationalität, in Probleme der Trittbrettfahrer und negativen Externalitäten, des »moral hazard« und der »adversiven Selektion«.[44] Dies ist ein Ausdruck dafür, daß sich ohne aufwendige Abgleichungen der räumlichen, zeitlichen, sozialen, operativen und kognitiven Implikationen von systemischen Optionen sehr unterschiedlicher Funk-

43 Rawls 1981, 472

44 Dazu Baecker 1988, 233ff., mit dem Versuch, diese Konzepte aus dem versicherungstheoretischen Kontext zu lösen, um sie zu verallgemeinern.

tionssysteme eine brauchbare gesellschaftliche Ordnung nicht mehr verläßlich herstellen läßt.
Hier nun entfaltete die dritte Stufe der Entwicklung moralischer Regelsysteme, die Moral der Prinzipien, ihre Bedeutung. Bei Rawls selbst bleibt allerdings ziemlich undeutlich, was unter einer Moral der Prinzipien zu verstehen sei. Sein Verweis auf die Vier-Stufen-Sequenz für die Beurteilung von Prinzipien der Gerechtigkeit deutet auf eine prozedurale, schrittweise Präzisierung der Inhalte »gleicher Freiheit« (equal liberty) von einem allgemeinen Prinzip der Gerechtigkeit zur Einzelfallgerechtigkeit.[45] Während diese Erläuterung sehr unbefriedigend bleibt, interpretiert Habermas, ebenfalls in Anschluß an Kohlberg, die dritte, postkonventionelle Stufe der Moral auf gesellschaftlicher Ebene als geprägt durch eine Gesinnnungs- und Verantwortungsethik einerseits, formales Recht andererseits.[46] Bei ihm tritt also zur prozeduralen Orientierung jedenfalls in der Verantwortungsethik ein Prinzip, welches auch für hochorganisierte, komplexe Gesellschaften eine Richtung der Steuerung ihrer Prozeduren angeben kann.
Die entscheidende Frage nun, ob unter diesen Bedingungen komplexe Gesellschaften eine »vernünftige« Identität ausbilden können, stellt Habermas zwar explizit; er beantwortet sie aber in so enger Anlehnung an das Problem personaler Identität[47], daß die Besonderheit eines hochorganisierten Sozialsystems verlorengeht. Ähnlich wie Rawls kann er sich die Herstellung gesellschaftlicher Identität nur als Willensbildungsprozeß von Individuen vorstellen, wobei zwar diese

45 Rawls 1981, 196-199
46 Habermas 1981, Bd. 2, 260ff.
47 Für die Person fordert Habermas (1976, 95) als Voraussetzung vernünftiger Identität völlig zu Recht die Fähigkeit, »sich in beliebigen Situationen als derjenige zu präsentieren, der auch angesichts inkompatibler Rollenerwartungen und im Durchgang durch eine lebensgeschichtliche Folge widersprüchlicher Rollensysteme den Forderungen nach Konsistenz noch genügen kann. Die Ich-Identität des Erwachsenen bewährt sich in der Fähigkeit, neue Identitäten aufzubauen und zugleich mit den überwundenen zu integrieren, um sich und seine Interaktionen in einer unverwechselbaren Lebensgeschichte zu organisieren.«

kollektive Identität nur noch in den formalen Bedingungen verankert ist, »unter denen Identitätsprojektionen erzeugt und verändert werden«; aber es sind nur die Individuen, die sich an dem Willensbildungsprozeß einer »gemeinsam erst zu entwerfenden Identität (beteiligen). Die Vernünftigkeit der Identitätsinhalte bemißt sich dann allein an der Struktur dieses Erzeugungsprozesses, d.h. an den formalen Bedingungen des Zustandekommens und der Überprüfung einer flexiblen Identität, in der sich alle Gesellschaftsmitglieder wiedererkennen und reziprok anerkennen, d.h. achten können.«[48]

Dem ist entgegenzuhalten, daß hochorganisierte moderne Gesellschaften nicht mehr auf der Basis von Individuen allein zu verstehen sind, mithin die Identität dieser Gesellschaften nicht von den Identitätsprojektionen ihrer Bürger, so unerläßlich sie sind, allein gestaltet wird. Vor allem die Emergenz eigendynamischer, autonomer und operativ geschlossener Funktionssysteme konfrontiert moderne Gesellschaften mit Problemen und Möglichkeiten, welche diejenigen von Individuen transzendieren. Dies hatte Hegel in aller Klarheit gesehen, als er postulierte, daß die moderne Gesellschaft (seiner Zeit) im souveränen *Verfassungsstaat* ihre vernünftige Identität gefunden habe. Habermas kritisiert die Hegelsche Position anhand von vier Argumenten, die besonders in ihrer Unbrauchbarkeit aufschlußreich sind. Zunächst behauptet er, daß der Staat Teilinteressen gegenüber Gesamtinteressen bevorzuge, »solange die Gesellschaft Klassenstrukturen aufweist«, und daß selbst bei einer erheblichen immanenten Entwicklung des kapitalistischen Wirtschaftssystems auch heute noch gesellschaftliche Prioritäten des staatlichen Handelns sich naturwüchsig bilden »und nicht als Ausdruck der verallgemeinerungsfähigen Interessen der Gesamtbevölkerung.«[49]

Unhaltbar an diesem Argument ist zum einen die implizierte Bedeutung von Klassenstrukturen, da empirisch Klassen nicht mehr ausgemacht und klar getrennt werden können.

48 Habermas 1976, 107

49 Habermas 1976, 108; zur analogen Kritik an Hobbes vgl. Macpherson 1980, 104ff.

Zum anderen bleibt völlig unklar, was »verallgemeinerungsfähige« Interessen der Gesamtbevölkerung sein könnten, wenn die Bevölkerung aus Personen besteht, die unentrinnbar in komplexe Rollen- und mithin Wertungs- und Interessenkonflikte gezwängt ist, die häufig sogar auf »tragic choices«[50] hinauslaufen. Zugleich ist es genau die Komplexität der Rollenbezüge, welche auf der Ebene der Individuen eine autonome Interessendefinition[51] erlaubt und mithin Grundlage jeder individuellen Freiheit in modernen Gesellschaften ist; welche aber auf der Ebene von Gesellschaft massive Inkompatibilitäten der funktionsspezifischen systemischen Kommunikationsmedien, Logiken, Teilrationalitäten und »Interessen« produziert. Dies macht die Rede von verallgemeinerungsfähigen Interessen als Ausdruck *individueller* Präferenzen oder Wertungen sinnlos; denn selbst wenn sich solche Interessen finden ließen, blieben sie bedeutungslos für das eigentliche Abstimmungsproblem komplexer Gesellschaften: die Abstimmung zwischen ihren hochorganisierten Akteuren und ihren operativ geschlossenen Funktionssystemen.

Das zweite Argument von Habermas gegen Hegel ist die Annahme, daß die äußere Souveränität des Staates anachronistisch geworden sei. Im Lichte der jüngsten Geschichte ist dies empirisch deutlich widerlegt, auch wenn gar nicht abgestritten werden soll, daß zugleich Tendenzen der Internationalisierung und des Aufbaus supranationaler Instanzen dem Nationalstaat eine veränderte Rolle zuweisen. Wichtiger ist, was dieser Ambivalenz zugrunde liegt. In systemtheoretischer Sicht zeigt sich eine besondere Divergenz zwischen der Entwicklungsdynamik der meisten gesell-

50 Dazu Calabresi/Bobbitt, die darauf hinweisen, daß »tragic choices« routinemäßig entschärft werden durch ein Auseinanderziehen der Mengen- und der Allokationsentscheidung: »Tragic choices show two kinds of moving progressions. First, there is society's oscillation between the two sorts of decisions it must make about the scarce good. It must decide how much of it will be produced, within the limits set by natural scarcity, and also who shall get what is made.« (Calabresi/Bobbitt 1978, 19)

51 Wie Coser im Titel ihres Aufsatzes formuliert (1975): »complexity of roles as a seedbed of individual autonomy«.

schaftlichen Funktionssysteme (insbesondere Wissenschaft, Ökonomie, Sport, Kunst, Religion oder sogar des Erziehungssystems) zu starker internationaler Verflechtung und einer Aufhebung der Relevanz nationalstaatlicher Grenzen bis hin zur Emergenz lateraler Weltsysteme[52] auf der einen Seite. Auf der anderen Seite ist es alleine noch das politische Funktionssystem (und sein Staat), welches insofern das Erbe des klassischen Nationalstaates angetreten hat, als es an eine territoriale Begrenzung gebunden ist; denn nur dadurch läßt sich für die systemkonstituierende Funktion des *kollektiv* verbindlichen Entscheidens sichern, daß der Geltungsbereich der verbindlichen Entscheidungen präzise bezeichenbar ist. Solange weder regionale Gruppierungen wie die EG noch vor allem eine globale supranationale Instanz wie die UNO diese Funktion verläßlich übernommen haben, sind die sozietalen politischen Systeme mit der Antinomie von nationaler Geltung ihrer Entscheidungen und rapide wachsender internationaler Verflechtungen der anderen Funktionssysteme geschlagen. Gerade für die Definition des »Gemeinwohls« oder sozietaler »verallgemeinerungsfähiger Interessen« kompliziert diese Antinomie zusätzlich die Schwierigkeiten der Koordination sozietaler Akteure.

Die übrigen beiden Argumente von Habermas lassen sich zusammen behandeln: Er meint, daß Gesellschaften nur so lange Identitätsprobleme haben können, wie sie »in eine symbolisch aufgebaute und normativ verständliche Lebenswelt eingefaßt sind.« Dies bestätigt die Vermutung, daß Habermas das gravierendere Identitätsproblem moderner Demokratien, welches aus funktionsspezifischen systemischen Inkompatibilitäten resultiert, nicht wahrnimmt. Paradoxerweise kommt er aber im vierten Argument dann doch auf systemische Einheiten zurück, nämlich Nation und Partei, letztere vor allem in der Form einer parastaatlichen Partei. Für beide Fälle lehnt Habermas eine identitätsstiftende Rolle ab, weil »sich heute die Identität der Gesellschaft nicht mehr in einer Organisation, sei es nun Nationalstaat oder die parastaatliche Partei, unterbringen läßt.«[53] Diese

52 Ausführlicher dazu Willke 1991, 181f.
53 Habermas 1976, 111

Aussage kann allerdings kaum Schlußpunkt des Arguments sein, wie bei Habermas, sondern sie müßte der Ausgangspunkt für die eigentliche Frage sein: Wenn es nicht mehr *eine* Organisation oder *ein* Funktionssystem ist, welches gesellschaftliche Identität hervorbringen kann, welches Arrangement der Vielzahl autonomer Organisationen und Funktionssysteme einer Gesellschaft ist dann denkbar und begründbar, das eine »vernünftige« Identität moderner Demokratien zu erzeugen in der Lage ist. Erst diese Frage führt zu einer angemessenen Perspektive für die Analyse der Rolle des Staates und zu einer dem Organisations- und Komplexitätsgrad gegenwärtiger Gesellschaften angemessenen Staatstheorie. Sie führt zu der in der Idee des Supervisionsstaates enthaltenen Vorstellung, daß es, bald zweihundert Jahre nach Hegel, verständlicherweise nicht mehr der souveräne Verfassungsstaat in seiner klassischen hierarchischen Form ist, der die Identität seiner Gesellschaft sichert – auch wenn er unabdingbare Voraussetzung jeder freiheitlichen Gesellschaft bleibt, wie die gegenwärtigen politischen Veränderungsprozesse in Osteuropa deutlich machen. Die Hegelsche Idee muß für heutige Demokratien fortgeschrieben werden; an die Stelle des die Gesellschaft prägenden Verfassungsstaates tritt eine andere Form der Gesellschaft, die *verfaßte Gesellschaft,* die auf den zentralen demokratischen Ideen von Gesellschaftsvertrag und Verfassungsstaat aufruht, die Idee einer gesellschaftsweit konsensuell institutionalisierten, verbindlichen Verfassung aber ausweitet von ihren Bürger als natürlichen Personen auf ihre Organisationen, korporativen Akteure und Funktionssysteme.

Dann erweist sich rasch, daß die von der Verfassung gegenüber staatlicher Macht garantierten Schutz- und Partizipationsrechte zwar als minimale rechtsstaatliche Ausstattung unverzichtbar sind, keinesfalls aber ausreichen, um einen adäquaten Schutz des Bürgers gegenüber Beeinträchtigungen von Leib und Leben im Kontext komplexer Gesellschaften leisten zu können. Gegenüber dem klassischen Verfassungsstaat fordert die verfaßte Gesellschaft zwei wesentliche Erweiterungen: Zum einen verlangt sie eine innere Konstitutionalisierung aller Funktionssysteme und korporativen

Akteure, sobald diese unmittelbare Eingriffsmöglichkeiten in Leib und Leben ihrer Mitglieder haben – und das haben sie überraschend schnell und gründlich. Zum anderen verlangt sie eine Konstitutionalisierung der Beziehungen zwischen den organisierten sozietalen Akteuren, um ihre Autonomie zu schützen und ihre Gemeinverträglichkeit zu sichern. Anders gesagt: Die Idee des Verfassungsstaates ist keineswegs obsolet. Im Gegenteil. Hochkomplexe Gesellschaften lassen sich als demokratische nur halten, wenn diese Idee auf die Gesellschaft insgesamt generalisiert wird und die spezifische Verfaßtheit der Gesellschaft es erlaubt und fördert, die Autonomie und Differenziertheit der Bürger ebenso zu garantieren wie die Autonomie und Differenziertheit ihrer Funktionssysteme. Letzteres ist nicht nur Selbstzweck zur Erhaltung des erreichten Grades funktionaler Differenzierung[54], sondern dient darüber hinaus der Generalisierung des grundrechtlichen Schutzes der Bürger in den vielfältigen besonderen und allgemeinen »Gewaltverhältnissen«, denen sie in einer hochorganisierten Gesellschaft ausgesetzt sind.
Die innere Konstitutionalisierung der Funktionssysteme ist weder eine neue Idee, noch in der Praxis unbekannt. Als Forderung nach gesellschaftsweiter Demokratisierung oder in der Form von Bemühungen um ein »Verbändegesetz«, besonders für Gewerkschaften, Interessenorganisationen und Lobbys, gibt es die unterschiedlichsten Versuche, die interne Ordnung korporativer Systeme nach Prinzipien der Mitbestimmung, des Persönlichkeitsschutzes und der Gerechtigkeit zu gestalten. Praktisch wirksam geworden sind solche Anstrengungen etwa in unterschiedlichen Formen der »Mitbestimmung« in der Ökonomie, der »Beteiligung« von Eltern und Schülern im Erziehungssystem oder von Studierenden und Assistenten im Wissenschaftssystem, aber auch in Quoten-Regelungen in öffentlichen oder öffentlich subventionierten Organisationen. Während für die Innen-Relationen der Funktionssysteme, vor allem für die Willensbildung und den Interessenausgleich zwischen den Mitgliedern, Fortschritte im Sinne einer Konstitutionalisierung zu

54 Für eine entsprechende Interpretation der Funktion der Grundrechte vgl. Luhmann 1965, bes. 186ff.

verzeichnen sind, fehlt bislang nahezu gänzlich der Aspekt, daß die innere Konstitutionalisierung auch dafür sorgen muß, daß in die Willensbildungs- und Entscheidungsprozesse des Funktionssystems *reflexive Kapazitäten* eingebaut werden, welche über den Aspekt der inneren Ordnung hinaus auch die Frage einer geeigneten Identität des Funktionssystems im Kontext der Gesellschaft insgesamt in den Blick bringt. In Gesellschaften, die sehr konkret durch eine zentrifugale Dynamik, durch organisierte Unverantwortlichkeit, durch Überspezialisierung und mangelnde Kompatibilität der systemischen Optionen gekennzeichnet sind, und die zudem gerade aufgrund ihrer hohen Komplexität über keine zentrale Instanz der Integration des Ganzen mehr verfügen, *liegt es an den differenzierten Funktionssystemen, selbst die erforderlichen Vorleistungen für die Möglichkeit der Integration des Gesellschaftssystems zu erbringen.* Vorstellbar ist dies als eine Form der inneren Konstitutionalisierung, die neben den Rechten und den Autonomieräumen ihrer Mitglieder auch die für eine viable Identität des Ganzen unabdingbaren Rechte und Autonomien der anderen Funktionssysteme der Gesellschaft ins Spiel bringt. Die Kapazität für Reflexion, so wie sie oben in Kap. 1.3 und 3.3 beschrieben wurde, impliziert auch für die korporativen Akteure und Funktionssysteme die Entwicklung von einer Moral der Assoziation zu einer Moral der Prinzipien, wobei die Achtung der Heterogenität der Perspektiven und der Autonomie der Operationsweisen anderer Funktionssysteme im eigenen, aufgeklärten Interesse jedes Funktionssystems als leitendes Prinzip bezeichnet werden könnte.

Eine solche, in die innere Konstitution eingebaute »empathische« oder reflektierte Außenorientierung gelingt wohl nur, wenn die Kosten-Nutzen-Rechnung für den Aufwand der Reflexion positiv ausfällt. Das deutlichste Argument sind in diesem Zusammenhang deshalb die Kosten eines Fehlens von reflexiver Kapazität; oder anders formuliert: Man kann ohne weiteres zugeben, daß Verhandlungssysteme und bestehende Formen der dezentralen Kontextsteuerung nicht optimal und manchmal schlecht funktionieren. Aber sie sind die *einzige* Alternative zu einer alt gewordenen hierarchischen Struktur gegenwärtiger moderner Demokratien. Heute scheint klar, daß Umweltzerstörung, die Gefährdung der Ozonschicht, der Treibhauseffekt, Zivilisationskrankheiten, technologische und besonders massiv die atomaren, biologischen und chemischen Risiken keineswegs zwangsläufig und unabänderlich sind, sondern der bornierten, innen-geleiteten und insofern völlig »normalen« Operationsweise nicht-reflektierender Funktionssysteme (Wirtschaft, Wissenschaft, Technologie, Militär) zu verdanken sind. Das heißt keineswegs, daß Reflexion und der Einbau reflexiver Kapazitäten einfach wäre. Es heißt aber, daß es sich im *eigenen* Interesse jedes einzelnen Funktionssystems begründen läßt, weil die Folgen großer Katastrophen nicht mehr auf bestimmte Systeme begrenzbar sind.

Eine innere Konstitutionalisierung der korporativen Systeme in der Form, daß durch die Institutionalisierung prozeduraler Regeln für die Zulässigkeit und Relevanz von Dissens, für Diskurs und für Reflexion die Voraussetzungen für die Erhaltung interner Komplexität einerseits, für Kompatibilität nach außen andererseits gegeben sind, erscheint als unverzichtbare Bedingung der Möglichkeit, eine »vernünftige Identität« moderner Gesellschaften zu erreichen. In dem Maße, wie dies nicht mehr von einer zentralen oder hierarchisch übergeordneten Instanz der Gesellschaft geleistet werden kann und die Aufgabe der Re-Integration der funktional differenzierten Gesellschaft bestandskritisch bleibt, ist eine Alternative für die anachronistisch gewordenen traditionellen Lösungen der hierarchischen Steuerung und des Durchwurstelns notwendig. Entgegen der populären Rede von der Heraufkunft der technologischen, technotronischen oder wissenschaftlichen Gesellschaft ist nicht zu sehen, wie ein einzelnes Funktionssystem, gleichgültig welches, die Identität einer komplexen Demokratie hervorbringen könnte. Vielmehr spricht der bisherige Argumentationsgang dafür, daß nur eine der Komplexität der Gesellschaft entsprechend komplex gebaute Steuerungsstruktur die Chance bietet, ohne Verlust an Autonomie der Operationsweise, an Freiheitlichkeit der Optionenwahl, insgesamt also an Selbstgestaltung und Selbststeuerung der Gesellschaft die Dynamik der Funktionssysteme mit den Restriktionen der Entwicklungsfähigkeit des Ganzen zu versöhnen.

Die Konstitutionalisierung der Funktionssysteme erleichtert das Geschäft der Politik nach dem Grundsatz des divide et impera. Zwar geht es – in den hier im Mittelpunkt der Argumentation stehenden Hinsichten – nicht mehr um imperium, sondern um Supervision; aber es ist klar, daß der Aufbau dezentraler Kapazitäten zur Reflexion die voraussetzungsreiche Aufgabe politischer Supervision ganz wesentlich erleichtert. Auch »Aufteilung« beschränkt sich nicht auf die funktionale Differenzierung selbst, sondern umschließt interne Teilungen der Gewalten und interne Balancen von Macht und Einfluß, so daß gute Voraussetzungen gegeben sind für die interne Produktion von Differenzen, aus denen andere Systeme, etwa die Politik, ihre eigenen Informationen generieren können. Dies wiederum macht verständlicher, warum das politische Funktionssystem mit der eigenen wissensbasierten Infrastruktur tatsächlich etwas anfangen kann: auch mit einer gut ausgebauten wissensbasierten Infrastruktur hätte das politische Funktionssystem kaum Chancen, die Wissens- und Risikoproduktion anderer Funktionssysteme mittels Kontroll- und Steuerungswissen auf Gemeinverträglichkeit zu prüfen, *wenn nicht in den Funktionssystemen selbst bereits die entscheidenden Differenzen mitproduziert würden*. Auf diese Differenzen etwa in der Einschätzung von Handlungsfolgen, externen Effekten, Kosten und Risiken kann politische Supervision zugreifen und so bei Bedarf mit dem System gegen das System argumentieren.[55] Auch dieser Gedanke macht noch einmal deutlich, daß der Aufbau einer eigenen wissensbasierten Infrastruktur keine isolierte Strategie politischer Innovation sein

55 Aus der umgekehrten Perspektive, nämlich einer Kritik der Fähigkeit zur ›Gouvernanz‹ argumentiert der Bericht des Club of Rome 1991: »In der gegenwärtig entstehenden Welt kann die Entscheidungsgewalt nicht länger das Monopol von Regierungen und ihren Ministerien sein, die obendrein noch in einem Vakuum arbeiten. Viele Partner müssen in den Prozeß einbezogen werden – Handel und Industrie, Forschungsinstitute, Wissenschaftler, nichtstaatliche Einrichtungen und private Organisationen –, damit soviel Erfahrung und Können wie irgend möglich zur Verfügung steht.«

kann, sondern Bestandteil eines »Pakets« sein muß, um Chancen auf Erfolg zu haben. Den Kern des zugrundeliegenden Problems nennt der Bericht des Club of Rome 1991, wenn er einerseits feststellt: »Durch Marktmechanismen allein lassen sich globale Probleme freilich nicht lösen, wenn diese einen langfristigen strategischen Ansatz erfordern oder es sich um Probleme der Verteilung handelt. Über den Markt allein können ferner auch die Probleme nicht gelöst werden, bei denen es um Energie, Umwelt, Grundlagenforschung oder Fairneß geht – diese Probleme können *nur durch die Intervention des Staates angegangen werden*, die auf politischen Prozessen basiert und Marktmechanismen häufig als Instrument staatlicher Politik einsetzt.«[56] Sechzig Seiten später formuliert er aber andererseits: »Regierungen bevorzugen Lösungen, die kurzfristigen politischen Nutzen bringen, und vernachlässigen systematisch die langfristige Perspektive.«[57] Die entscheidende Frage aber taucht nicht auf: Wenn beides zutrifft, und daran kann kein vernünftiger Zweifel sein, was dann?

4.2 Der Staat als »local hero«

Der Staat ist eine lokale Größe. Darin liegt seine Beschränkung und seine Stärke. Das politische Funktionssystem moderner Gesellschaften ist, wie bereits gesagt, das einzige Teilsystem, das an definitive territoriale Begrenzungen gebunden ist und aus dieser Bindung seine Funktion und seine Leistungen ableitet. Wenn kollektiv verbindliche Entschei-

(King/Schneider 1991, 105) Das ist sicherlich richtig, vernachlässigt aber die Frage, wie ein politisches Funktionssystem beschaffen sein muß, damit es mit einer Vielzahl von ›Partnern‹, Perspektiven und Kriterien überhaupt sinnvoll umgehen kann.

56 King/Schneider 1991, 16f. (Hervorhebung von mir, H.W.) Noch deutlicher mit Blick auf die Entwicklung der Informationsgesellschaft: »Es wäre geradezu töricht, eine Entwicklung, die für das Wohl der Gesellschaft von so fundamentaler Bedeutung ist, dem Kräftespiel des Marktes zu überlassen, der zwangsläufig nur auf kurzfristige Signale reagiert.« (ebd. 44)

57 King/Schneider 1991, 104

dungen produziert werden sollen oder die Schaffung und der Schutz von Kollektivgütern zur Debatte steht, ist eine klare Demarkation des Kollektivs unumgänglich, um das es sich handelt – was die Unterscheidung von Nicht-Dazugehörigen einschließt.[58] Man kann heute sehen, daß die Klarheit der Demarkation aus zwei entgegengesetzten Richtungen ernsthaft untergraben wird. Einerseits aus der Richtung kosmopolitischer, globaler Referenzen gesellschaftlicher Kommunikationen der unterschiedlichsten Art. Ich habe dies oben als den Zug zur Ausbildung lateraler Weltsysteme bezeichnet. Eine Konsequenz der Emergenz lateraler Weltsysteme (vor allem für Wirtschaft, Wissenschaft, Kunst und Erziehung), die bislang wenig Aufmerksamkeit gefunden hat, ist die Erosion nationaler Loyalitäten gerade solcher individueller und korporativer Akteure, welche als »Symbol-Analytiker« an der Front der informations- und kommunikationstechnologischen Entwicklung moderner Gesellschaften arbeiten: Ihre Bezugsgröße im Sinne eines territorialen Referenzsystems ist nicht mehr die nationale Gesellschaft, in der sie mehr oder weniger zufällig lokalisiert sind, sondern das supranationale Netzwerk der im Bereich des Prozessierens von Symbolen und symbolischer Analyse tätigen Personen und Organisationen.[59]

Zweifellos ist dies insofern eine erfreuliche Entwicklung, als die in national definierte Unternehmen eingebaute Verstärkung chauvinistisch-nationaler Kalküle sich abschwächt. Wenn General Motors die Hälfte seiner Ingenieur- und Designleistungen von 800 verschiedenen externen Firmen zukauft und von dem produzierten Mehrwert deutlich weniger

58 Das im Grundgesetz der BRD verankerte Asylrecht ist auch deshalb umstritten, weil es diese klare Demarkation durchbricht.

59 Ausführlich entwickelt ist dieses Argument bei Reich 1991, bes. 110ff. u. 268ff. Besonders für Unternehmen im Sektor der symbolischen Analyse – von High-Tech-Produzenten über Werbeagenturen, Filmstudios, große Anwaltskanzleien, Design-Firmen, Strategische Planer, Finanzdienstleistungsfirmen bis zu Beratungsfirmen – diagnostiziert Reich eine spinnwebartige Diffusion von Eigentum und Kontrolle, so daß der (nationale) Sitz des Unternehmens nichts mehr über seine territorialen Loyalitäten aussagt. Auf Nationen bezogen führt dies zu der Frage: »Who is ›Us‹«?

als 40 % der Firma General Motors selbst zufließen[60], dann läßt sich nicht einmal mehr ironisch behaupten, daß das für die USA gut ist, was General Motors nützt. Auf der anderen Seite, und nur dieser Aspekt soll uns hier interessieren, macht Robert Reich wohl zu Recht darauf aufmerksam, daß territoriale Loyalität und soziale Solidarität nicht nur eng zusammenhängen, sondern ihrerseits auf den erhofften Vorteilen territorial überschaubarer, kommunaler, regionaler oder nationaler ökonomischer Kooperation gründen.[61] Diese Vorteile der Kooperation sind das zentrale Element eines aufgeklärten Egoismus, welcher es für den einzelnen rational macht, mit anderen in geregelte Beziehungen der Kooperation und Solidarität einzutreten. Die wechselseitigen Vorteile eines solchen aufgeklärten Egoismus kondensieren etwa in Märkten, in Versicherungen oder anderen Formen kollektiver Vorsorge. Sie machen den Aufbau umfangreicher und aufwendiger Infrastruktureinrichtungen – Transportsysteme, Energie- und Kommunikationssysteme, öffentliche Verwaltung und Grundlagenforschung, öffentliche Gesundheitsvorsorge und öffentliche Sicherheit – rational und plausibel, denn jeder kann in die Situation kommen, darauf zu seinem eigenen Vorteil zurückgreifen zu müssen. Die Loyalität und Solidarität, die im »Oikos« der Großfamilie und in der Gemeinde eher selbstverständlich waren und in der national organisierten Gesellschaft zu weniger überschaubaren, aber effektiven Infrastruktursystemen und Einrichtungen kollektiver Absicherung (Kranken-, Renten-, Arbeitslosen- und Invalidenversicherungen) geführt haben,

60 Robert Reich (1991, 113) macht folgende Beispielsrechnung auf: Von den $ 20000, die für einen Pontiac Le Mans an GM bezahlt werden, gehen $ 6000 an Südkorea für Arbeit und Fertigung; $ 3500 an Japan für hochwertige Komponenten wie Motor, Getriebe und Elektronik; $ 1500 an Deutschland für Styling und Design; $ 800 an Taiwan, Singapur und Japan für Kleinteile, sowie weitere kleinere Anteile an England, Irland und an Barbados. Selbst von den restlichen $ 8000 muß GM noch externe Planer, Rechtsberater, Banker und Lobbyisten bezahlen. Das Unternehmen sieht sich mithin in einem Netz von Abhängigkeiten, welches die Definition territorial begrenzter, etwa nationaler Interessen nur schwer zuläßt.

61 Vgl. Reich 1991, 303 ff.

sind jeweils an ein bezeichenbares und abgrenzbares »Kollektiv« gebunden und insofern auch territorial festgelegt. Solidarität mit »der Welt« ist ein Privileg protestierender Studenten und einiger weniger hochherziger Idealisten. Faktisch beobachtbar als Folge der Emergenz lateraler Weltsysteme ist weniger eine globale Solidarität als im Gegenteil die ziemlich drastische Aufkündigung bisheriger Loyalitäten durch die neuen Heimatlosen, die in ihrer Lebens- und Arbeitsweise von nationalen Grenzen nicht mehr oder kaum mehr berührten Symbol-Analytiker.

Ein allmählich ins Gewicht fallender Beleg für diese Diffusion von Solidarität ist darin zu sehen, daß die – ökonomisch erfolgreichen – Symbol-Analytiker eine verdeckte »Politics of Secession«[62] von der Restgesellschaft betreiben: sie kaufen sich ihre eigene, überlegene Infrastruktur in Form von Privatflugzeugen, privaten Sicherungsfirmen, privaten Versicherungen, privaten Kliniken, privaten Erholungszentren (Stil: »country club«), privaten Kommunikationsmedien und, vielleicht am folgenreichsten, privaten Erziehungseinrichtungen vom Kindergarten bis zur Eliteuniversität.[63] Was auf den ersten Blick als Normalität schichtspezifischer Privilegierung aussehen könnte, birgt allerdings einen politisch höchst brisanten Kern. Denn entscheidend ist nicht die Privilegierung, sondern das Zerbrechen eines national definierten Konsenses über eine Loyalitäts- und Solidargemeinschaft, die ihre Infrastruktureinrichtungen und die gemeinsame Produktion kollektiver Güter als Gemeinschaftsaufgabe im Interesse aller begreift. Wenn sich die am besten verdienende Gruppe aus diesem Konsens ausklinkt, dann steht damit nicht weniger auf dem Spiel als die Reichweite und Qualität der nationalen kollektiven Güter. Denn wenn sich neben der offiziellen öffentlichen Infrastruktur Schritt für Schritt eine inoffizielle private entwickelt, dann fehlt

62 Reich 1991, 283ff.

63 In den USA, aber auch in Frankreich, Italien und natürlich England ist diese schichtspezifische interne Sezession deutlich stärker ausgeprägt als etwa in Deutschland. Als Folge der Wiedervereinigung und des Zustroms von Immigranten ist zu erwarten, daß sich die Absetzbewegungen der wirtschaftlich erfolgreichen Schicht verstärken werden.

nicht nur das für letztere aufgewendete Geld, sondern vor allem der politische Druck zur Einhaltung hoher Standards öffentlicher Infrastruktur.[64]

Diese Entwicklung trifft die Achillesferse des solidaritätsabhängigen Wohlfahrtsstaates. Das Gelingen des Modells Wohlfahrtsstaat ist aufgrund der verschachtelten und unübersichtlicher werdenden Mischungslagen von Interdependenzen, Reziprozitäten, Versicherungsprinzip und Generationenvertrag hochgradig unwahrscheinlich und gegenüber dem Vordringen privater und privilegierter Vorsorge nur möglich, solange das politische System einer Gesellschaft und sein Staat die verbindliche und hinreichende Produktion kollektiver Güter gewährleisten, genauer: solange die Mitglieder einer Gesellschaft darauf vertrauen, daß dies geschieht. Eine Aufsplitterung von Loyalitäten und Solidaritätsbeziehungen nach schichtungsspezifischen, altersspezifischen, organisationalen oder regionalen Differenzierungen müßte unweigerlich den gesellschaftsweit definierten Konsens aufweichen, auf dem das Modell des Wohlfahrtsstaates gründet.

Bei aller Vorsicht gegenüber nationalen Zielsetzungen und bei klarer Ablehnung chauvinistischer Verengungen bleibt es deshalb gegenüber der globalen Dynamik der Ausbildung lateraler Weltsysteme doch eine zentrale Aufgabe des politischen Systems nationaler oder supranationaler (z.B.: EG) Gesellschaften, einen erkennbaren und verbindlichen Fokus sozialer Solidarität zu bilden und mithin die Voraussetzungen für die Möglichkeit der Produktion von Kollektivgütern zu gewährleisten. Diese Funktion der Politik muß im technologischen und wirtschaftlichen Bereich keineswegs auf nationale, neo-merkantilistische Strategien[65] hinauslaufen. Im Gegenteil. Wenn deutlich ist, daß Ziel politischer Strategien gerade nicht die kurzfristig orientierte Steigerung pri-

64 So ist der Zerfall öffentlicher Infrastruktur in den USA und in England seit einigen Jahren bekannt und unbestritten. Empirische Nachweise bei Reich 1991, 252ff. In der Bundesrepublik gibt der Streit zwischen Verfechtern von Gymnasien und von Gesamtschulen einen Vorgeschmack auf kommende Absetzbewegungen.

65 Vgl. dazu Willke 1988 und 1988a

vater Güter und privaten oder organisationalen Reichtums ist, sondern die Steigerung der Versorgung mit Kollektivgütern, dann kommt erst die entscheidende Frage ins Blickfeld: Welche Arten und Qualitäten von Infrastrukturleistungen und von Kollektivgütern sind notwendig und möglich und welche Kollektivgüter setzen auch im internationalen Wettbewerb eine Prämie auf Kooperation, lassen also eine Positiv-Summen-Konstellation zu?

In einer detaillierten Untersuchung dieser Frage kommt Robert Reich zu Antworten, die bemerkenswert gut zu der hier betonten Bedeutung einer wissens-basierten Infrastruktur passen. Seine Stichwörter sind »skill enhancement« und »high value production« (im Gegensatz zu »high volume production«). Was immer das im einzelnen impliziert und wie strittig die Details sein mögen; klar ist, daß die Schaffung von Mehrwert immer massiver auf der Nutzung und der Pflege der Ressource Wissen beruhen wird. Die Qualität von Erziehung, Schulung, Ausbildung, Bildung, Forschung und Wissenschaft wird noch stärker als bislang das Niveau kollektiver Versorgung und Vorsorge bestimmen. Die durch Schulung gestützte Intelligenz von Personen, Organisationen, Verfahren, Technologien und Institutionen[66] wird noch stärker als bislang die Möglichkeiten der Produktion individueller und kollektiver Güter bestimmen. In vielen Hinsichten gilt dies ganz unmittelbar als negativer Zusammenhang, weil in einem frappierendem Ausmaß die Beeinträchtigung kollektiver Güter (wie Gesundheit, Sicherheit und Wohlfahrt) und die Produktion von »collective bads« (wie Zivilisationskrankheiten, Drogenabhängigkeit, Vorurteilen, Fremdenhaß, die Pathologien von familialer Erziehung oder von Schulen, Gefangnissen etc.) auf banaler Ignoranz und

66 Wie eng diese Faktoren zusammenspielen, hat Sigmund Freud (1948 (1927), 370) schon vor langer Zeit in beißender Schärfe formuliert: »Denken Sie an den betrübenden Kontrast zwischen der strahlenden Intelligenz eines gesunden Kindes und der Denkschwäche des durchschnittlichen Erwachsenen.« Eben deshalb steht auch die Intelligenz von Organisationen, Verfahren und Institutionen zur Debatte, welche die Intelligenz ihrer Mitglieder oder Klientel nicht deformiert.

der Abwehr von Wissen beruht; aber es gilt ebenso als positiver Zusammenhang, weil die Qualität von Schulungsprogrammen, Curricula, Rundfunk- und Fernsehsendungen, Finanzierungsinstrumenten, Vertragsformen, Organisationsdesigns, institutionellen Innovationen, Beratungsmodellen, Datenbanken, Kommunikationsnetzwerken[67] etc., die Basis und die Möglichkeiten für die intelligente Manipulation von Symbolen verbessern und dadurch den Intelligenzquotienten des Systems steigern. Das Potential organisationaler und systemischer Intelligenz ist nicht nur kaum angezapft, sondern – jedenfalls vermittelt die Organisationsssoziologie diesen Eindruck[68] – eher in destruktiver Form als Pathologie von Organisationen pervertiert. Hier ist weitester Raum für qualitatives Wachstum, ohne daß dies, wie bei quantitativem Wachstum, als Null-Summen-Spiel auf Kosten konkurrierender Akteure gehen müßte.

Staatstheoretisch relevant ist diese Überlegung, weil es das politische System und sein Staat sind, welche die notwendige territoriale Fokussierung leisten, die unabdingbare Voraussetzung für die Produktion kollektiver Güter ist. Ohne Solidarität (als Ausdruck eines aufgeklärten, d.h. im wesentlichen: langfristigen Egoismus) der Personen und korporativen Akteure und ohne Sanktionsgewalt[69] der Einheit kollektiven Entscheidens ist, wie wir seit Hobbes wissen, eine demokratische Form der Erzeugung kollektiver Güter nicht möglich. Solidarität ebenso wie Sanktionsgewalt brauchen eine Sicherheit stiftende Referenz, sei dies Familie,

67 Ein Beispiel dafür ist das geplante »National Research and Education Network (NREN)«, welches die bereits bestehenden 16 Super-Computer-Zentren untereinander und mit anderen Großnetzen verbinden soll. S. dazu Fisher 1991, bes. 182

68 Zur Intelligenz von Organisationen vgl. Wilensky 1967; Simon 1981 und March 1990, bes. 71ff. (zur Universität) und 187ff. (zu Lernprozessen); zur Pathologie von Organisationen vgl. vor allem Türk 1976 und Beck 1988, bes. 96ff.

69 Solidarität wird dadurch kompliziert, daß sie Sanktionsgewalt für den Fall der einseitigen Flucht aus der Selbstbindung (»defection«) voraussetzt. Zum Zusammenhang zwischen der Begrenzung von Kollektiven (»number of actors«) und Sanktionsgewalt vgl. Axelrod/Keohane 1985, 234ff.

Gemeinde oder eben, wenn diese kleinräumigen Formen nicht mehr ausreichen, Gesellschaft. Der Staat wächst in die Rolle des lokalen Helden, weil und soweit er die Lokalisierung von Solidarität symbolisiert und Sanktionsgewalt für den Fall ungerechter oder unfairer Defektion repräsentiert. Allerdings steht dem Staat auch bezüglich dieser Rolle eine ironische Distanz zu sich selbst gut an, denn es bedarf nur geringer Erschütterungen, um die Reichweite von Solidarität auf enge Gemeinschaften zusammenschnurren zu lassen, und es bedarf nur geringer Privilegien[70], um das Prinzip Solidarität auf Gruppenegoismus zu reduzieren.

Der Staat, das zeigt dieser Gedanke sofort, ist eine *Grenzsetzung*, mit welcher für den Prozeß »rationaler Kollektiventscheidungen«[71] das prinzipiell unauflösbare Dilemma zwischen lokaler und globaler Optimierung[72] (hier: von Prinzipien, Regeln, Institutionen und öffentlichen Gütern) um eine weitere Stufe der Ausweitung lokaler Optima gesellschaftsgeschichtlich evolviert ist. Unter einfacheren sozialen Bedingungen reichte als minimaler Entscheidungshorizont für die Maximierung von Rücksichtnahmen die Familie, das »Haus«, der Clan, das Dorf, die Stadt im Sinne von polis aus. Unter gegenwärtigen Bedingungen sind national definierte Gesellschaften die relevanten Einheiten, und es ist in vielen Hinsichten überdeutlich, daß sie nicht mehr hinreichen, um kollektive Selbstschädigungen, etwa durch die wechselseitige Ignorierung negativer Externalitäten zu verhindern.

70 Man könnte hier auf die Politik der Gewerkschaften gegenüber Arbeitslosen hinweisen, aber es gibt viele weitere Beispiele.

71 Ich setze diesen Begriff in Anführung, weil er ein Forschungsgebiet bezeichnet, das es nicht gibt. Es würde die Kombination der Theoriegebäude von »public choice« und »rational choice« voraussetzen und genau darin – nach bisherigem Stand des Wissens – deren Unvereinbarkeit aufweisen. Vgl. dazu etwa Buchanan 1986, 73ff.; Höffe 1985, 168ff. (als Kritik zu Rawls) und 201ff. mit der – allerdings nicht weit entwickelten – Idee einer »kommunikativen Entscheidungsfindung«.

72 Dieses Grunddilemma formuliert Buchanan so: »Is it not possible that those very changes that may well reflect movement towards local optima can shift the whole system away from rather than towards some global optima?« (Buchanan 1986, 78)

Allerdings scheint es nun nicht zu genügen, das bisherige Schema von Ausweitungen einfach weiter zu führen und einen internationalen, supranationalen oder gar einen globalen Entscheidungshorizont für rationale Kollektiventscheidungen zugrunde zu legen. Denn die evolutionäre Stufe von gemeinschaftlich-tribalen Definitionen solidarischer Kollektivität zu einer gesellschaftlich-nationalen Definition gelang nur um den Preis der Ausbildung eines nationalen Zusammengehörigkeitsgefühls, einer romantischen, mithin ebenso produktiven wie gefährlichen Idee der Nation als Fokus kollektiver Identität und kollektiver Entscheidungsfindung. Keinesfalls läßt sich dieser historische Mechanismus einfach auf eine supranationale oder gar globale Lokalität übertragen. Wir wissen nicht, ob es je ein Europa-Gefühl oder ein Welt-Gefühl geben wird. Aber wir können wissen, daß die »Form« der Nation ihre einigende und solidarisierende Kraft aus der Frontstellung, oft genug im wörtlichen Sinne, gegenüber anderen Nation gewann und immer noch gewinnt. Es ist unklar, aus welcher Gegenseite eine supranationale Einheit oder gar die Welt ihre kollektivbindende Kraft erzwingen könnte. Näher liegt anzunehmen, daß ein Formenwandel, eine Metamorphose der zugrundeliegenden Form kollektiver Identität selbst notwendig ist, um den Entscheidungshorizont für die Maximierung von Rücksichtnahmen und die Minimierung kollektiver Selbstschädigung über den Nationalstaat hinaus auszudehnen.
Nimmt man die Entwicklung seit dem Zweiten Weltkrieg als Anhaltspunkt, dann ist unverkennbar, daß die dominante Systemform für internationale und supranationale Einrichtungen nicht vom Typus Gesellschaft, sondern vom Typus *Organisation* ist. Dies leuchtet aus vielen Gründen ein. Für unseren Zusammenhang ist wesentlich, daß der systembildende Zusammenhang der Mitglieder einer supranationalen Einrichtung wie etwa der UN, der NATO oder des GATT, nicht auf einer Ausweitung oder Transzendierung der Idee von ›Nation‹ gründet, sondern auf Regeln der Selbstverpflichtung und Sanktionierung, die einer Prüfung auf Zweckrationalität standhalten können – und, wie die Auflösung des Völkerbundes oder des Warschauer Paktes zeigt,

dies auch müssen, wenn der organisatorische Zusammenhang gewahrt bleiben soll. Zweckrationalität, jedenfalls perzipierte oder unterstellte, läßt sich als konstitutives Merkmal von Organisation begreifen, während Gesellschaften oder Nationen, wie die Jahrhunderte währende Kritik am Utilitarismus erweist, nicht auf Zweckrationalität reduziert werden können. Moderne Organisationen können eine Trennung von Zweck und Motiv verkraften[73]; Gesellschaften dagegen müssen als umfassende Sozialsysteme zugleich eine auf der Zivilisierung von Motiven[74] beruhende Sozialintegration wie auch eine auf der Säkularisierung von Zwecken gründende Systemintegration leisten, und sie heben sich vom Systemtypus der Familie einerseits, der Organisation andererseits genau darin ab, daß sie keine der beiden Formen der Integration auf Kosten der anderen prinzipiell bevorzugen oder vernachlässigen können, ohne gesellschaftliche Desintegration insgesamt zu riskieren.[75]

Wenn diese Beobachtungen einigermaßen plausibel sind und auch in absehbarer Zukunft supranationale Einrichtungen nicht eine neue Form von Gesellschaft etablieren, dann folgt, daß gerade aufgrund der wachsenden Bedeutung supranationaler Beziehungen, Abstimmungen und supranational koordinierter Handlungsstrategien die Rolle national definierter politischer Systeme und mithin die Rolle des Staatsmodells nicht abnimmt, sondern noch gewichtiger wird. Allerdings nicht in der Form eines supranationalen Superstaats, sondern als »lokaler Held« in seiner Funktion der Bindung territorialer Solidaritäten und als Anknüpfungspunkt für die Produktion territorial eingegrenzter kollektiver Güter. In der

73 Dazu Luhmann 1973, 68ff.

74 Die Albert Hirschman in einer aufschlußreichen historischen Studie (1987) als »Bezähmung« der Leidenschaften durch die Interessen herausstellt.

75 Wenig überzeugend ist deshalb der Vorwurf von Habermas (1981, Bd. 2, 269ff. und 1985, 412ff.) gegenüber der Systemtheorie, sie impliziere eine einseitige Betonung der Systemintegration gegenüber der Sozialintegration. Er verkennt die in systemtheoretischen Argumentationen immer wieder betonte Relevanz der grundsätzlichen Differenz der Systemtypen Individuum, Gruppe, Organisation und Gesellschaft.

spannungsreichen Auseinanderentwicklung zunehmender Etablierung lateraler Weltsysteme einerseits, lokal oder regional definierter Privilegierungen (oder Disprivilegierungen) andererseits, erscheinen die Politik und ihr Staat als Angelpunkt des notwendigen Ausgleichs zwischen engen organisierten, korporierten, regionalen oder lokalen Interessen auf der einen Seite und in ihrer Weitläufigkeit nicht mehr motivationsfähigen globalen Relevanzen auf der anderen Seite. Trotz eines Anflugs von Anachronismus bleibt der Staat, hier verstanden als Operationsmodell des politischen Systems, deshalb die einzige Instanz, welche eine vernünftige Identität komplexer demokratischer Gesellschaften hervorzubringen imstande sein könnte. Und es liegt mehr als ein Anflug von Paradoxie darin, daß gegenüber der Modernität supranationaler und globaler Relevanzen es die klassische Form des Verfassungsstaates ist, welche gegenüber der voranschreitenden Organisiertheit der Welt die Idee kollektiver Solidarität in die Zukunft rettet. Vermutlich braucht die Politik zur Erfüllung dieser zutiefst widersprüchlichen Aufgabe eine innere Leitidee, eine Form des Staates, die Engagement und Distanz gleichermaßen provoziert und über eine reflexive Brechung ihrer Identität andere Optionen aufhebt. Wenn in dieser Weise Ironie als öffentliche Tugend gelänge, dann wäre »Ironie des Staates« weder Abgesang noch bloße Hoffnung, sondern Grundlage einer gesellschaftsadäquaten Modernität des Staates und insofern Ausgangspunkt der notwendigen Revision der Staatstheorie.

Literaturverzeichnis

Abromeit, Heidrun 1989: Staatsentwicklung in der Thatcher-Ära: Weniger Staat – mehr Staat? unv. Ms., Duisburg.

Ackoff, Russell u.a. 1989: Zukunftssicherung durch Controlling. Stuttgart (Poeschel).

Aho, Michael/Levinson, Marc 1988: The Economy after Reagan. Foreign Affairs, Vol. 67, No. 2, 10-25.

Alber, Jens 1989: Der Sozialstaat in der Bundesrepublik 1950-1983. Frankfurt–New York (Campus).

Allison, Graham 1971: Essence of Decision. Explaining the Cuban Missile Crisis. Boston (Little, Brown & Co).

Arrow, Kenneth 1963: Social Choice and Individual Values. 2nd Ed. New York (Yale UP).

Ashby, Ross 1960: Design for a Brain: The Origin of Adaptive Behavior, 2. rev. ed. London (Chapman u. Hall).

Avineri, Shlomo 1976: Hegels Theorie des modernen Staates. Frankfurt (Suhrkamp).

Axelrod, Robert/Keohane, Robert 1985: Achieving Cooperation under Anarchy: Strategies and Institutions. In: World Politics, Vol. 38, No. 1, 226-254.

Axelrod, Robert 1984: The Evolution of Cooperation. New York (Basic Books).

Baecker, Dirk 1988: Information und Risiko in der Marktwirtschaft. Frankfurt (Suhrkamp).

Bateson, Gregory 1972: Steps to an Ecology of Mind. Deutsch: Ökologie des Geistes. Frankfurt 1983 (Suhrkamp).

Beck, Ulrich 1988: Gegengifte. Die organisierte Unverantwortlichkeit. Frankfurt (Suhrkamp).

Beck, Ulrich/Bonß, Wolfgang, Hg. 1989: Weder Sozialtechnologie noch Aufklärung? Analysen zur Verwendung von sozialwissenschaftlichem Wissen. Frankfurt (Suhrkamp).

Bell, Daniel 1976: The Cultural Contradictions of Capitalism. London (Heinemann).

Benjamin, Walter 1974: Gesammelte Schriften Bd. I, 1 (Der Begriff der Kunstkritik in der deutschen Romantik). Frankfurt (Suhrkamp).

Bette, Karl-Heinrich 1984: Strukturelle Aspekte des Hochleistungssports in der Bundesrepublik. Ansatzpunkte für eine System-Umwelt-Theorie des Hochleistungssports. Sankt Augustin (Hans Richarz).

Bloom, Allan 1988 (1987): The Closing of the American Mind.

Foreword by Saul Bellow. New York u.a. (Simon & Schuster).
Bobbio, Norberto 1984: The Future of Democracy. In: Telos, 1984, Nr. 61, 3f.
Bodin, Jean 1976 (1583): Über den Staat. Hg. von Gottfried Niedhart. Stuttgart (Reclam).
Boffey, Philip u.a. 1988: Claiming the Heavens. The New York Times Complete Guide to the Star Wars Debate. New York (Times Books).
Boos, Margarete/Scharpf, Ulrich 1990: Drei Modelle der Führung und Zusammenarbeit beim Umgang mit komplexen Problemen. In: Rudolf Fisch/Margarete Boos, Hg., Vom Umgang mit Komplexität in Organisationen. S. 235-254. Konstanz (Universitätsverlag Konstanz).
Boulding, Kenneth 1953: The organizational revolution: a study in the ethics of economic organization. New York.
– 1966 (1965): The Image. Ann Arbor (Univ. of Michigan Press).
Bourdieu, Pierre 1983 (1970): Zur Soziologie der symbolischen Formen. Frankfurt (Suhrkamp).
Braten, Stein 1984: The Third Position – Beyond Artificial and Autopoietic Reduction. In: Kybernetes 1984, 13, 157-163.
Braybrooke, David 1985: Scale, Combination, Opposition – a Rethinking of Incrementalism. In: Ethics 95, 920-933.
Buchanan, James 1975: The Limits of Liberty. Between Anarchy and Leviathan. Chicago–London (Chicago UP).
– 1986: Liberty, Market and State (Harvester Press).
Bundesbericht Forschung 1988: Hg. vom Bundesminister für Forschung und Technologie, Bonn.
Bundesforschungsbericht 1984: Hg. vom Bundesminister für Forschung und Technologie, Bonn.
Calabresi, Guido/Bobbitt, Philip 1978: Tragic Choices. New York (Norton).
Calleo, David 1987: Beyond American Hegemony. New York (Basic Books).
Cammack, Paul 1989: Review Article: Bringing the State Back In? In: British Journal of Political Science 19, 261-290.
Cassirer, Ernst 1978 (1949): Der Mythus des Staates. Zürich–München (Artemis).
Castoriadis, Cornelius 1990 (1975): Gesellschaft als imaginäre Institution. Entwurf einer politischen Philosophie. Frankfurt (Suhrkamp).
Coleman, James 1990: Foundations of Social Theory. Cambridge, Mass.–London (Harvard UP).

Cornes, Richard/Sandler, Todd 1986: The Theory of Externalities, Public Goods, and Club Goods. Cambridge (Cambridge UP).
Coser, Rose 1975: The Complexity of Roles as a Seedbed of Individual Autonomy. In: Lewis A. Coser, (Ed.), The Idea of Social Structure. New York (Harcourt).
Daele, Wolfgang van den 1989: Kulturelle Bedingungen der Technikkontrolle durch regulative Politik. In: Peter Weingart, Hg., Technik als sozialer Prozeß. 197-230. Frankfurt (Suhrkamp).
Deutsch, Karl W. 1970 (1966): Politische Kybernetik. Modelle und Perspektiven. Freiburg (Rombach).
Dickson, William/Roethlisberger, F. J. 1966: Counseling in an Organization. Boston (Harvard U.P.).
Dörner, Dietrich 1983: Das Projekt »Systemdenken«. In: Schneider, Christoph (Hg.), Forschung in der BRD, 189-201. Weinheim (Verl. Chemie).
– 1984: Modellbildung und Simulation. In: Roth, Erwin/Klaus Heidenreich (Hg.), Sozialwissenschaftliche Methoden. Lehr- und Handbuch für Forschung und Praxis. München–Wien (Oldenbourg).
– 1989: Die Logik des Mißlingens. Reinbek (Rowohlt).
Dörner, Dietrich et al., (Hg.), 1983: Lohhausen. Vom Umgang mit Unbestimmtheit und Komplexität. Bern u.a. (Hans Huber).
Douglas, Mary 1990: Risk as a Forensic Resource. In: Daedalus. Journal of the American Academy of Arts and Sciences. Vol. 119, Fall 1990, 1-16 .
Dreeben, Robert 1980: Was wir in der Schule lernen. Frankfurt (Suhrkamp).
Dreitzel, Hans 1980: Die gesellschaftlichen Leiden und das Leiden an der Gesellschaft. 3. Aufl. Stuttgart (Enke).
Dreyfus, Hubert/Dreyfus, Stuart 1988: Making a Mind Versus Modeling the Brain: Artificial Intelligence Back at a Branchpoint. In: Daedalus 117, Winter 1988.
Düllings, Josef 1991: Staatsdominanz und ihre Folgen für die Entwicklung der ambulanten Versorgung Ostdeutschlands. In: Medizin, Mensch, Gesellschaft 16, 13-20.
Durkheim, Emile 1977 (1988): Über soziale Arbeitsteilung. Dt. Übersetzung der franz. Originalausgabe von 1930. 2. deutsche Auflage 1988. Frankfurt (Suhrkamp).
Easton, David 1981: The Political System Besieged by the State. In: Political Theory 9, 56-67.
Eckert, Michael/Osietzki, Maria 1989: Wissenschaft für Macht und Markt. München (Beck).
Eder, Klaus 1990: Prozedurales Recht und Prozeduralisierung des

Rechts. In: Dieter Grimm, Hg., Wachsende Staatsaufgaben – sinkende Steuerungsfähigkeit des Rechts. Baden-Baden (Nomos).
Eichmann, Rainer 1989: Diskurs gesellschaftlicher Teilsysteme. Wiesbaden (DUV).
Elias, Norbert 1969 (1936): Über den Prozeß der Zivilisation. 2 Bde. Bern und München (Francke).
Elster, Jon 1987: Subversion der Rationalität. Frankfurt (Campus).
Erler, Brigitte 1985: Tödliche Hilfe. Freiburg (Dreisam).
Etzioni, Amitai 1971 (1968): The Active Society. New York (Free Press).
Evans, Paul et al., Eds. 1985: Bringing the State back in. New York–Cambridge (Cambridge UP).
Evers, Adalbert/Nowotny, Helga 1987: Über den Umgang mit Unsicherheit. Die Entdeckung der Gestaltbarkeit von Gesellschaft. Frankfurt (Suhrkamp).
Fetscher, Iring 1984: Einleitung zu Thomas Hobbes, Leviathan. Frankfurt (Suhrkamp).
Fisher, Sharon 1991: Whither NREN? In: Byte, July 1991, 181-189.
Freiburghaus, Dieter 1991: Le Developpement des Moyens de L'Action Etatique. In: Charles-Albert Morand (Ed.), L'Etat propulsif. Contribution à l'étude des instruments d'action de l'Etat. Paris (Publisud).
Fishkin, James 1989: Towards a New Social Contract: Strategies for Reconstructing Liberal Theory. Draft. University of Texas at Austin.
Flam, Helena 1990: Corporate Actors: Definition, Genesis, and Interaction. MPIFG Discussion Paper 90/11. Köln (MPI für Gesellschaftsforschung).
Flora, Peter u.a. 1977: Zur Entwicklung der westeuropäischen Wohlfahrtsstaaten. In: Politische Vierteljahresschrift 18, 707-772.
Foerster, Heinz v. 1981: Observing Systems. Seaside Cal.: Intersystems Publications. Deutsch: Sicht und Einsicht. Braunschweig 1985. (Vieweg).
– 1984: Principles of Self-Organization – In a Socio-Managerial Context. In: Ulrich, H./G. Probst, (Ed.), Self-Organization and Management of Social Systems, 2-24. Berlin u.a. (Springer).
– 1985: Sicht und Einsicht. Braunschweig–Wiesbaden (Fr. Vieweg & Sohn).
Forester, John 1984: Bounded rationality and the politics of mudd-

ling through. In: Public Administration Review, Vol. 44, 1984, Nr. 1, 23ff.

Forrester, Jay 1971: Planung unter dem dynamischen Einfluß komplexer sozialer Systeme. In: Ronge, Volker/Günter Schmieg (Hg.), Politische Planung in Theorie und Praxis. München (Piper).

– 1971a: World Dynamics. Cambridge, Mass. (MIT Press).

– 1972: Understanding the Counterintuitive Behavior of Social Systems. In: Beishon, John/Geoff Peters (Hg.), System Behavior, 200-217. London–New York (Harper and Row).

– 1972a: Der teuflische Regelkreis. Das Globalmodell der Menschheitskrise. Stuttgart (DVA).

– 1982: Global Modelling Revisited. In: Futures 14, April 1982, 95-110.

Forsthoff, Ernst 1971: Der Staat der Industriegesellschaft. München (Beck).

Freeman, Chris 1989: Comment. In: Joseph E. Stiglitz et al., The Economic Role of the State, ed. by Arnold Heertje. Oxford (Blackwell).

Freud, Sigmund 1943 (1910): Gesammelte Werke, Bd. VIII, Werke aus den Jahren 1909-1913. Frankfurt (Fischer).

– 1948 (1927): Gesammelte Werke, Bd. XIV, Werke aus den Jahren 1925-1931. Frankfurt (Fischer).

Gadamer, Hans-Georg 1986 (1960): Wahrheit und Methode. Grundzüge einer philosophischen Hermeneutik. Gesammelte Werke, Bd. 1. Tübingen (Mohr).

Geser, Hans 1990: Organisationen als soziale Akteure. In: Zeitschrift für Soziologie 19, 401-417.

Gilder, George 1981: Moral Sources of Capitalism. In: Transaction. Social Science and Modern Society, Vol. 18, No. 6, 24-27.

Glanville, Ranulph 1982: Inside Every White Box There Are Two Black Boxes Trying to Get Out. In: Behavioral Science 27, 1-11.

– 1988: Objekte. Herausgegeben und übersetzt von Dirk Baecker. Berlin (Merve).

Global 2000, 1980: Global 2000. Der Bericht an den Präsidenten. Deutsche Übersetzung hg. von Reinhard Kaiser. Frankfurt (Zweitausendeins).

Goldner, Fred u.a. 1977: The production of cynical knowledge in organizations. In: American Sociological Review 42, 539-551.

Gouldner, Alvin 1973: Reziprozität und Autonomie in der funktionalen Theorie. In: Hartmann, Heinz (Hg.), Moderne amerikanische Soziologie, 2. Aufl. Stuttgart (Enke).

Grafton, Carl 1991: Government policy for dangerous inventions in the United States and Great Britain. In: Policy Sciences 24, 19-39.
Grimm, Dieter 1987: Recht und Staat der bürgerlichen Gesellschaft. Frankfurt (Suhrkamp).
Habermas, Jürgen 1973: Legitimationsprobleme im Spätkapitalismus. Frankfurt (Suhrkamp).
– 1976: Zur Rekonstruktion des historischen Materialismus. Frankfurt (Suhrkamp).
– 1981: Theorie des kommunikativen Handelns, 2 Bde. Frankfurt (Suhrkamp).
– 1985: Der Philosophische Diskurs der Moderne. Frankfurt (Suhrkamp).
– 1985a: Die neue Unübersichtlichkeit. Frankfurt (Suhrkamp).
Haley, Jay/Lynn Hoffmann 1967: Techniques of Family Therapy. New York (Basic Books).
Hegel, Georg W.F. 1983 (1819/20): Philosophie des Rechts, hg. von Dieter Henrich. Frankfurt (Suhrkamp).
– 1970 (1821): Grundlinien der Philosophie des Rechts. Werke in zwanzig Bänden. Theorie Werkausgabe. Frankfurt (Suhrkamp).
Heinze, Rolf/Voelzkow, Helmut 1990: Kommunalpolitik und Verbände: Inszenierter Korporatismus auf lokaler und regionaler Ebene? Forschungsstelle für Sozialwissenschaftliche Innovations- und Technologieforschung. Ruhr-Universität Bochum. SIT -wp- 1/90.
Henrich, Dieter 1983: Einleitung des Herausgebers zu G.W.F. Hegel, Philosophie des Rechts. Die Vorlesung von 1819/20 in einer Nachschrift. Frankfurt (Suhrkamp).
Hirschman, Albert 1987 (1977): Leidenschaften und Interessen. Politische Begründungen des Kapitalismus vor seinem Sieg. Frankfurt (Suhrkamp).
Hobbes, Thomas 1984 (1651): Leviathan. Herausgegeben und eingeleitet von Iring Fetscher. Frankfurt (Suhrkamp).
Höffe, Otfried 1985 (1975): Strategien der Humanität. Zur Ethik öffentlicher Entscheidungsprozesse. Frankfurt (Suhrkamp).
Hofstadter, Douglas 1984: Gödel, Escher, Bach: an eternal golden braid. Harmondsworth, UK (Penguin).
Hohn, Hans-Willy, 1989: Forschungspolitik als Ordnungspolitik. Das Modell Fraunhofer-Gesellschaft und seine Genese im Forschungssystem der Bundesrepublik Deutschland. MPGFG Discussion Paper 89/8. Köln.
Holmes, Stephen 1987: Poesie der Indifferenz. In: Dirk Baecker

u.a. (Hg.), Theorie als Passion. Niklas Luhmann zum 60. Geburtstag, 15-45. Frankfurt (Suhrkamp).

Hübener, Wolfgang 1984: Art, Ordnung. Historisches Wörterbuch der Philosophie, Bd. 6; hg. v. Joachim Ritter und Karfrid Günder, 1249-1279. Basel–Stuttgart (Schwab & Co).

Ilting, Karl-Heinz 1973: Vorwort zu G. W. F. Hegel, Vorlesungen über Rechtsphilosophie 1818-1831. Edition und Kommentar in sechs Bänden von K.-H. Ilting. Stuttgart–Bad Cannstatt (Holzboog).

Jasanoff, Sheila 1990: American Exceptionalism and the Political Acknowledgment of Risk. In: Daedalus. Proceedings of the American Academy of Arts and Sciences, Vol. 119, Fall 1990, 61-82.

Johnson, Paul 1989: Europe and the Reagan Years. In: Foreign Affairs, Vol. 68, No. 1, 28-38.

Kern, Horst/Schumann, Michael 1984: Das Ende der Arbeitsteilung? Rationalisierung in der industriellen Produktion. München (Beck).

Kierkegaard, Sören 1961 (1906) (1841): Über den Begriff der Ironie. Mit ständiger Rücksicht auf Sokrates. Gesammelte Werke, 31. Abteilung. Düsseldorf–Köln (Diederichs).

Kierzkowski, Henry K. (Ed.) 1984: Monopolistic Competition and International Trade. Oxford (Clarendon).

King, Alexander/Schneider, Bertrand 1991: Die Globale Revolution. Ein Bericht des Rates des Club of Rome. Spiegel Spezial 2/1991.

Kitschelt, Herbert, 1983: Politik und Energie. Frankfurt (Campus).

– 1986: Four Theories of Public Policy Making and Fast Breeder Reactor Development. In: International Organization, Vol. 40, No. 1, 65-104.

– 1989: Explaining Technology Policies. Competing Theories and Comparative Evidence. unv. Ms. ZiF Bielefeld.

Knorr-Cetina, Karin 1984: Die Fabrikation von Erkenntnis: Zur Anthropologie der Naturwissenschaft. Frankfurt (Suhrkamp).

Kogon, Eugen 1989 (1974): Der SS-Staat. Das System der deutschen Konzentrationslager. 22. Aufl. München (Heyne).

Kray, Ralph/Pfeiffer, K. Ludwig 1991: Paradoxien, Dissonanzen, Zusammenbrüche: Vom Ende und Fortgang der Provokation. In: Hans Ulrich Gumbrecht/K. Ludwig Pfeiffer, (Hg.), Paradoxien, Dissonanzen, Zusammenbrüche. Situationen offener Epistemologie, 13-31. Frankfurt (Suhrkamp).

Kreibich, Rolf 1986: Die Wissenschaftsgesellschaft. Von Galilei zur High-Tech-Revolution. Frankfurt (Suhrkamp).
Krueger, A. O. 1974: The political economy of the Rent-Seeking Society. In: American Economic Review 64, 291-303.
Kubicek, Herbert / Barbara Mettler-Meibom, 1988: Alternative Entwicklungspfade der Telekommunikationspolitik. In: Aus Politik und Zeitgeschichte B 46-47/88 v. 11. 11. 1988.
La Porte, Todd (Hg.) 1975: Organized Social Complexity. Challenge to Politics and Policy. Princeton, New Jersey (Princeton UP).
Landesforschungsbericht, Baden-Württemberg, 1987, herausgegeben vom Ministerium für Wissenschaft und Kunst. Stuttgart.
Lawrence, Paul/Lorsch, Jay 1969: Differentiation and Integration in Complex Organizations. In: Litterer, Joseph (Hg.), Organizations: Systems, Control and Adaptation, Bd. II, 2. Aufl., 229-253. New York–London–Sydney–Toronto (Wiley).
– 1969a: Developing Organizations: Diagnosis and Action. Reading, Mass. (Addison-Wesley).
Lehman, Edward 1988: The Theory of the State versus the State of Theory. In: American Sociological Review 53, 807-823.
Lindblom, Charles 1965: The Intelligence of Democracy. New York (Free Press).
– 1977: Politics and Markets. (Deutsch: Jenseits von Markt und Staat, 1980). New York (Basic Books).
Liwak, Eugene/Meyer, Henry 1966: A Balance Theory of Coordination Between Bureaucratic Organizations and Community Primary Groups. In: Administrative Science Quarterly 11, 31-58.
Löfgren, Lars 1977: Complexity of Descriptions of Systems: A Foundational Study. In: International Journal of General Systems, Vol. 3, 197-214.
Logue, John 1979: The Welfare State: Victim of Its Success. In: Daedalus 104, Nr. 4, Fall 1979, 69-88.
Lowi, Theodore 1990: Risks and Rights in the History of American Governments. In: Daedalus. Proceedings of the American Academy of Arts and Sciences, Vol. 119, Fall 1990, 17-40.
Luhmann, Niklas 1965: Grundrechte als Institution. Berlin (Duncker & Humblot).
– 1969: Legitimation durch Verfahren. Neuwied-Berlin (Luchterhand).
– 1970 (1971): Soziologische Aufklärung I. 2. Aufl. Opladen (Westdeutscher Verlag).
– 1971: Politische Planung. Opladen (Westdeutscher Verlag).
– 1972: Religiöse Dogmatik und gesellschaftliche Evolution. In:

Karl-W. Dahm/Niklas Luhmann/Dieter Stoodt: Religion – System und Sozialisation. Darmstadt (Luchterhand).
– 1973: Politische Verfassungen im Kontext des Gesellschaftssystems. In: Der Staat 12, 1-22 und 165-182.
– 1975: Soziologische Aufklärung 2. Opladen (Westdeutscher Verlag).
– 1975a: Macht. Stuttgart (Enke).
– 1976: Generalized Media and the Problem of Contingency. In: Jan Loubser et al. (Eds.), Explorations in General Theory in Social Science. Essays in Honor of Talcott Parsons. Vol. 2, 507-532. New York (Free Press).
– 1977: Arbeitsteilung und Moral. Durkheims Theorie. In: Emile Durkheim, Über die Teilung der sozialen Arbeit, 17-35. Frankfurt (Suhrkamp).
– 1981: Politische Theorie im Wohlfahrtsstaat. München-Wien (Olzog).
– 1981a: Soziologische Aufklärung 3. Opladen (Westdeutscher Verlag).
– 1981b: Ausdifferenzierung des Rechts. Frankfurt (Suhrkamp).
– 1981c: Selbstlegitimation des Staates. In: ARSP, Beiheft Nr. 15, hg. von Norbert Achterberg und W. Krawietz. Wiesbaden.
– 1982: Liebe als Passion. Zur Codierung von Intimität. Frankfurt (Suhrkamp).
– 1982a: Funktion der Religion. Frankfurt (Suhrkamp).
– 1983: Rechtssoziologie. 2. erw. Aufl. Reinbek (Rowohlt).
– 1984: Soziale Systeme. Grundriß einer allgemeinen Theorie. Frankfurt (Suhrkamp).
– 1984a: Staat und Politik: Zur Semantik der Selbstbeschreibung politischer Systeme. In: Bermbach, Udo (Hg.), Politische Theoriegeschichte: Probleme einer Teildisziplin der Politischen Wissenschaft, Sonderheft 15/1984 der Politischen Vierteljahresschrift. Opladen.
– 1984b: Das Kunstwerk und die Selbstreproduktion der Kunst. In: Delfin III, 1984, 51-69.
– 1985: Die Autopoiese des Bewußtseins. In: Soziale Welt 36, 402-446.
– 1986: Ökologische Kommunikation. Opladen (Westdeutscher Verlag).
– 1986a: Gesellschaftstheorie, Kap. 6: Differenzierung. Ms. Bielefeld.
– 1986b: Systeme verstehen Systeme. In: Luhmann, Niklas/Karl Schorr (Hg.): Zwischen Intransparenz und Verstehen. Frankfurt (Suhrkamp).

– 1987: Soziologische Aufklärung 4. Opladen (Westdeutscher Verlag).
– 1988: Die Wirtschaft der Gesellschaft. Frankfurt (Suhrkamp).
– 1988a: Das Ende der alteuropäischen Politik. In: M. Weyembergh/J.M. Piret (Ed.), La fin du politique. Tijdschrift voor de Studie van de Verlichting en van het vrije Denken 16, 249-257. Amsterdam.
– 1989: Theorie der politischen Opposition. In: Zeitschrift für Politik 36, 13-26.
– 1990: Die Wissenschaft der Gesellschaft. Frankfurt (Suhrkamp).
– 1991: Soziologie des Risikos. Berlin–New York (de Gruyter).
Luhmann, Niklas/Schorr, Karl-Eberhard 1981: Wie ist Erziehung möglich? In: Zeitschrift für Sozialisationsforschung und Erziehungssoziologie, 1, 37-54.
– (Hg.) 1982: Zwischen Technologie und Selbstreferenz. Frankfurt (Suhrkamp).
MacCormick, Neil 1978: Legal Reasoning and Legal Theory. Oxford (Clarendon).
Macpherson, Crawford B. 1962: The Political Theory of Possessive Individualism. Hobbes to Locke. Oxford.
– 1980 (1962): Die politische Theorie des Besitzindividualismus. Von Hobbes bis Locke. Frankfurt (Suhrkamp).
– 1983 (1977): Nachruf auf die liberale Demokratie. Frankfurt (Suhrkamp).
March, James (Hg.) 1990 (1988): Entscheidung und Organisation. Wiesbaden (Gabler).
Mastropaolo, Alfio 1986: L'Etat ou l'ambiguité. In: Revue française des sciences politiques 36, 477-495.
Maturana, Humberto 1982: Erkennen: Die Organisation und Verkörperung von Wirklichkeit. Braunschweig–Wiesbaden (Vieweg).
Mayntz, Renate 1983: Zur Einleitung: Probleme der Theoriebildung in der Implementationsforschung. In: dies. (Hg.) 1983: Implementation politischer Programme II. Ansätze zur Theoriebildung. Opladen (Westdeutscher Verlag).
– 1987: Politische Steuerung und gesellschaftliche Steuerungsprobleme – Anmerkungen zu einem theoretischen Paradigma. In: Jahrbuch zur Staats- und Verwaltungswissenschaft Band 1/1987, 89-110. Baden-Baden (Nomos).
McCulloch, Warren 1965: Embodiments of Mind. Cambridge, Mass. (MIT-Press).
Miliband, Ralf 1969: The Capitalist State: Reply to Nicos Poulantzas. In: New Left Review 59, 53-60.

Miller, Alice 1980: Am Anfang war Erziehung. Frankfurt (Suhrkamp).
Minsky, Marvin 1988: The Society of Mind. New York (Simon & Schuster).
Müggenborg, Hans 1990: Formen des Kooperationsprinzips im Umweltrecht der Bundesrepublik Deutschland. In: Neue Zeitschrift für Verwaltungsrecht 1990, H. 10, 909-917.
Musgrave, Richard u.a. 1978 (1973): Die öffentlichen Finanzen in Theorie und Praxis, Bd. 1. Tübingen (Mohr).
Nettl, John 1968: The State as a Conceptual Variable. In: World Politics XX, 559-592.
Nozick, Robert 1974: Anarchy, State, and Utopia. New York (Basic Books).
Offe, Claus 1986: Die Utopie der Null-Option. Modernität und Modernisierung als politisches Gütekriterium. In: Soziale Welt, Sonderband 4, 1986, 97-117.
– 1990: Die Aufgabe von staatlichen Aufgaben. »Thatcherismus« und die Politik der populistischen Staatskritik. unv. Ms. Bremen.
Olson, Mancur 1971 (1965): The Logic of Collective Action. Cambridge (Harvard UP).
– 1982: The Rise and Decline of Nations. Economic Growth, Stagflation, and Social Rigidities. New Haven (Yale UP).
Ott, Claus 1972: Die soziale Effektivität des Rechts bei der politischen Kontrolle der Wirtschaft. In: Manfred Rehbinder/Helmut Schelsky, (Hg.), Zur Effektivität des Rechts. Jahrbuch für Rechtssoziologie und Rechtstheorie, Bd. 3, 345-408. Düsseldorf (Bertelsmann).
Parnas, David 1986: Sofware Wars. Kursbuch 83, März 1986, 49-69.
Perrow, Charles 1988 (1984): Normale Katastrophen. Die unvermeidbaren Risiken der Großtechnik. Frankfurt (Suhrkamp).
Peters, Tom 1989 (1987): Thriving on Chaos. Handbook for a Management Revolution. London (Pan Books).
Piaget, Jean 1971: Biology and Knowledge. Chicago (University Press).
Polanyi, Karl 1978 (1944): The Great Transformation. Frankfurt (Suhrkamp).
– 1979 (1957): Ökonomie und Gesellschaft. Frankfurt (Suhrkamp).
Polanyi, Michael 1951: The Logic of Liberty. Chicago (Univ. of Chicago Press).
Pollack, Detlef 1990: Das Ende einer Organisationsgesellschaft –

Systemtheoretische Überlegungen zum gesellschaftlichen Umbruch in der DDR. In: Zeitschrift für Soziologie 19, 292-307.
Poulantzas, Nicos 1969: The Problem of the Capitalist State. In: New Left Review 58, 67-78.
Preuß, Ulrich K. 1991: Die Chance der Verfassungsgebung. In: Aus Politik und Zeitgeschichte B 49/1991 v. 29.11.1991, 12-19.
Rawls, John 1981 (1971): A Theory of Justice. 11. Aufl. Cambridge, Mass. (Harvard UP).
Reich, Robert 1991: The Work of Nations. Preparing ourselves for 21st Century Capitalism. New York (Knopf).
Reiter, Johannes 1991: Ethische Aspekte der Humangenetik und Embryonenforschung. In: Aus Politik und Zeitgeschichte. Beilage B 6/91 v. 1.2.1991, 25-31.
Riedl, Rupert 1982: Evolution und Erkenntnis. München–Zürich (Piper).
Ritter, Ernst-Hasso 1987: Staatliche Steuerung bei vermindertem Rationalitätsanspruch? Zur Praxis der politischen Planung in der Bundesrepublik Deutschland. In: Jahrbuch zu Staats- und Verwaltungswissenschaft Band 1/1987, 321-352. Baden-Baden (Nomos).
Ronge, Volker 1989: Verwendung sozialwissenschaftlicher Ergebnisse in institutionalisierten Kontexten. In: Ulrich Beck/Wolfgang Bonß 1989: Weder Sozialtechnologie noch Aufklärung? 332-354. Frankfurt (Suhrkamp).
Rorty, Richard 1989: Kontingenz, Ironie und Solidarität. Frankfurt (Suhrkamp).
Rousseau, Jean-Jacques 1977 (1755): Politische Schriften, Bd. 1. Paderborn (Schöningh).
Saage, Richard 1973: Eigentum, Staat und Gesellschaft bei Immanuel Kant. Stuttgart u.a. (Kohlhammer).
Scharpf, Fritz 1973: Planung als politischer Prozeß. Frankfurt (Suhrkamp).
– 1991: Die Handlungsfähigkeit des Staates am Ende des zwanzigsten Jahrhunderts. In: Politische Vierteljahresschrift 32, 621-634.
Schelling, Thomas 1960: The Strategy of Conflict. Cambridge, Mass. (Harvard UP).
Schimank, Uwe 1988: Gesellschaftliche Teilsysteme als Akteursfiktionen. In: Kölner Zeitschrift für Soziologie und Sozialpsychologie 40, 619-639.
Schmitter, Philippe C. 1983: Democratic Theory and Neocorporatist Practice. In: Social Research, Vol. 50, 1983, Nr. 4, 885-928.

Schmitter, Philippe C./Lehmbruch, Gerhard 1979: Trends Toward Corporatist Intermediation. Beverly Hills–London (Sage).
Schoenbrod, David 1983: Goals Statutes or Rules Statutes: The Case of the Clean Air Act. In: UCLA Law Review 30, 740-828.
Schuppert, Gunnar 1989: Markt, Staat, Dritter Sektor – oder noch mehr? Sektorspezifische Steuerungsprobleme ausdifferenzierter Staatlichkeit. In: Jahrbuch zur Staats- und Verwaltungswissenschaft Band 3/1989.
Schweizer Wissenschaftsrat, 1985: Ziele für eine schweizerische Forschungspolitik. Vorschläge des Wissenschaftsrates an den Bundesrat. Bern.
Segal, Lynn 1988 (1986): Das 18. Kamel oder die Welt als Erfindung. Zum Konstruktivismus Heinz von Foersters. München–Zürich (Piper).
Sharp, Margaret/Holmes, Peter (Eds.) 1989: Strategies for New Technologies – Six Case Studies from Britain and France. Oxford (Allan).
Simon, Herbert 1978 (1967): Die Architektur der Komplexität. In: Türk, Klaus (Hg.), 1978: Handlungssysteme, 94-112. Opladen (Westdeutscher Verlag).
– 1978a: Rationality as Process and as Product of Thought. In: American Economic Association Review 68, 1978, 1-16.
– 1981: The Sciences of the Artificial. Cambridge, Mass. (Harvard UP).
– 1983: Reason in Human Affairs. Stanford (Stanford University Press).
Skocpol, Theda 1985: Bringing the State Back In: Strategies of Analysis in Current Research. In: Evans, Peter u. a. (Eds.), Bringing the State back in, 19-37. Cambridge (Cambridge UP).
Sloterdijk, Peter 1983: Kritik der zynischen Vernunft. 2 Bde. Frankfurt (Suhrkamp).
Spaemann, Robert 1983: Philosophische Essays. Stuttgart (Klett).
Spencer Brown, George 1979: Laws of Form. New York (Dutton).
Stichweh, Rudolf 1987: Die Autopoiesis der Wissenschaft. In: Dirk Baecker et al. (Hg.), Theorie als Passion. Niklas Luhmann zum 60. Geburtstag. Frankfurt (Suhrkamp).
– 1988: Inklusion in Funktionssysteme der modernen Gesellschaft. In: Renate Mayntz u. a.: Differenzierung und Verselbständigung. Frankfurt (Campus).
Stiglitz, Joseph 1989: On the Economic Role of the State. In: Joseph E. Stiglitz et al. The Economic Role of the State, ed. by Arnold Heertje. Oxford (Blackwell).

Teubner, Gunther 1982: Reflexives Recht. In: Archiv für Rechts- und Sozialphilosophie 69, 13-59.
– 1989: Recht als autopoietisches System. Frankfurt (Suhrkamp).
– 1990: Die vielköpfige Hydra: Netzwerke als kollektive Akteure höherer Ordnung. In: Wolfgang Krohn/Gunther Küppers, (Hg.), Emergenz und Selbstorganisation. Frankfurt (Suhrkamp).
– 1990a: »Verbund«, »Verband« oder »Verkehr«? Zur Außenhaftung von Franchising-Systemen. In: Zeitschrift für das gesamte Handelsrecht und Wirtschaftsrecht (ZHR) 154, 295-324.
Teubner, Gunther/Willke, Helmut 1980: Dezentrale Kontextsteuerung im Recht intermediärer Verbände. In: Voigt, Rüdiger (Hg.), 1980: Verrechtlichung. Königstein/Ts. (Athenäum).
– 1982: Integration by Dissent: Toward a Socio-Legal Contingency Model of Voluntary Associations. The Impact of Sociology of Law on Government Action, ed. by Alessandro Baratta, 348-363. Frankfurt–Bern.
– 1984: Kontext und Autonomie: Gesellschaftliche Selbststeuerung durch reflexives Recht. In: Zeitschrift für Rechtssoziologie 5, 4-35.
Tullock, Gordon 1967: The Welfare Costs of Tariffs, Monopolies, and Theft. In: Western Economic Journal, Vol. V, 224-232.
Türk, Klaus 1976: Grundlagen einer Pathologie der Organisation. Stuttgart (Enke).
Turner, Arthur 1983: Ein guter Berater liefert mehr als Berichte. In: manager magazin III/1983, 40-47.
Unger, Roberto 1975: Knowledge and Politics. New York–London (Free Press).
– 1976: Law in Modern Society. Towards a Criticism of Social Theory. New York–London (Free Press).
Varela, Francisco 1990 (1988): Kognitionswissenschaft – Kognitionstechnik. Eine Skizze aktueller Perspektiven. Frankfurt (Suhrkamp).
Vester, Frederic/von Hesler, Alexander 1980: Sensitivitätsmodell. Regionale Planungsgemeinschaft. Untermain. Frankfurt (Planungsgemeinschaft Untermain).
Wahl, Rainer 1973: Politische Planung in der differenzierten Gesellschaft. Notwendigkeit, Grenzen und verfassungspolitische Probleme. In: Schäfers, Bernd, (Hg.), 1973: Gesellschaftliche Planung. Stuttgart (Enke).
Waller, Roberto 1983: Complexity and the Boundaries of Human Policy Making. In: International Journal of General Systems 9, 1982, 1983, 1-11.

Warfield, John 1976: Societal Systems. Planning, Policy and Complexity. New York–London (John Wiley & Sons).

Weaver, Warren 1978: Wissenschaft und Komplexität. In: Türk, Klaus (Hg.), 1978: Handlungssysteme, 38-46. Opladen (Westdeutscher Verlag).

Weber, Max 1967: Rechtssoziologie, hg. von J. Winckelmann, 2. Aufl. Neuwied (Luchterhand).

– 1972: Wirtschaft und Gesellschaft, 5. Aufl. Tübingen (Mohr).

– 1972a: Gesammelte Aufsätze zur Religionssoziologie. Bd. I-III. 6. Aufl. Tübingen (Mohr).

– 1973: Die protestantische Ethik I. Eine Aufsatzsammlung, hg. von J. Winckelmann. Hamburg (Siebenstern).

Weick, Karl 1985: Der Prozeß des Organisierens. Frankfurt (Suhrkamp).

Weyer, Johannes 1988: European Star Wars: the Emergence of Space Technology through the Interaction of Military and Civilian Interest-Groups. In: Everett Mendelsohn et al. (Hg.), Science, Technology and the Military, Volume XII, 243-288. (Kluwer).

Whyte, Lancelot 1965: Internal Factors in Evolution. London (Tavistock Publications).

Wiesenthal, Helmut 1987: Rational Choice – Ein Überblick über Grundlinien, Theoriefelder und neuere Themenakquisition eines sozialwissenschaftlichen Paradigmas. In: Zeitschrift für Soziologie 16, 434-449.

Wildavsky, Aaron 1979: No risk is the highest risk of all. In: American Scientist 67, 32-37.

Wilensky, Harold 1967: Organizational intelligence. New York (Basic Books).

– 1975: The Welfare State and Equality. Berkeley (UC Press).

Williamson, Oliver 1975: Markets and Hierarchies: Analysis and Antitrust Implications. New York (Free Press).

Willke, Helmut 1975: Stand und Kritik der neueren Grundrechtstheorie. Schritte zu einer normativen Systemtheorie. Berlin (Duncker & Humblot).

– 1979: Leitungswissenschaft in der DDR. Berlin (Duncker & Humblot).

– 1979a: Zur Integrationsfunktion des Staates: Die Konzertierte Aktion als Paradigma in der neueren staatstheoretischen Diskussion. In: Politische Vierteljahresschrift 20, 1979, 221-240.

– 1983: Entzauberung des Staates. Überlegungen zu einer gesellschaftlichen Steuerungstheorie. Königstein/Ts. (Athenäum).

– 1983a: Der Staat am Verhandlungstisch. Das Beispiel der Kon-

zertierten Aktion. In: Voigt, Rüdiger (Hg.), 1983: Abschied vom Recht? Frankfurt (Suhrkamp).
- 1984: Gesellschaftssteuerung. In: Manfred Glagow (Hg.), Gesellschaftssteuerung zwischen Korporatismus und Subsidiarität, 29-53. Bielefeld (AJZ).
- 1986: The Tragedy of the State. Prolegomena to a Theory of the State in Polycentric Society. In: ARSP LXXII, 455-467.
- 1986a: Three Types of Legal Structure: the Conditional, the Purposive and the Relational Program. In: Teubner, Gunther (Ed.), 1986: Dilemmas of Law in the Welfare State, 180-299. Berlin–New York (de Gruyter).
- 1986b: Diriger la société par le droit? In: Archives de Philosophie du Droit, Tome 31: le systeme juridique, 189-214. Paris (Sirey).
- 1987: Systemtheorie. 2 erw. Aufl. Stuttgart (UTB).
- 1987a: Strategien der Intervention in autonome Systeme. In: Baecker, Dirk et al. (Hg.), 1987: Theorie als Passion. Niklas Luhmann zum 60. Geburtstag. Frankfurt (Suhrkamp).
- 1987b: Differenzierung und Integration in Luhmanns Theorie sozialer Systeme. In: Haferkamp, Hans/Schmidt, Michael (Hg.), 1987: Sinn, Kommunikation und soziale Differenzierung. Beiträge zu Luhmanns Theorie sozialer Systeme. Frankfurt (Suhrkamp).
- 1987c: Kontextsteuerung durch Recht? Zur Steuerungsfunktion des Rechts in polyzentrischer Gesellschaft. In: Manfred Glagow/Helmut Willke, (Hg.), Dezentrale Gesellschaftssteuerung. Pfaffenweiler (Centaurus).
- 1987d: Entzauberung des Staates. Grundlinien einer systemtheoretischen Argumentation. In: Jahrbuch zur Staats- und Verwaltungswissenschaft 1, 285-308. (Nomos).
- 1987e: Kontextsteuerung und Re-Integration der Ökonomie – Zum Einbau gesellschaftlicher Kriterien in ökonomische Rationalität. In: Manfred Glagow/Helmut Willke, (Hg.), Dezentrale Gesellschaftssteuerung. Probleme der Integration polyzentrischer Gesellschaft, 155-172. Pfaffenweiler (Centaurus).
- 1988: SDI: Die Strategische Verteidigungsinitiative – 5 Jahre danach. In: Zeitschrift für Politik, 353-364.
- 1988a: Staatliche Intervention als Kontextsteuerung. Am Beispiel EUREKA. In: Kritische Vierteljahresschrift für Kriminologie und Gesetzgebung, 214-229.
- 1989: Systemtheorie entwickelter Gesellschaften. Weinheim (Juventa).
- 1990: Beobachtung, Reflexion, Supervision. In: Systeme. Zeit-

schrift der Österreichischen Arbeitsgemeinschaft für Systemische Therapie und systemische Studien, 4, 2/90, 105-118.
– 1991: Systemtheorie. 3.Aufl. Stuttgart (UTB).
Wohlstetter, Roberta 1966 (1962): Pearl Harbor. Signale und Entscheidungen. Erlenbach-Zürich–Stuttgart (E. Rentsch).
Wolferen van, Karel 1990: Gefährliche Ignoranz. Die Regeln der Japan AG bleiben den westlichen Industrieländern völlig unbegreiflich. In: Die Zeit, Nr. 31 v. 27.7.1990, S. 30.
Wurzel, Gabriele/Merz, Ernst 1991: Gesetzliche Regelungen von Fragen der Gentechnik und Humangenetik. In: Aus Politik und Zeitgeschichte. Beilage B 6/91 v. 1. 2. 1991, 12-24.
Yack, Bernard 1986: The Longing for Total Revolution: Philosophic Sources of Social Discontent from Rousseau to Marx and Nietzsche. Princeton (Princeton UP).
Zeleny, Milan, (Ed.), 1981: Autopoiesis. A Theory of Living Organizations. New York–Oxford (North Holland).
– 1982: Multiple Criteria Decision Making. New York u.a. (McGraw Hill).

Register